Bc

DAS
UNGEWISSE
HERZ

Die Frage, ob einer seine eigene Biographie schreiben dürfe, ist höchst ungeschickt. Ich halte den, der es tut, für den höflichsten Menschen. Wenn einer nur sich mitteilt, so ist es ganz einerlei, aus was für Motiven er es tut.

GOETHE

DAS UNGEWISSE HERZ

Berichte aus Berlin–
über die Suche nach dem Freien

von

GERHARD MASUR

Mit einem Wegweiser von

WILMONT HAACKE

BLENHEIM PUBLISHING HOUSE
Holyoke, Massachusetts
1978

Library of Congress Cataloging in Publication Data

Masur, Gerhard, 1901-1975.
  Das ungewisse Herz: Berichte aus Berlin– über die Suche nach dem Freien.

  1. Masur, Gerhard, 1901-1975. 2. Historians—Berlin—Biography. 3. Historians—United States—Biography. I. Title.
  D15.M35A38   1978   973′.07′2024 [B]   78–14460
  ISBN 0–918288–50–9

Blenheim Publishing House
9 Manor House Court
Holyoke, Massachusetts, 01040 U.S.A.

First Printing: August 1978

Made in the United States of America

Inhalt

Erinnerungen an Gerhard Masur:
Wegweiser zu seinem Werk von Wilmont Haacke   vii

Vorbemerkung   1

Erster Teil   1901 – 1936   3

1   Mosaik einer Kindheit   5

2   Das Erwachen   45

3   Die Lehrjahre   61

Zweiter Teil   1936 – 1960   187

4   Die Arche   189

5   Der Weg ins Freie   257

Gedichte   1919 – 1947   319

Bibliographien der Schriften Masurs   349

Namenverzeichnis   353

Erinnerungen an Gerhard Masur

Wegweiser zu seinem Werk

von
WILMONT HAACKE

Fast vierzig Jahre lang habe ich Gerhard Masur weder gesehen noch gesprochen. Etwa drei Jahrzehnte verstrichen, ehe sich von neuem briefliche Kontakte entspannen. Gegen Ende des Sommersemesters 1935 lud er ihm näherstehende Studentinnen und Studenten, die er in die neuere und in die neueste Geschichte einführte, eines Abends in den für derlei Begegnungen geeigneten Raum eines Restaurants ein, das nahe am Berliner Bahnhof Zoo lag.

Er allein wußte es, wir hingegen ahnten davon nicht das Geringste, daß dies seinen Abschiedsabend von der 1930 erreichten Berliner Dozentur bedeutete. Als einer seiner bevorzugten Schüler durfte ich an jenem Tag an seiner Seite bleiben. Masur gab sich wie stets: heiter, freundlich, und anhörungsbereit. Gewiß verließ ihn eine distanzierte Überlegenheit nie — ebensowenig die Neigung, jederzeit ein wenig spöttisch zu bleiben. In solchem Verhalten lag keinerlei Hochmut. Zu seiner Berliner Art gehörte es, auf diese Weise junge Leute zur Gegenrede anzureizen. Somit gelangten seine Partner rasch zu einem freien Sichaussprechen. Im privaten Bereich dozierte er gegenüber seinem akademischen Ensemble hingegen niemals.

Während jener späten Stunden vorsichtigen Austauschens von Ansichten über ,,Gott und die Welt'' ist über die seinerzeitige politische Situation der am 30.Januar 1933 beerdigten Weimarer Republik von keinem der Anwesenden auch nur ein Satz gesprochen worden. Das Plakat ,,Feind hört mit!'', das kam allerdings erst später.

Jenseits solcher nur skizzenhaft nachzeichenbarer Geschehnisse bleibt die Frage offen, warum ging ein kleiner Teil der Geschichtswissenschaft Studierenden nach der politischen Wende erst recht in die Kollegs von Masur? Gewiß verfügte jener damals sehr junge Privatdozent über ungewöhnlichen Weitblick und scharfe Durchsicht. Seine Hörer langweilte er niemals. Gerade über Geschichtsprofessoren nicht und über deutsche Gelehrte aus dieser Disziplin kann kaum jemand dazu Gegenteiliges behaupten. Jener akademische Lehrer, in seinem Denken aus der preußischen Aufklärung sowie aus dem noch sauberen Liberalismus des frühen 19.Jahrhunderts stammend, verfügte außerdem über rhetorische Brillanz und geistreiche Einfälle.

Wir Studenten bewunderten in ihm einen ungewohnten Typus: nämlich, den Elegant der neuen Gesellschaft der kurzlebigen Republik. An der Universität ungern gesehen, stellte er einen Gegensatz zu jenen handelsüblichen Katheder–Gelehrten dar, welche meinen, durch unordentliches Gekleidetsein in den Verdacht zu geraten, zu Originalgenies zu zählen.

Erinnerungen berechtigen dazu, solche persönlichen Beobachtungen gewissermaßen nach der Natur zu notieren. Die Nachkriegskorrespondenz mit Gerhard Masur entwickelte sich nach jener seit 1935 eingezeichneten und schier endlosen Unterbrechung erst, als die deutsche Ausgabe seines Buches ,,Das Kaiserliche Berlin'' (München–Wien–Zürich 1971) erschien. Über begeistertem Lesen entdeckte ich darin, daß Masur meine Bücher kannte, ja, daß er obendrein sogar aus der mir von ihm einstmals zuvor eben noch auf den Weg gegebenen Dissertation ,,Julius Rodenberg und die Deutsche Rundschau'' (Heidelberg 1950) zitierte.

Masurs lebenslängliche Liebe galt Berlin. Verwunderlich mag es somit keinem erscheinen, daß er mich 1972 ebendorthin zu einer ersten Rücksprache bestellte. An einem sonnigen Som-

Erinnerungen an Gerhard Masur

mervormittag wartete ich auf der Café–Terrasse von Kempinski. Der Mann, der auf mich zukam: lang, hager, elegant, und nunmehr auf amerikanische Weise ein wenig allzu bunt angezogen, das war mein Lehrer. Das einstmals volle dunkle Haar — noch immer preußisch–geheimrätlich korrekt gescheitelt — war inzwischen schneeweiß geworden.

In jenem Gespräch von drei Stunden Dauer fragte mich Masur über meine, in der Zwischenzeit zurückgelegten Wege gründlich aus. Monate später erfuhr ich aus seinem Domizil in Lynchburg den Grund seines genauen Interviewens. Masur bat mich, seine Memoiren herauszugeben. Das allerdings sollte erst nach seinem Ableben geschehen.

*

Masurs Leben — im Rahmen einer Einleitung zu seinen Memoiren nachzeichnen zu wollen — das könnte als zudringlich erscheinen. Wohl aber soll an wesentliche seiner wissenschaftlichen wie seiner publizistischen Arbeiten erinnert werden.

Im Alter von 24 Jahren promovierte Masur 1925 bei Friedrich Meinecke über „Rankes Begriff der Weltgeschichte" (Beiheft 6 der Historischen Zeitschrift, München–Berlin 1926). Mit jener klugen Studie reihte sich der junge Gelehrte ein in die Tradition der großen Berliner Historikerschule, deren überlieferte Konsistenz bereits während der ersten Jahre des Nationalsozialismus böswillig zerstört wurde. Seine Habilitationsschrift galt dem Begründer der christlich–konservativen Staatslehre in Preußen, dem Anti–Hegelianer „Friedrich Julius Stahl, Geschichte seines Lebens, I. Aufstieg und Entfaltung 1802-1840" (Berlin 1930). Von jener präzisen Biographie und kundigen Interpretation konnte seinerzeit lediglich der erste Band erscheinen. Infolge des „erzwungenen Exils blieb sie Torso", wie Hans Herzfeld bezeugt. Doch das Fragment belegt, daß Gerhard Masur über die inzwischen unter jüngeren Gelehrten selten gewordene Gabe verfügte, Leben und Leistung, Taten und Gedankengänge historisch gewordener, für ihre Zeit jedoch schöpferischer Persönlichkeiten samt ihrem Einfluß auf das politische Geschehen klar zu erfassen. Er war ein Meister: im sinnvollen Ausdeuten überkommenen Gedankengutes an spätere Generationen.

ix

Eben dies Werk über Friedrich Julius Stahl hat den zuvor kaum bekannten Autor für das Auffinden seiner eigenen biographischen Methodik geschult. Wäre es ihm doch ohne solcherlei Vorarbeit nicht möglich gewesen, während schwierigster Emigrations–jahre später sein *chef d'oeuvre* „Simon Bolivar und die Befreiung Südamerikas" (University of Mexico Press 1948, Konstanz 1948, 2.Auflage 1969) zu erstellen. In seinen Erinnerungen spricht Masur aus, daß ihm die Arbeit an der Biographie über den „Libertador" Südamerikas aus spanischer Herrschaft wesentlich geholfen habe, das Leben fern der Heimat durchzustehen.

Mit jenem Gesamtbild errang sich Masur — ungeachtet jeglicher Zwänge des Verbanntseins — internationales Ansehen.

Sich nachträglich über Masurs Bolivar oder gar über die weitere Studie „Nationalism in Latin America, Diversity and Unity" (New York–London 1966) zu äußern, das hieße, fachliche Unzuständigkeit verraten. Dennoch sei die Bemerkung am Rande erlaubt, daß die Lese–attraktivität des Masur'schen Spiegelbildes jenes Staatengründers etwa der Friedrich von Gentz–Biographie aus Golo Manns Feder nicht im geringsten nachsteht. Schließlich sind diese beiden schreibenden Männer nicht nur erfahrene Wissenschaftler, sondern sie sind zugleich, was die Klarheit ihres Stiles angeht, Schriftsteller von Rang.

Beide Autoren beherrschen die innerhalb des deutschsprachigen Raumes rare Kunstform des Essay. Von daher wird klar, weshalb sich Masur lebenslänglich zu Wilhelm Dilthey bekannte. Geistesgeschichtliches Einordnen und aufklärendes Durchdringen schöpferischer Gestalten und ihrer Gedankenwerke, diese wissenschaftliche Kunst ist im Verlaufe des 19. Jahrhunderts zu einer späterhin nicht mehr erreichten Präzision gelangt. Man denke an die Essays von Friedrich Schlegel, von Philipp Fallmerayer, von Otto Gildemeister, von Herman Grimm. Man blättere in den sieben Bänden „Zeiten, Völker, Menschen", die Karl Hillebrand zwischen 1872 und 1885 publizierte. Eine handliche Auswahl daraus, betitelt „Geist und Gesellschaft im alten Europa, Literarische und politische Porträts" (Stuttgart 1954), von Julius Heyderhoff besorgt, zählte zu Masurs, wie er gelegentlich sagte, „Erholungslektüre" von der wissenschaftlichen Arbeit.

Erinnerungen an Gerhard Masur

Von solchen Männern hat Masur, wie er an verschiedenen Stellen seiner Memoiren festhält, das Handwerk des verständlichen Schreibens gelernt und es in dem Bande „Propheten von Gestern, Zur europäischen Kultur 1890-1914" (New York 1961, Frankfurt am Main 1961) zum Kunstwerk eigenen Sagens erhoben. Außerdem geht aus der vorliegenden Nachlaß–schrift hervor, daß er sich bereits in seiner Studienzeit durch Schulung an von ihm ausgewählten Schriftstellern redlich um das Erreichen eines anspruchsvollen Stiles bemühte. Denker und Dichter, Gelehrte und Kritiker, Mediziner und Künstler zieht Masur in den klugen Aufsätzen jenes Buches zur Rechenschaft. Zum Teil geht dies Bemühen in schonungslose Auseinandersetzungen über.

Als ich Masur in Gesprächen über seine gesamten wissenschaftlich–literarischen Leistungen einmal sagte, daß ich diese Sammlung für das bestkomponierte und gehaltreichste seiner Bücher halte, freute ihn das. Er gestand: „Darin geht es mir genau wie Ihnen." Und als ich, aus ständig wiederholter Lektüre der drei Bände von Egon Friedells „Kulturgeschichte der Neuzeit" kommend (München 1927-1931), weiter fragte, ob er nicht beim Bestimmen seiner Kapitelüberschriften von dessen Diktion geleitet worden sei, bemerkte er: „Warum soll ich das nicht zugeben?"

*

Spricht man aus der Erinnerung und zur Erinnerung an eine geistvolle Persönlichkeit, die man geschätzt und verehrt hat, ist es erlaubt, persönliche Vorlieben für einzelne, besonders gelungene Publikationen des Meisters zu äußern. Ein solches Vorgehen bedarf notwendigen Begründens. Außerdem geschieht es aus der Intention, im Anschluß an jene Bücher Masurs, welche ihren Weg, wie die Leute sagen, gemacht haben, anläßlich der Edition der Memoiren vor allem jene ins Rampenlicht zu stellen, die noch längst nicht so bekannt wurden, wie sie es verdienen.

Wer die „Propheten von Gestern" liebt, der findet um so leichter Zugang zu dem anderen Sammelbande „Geschehen und Geschichte, Aufsätze und Vorträge zur europäischen Geistesgeschichte'' mit einem Vorwort von Hans Herzfeld (Band 8 der Einzelveröffentlichungen der Historischen Kommission zu Berlin–Berlin 1971). Im Tonfall sind sie weniger literarisch gehalten; im Gegenteil, sie sind streng wissenschaftlich gefaßt. Dennoch tut es wohl und kostet es wenig Mühe, sie nicht nur zu lesen, sondern sie mit Gewinn für das Vertiefen historischen Wissens dankbar zur studieren. Aus ideengeschichtlicher Sicht zeigen diese Studien Masurs den gleichen Geist und eine nicht geringere Weite philosophisch–ästhetischer Auseinandersetzungen mit den wie eine Kette ohne Ende untereinander verflochtenen Kulturkrisen, die das nachrevolutionäre Europa seit 1789 plagen. Voller Einsicht hebt Herzfeld in seinen Geleitsätzen hervor, daß es Masur in Ferne und Fremde eher möglich gewesen wäre, sich gegen revisionistische Tendenzen zur Wehr zu setzen, welche seit 1945 in die deutsche Geschichtsforschung und –betrachtung eindrangen. Zu Recht möchte er Masurs universale Sicht, seine kenntnisreiche Interpretationskunst und den persönlichen Mut in der kritischen Aussage als Wegbahnungen ,,zur Deutung historischer Prozesse'' aufgefaßt sehen.

Wenn nunmehr diese, in glanzvoller und überzeugender Sprache gehaltenen Aufsätze als Essays bezeichnet und damit neben literarische Leistungen etwa Hugo von Hofmannsthals gestellt werden, so geschieht das keineswegs bloß aus Erinnerung an die Gremien, vor denen sie zuerst vorgetragen, oder an die angesehenen Periodika, auf deren Seiten sie der Öffentlichkeit nahegebracht wurden.

Im ersten Teil, überschrieben ,,Zur Theorie der Geschichte'', philosophiert Masur über das schwierige Problem, vergangenes Geschehen nachträglich als Geschichte, und dies mit einer abermaligen Gültigkeit, zu vergegenwärtigen. Die *res gestae* als *historia* in eigener, aus kundiger Quellenerfahrung stammenden Perspektive nicht bloß zu rekapitulieren, sondern sie zu neuer Erkenntnis zu präsentieren, eben das gilt als Kunst überlegener Geschichtsschreibung. In diesem Sinne betrachtet Masur Geschehen und Geschichte als einen sich beständig weiter entwickelnden Prozeß. Zur Erarbeitung des eigenen Standortes hat er sich, um nur die bedeutendsten seiner Gesprächspartner zu nennen, mit den geschichtsphilosophischen Gedankengängen Hegels und Rankes, Droysens und Meineckes,

Erinnerungen an Gerhard Masur

Troeltschs und Croces, Litts und Rothackers, Sprangers und Trevelyans, auseinandergesetzt. Als Fazit seiner Erfahrungen mag das Selbstbekenntnis gelten, welches hinreichend über den Ernst seines Forschens und die Passion seines Willens zu gerechter Darstellung Aufschluß gibt: ,,Die Flut des Geschehens wirft an den Gestaden der Zeit einen unabsehbaren Reichtum von Überresten und Denkmälern auf, die von dem vergangenen Leben künden. Auf eine geheimnisvolle Weise scheinen sie alles Leben noch in sich zu haben, das sie längst verlassen hat. Es wieder–her–zu–stellen in seinem Glanz und in seinem Unglück, seiner Absichtlichkeit und seiner Zufälligkeit, seinen höchsten Bedeutungen und seinen tragischen Hemmnissen, das ist jene Leidenschaft, die wir Geschichte nennen.''

In gleichem Sinne ist der Aufsatz ,,Goethe und die geschichtliche Welt'' verfaßt, den zu lesen, immer wieder zu lesen, sich gerade im Nachtrag zu jenen unzähligen Okkasionsschriften lohnt, die pünktlich und seit langem zu Goethe–Jubiläen fabriziert worden sind. Von all dem Schwall, der etwa während des Goethe–Gedenkjahres 1932 über Europa hinweg erscholl, ist an die Nachwelt, soweit sie überhaupt noch für Goethe zu beleben ist, nichts überkommen als Paul Valérys Rede über den Mann aus Weimar. Inmitten einer Phase, in der das Interesse modischer Wissenschaften vor allem den Massen, danach höchstens Gruppen gilt, die Einzelpersönlichkeit hingegen an die Wand gespielt wird, wäre mit Masur daran zu erinnern, daß Goethe vor allen anderen historischen Formen der Biographie Vorrang eingeräumt. Wie etwa sollte jemand Stichhaltiges über Kommunikation oder Massenkommunikation aussagen, welche sich in Wendejahren wie 1789, 1848, 1918 ereignete, kennte er sich nicht aus: im Schaffen von Verlegern, Redakteuren, Korrespondenten, Flugblattschreibern, Zensur–Offizialen oder gar den Berichten von Agenten der jeweiligen Geheimdienste. Solch umfassendem Bescheidwissen gemäß hebt Masur die für kundige Geschichtsschreibung unwägbare Bedeutung der Autobiographie hervor. In ihr erblickt er eine ,,Verklammerung von Person und Tradition'', ferner ,,die Teilnahme der Zeitkräfte'', in deren Gewalten sich ,,der darstellende Mensch selber als zeitschaffend und zeitgeschaffen empfindet.'' Die enge Verknüpfung, die jederzeit statt hat zwischen Geschehen und Geschichte, mag sie sich auch nur aus der zeitbedingten Unmöglichkeit des freien Proklamieren wissenschaftlicher Erkenntnisse am rechten Ort — nämlich in Zeitschriften der Muttersprache oder des Vaterlandes erweisen, wird aus Masurs Marginalien sichtbar. Wie könnte man die Naht, welche Geschehen und Geschichte unauflöslich miteinander verbindet, noch deutlicher nachweisen, als das durch eine Notiz Masurs wie die folgende geschieht? Er habe sein Referat, das er 1935 für die Londoner Goethe–Gesellschaft schrieb und das er nicht einmal dort halten durfte, weil dies dem damaligen preußischen Kultusminister nicht in den NS–Kramladen paßte, erst 1939 in der Belgrader Zeitschrift ,,Philosophia'' zum Druck bringen können. Wer unter den Angesprochenen hätte damals und dort die Exegese über ,,Goethe und die geschichtliche Welt'' aufzufinden vermocht?

Den zweiten Teil des Bandes, ,,Zur europäischen Geschichte'' genannt, leitet Masur mit einer tiefgründigen Gesamtschilderung darüber ein, in welch auflösungsbereitem Zustand sich ,,Deutsches Reich und deutsche Nation im 18. Jahrhundert'' befanden. Gewiß — das Reich zerfiel, aber schien es nicht so, als ob die Nation entstünde? Am Rande sei vermerkt, daß Masur Sein und Dasein des alten Reiches anders, nämlich bejahender sieht, als das jüngeren Geschichtsschreibern möglich ist. Man denke etwa an die verdienstvolle Verteidigung deutscher ausklärerischer Publizisten wie Kant und Schlözer und ihrer in führenden Zeitschriften des Zeitalters publizierten Zeitkritik. Verwiesen sei lediglich an die deren Taten begründet glorifizierenden Studien, die Fritz Valjavec über ,,Die Entstehung der politischen Strömungen in Deutschland'' (München 1951) für die Spanne 1770-1815 schuf. Dagegen hält Masur Sätze wie diese aufrecht: ,,Nein, den Reformschriften der Publizisten mit ihren verzweifelten Bemühungen um definitorische Klarheit . . . konnte ein staatlicher Wille nicht entkeimen.'' Tatsächlich sind sie ja nicht angekommen: ,,gegen die vollkommene Dezentralisation der Gewalt, an der das Reich krankte.'' Solche Äußerungen erklären zumindest einen Teil der Resignation, die aus den Periodika der beiden Moser bis hin zu Kleists ,,Berlinischen Abendblättern'' als ratloser Sermon und verlegene Suada tönt.

Als Kabinettstück einer wahrhaftigen Schilderung des Sich-

Erinnerungen an Gerhard Masur

begegnens zweier Persönlichkeiten von Qualität ist der Bericht über „Goethe und Napoleon" anzusehen. Die Skizze erhebt sich hoch über jegliches in den Familienblättern des 19. Jahrhunderts abgegraste Novellisieren jener Erfurter Szene. Goethe erlebte an Napoleon, wie Masur bemerkt, „das Politische — um in seiner Sprache zu reden — als Urphänomen." Diese Auffassung erlaubte ihm, zu lächeln, „über den Eifer der Patrioten und der Historiker aller Nationen, die sich nicht genug darin tun konnten, das ‚erhabene Ungeheuer' zu verurteilen."

Aus dem angeschlossenen Porträt über Wilhelm von Humboldt mag ein einziger Satz genügen, um zu belegen, wie sicher Masur das geschichtliche Gewicht dieses Mannes für Preußens Versagen gegenüber der sozialen Entwicklung innerhalb der ersten Jahrhunderthälfte abzuwägen vermag. „Die Entlassung Humboldts war ein Verhängnis . . . Sie bestärkte all jene Kräfte des Autoritätsbewußtseins, der Klassenherrschaft und des Militarismus, die einer friedlichen Entwicklung der gesellschaftlichen Energien den Weg verstellten."

Der Essay über „Bismarcks Sprache" verdiente ob seiner Reichhaltigkeit und Tiefe ein Korreferieren. Gestützt auf intime Kenntnis der Reden, Schriften, und Briefe des Reichskanzlers, auf ein Durcharbeiten der gesamten Bismarck–Literatur und all jener bisher nur allzu flüchtig ausgefallenen Versuche, den Politiker Bismarck als Rhetoriker und den Privatmann als Stilisten zu erkennen, vermittelt Masur durch Neuartigkeit der Diagnose überraschende Einblicke in die Schreibstube eines Mannes, dessen „Lakonismus" hart erkämpft war. „Diese Mächtigkeit im Wort, in der Rede, wie in der Denkschrift" ist, gemäß Masur, nicht „die stilisierte Sprache eines Schriftstellers", sondern sie erweist sich als „eine eingeborene Produktivität." Für ihn ist sie „nicht Mittel der Selbstdarstellung, sondern unmittelbare Selbstdarstellung." Aus ihr bleibt eine „einzigartige Verbindung von Wille und Nerv, Energie und Verstand, Dämonie und Nüchternheit, Autorität und Skepsis" zu erkennen. Als Grundform aller Bismarckschen Äußerungen enthüllt Masur die Meisterschaft „des distanzierten Mitteilens im Bericht", er lobt dessen „Schlagfertigkeit im eigentlichen Sinne." Seine Sprache habe etwas „Flüssiges, Dramatisches, Aktives" an sich. Sein

Stil befehle nicht, ,,er teilt mit, er weist an, er überzeugt und wirbt." Wer, der unter den gegenwärtigen Zuhörern und Zuschauern Hunderte von Ministerreden, die *via* Parlament zum Fernsehfenster hinausgehalten werden und deren Sprechern oder Vorlesern allzuoft und allzu deutlich anzumerken ist, daß sie das von dritten Federn entworfene Manuskript zuvor kaum der eigenen Orientierung halber überflogen, über sich ergehen lassen mußte, mag Masur Zustimmung zu folgenden Beobachtungen verweigern? ,,Die politische Beredsamkeit wie das politische Schrifttum der Deutschen" habe zu allen Zeiten ,,etwas von Stubenluft an sich" getragen. In den westlichen Staaten hingegen habe sich der Typus des *scholar politican* entwickelt, eben ,,des Politikers, der zugleich Schriftsteller" ist. Waren in Deutschland, dies bleibt einschränkend zu fragen, die Schriftsteller wirklich ,,zugleich Politiker?" Freilich trifft zu, daß in der Ausbildung der deutschen Parteien — ihrer Rhetorik, wie ihrer sonstigen Publizistik — ,,das gelehrt–literarische und das philosophisch–weltanschauliche Element" stets das Natürliche erstickte. Gewiß weisen Liberale, Konservative, Protestanten, und Katholiken in dieser Hinsicht keinen nennenswerten Unterschied auf. Wenn Masur fortfährt, daß selbst ,,in der Frühgeschichte des Sozialismus die philosophischen Einflüsse" die Sprache verwirrt hätten, so ist das zu bejahen. Sollte nicht das unverständliche ,,Moskauderwelsch" (Karl Kraus) mancher Partikel der Studentenpresse der sechziger Jahre auf derlei Zusammenhänge zurückzuführen sein?

In dem Aufsatz ,,Max Weber und Friedrich Meinecke in ihrem Verhältnis zur politischen Macht" arbeitet Masur minutiös den gemeinsamen Beginn beider Gelehrter und die Trennung ihrer Wege vor den Hintergründen der Wissenschaft im Kaiserreich und in der Weimarer Republik heraus. Beide Forscher hätten jedoch festgehalten bis zum Ende ,,an der Idee der Freiheit und der Würde der menschlichen Persönlichkeit." An ihren Schriften und an ihren Schicksalen weist er nach, daß schließlich — angesichts des Problems von Sittlichkeit und Macht — Hegel über Kant gesiegt habe. ,,Was einmal Philosophie war, ist heute Ideologie geworden." Weiterführungen dieser Gedanken finden sich bei Raymond Aron, Waldemar Besson, Iring Fetscher, Walter Hofer, und Wolfgang Mommsen, deren einschlägige Pu-

Erinnerungen an Gerhard Masur

blikationen Masur in seinen Anmerkungen notiert. Zur Ergänzung des Masurs'chen Doppel–porträts seien aus dem publizistischen und aus dem zeitgeschichtlichen Bereich genannt: erstens die umstrittene Schrift von Hans Peter Bleuers ,,Deutschlands Bekenner, Professoren zwischen Kaiserreich und Diktatur'' (Bern–München–Wien 1968) und zweitens die zuverlässige Forschung von Kurt Töpner ,,Gelehrte Politiker und politisierende Gelehrte, Die Revolution von 1918 im Urteil deutscher Hochschullehrer'', (Band 5 der Veröffentlichungen der Gesellschaft für Geistesgeschichte, herausgegeben von Hans–Joachim Schoeps, Göttingen–Zürich–Frankfurt 1970).

Der dritte Teil, ,,Zur Geschichte der Geschichtsschreibung'', beginnt mit einer Würdigung des preußischen Konservativen Heinrich Leo und des Kreises des rechtskonservativen ,,Berliner Politischen Wochenblatts'', dessen kirchlich–politische Grundsätze durch ihn zum universalhistorischen Maßstab erhoben werden sollten. Masur meint, daß Leos Lebenswerk ,,in den Wind gesprochen und ins Wasser geschrieben war.'' Daß dem nicht so ist, geht hervor aus der Studie von Wolfgang Scheel über ,,Das Berlinische Politische Wochenblatt und die politische und soziale Revolution in Frankreich und England, Ein Beitrag zur konservativen Zeitkritik in Deutschland'', (Band 36 der Göttinger Bausteine zur Geschichtswissenschaft, Göttingen–Berlin–Frankfurt 1964), ferner aus Wilmont Haacke: ,,Geistesgeschichte der politischen Zeitschrift'', in: Zeitschrift für Religions– und Geistesgeschichte, herausgegeben von Ernst Benz und Hans–Joachim Schoeps (Köln 1969, Band XXI, Heft 2, S.115–151).

Als gewichtiges Bekenntnis über den eigenen Weg ist Masurs Rechenschaftsbericht über ,,Wilhelm Dilthey und die Probleme der europäischen Geistesgeschichte'' anzusehen. Hierin erweist sich die einstmals aus seinen Berliner Vorlesungen vom Anfang der dreißiger Jahre spürbare Geistesverwandtschaft zu Eduard Spranger und Julius Petersen. Diltheys auf Niebuhr angewandte Charakterisierung trifft nahezu wörtlich auf Masur und sein Schaffen zu. Anstelle kritischer Marginalien sei jener Passus im Wortlaut zitiert: ,,Ein unbezwingbarer Wissensdurst trieb ihn vorwärts, die ganze geschichtliche Welt in ihrer Tatsächlichkeit zu umfassen. So erwuchs aus einem mächtigen Anschauungsvermögen, das in einer anderen Verbindung geistiger Anlagen ihn hätte zum Dichter machen können, in ihm die historische Phantasie, deren Merkmal es ist, mit den Kräften des eigenen Innern die Reste der Vergangenheit zu beleben, die so sich formenden Bilder des Vergangenen beständig zu genießen, um sie daher durch jedes Erlebnis und jede erworbene Einsicht reicher, wahrer, wirklicher, gegenwärtiger zu machen.''

Zu bedauern bleibt, daß die Erhaltung des Dilthey'schen Erbes seit langem nur noch durch den Kreis erfolgt, den Hans–Joachim Schoeps um sein Erlanger Institut für Religions– und Geistesgeschichte und die ,,Gesellschaft für Geistesgeschichte'' sammelte. Hellmut Diwald hat sich bei Schoeps mit einer Forschung des Titels: ,,Wilhelm Dilthey, Erkenntnistheorie und Philosophie der Geschichte'' (Göttingen 1963) bereits im Jahre 1958 zu Erlangen habilitiert. Über Diltheys Nachwirkungen im genannten Kreis unterrichtet ferner: ,,Wider die Ächtung der Geschichte'', Festschrift zum 60. Geburtstag von Hans–Joachim Schoeps, herausgegeben von Kurt Töpner (München–Erlangen 1969). Tatsächlich ist Dilthey im Rahmen der Geisteswissenschaften bisher nicht, wie Masur konstatiert, erschöpfend behandelt worden. Das steht nicht im Widerspruch zu der Tatsache, daß Bernd Groethuysen, Paul Hazard, Johann Huizinga, und Karl Scheffler auf seinen Wegen weitergegangen sind. Letzteres erfolgte nicht zuletzt dank seines zur Nachahmung reizenden Stiles, dessen Kennzeichen vom einem Freunde als ,,malerische Intellektualität'' umschrieben worden sind.

Hat sich Masur in sämtlichen Beiträgen der Aufsatzsammlung stets um verstehendes Klarlegen politischer Verhältnisse, publizistischer Phänomene und schöperischer Persönlichkeiten bemüht, so erweist er sich im letzten Beitrag, der ,,Arnold Toynbees Philosophie der Geschichte'' gewidmet ist, als souveräner Kritiker ans Utopische grenzender Vorstellungen vom Gesamtverlauf irdischer Kulturentwicklungen. Einleitend berichtet er, daß neben der ,,Propaganda'', die ,,gewisse Kreise in den Vereinigten Staaten'' dem gewiß ,,großartigen Werk'' um der ,,religiösen Position'' ihres Autors willen gewidmet hätten, nur ,,eine Handvoll Kritiken von hohem Rang'' erschienen wären. Er streitet der neuen Kulturzyklenlehre jene Weiterwirkung

Erinnerungen an Gerhard Masur

ab, welche die Ideen Herders und Hegels, Comtes und Spenglers auf die Nachwelt hätten. Geschildert werden durch Masur die drei wesentlichen Stufen der schöpferischen Übersicht Toynbees. Als das Feld geschichtlicher Betrachtungen habe er nicht mehr Nationen, sondern Gesellschaften bezeichnet. Masur spräche lieber von Kulturen. Auf der zweiten Stufe führen Toynbees Bemühungen dazu, Kulturen als Ausformungen von Gesellschaften zu umschreiben und schließlich den Rhythmus zu charakterisieren, der ihren Aufstieg und ihre Dekadenz umfaßt. Drittens habe er als Ordnungsmodell einen ,,Urtypus von Hochkulturen'' konstruiert. Mit diesem angesichts vorgefundener geschichtlicher Wirklichkeit willkürlich erscheinenden Maßstab habe er sich das Konzept für deren gültiges Erfassen jedoch verdorben.

Toynbees bekannte und befehdete, weil zu grob vereinfachende Differenzierung von ,,Hochkulturen'' einerseits und ,,primitiven Kulturen'' andererseits will Masur nicht kritiklos nachvollziehen. Warum er Bedenken vorzutragen hat, das erweist er aus eigenen Kenntnissen, die an Universalität denen Toynbees, dessen Belesenheit, aber auch dessen Nachschreiben aus großen Historikern von Tacitus bis zu Trevelyan er Punkt für Punkt überprüft, kaum nachstehen. Hierin erscheint der Kritiker dem Kritisierten durchaus ebenbürtig. Toynbees theoretischer Ansatz, der durch die Formel *challenge and response* terminiert ist, übersetzt er einsichtig und damit leichter deutbar ,,als den ständigen Wechsel zwischen Aktion und Reaktion.'' Hartnäckig, aber begründet wehrt er sich gegen Toynbees rigoroses Unterfangen, ,,die Geschichte in Schubladen'' zu sperren. Das ermutigt ihn dazu, klare Unterscheidungen zwischen dessen phantasiereicher Kulturlehre und den Bemühungen nüchterner historischer Wissenschaft zu treffen. Grob gesagt, wendet er sich von Auswüchsen jeglicher ,,Spenglerei'' empört ab. In ihm bricht, zumal er den Glauben zum Unglauben besitzt, das Erbe gesunden berlinischen Aufklärungs–Skeptizismus durch. Aus solchen Gründen protestiert er gegen eine christlich inspirierte Interpretation des Weltgeschehens. Der augustinische Einfluß auf Toynbee triumphiere letzten Endes über die Kulturkreisidee, womit er ,,die Welt der Geschichte bereits verlassen" habe. Somit ist er bereit, Anregungen aus Toynbee aufzunehmen, aber durchaus nicht gestimmt, dessen Folgerungen unbesehen oder gar ungetestet zu übernehmen.

Insgesamt erweisen sich Masurs Darlegungen zu Wandlungen, wie sie das politische Geschehen in die Geschichte projiziert, wie sie auf die Geschichtsschreibung einwirken und zugleich jederzeit Reflexe in der zeitgenössischen oder nachfolgenden Publizistik hervorrufen, als lesens– und nachdenkenswert. Sie sind anwendungsfähig für jeden, der an irgendeiner Stelle betrachtend oder darstellend im angezeigten Umkreis mitarbeitet. Masurs Erfahrungen wirken umfassend, sein Erkenntnisse aufschlußreich und wegbahnend.

*

In formaler Hinsicht beherrscht er meisterhaft sowohl den wissenschaftlichen Aufsatz als auch die akademische Rede. Darüber hinaus wirkt er als Essayist von Rang. Auf eindringliche Weise wird diese Glanzseite seiner Vorstellungskunst durch die subtil Diktion der Prosa–Stücke ,,Goethe und Napoleon'' und ,,Bismarcks Sprache'' belegt. Gerade diese ,,Versuche'' könnten jederzeit abermals in einer internationalen Revue neben artistischen Schöpfungen aus der im deutschsprachigen Raum raren literarisch–journalistischen Gattung Essay publiziert werden; bieten sie doch historische Darstellung als Lesegenuß.

Sämtliche veröffentlichten Studien Masurs verraten außer breitem und tiefem Wissen, klarem Durchschauen gewesener Gegebenheiten, röntgenscharfer Wiedergabe aufgefundener Charakterzüge in der Darreichung seiner Impressionen Geschmack und Kultur. Durchaus nicht als Abschweifung erweist es sich, an die Gabe des Beschreibens zu denken, die sich Charles–Augustin Sainte–Beuve durch langwährendes Studieren und intensives Arbeiten am endgültigen Ausdruck Thema für Thema stets von neuem mühselig erarbeitet hat. Man vergleiche dazu die Einleitung von Stefan Zweig zu Sainte–Beuve: ,,Literarische Porträts aus dem Frankreich des XVII. — XIX. Jahrhunderts'' (Stuttgart–Zürich–Salzburg 1956). Im Denis Diderot gewidmeten Essay schreibt der Meister der *Causeries du Lundi* über seinen Weg zum gültigen Lebensbild einer markan-

Erinnerungen an Gerhard Masur

ten Persönlichkeit: „Ich habe immer Korrespondenzen, Gespräche, Aufzeichnungen geliebt, alle Einzelheiten eines Charakters, der Sitten, mit einem Wort das Biographische . . . Man schließt sich . . . mit den Schriften eines Berühmten ein, sei er nun Dichter oder Philosoph, man studiert ihn, man betrachtet ihn von allen Seiten, man fragt ihn nach Herzenslust aus, man läßt ihn vor sich Modell stehen." — „Nach und nach fügt sich jeder Zug und nimmt in diesem Gesicht, das man wiederzugeben sucht, den ihm gebührenden Platz ein . . . Dem unbestimmten, abstrakten, allgemeinen Typus, den man auf den ersten Blick erkannt hatte, verbindet sich gradweise eine individuelle, bestimmte, mehr und mehr betonte und lebhafte Realität und verkörpert ihn."

Vom Fortschreiten des Entdeckens, das durch stetes Weiterforschen geschieht, meldet Sainte–Beuve: „Man fühlt dieses Entstehen, man sieht die Ähnlichkeit kommen, den Tag, ja den Augenblick, da man die charakteristische Gewohnheit erfaßt, das entschleiernde Lächeln, die unbestimmte Narbe, die geheime, schmerzliche Furche, die sich unter dem schütter werdenden Haar verbirgt." Man erinnere sich, daß jene Sätze aus dem Zeitalter der Daguerreotypie stammen, als die photographische Technik noch so diffizil zu handhaben war, daß sie, um zu wahrhaftig bestechenden Ergebnissen zu gelangen, der unermüdlichen Geduld des leidenschaftlich neugierigen Künstlers bedurfte. Photograph und Biograph jener Epoche erreichen zum Beschluß ihr Ziel allein dank ihres Fleißes und dank ihres Formwillens, das, in Sainte–Beuves Worten ausgedrückt, lautet: „Im diesem Augenblick geht die Analyse in die Schöpfung auf, das Porträt spricht und lebt: man hat den Menschen gefunden." Derlei Beobachtungen erlauben es, Masurs Edition „Geschehen und Geschichte" mit Sainte–Beuve's Leistung gleichzusetzen. Jener französische Essayist, den Masur im Sinne nachahmenden Strebens studierte, bemerkte seinerzeit über andere Schriftsteller: „Seine Art intimer Studien gewährt jederzeit Vergnügen, und man wird für das, was ein reines und lebhaftes Gefühl daraus macht, immer dankbar sein. Stets werden . . . Geschmack und Kunst auch den kürzesten und persönlichsten Arbeiten einen gewissen aktuellen Wert und einige Dauer leihen, wenn anders sie nur einen, sei es auch nur einen kleinen Teil der Natur oder des Lebens darstellen und mit jenem einzigartigen diamantenen Siegel versehen sind, dessen Abdruck man sogleich erkennt, das, unveränderlich und unübertrefflich, durch die Jahrhunderte überliefert wird. . ."

*

Masur war Berliner von Geburt und aus Leidenschaft. Aus letzten Gesprächen, die 1974 in München im Sommer und im gleichen Herbst in Braunschweig zwischen uns stattfanden, erfuhr ich von ihm, daß er an seinem Buche, das er ,,Das Kaiserliche Berlin" genannt hat, mit dem Herzen hing. In der Tat, es stellt eine lebendige geschriebene, erfrischend formulierte Danksage an all jene unausschöpflichen Anregungen dar, welche ihm keineswegs nur die Republik der Gelehrten der Alexander–Humboldt–Universität, sondern Charme und Zauber jener Weltstadt von Jugend an schenkten. In diesem Buche hat er sich von seinem Heimweh nach der Vaterstadt freizuschreiben versucht. Daß er unter jenem seelischen Syndrom bis in seine letzten Tage litt, hat er nur äußerst selten offenbart; dazu war er, wie wiederum in seinen Memoiren zu erfahren ist, mitunter zu schüchtern oder gar zu ängstlich. Ein solcher Komplex klang jedoch durch, sobald er nahen Freunden zu erklären hoffte, warum er an ihn ergangene Rufe auf renommierte Lehrstühle wie Tübingen oder Berlin–Dahlem nicht mehr zu folgen vermochte.

Masurs Bild der Reichshauptstadt reicht über glanzvolle Berolinensia wie H.O. Modrows ,,Berlin um 1900" (Berlin 1934), ja selbst über Peter von Mendelssohns ,,Zeitungsstadt Berlin" (Berlin 1959) weit hinaus. An Passion zu jener Weltstadt auf Bewährungsfrist hat es bisher weder in den anspruchsvollen noch in den gewiß lesenswerten, dennoch oberflächlich formulierten Dankeserklärungen wie Gabriele Tergits ,,Käsebier erobert den Kurfürstendamm" (Berlin 1932) oder Pems ,,Ich hab noch einen Koffer in Berlin" (München 1950) jemals gefehlt.

Masurs gründliche Studie hingegen erweist sich als in jederlei Sinn stichhaltige Konfession einer leidenschaftlichen Zuneigung zur lebensgefährdeten City.

Erinnerungen an Gerhard Masur

Sowohl die englische Fassung wie die deutsche, übrigens eine von Charlotte Roland und Hans Maeter sensibel durchgeführte Übersetzung, beginnt mit einem entwaffnenden Geständnis des kundigen und gründlich belesenen Darstellers jener unvergeßlich glanzvollen und törichten Jahrzehnte. Meldet Masur doch schlicht, daß er sich, als er das Thema übernahm, dachte: das habe ich im Griff, das schreibe ich auf Grund meiner Erinnerungen, meiner Erfahrungen, meiner Begegnungen, ja meiner Belesenheit leicht auf. Kaum begonnen, so keineswegs zerronnen!

Als gewiß einer der letzten Historiker aus der alten Berliner Schule, erkannte Masur, während er an dem Buch arbeitete (nicht ohne tätige Selbstironie), daß man über einstige Berliner Prominenzen ein Jahrhundert nach ihrer Existenz keine noch so amüsante Geschichte erzählen darf, ohne sie über gewissenhaftes Nacherzählen haushoch zu erheben.

Quellen und Dokumente hat Masur weidlich gewälzt und genützt. Wahrhaftig: Masur hat es sich nicht leicht gemacht, endlich und womöglich endgültig das bleibende Erinnerungsbild an ein Stadtgebilde zu schildern, dessen erste Konzeption zu kurios war, um in die Treppenwitze der Weltgeschichte eingereiht zu werden. Bestanden hat es zu Beginn lediglich aus Dörfern. Sie lagen zwar ringsum, jedoch in jedem Falle vor dem späteren Brandenburger Tor. Von der Hauptstadt preußischer Könige bis zur nach Versailles I entstandenen Weltstadt Berlin, folgt Masur allen geistesgeschichtlich bedeutsamen Spuren ihres Werdens. Humorvoll behandelt er die Jahre der Hochkonjunktur, welche dem Siege von 1871 folgten. Glanz und Komik einer in Uniformen brillierenden und seinerzeit durch Kühnheit der Decolletés das *deuxième empire* Napoleons des III. unvermittelt in den Schatten stellenden, jedoch sich neu bildenden Berliner Gesellschaft (Reserveleutnants, Referendare *juris* und Bankierstöchter aus Grunewald I und II) wird durch Masur mittels magischer Beleuchtung unentrinnbar hart und herzlich aufgehellt.

Trug es das damalige Berlin wirklich in sich, Weltstadt zu werden? Wies es diese Kraft nicht bereits unter Manikern martialischer Kostümierung wie Bismarck I. und II., Wilhelm I. und II., Bülow, und Tirpitz in ebenso grotesken wie aus sozio–

psychogenetischer Sicht überaus liebenswert theatralischen Zügen auf? Welche ein *pompe*, aber wie lange vor 1918 zugleich *funèbre*?

Ein jeder, der noch eine leise Ahnung davon in sich trägt, wie fruchtbar Berlins Publizistik, seine Zeitungen, seine Zeitschriften, seine Literatur, seine Gelehrsamkeit — völlig jenseits jener Majestät Wilhelm II., waren, erkennt aus Masurs präzis erarbeiteten Schilderungen respektvoll: Realität. Nie zuvor sind Universalität und Urbanität des alten Berlin so liebe–, ja verständnisvoll geschildert worden.

*

Man nehme dies Vorwort nicht nur als Erinnerung oder als Erinnerungen an Gerhard Masur, sondern man akzeptiere es als Wegweiser zu dem Gesamtwerk einer geistig–schöpferischen Persönlichkeit von Rang. Als willkommene Ergänzung zur vorliegenden Hinterlassenschaft des beschlagenen Berichterstatters über Geist und Ungeist vergangener Epochen sollten seine Liebhaber die vorletzte Publikation ins Auge fassen. Es handelt sich um ,,Erinnerungen aus meinem Leben'', die sein Großvater, Heinrich Strassmann, an der Wende von 1899 auf 1900 zu Berlin für seine Kinder aufgeschrieben hatte. (In: Jahrbuch für die Geschichte Mittel–und Ostdeutschlands, Publikationsorgan der Historischen Kommission zu Berlin, Band 23, 1974). Eingangs berührt Masur darin das Problem des ,,Scheiterns der deutsch–jüdischen Symbiose.'' Versöhnlich bemerkt er: ,,Soll man darum den Versuch der Assimilation deswegen als einen Fehlschlag bezeichnen? Die Tatsache, daß das deutsche Volk sein Schicksal einem Besessenen überantwortete, der seine eigene Minderwertigkeit durch die Vernichtung von sechs Millionen Menschen auszulöschen versuchte, scheint mir dies nicht zu beweisen.'' Eine an der gleichen Stelle formulierte Forderung lautet, daß die Wissenschaft dieser Frage abermals nachgehen müsse. Voller Melancholie spricht er in jenen Passagen vom dahingegangenen deutschen Bildungsbürgertum zu dem er sich ,,auch nach der Emigration aus Deutschland in der Diaspora'' weiter zählte.

In seinem letzten, in der Bundesrepublik gehaltenen Vortrag,

Erinnerungen an Gerhard Masur

den Masur anläßlich einer Tagungs–Abschluß–Sitzung des „Verbandes der Historiker Deutschlands" am 5. Oktober 1974 in Braunschweig unter dem Titel „Der nationale Charakter als Problem der deutschen Geschichte" hielt, gab er einen über zweitausend Jahre hinweg führenden Überblick über viel Misere und wenig Glück in der deutschen Geschichte. Als Zuhörer hatte man — inmitten jenes Publikums — den Eindruck, daß nur wenige Hörer seinen treffsicher ausgewählten Signaturen begangener Fehler und versäumter Korrekturen zu folgen vermochten. Offensichtlich mangelte vielen von ihnen — dies eine Frucht der in der Bundesrepublik jahrelang verübten und verbrochenen „Ächtung der Geschichte" die notwendigen Vorkenntnisse für die von Masur aufgelichteten Zusammenhänge. Nach dem Referat äußerte ich meine Glückwünsche zu seiner, was die aufgewiesenen Wendemarken (Namen, Daten, und Fakten) angeht, rasanten „Fahrt über den Bodensee." Er winkte ab und äußerte sarkastisch wie vor Jahrzehnten, jedoch nunmehr voller Bitterkeit: „Das Beste mußte ich weglassen. Die Leute mögen Geist nicht und Geistreiches schon gar nicht. Das habe ich schon vor 1933 erfahren; aber mit der den Deutschen innewohnenden Mangelkrankheit, es ist ihre Humorlosigkeit, ist es inzwischen nur noch schlimmer geworden."

An jenem Abend, es war meine letzte persönliche Begegnung mit Masur, war ihm ausnahmsweise sein an Theodor Fontane gereifter Berliner Witz abhanden gekommen. Die Druckfassung, offensichtlich noch von ihm selbst gekürzt, ist erst nach seinem Ableben erschienen (Historische Zeitschrift, Band 221 – 1975, S. 603–622). Sie endet mit einem lakonischen Satz, der noch einmal den ganzen Masur in seiner Differenziertheit und Distanziertheit beinhaltet: „Und so wollen wir es denn dabei belassen, die Besonderheiten der deutschen Geschichte aufzuweisen, und überlassen es den Propheten, zu behaupten, das alles, was geschah, so kommen mußte, wie es geschehen ist."

Vorbemerkung

Wenn ich einer Bestätigung für mein Unternehmen bedürft hätte, so hätte ich sie in jenen Wörtern Goethes finden können. Aber, um die Wahrheit zu sagen, an Ermutigungen hat es mir nicht gefehlt. Viele Menschen, denen ich in meinem Leben begegnet bin, junge und alte, besonders aber die Jüngeren, haben mich gefragt, ob ich nicht meine Erinnerungen aufzeichnen wollte. Ich selbst habe seit vielen Jahren mit diesem Gedanken gespielt, ohne mich je dazu durchringen zu können. Ich war mir nie über die Form im klaren, die eine solche Mitteilung haben sollte. Ich dachte zuweilen daran, es in romanhafter Form zu versuchen, habe mich aber dieses Gedankens entschlagen. Einmal weil ich nicht weiß, ob ich eine Gattung meistern könnte, in der ich völlig unerfahren bin; zum anderen aber, weil eine direkte autobiographische Darstellung größere Wahrheit verspricht. Der Fallstricke, die sich jedem Versuch dieser Art entgegen stellen, bin ich mir nur all zu bewußt. Wer jemals in die ,,Confessions'' Jean Jacques Rousseaus hineingesehen hat, weiß, daß zwischen Selbstbespiegelung und Selbstentblößung ein schmaler Pfad geht. Und dies ist nicht die größte Schwierigkeit, die sich einem solchen Unterfangen entgegenstellt.

Wer sich einmal darum bemüht hat, fremdes Leben zu analysieren, mag geneigt sein zu glauben, es müsse leichter sein, sich selbst zu begreifen, als sich in eine fremde Persönlichkeit zu versetzen. Aber an dem ist es nicht. ,,Jeder ist sich selbst der Fernste'', sagt Nietzsche, der es doch wissen mußte.

Wie seltsam sehen uns die Tagebücher an, die wir als Knaben und junge Menschen geschrieben haben. Und gar Briefe, wenn sie uns nach Jahren wieder in die Hände kommen, nehmen eine geologische Qualität an. Sie sind die Versteinerungen der Seele. Habe ich dies wirklich geschrieben, fragt man sich nicht ohne Scham, und gibt es eine Entschuldigung dafür in diesen abgestorbenen Papieren zu wühlen? Läßt die Toten ihre Toten begraben. Aber ist die Vergangenheit je wirklich tot, kann je etwas, was geschehen ist, völlig ausgelöscht werden?

Wenn es Historiker gibt, die wie Ranke ihr Selbst gleichsam auszulöschen wünschen, so gibt es auch den entgegengesetzten Typus, der für seine Bestrebungen die Fragen in sich findet und in der Geschichte nach den Antworten sucht. Wohin ich gehöre, habe ich seit langem gewußt. Alle meine Bücher sind Bruchstücke einer Autobiographie. Aber, so wird man sagen, wozu dann noch eine Selbstdarstellung? Manche Menschen, denen ich in meinem Leben begegnet bin, werden in diesem Unternehmen nur den Ausdruck eines unersättlichen Egotismus sehen, der sich immer als das Zentrum des Universums gefühlt hat. Ich will gestehen, daß diese Überzeugung mich durch mein bewußtes Leben begleitet hat, glaube aber, daß dies im Grunde der Fall jedes Menschen, ja jedes Lebewesens ist. Wäre es anders, so würden wir den Tod nicht fürchten. Wir alle wissen, daß das Universum mit uns beginnt und für uns, mit uns, erlöscht, wenn wir sterben. Daß die Welt davon nicht berührt wird, ist eine andere Sache, die diese Perspektive nur noch schmerzlicher macht.

Menschen, die Nachkommen haben, mögen sich damit trösten, daß sie das Ihre zu dem Strom des Lebens beigetragen haben, und dies Gefühl macht es Frauen leichter diesem Problem ins Auge zu sehen oder es zu ignorieren. Menschen, die Geschichte gemacht haben, mögen sich damit abfinden, daß sie ihren Anteil an der Formung des menschlichen Gemeinschaftslebens gehabt haben und darin ihre Befriedigung finden. Den Großen dieser Welt hat es nie an Zuversicht gefehlt, daß ihre Werke fortleben werden, „*as long as men can breathe or eyes can see*." Es bedarf keines Wortes, daß ich keinen Anspruch auf solche Beständigkeit machen kann.

So kann ich zu meiner Rechtfertigung nur sagen, daß ich dies Buch schreiben wollte, weil ich es seit langsam mit mir herumgetragen habe und daß mich noch immer des Bewußtsein erfüllt, daß in all diesen Jahren etwas in mir war und in mir umtrieb, das ich nicht auszudrücken vermochte. Es ist kein anderer Wunsch, als der, der die Seelen in Dantes Purgatorio erfüllt, und sie sagen lässt: *ricordati di me*.

ERSTER TEIL

1901–1936

Und von alledem schwebt ein Erinnern
Nur noch um das ungewisse Herz.

GOETHE

Mosaik einer Kindheit 1

ZWISCHEN meinem sechsten und meinem zehnten Jahre wurde ich oft von einem Traum gequält, aus dem ich in Angst und Schrecken erwachte und hilfesuchend nach den Armen eines Erwachsenen verlangte. Oft war es eine meiner älteren Schwestern, zuweilen eines der Dienstmädchen, die mich trösteten und bei mir blieben, bis ich wieder eingeschlafen war. Der Alpdruck war dieser: ich war in einem großen Raum, der wie ein Amphitheater angelegt war. Am Ende des Raums stand ein Podium mit einem Sprechpult, hinter dem mein Onkel Paul stand. Langsam begann sich der Raum zu vergrößern, bis er schließlich meinen Onkel und mich zu verschlingen begann. Zuweilen habe ich mir diesen Traum so ausgelegt, daß er eine Erinnerung an meine Geburt war. Mein Onkel Paul Strassmann war Gynäkologe, der meiner Mutter bei meiner Entbindung beigestanden hatte, die, nach der Sitte der Zeit, in unserer Wohnung stattfand. Aber ich weiß, daß dies bestenfalls Spekulation ist. Um bei den Tatsachen zu bleiben, bin ich am 17. September 1901 in der Schellingstraße in Berlin geboren worden. Ich war das vierte Kind meiner Eltern.

An die ersten Jahre meines Lebens, habe ich keine Erinnerungen. Kurz vor meinem dritten Jahre zogen wir aus der
Schellingstraße nach Blumeshof, genau gesprochen, nach
Blumeshof 12. Dort hat meine Familie 31 Jahre gewohnt, und die
erste Hälfte meines Lebens ist mit diesem Hause unlösbar verknüpft. Das Haus ist von Walter Benjamin in seiner *Kindheit um
Neunzehnhundert* sehr reizend beschrieben worden. Falls mich
mein Gedächtnis nicht im Stich läßt, wohnte seine Großmutter in
diesem Hause, aber ich bin ihr nie begegnet. Das Haus selbst, so
wie die kleine Straße, die nur 18 Häuser zählte, und das
Stadtviertel, in dem sie lag, gehören zu den Elementen meines
Seins, und wenn ich mir nicht das Heimweh seit langem
abgewöhnt hätte, so würde ich vielleicht noch heute nach diesem
Hause Heimweh fühlen. Das Haus freilich steht nicht mehr, es
ist ausgebombt worden, so wie die ganze Straße, und überbaut
worden. Blumeshof ist heute ein Hotel in West-Berlin.

Wie dem auch sei, dort habe ich mehr als 30 Jahre gelebt und
meine erste bewußte Erinnerung stammt von dort. Es war der
Geburtstag meines Vaters, der 3. Oktober, der wie alle
Geburtstage in unserer Familie mit ziemlicher ,,Angabe"
gefeiert wurde. Die Wohnung war angefüllt mit dem Geruch von
Kuchen, Wein, und Blumen, unter denen Reseda und Goldlack
überwogen; sie waren die Lieblingsblumen meines Vaters. Ich
sehe meine jüngste Schwester Elizabeth, die wir Liesel nannten,
auf dem Arm unseres Kindermädchen vor mir. Sie trug ein
weißes Piquékleid und sollte den versammelten Gratulanten
präsentiert werden. Elizabeth war damals noch nicht ein Jahr
alt. Das Kindermädchen hieß Frieda, und wir hingen schwär-
merisch an ihr. Sie hatte krauses braunes Haar und braune
Augen, und wir verbrachten viele Stunden mit ihr. Ihr Vater war
im Forstdienst, und ihr Bruder war Chauffeur, und dies alles war
ihr Stoff zu unendlichen Erzählungen, denen wir nie müde
zuzuhören wurden. Als sie unser Haus verließ, heiratete sie
einen Briefträger, da sie aber in unserer Nähe wohnte, konnten
wir sie oft besuchen. Sie ist noch als junge Frau am Krebs
gestorben.

Das Haus Blumeshof 12 war in seiner Anlage einzigartig,
wenigstens für ein Berliner Wohnhaus. Es war von dem
nächsten Haus, Nummer 13, durch ein schmales Gartenstück

getrennt. So war die Anordnung der Wohnung von der typischen Berliner Wohnung in sofern verschieden, als die Front aus drei großen Zimmern bestand, die auf die Straßenseite gingen. Statt des dunklen Durchgangszimmers, das den meisten Berlinern als Esszimmer diente, hatten wir einen übergroßen Raum, fast einen Saal mit drei großen Fenstern und einer Tür, die sich auf einen Balkon öffnete. Der ganze hintere Teil der Wohnung, mit Ausnahme der Küche, des Bades, und des Schlafzimmers der Dienstmädchen, blickte auf jenes Gartenstück, daß uns von dem Nachbarhaus trennte. Der Balkon war so lang, daß er von zwei Zimmern aus zugänglich war. Im Sommer saßen wir dort im Schatten einer Marquise (die jedes Jahr von Tapezier angebracht werden mußte), und erfreuten uns der drei Bäume des Gartens. Wir konnten von dort auch auf die Gärten des Elizabethkrankenhauses sehen und zuweilen die Schwestern singen hören. Vielleicht kann nur ein Großstädter verstehen, wie viel uns dies bischen Grün in einer Welt von Asphalt und Ziegel bedeutete.

Ein Korridor lief die ganze Länge der Wohnung entlang, und alle Zimmer, mit Ausnahme des Wohnzimmers, öffneten sich auf diesen Gang. Die Wohnung lag im ,,dritten'' Stockwerk, in Wirklichkeit aber im vierten, da der erste Stock in Berlin nicht mit zählte sondern als ,,Parterre'' bezeichnet wurde. An Fahrstuhl war nicht zu denken. Die Treppen waren mit roten Samtläufern belegt, die von großen Messingstangen im Platz gehalten wurden. Unter diese Samtläufer habe ich oft mein Frühstück versteckt, wenn ich es nicht essen wollte. Die Treppen waren steil und ich habe mich manchmal gefragt, ob sie nicht das Ihrige zu dem Herzleiden meines Vaters beigetragen haben. Aber er hing an dieser Wohnung, wie wir alle, und war nicht dazu zu bewegen, sie für eine andere mit größerem Komfort zu vertauschen. Komfort gab es überhaupt kaum, es sei denn man rechnete hohe Zimmerdecken und Raum dazu. Die Zimmer wurden durch Kachelöfen beheizt, da es deren zehn gab, so hatten die Dienstmädchen ihre liebe Not, im Winter die Briketts heranzuschleppen, die Asche herauszunehmen und was dergleichen mehr war. Ebenfalls gab es kein fließendes Wasser in den Schlafzimmern. Das Wasser wurde am Küchenherde gewärmt und dann in großen Krügen in die Schlafzimmer getragen. Mit amerikanischen Verhältnissen vergleichen, war alles primitiv und wäre ohne Haushaltshilfe nicht zu bewerkstelligen gewesen. Und doch liebten wir diese Wohnung; der Gedanke in einem Vorort im eigenen Hause zu wohnen, war niemals diskutiert worden.

Wenn ich die Seiten, die ich geschrieben habe, überlese, so bemerke ich, daß ich weniger von mir gesprochen habe als von ,,uns". Und rückschauend erscheint mir das seltsam, da ich alle Familienbande hinter mir gelassen habe und mehr als einmal versucht war, mit André Gide auszurufen: ,,Familien, ich hasse sie." Aber diese Gefühl ist fast allmählich über mich gekommen, nach der großen Wasserscheide von 1933, wo die Familienbande so leicht zerbrachen wie alle anderen menschlichen Bezüge; jeder auf sich selbst gestellt war, und für sich zu kämpfen hatte, wenn er nicht untergehen wollte. Für meine Kindheit und für meine Jugend trifft diese Gefühl der Entfremdung und der Isolierung nicht zu. Meine Kindheit war glücklich, und die Konflikte, an denen es nicht gefehlt hat, blieben im Bereiche des Alltäglichen, um nicht zu sagen des Banalen.

Mein Vater hieß Emil Masur und war am 3. Oktober 1861 in Bernstadt in Schlesien geboren. Meine Mutter hieß Frieda Strassmann mit ihrem Mädchennamen und war am 6. November 1869 in Berlin auf die Welt gekommen. Über die Familie meiner Mutter bin ich besser informiert als über die meines Vaters, einmal weil die Strassmanns in Berlin eine gewiße Prominenz erlangt hatten, vor allem aber weil mein Großvater, Heinrich Strassmann, für seine Kinder und Enkelkinder Erinnerungen niedergeschrieben hat, die in meinem Besitz sind.

Von meines Vaters Eltern weiß ich nur wenig. Mein Großvater väterlicherseits war Kantor in der kleinen jüdischen Gemeinde, und mein Vater blieb dem Judentum auch nach seinem Übertritt zum Christentum näher als meine Mutter. Doch war diese Verbindung mehr rituell als religiös. Er kannte jiddische Worte, liebte jüdische Speisen und hatte den jüdischen Humor, der so unverkennbar ist und den man doch kaum definieren kann. Er war der jüngste Sohn von dreizehn Geschwistern. Heute weiß ich nur von wenigen Nachkommen dieser großen Familie. Da seine Eltern früh starben, war er schon mit vierzehn Jahren Vollwaise. Wie es ihm gelang, dennoch durch das Gymnasium zu kommen und schließlich auf die Universität

zu gehen, habe ich nie erfahren. Vielleicht weil ich nie danach
gefragt habe. Seine älteren Geschwister haben ihm gewiß geholfen; desgleichen wohl auch reiche Freunde, an denen es nicht
mangelte. Mit einem dieser Schulfreunde, Dr. Albert Oliven,
verband ihn eine intime Freundschaft bis zum Tode Olivens im
1921. Ob die Universitäten, Breslau, Tübingen, und Leipzig,
meinem Vater viel bedeutet haben, wüßte ich nicht zu sagen.
Das Studium der Rechte, auf das er sich warf, muß jedoch einer
tieferen Neigung entsprochen haben. Mein Vater war ein
weicher, um nicht zu sagen, sentimentaler Mensch mit einem
eingewurzelten Gefühl für das, was Gut und Recht ist, in der
platonischen Sprache für das Gerechte. Der Konflikt zwischen
dem geschriebenen Gesetz und dem Gerechten hat ihn manche
schlaflose Nacht gekostet, und ich weiß, daß er zuweilen gegen
die Vorschriften des Gesetzes gehandelt hat, wenn es darum
ging, Menschen vor Not oder Unglück zu bewahren.

Auf der Universität hatte er sich einen großen Freundeskreis
geschaffen, im wesentlichen Männer, die sich in der gleichen
Lage wie er selbst befanden, also Akademiker jüdischer
Abstammung. Nicht alle sind mir im Gedächtnis geblieben, aber
zwei möchte ich erwähnen: Paul Marx, der später Redakteur des
Tags in Berlin und Vorsitzender des Vereins der Berliner Preße
wurde; er war ein stolzer, hochgewachsener Mann, der
Junggeselle geblieben war und der während des ersten
Weltkriegs fast jeden Sonntag bei uns zu Gast war. Von ihm
empfingen wir die ersten Warnungen, daß nicht alles in diesem
Kriege nach Wunsch ging. Der zweite Freund war Dr.
Wechselmann, Spezialist im Gebiet der Dermatologie und Direk-
tor der dermatologischen Abteilung im Virchowkrankenhause.
Wechselmann war einer der ersten Ärzte, die mit Ehrlichs Salv-
arsan experimentierten. Außerdem war er Gourmet und Wein-
kenner ersten Ranges, und da wir Nachbarn waren, habe ich oft
bei ihm gegessen und getrunken und seinem Paradoxen
zugehört. Wie die meisten Dermatologen war er ein überzeugter
Zyniker. Es geschah in seinem Hause, daß mein Vater meine
Mutter kennenlernte. Wie ich schon erwähnte, war sie eine
Strassmann, und, wie die meistens Strassmanns, sich ihrer Position sehr bewußt.

Die Strassmanns kamen aus Rawitsch in der Provinz Posen. In

den Erinnerungen meines Großvaters sind die dürftigen Umstände, unter denen er und seine Geschwister aufwuchsen, anschaulich beschrieben. Sein Vater, d.h., mein Urgroßvater mütterlicherseits, gehörte zu den Honoratioren der kleinen jüdischen Gemeinde, jedoch nicht wegen seines Wohlstandes, sondern wegen seiner Kenntnis der Thora und der heiligen Schriften. Außerdem war er ein Liberaler im Sinne des frühen 19. Jahrhunderts, der davon durchdrungen war, daß Erziehung der Weg zur Freiheit und zum Aufstieg war. In diesem Geistes hat er seine Kinder erzogen, von denen sechs die armseligen Verhältnisse ihrer Jugend überlebt haben. Dessen ungeachtet, hielt er es nicht für seine Pflicht, für den Unterhalt der Familie zu sorgen. Es war weniger der Glaube, daß man wie die Lilien des Feldes leben solle, die weder säen noch ernten, sondern eine Art von intellektuellem Stolz oder, wenn man will, Dünkel, der ihn erfüllte, und ihn seine Zeit in Diskussionen religiöser und politischer Probleme verbringen ließ. So fiel es meiner Urgroßmutter zu, daß tägliche Brot und die Notwendigkeiten des Daseins zu beschaffen, und das hat sie auch auf ihre Weise getan, die unter den Umständen, die einzig mögliche war. Sie ging mit einem schweren Bündel von Haus zu Haus und verkaufte Tücher, Bänder, und Weißzeug. Wie sie es fertig gebracht hat, damit ihren Mann und ihre Kinder zu erhalten, ist mir ein Rätsel. Mein Großvater und gewiß auch die anderen Kinder hatten für sie eine unendliche Bewunderung und konnten ihr später im Leben, die Mühsal und die harte Arbeit vergelten.

Mein Urgroßvater hatte jedoch Einsicht genug, seine Söhne auf das christliche Gymnasium zu schicken. Er begegnete dabei weniger Opposition unter den Lehrern der Schule als unter seinen eigenen Glaubensgenossen. Das hat ihn aber nicht angefochten. Die Knaben müssen sich auf eigene Hand geholfen haben, denn auf Zuschüße von dem Vater oder der Mutter konnten sie nur in großen Zeitabständen hoffen.

Der älteste Sohn, Wolfgang, kam schon vor der Revolution von 1848 nach Berlin, um Medizin zu studieren. Wie sein Vater war er auch ein überzeugter Liberaler, wurde in die Wirrnisse der Revolution verstrickt und aus Berlin ausgewiesen. Später gelang es ihm jedoch nach Berlin zurückzukehren und dort seine Praxis auszuüben. Er wurde in den Berliner Stadtrat gewählt,

danach in den preußischen Landtag und schließlich Stadtverordentenvorsteher; als er starb nannte die Stadt eine Straße nach
ihm. Unter Hitler wurde sie umgetauft, aber nach 1945 hieß sie
wieder Strassmannstraße, und so heißt sie noch heute in Ost-
Berlin. Wolfgang zog auch die anderen vier Brüder nach Berlin.
Drei studierten wie er Medizin, und der vierte, der weniger
begabt war, wurde Polier. Das war zu jener Zeit ein viel ver-
sprechendes Gewerbe, da Berlin sich auszudehnen begann, und
die Bautätigkeit florierte.

Die drei anderen—Samuel, Heinrich, und Ferdinand—wurden
Ärzte und brachten es bald zu Wohlstand und Ansehen. Mein
Großvater absolvierte seine Dienstpflicht und zeichnete sich bei
Düppel aus, so daß er mit einem Orden nach Berlin
zurückkehren konnte. Unter antisemitischen Anfeindungen hat-
ten sie nicht zu leiden. Ihr Aufstieg fiel in die 50iger und 60iger
Jahre, also in jenen Jahrzehnte bevor der Antisemitismus sich
des deutschen Volkes bemächtigte.

Alle fünf Brüder haben sich mit Mädchen aus jüdischen Familien verheiratet und alle sind dem jüdischen Glauben treu geblieben, obschon ich nicht glaube, daß sie es aus religiöser Überzeugung getan haben. Mein Großvater teilte den Pessimismus,
der in seiner Epoche Mode war, und liebte es Leopardi zu
zitieren. Das Heiraten waren zu jeder Zeit noch eine ernsthafte
Angelegenheit, da das Leben beständig und alles auf Dauer und
Kontinuität angelegt war. Zwei Brüder, Samuel und mein Großvater Heinrich, heirateten zwei Schwestern, Töchter eines
reichen Kaufmanns, Heinrich Levi. Ich habe keine Kenntnis
davon wie er zu seinem beträchtlichen Wohlstand gekommen
hatte, und weiß nur, daß er auf drei Millionen Taler geschätzt
wurde, was heute einem Vermögen von 30 Millionen entsprechen würde. Er war. so erzählte mir meine Mutter, ein
selbstbewußter Mann, dem man besser tat, nicht zu widersprechen. Meine Großmutter Louise hat einige dieser Züge
geerbt; sie war eine harte, geldestolze Frau, eine Art von Jenny
Treibel. Aber, wie ich noch berichten werde, hatte sie auch ein
schweres Kreuz zu tragen, und es mag wohl sein, daß das Leid,
das ihr auferlegt wurde, sie unzugänglicher gemacht hat, als es
sie als junges Mädchen gewesen war.

Der berufliche Erfolg und die gesicherte soziale Position erfüllten die fünf Brüder mit einer Genugtuung, die man ihnen nachfühlen kann. Mit ihren Kindern und Anverwandten bildeten sie einen Klan, der groß genug war, ihren gesellschaftlichen Bedürfnissen genüge zu tun. An Freunden hat es ihnen nicht gefehlt, aber im großen und ganzen verkehrten sie meist miteinander. Die vielen Geburtstage, die Festtage im Jahre, boten Gelegenheit zu ständigen Besuchen der Familienmitglieder untereinander. Essen und Trinken spielte dabei eine so große Rolle wie im Hause Buddenbrook, und nach der Tafel zogen sich die Herren zum Kartenspiel zurück. Im allgemeinen war es Skat, und ich muß zu meiner Beschämung gestehen, daß es mir nie gelungen ist, die Regeln dieses Spiels zu erlernen, wie mir denn auch Bridge und Poker Bücher mit sieben Siegeln geblieben sind.

Das Leben der Familie Strassmann in der ersten Generation war das einer typisch deutschen Bürgerfamilie, und so wurde auch ihr Geschmack von den Urteilen und Vorurteilen der deutschen Bourgeoisie beherrscht. Gustav Freytag, Spielhagen, *e tutti quanti* waren ihre bevorzügste Lektüre, neben den ,,Klassikern'', die in keinem deutschen Bürgerhause fehlen durften. Wenn ich sage, Bourgeoisie, so muß ich hinzusetzen, daß sie sich zu dem sogenannten Bildungsbürgertum gezählt haben würden. Obschon sie sich alle vorteilhaft verheiratet hatten, war Besitz oder Geld nicht der ausschlaggegende Wert in ihrem Leben. Soweit ich weiß, haben sich auch in den späteren Generationen nur wenige Männer dieser Familie für eine Laufbahn in der Industrie, dem Bankwesen oder dem Handel interessiert. Unter den Strassmanns überwog die Ausrichtung auf die Medizin. Die ältere Generation versuchte die Profession des Ärztes mit der Politik zu verbinden. Ich habe schon von meinem Großonkel Wolfgang gesprochen. Sein Bruder Ferdinand, der jüngste der fünf, übte seinen Beruf so lange aus, bis er sich eine gesicherte finanzielle Position geschaffen hatte und wandte sich dann der städtischen Politik zu. Er kandidierte für die Position eines Stadtrates und übte 25 Jahre lang das Amt des Dezernenten für das städtische Gesundheitswesens in Berlin aus. Er war ein Mann von großer Bescheidenheit sowohl in seinem persönlichen Auftreten und Ansprüchen, wie auch in der Einschätzung seiner eigenen Fähigkeiten. Dabei war er von einem unerschütterlichen Gleichmut, und ließ sich, wie man in Berlin sagte, „nicht aus der Ruhe bringen." Wenn es in der Berliner Stadtverwaltung zu Abstimmungen kam, die einen seiner Verwandten betrafen, so schloß er sich von der Wahlhandlung aus. Im Alter von 81 Jahren erlitt er einen Unfall, der ihn zwang, im Rollstuhl zu leben, und er gab seine Stellung auf. Er erlebte es noch, daß die Stadt Berlin ihn an seinem 90 Geburtstag zum Ehrenbürger machte und ist mit 91 Jahren gestorben.

Nicht alle Brüder teilten den Wunsch, in die Politik zu gehen. Mein Großvater zog sich schon früh von der Ausübung seines Berufes zurück und lebte ein Leben der Muße, das ihm sein erhebliches Vermögen erlaubte. Die fünf Brüder hatten keine sozialen Ambitionen, die sie aus ihrem Kreis herausgeführt haben würden. Sie suchten keinen Anschluß an andere Gesellschaftskreise, sei es das Besitzbürgertum oder gar die preußische, bürokratische oder militärische Oberschicht. Das änderte sich natürlich in der zweiten und noch mehr in der dritten, d.h., meiner eigenen Generation. Aber das Interesse an intellektuellen und akademischen Berufen blieb unverändert.

Meine Mutter war das dritte Kind ihrer Eltern. Der älteste Sohn, Paul, folgte seinem Vater und wandte sich dem Gebiet der Gynäkologie zu. Der zweite Sohn, Ernst, war in mancher Beziehung begabt und gewinnend, er besaß Charme, ein ausgezeichnetes Gedächtnis, und eine besondere Begabung für Sprachen. Auch er wollte, oder sollte, Mediziner werden, hat sein Studium aber nie abgeschlossen. Statt dessen wandte er sich dem Bankwesen zu; aber es zeigte sich bald, daß er sich nicht mit dem Leben eines Bürgers um 1890 zufrieden geben würde. Er begann zu spielen, verlor großen Summen, deckte seine Schulden durch Unterschlagungen, und wurde schließlich aus der Bank herausgeworfen. Die Strafverfolgung konnte nur dadurch vermieden werden, daß sich seine Eltern bereit erklärten, alle finanziellen Schäden zu ersetzen. Er wurde dann, wie es am Ende des 19. Jahrhunderts üblich war, nach Südamerika verschickt, zuerst nach Brasilien, wo er erneut in Konflikt mit dem Gesetze kam, und schließlich nach Punto Arenas, dem südlichsten Hafen Chiles. Die Bedingungen, unter denen sich seine Eltern dazu verstanden hatten, seine Fehltritte zu vertuschen, waren zwei: erstens, daß er nie nach Deutschland, geschweige denn Berlin, zurückkehren dürfe, zum anderen, daß er in ihrem Testament auf den „Pflichtteil" gesetzt würde, da seine Unterschlagungen so hoch waren, daß sie nur durch Angriff des Familienkapitals begleichen werden konnten, was für die Menschen der Vorkriegszeit die Sünde wider den heiligen Geist war.

Für meine Großeltern waren die Seitensprünge ihres Sohnes eine große Enttäuschung, die ihnen die Jahre des Alters vergällten. Besonders meine Großmutter hat ihm nie vergeben, daß er von der Norm des bürgerlichen Lebens abgewichen war. Jedenfalls wurde von „Ernst" nur im Flüstertone gesprochen, meistens so, daß die Kinder es nicht hören und gewiß nicht verstehen konnten. Und doch war die Sorge um ihn leichter zu ertragen, als der Kummer, den meinen Großeltern die Geburt ihres vierten Kindes bereitete.

Sie kam ein Jahr nach der Geburt meiner Mutter zur Welt und war taubstumm. Die erbliche Belastung kam wahrscheinlich von der Familie meiner Großmutter; auch sonst hat es an pathologischen Fällen in unserer Familie nicht gefehlt. Heute, wo wir mehr über Erbgut, Chromosomen und Genen wissen, ist es leichter über solche Ereignisse zu sprechen als vor hundert Jahren. Meine Tante, die Helene hieß, muß ein schönes Mädchen gewesen sein, Noch im Alter bewahrte sie Spuren eines vollkommenen Profiles. Auch hatte sie künstlerische Gaben, sie zeichnete und malte. Aber all das konnte nicht über die Belastung hinweghelfen, daß sie taubstumm war. Die Technik des Erlernens der Sprache war damals noch ganz in den Anfängen, und obschon meine Tante es verstand, von den Lippen zu lesen, und sich mit ihresgleichen durch Zeichensprache zu verständigen, blieb sie ausgeschlossen von dem natürlichen Verkehr und Umgang der Menschen. Sie wurde zu Hause erzogen, und meine Großmutter versuchte durch ein Übermaß von Liebe den Makel des fehlenden Gehörs zu ersetzen. Sie konzentrierte sich vollständig auf das Leben ihrer jüngsten Tochter, ließ sie nie allein, reiste mit ihr, und machte es zur Bedingung, daß sie zu allen Gesellschaften, zu welchen sie selbst ging, eingeladen wurde. Es war nur all zu natürlich, daß die Existenz eines taubstummen Kindes einen Schatten über die Entwicklung der anderen Kinder warf. Meine Mutter hat darunter gelitten, daß ihre Mutter ihr nicht die gleiche Liebe bezeugte, wie der jüngeren Schwester. Vielleicht hat ihr Vater es verstanden, dies auszugleichen. Meine Mutter hatte von ihrem Vater die Freude an geistiger Arbeit geerbt, die sich in ihrem Falle jedoch auf das Gebiet der Literatur beschränkte. Sie besuchte die ,,höhere Töchterschule" und wurde dann auf ein Jahr in ein Mädchenpensionat in Meiningen geschickt. Sie hatte eine wunderbare Handschrift, die sich auch im hohen Alter nicht änderte, und von der ich viele Proben besitze. Wie die meisten Strassmanns hatte sie einen starken Willen, der in ihr ausgeprägter war als die Intelligenz. Selbst in ihrer Jugend kann sie nicht schön gewesen sein. Sie hat mir selber einmal gestanden, daß das Problem der Untreue für sie keine Gefahr gewesen sei, da sie nie hübsch genug war. Wahrscheinlich war es ihr Ehrgeiz, es ihrem Vater und ihren Onkeln gleich zu tun, und sie hätte gerne einen Beruf gewählt. Aber daran war in diesen Jahren und in der Klasse, zu der sie gehörte, nicht zu denken. Sie ging zu Vorträgen, Konzerten, und Ausstellungen, und unter den Vorträgen waren es besonders die Goethe–Vorlesungen von Erich Schmidt, die sie begeisterten und die sie getreulich nachschrieb.

So weit ich es zu fassen vermag, war sie das natürliche Produkt ihrer Familie und ihrer gesellschaftlichen Situation. Sie verlobte sich mit meinem Vater am 3. Februar 1893 und heiratete ihn am 4. Juni des selben Jahres. Von beiden Ereignissen wurde in unserem Hause oft gesprochen, von den Blumen, die sie empfing, den Empfängen und Kommentaren, und ich habe sogar noch das Menü des Hochzeitsessens. Es war mehr als üppig, nicht nur ,,eine Forelle und ein Poulardenflügel", wie es in Fontanes *Stechlin* heißt. Die Hochzeitsreise entsprach dem bügerlichen Stil und ging über Dresden und Wien nach Venedig. Von ihr brachte meine Mutter eine Sammlung guter Photographien nach Hause, die sie auf blau-grauem, steifem Papier aufziehen ließ. Sie lagen in einem Schubfach des Bücherschrankes, und wir betrachteten es als eine besondere Auszeichnung, wenn meine Mutter diese Bilder herausnahm und sie uns erklärte. Des gleichen, wenn sie an Sommerabenden für uns Klavier spielte. Sie spielte niemals lange, da ihr rechter Arm einst von einem Blitz gestreift worden war und sie leicht ermüdete. Sie spielte Schumann, Mendelssohn, und Mozart.

Denke ich an diese Abende zurück, so scheint es mir als entsprächen sie aufs genauste dem, was man sich von einer bürgerlichen Existenz um 1900 erwarten konnte.

Oft habe ich mich gefragt, ob diese Ehe einer Neigung entsprossen oder ob es eine *„marriage de convenance"* war. Aber wahrscheinlich ist es falsch, diese Frage zu stellen. Meine Mutter war ein wohlhabendes Mädchen, und ihre Familie war angesehen in dem Kreise, in dem sie verkehrte. Mein Vater war ein junger Anwalt, der mit 32 Jahren daran denken konnte, einen Hausstand zu gründen. An heutigen Maßstäben gemessen, waren die meisten bürgerlichen Ehen Spät–ehen. Und wer kann sagen, ob die sogenannten Liebesehen mehr Aussicht auf Dauer und Zufriedenheit versprechen, als diejenigen, die unter Berücksichtigung der gegenseitigen Interessen eingegangen werden. Es gibt da keine Rückversicherung.

Daß die finanziellen Arrangements nicht vernachlässigt wurden, war selbstverständlich. Meine Mutter erhielt eine Mitgift von 100 000 Mark und ein kleines persönliches Kapital von 12 000 Mark, dessen Zinsen als „Nadelgeld" bezeichnet wurden. Das hieß, daß sie davon ihre persönlichen Ausgaben und Rechnungen bestreiten sollte. Die Aussteuer war ein weiteres Problem, dem die größte Aufmerksamkeit geschenkt wurde. Die Möbel waren aus feinstem Holze und handgeschnitzt. Die Vorhänge aus Velour oder Tuch und mit Goldborten eingefaßt. Alles jedoch in dem überladenen Stil der Pseudorenaissance oder des Pseudobarok, den man damals so liebte. Das Tischsilber war ausreichend für 24 Personen, desgleichen Gläser und Karaffen; und die beiden großen Buffets in dem Eßzimmer waren angefüllt mit feinem Porzellan und einer Unzahl von silbernen Geräten aller Art. Alles war darauf berechnet länger als ein Menschenleben zu dauern und von einer Generation an die nächste weiter gegeben zu werden. Dafür hat man im Zeitalter der Massenproduktion und des Atomkrieges kaum mehr Verständnis, und vielleicht ist das gut, denn irdische Güter sind fast immer zu ersetzen, oder man kann auch ohne sie leben. Ihre Überschätzung gibt den Menschen ein Gefühl von falscher Sicherheit, das den Verlust von Besitz jeder Art nur schwerer macht.

Die Ehe meiner Eltern war, so weit das ein Kind beurteilen kann, eine Durchschnittsehe, d.h., weder glücklich noch unglücklich. Die Interessen meines Vaters und meiner Mutter gingen, je älter sie wurden, weiter und weiter auseinander. In seiner Jugend war mein Vater ein Mitglied des *Vereins der Freien Bühne* gewesen und hatte sich für das Theater des Naturalismus und die Schriften Gerhart Hauptmanns und Ibsens erwärmt. Aber allmählich verdrängte die Routine des täglichen Lebens diese Interessen, und schließlich waren es nur noch die Oper und der geliebte Fontane, die ihm etwas bedeuteten. Meine Mutter hingegen führ fort, sich für Literatur und Malerei zu interessieren, und setzte ihren ganzen Eifer daran, ihre Kinder in dieser Weise zu erziehen. Sie interessierte sich auch für die sozialen Probleme der Vorkriegszeit, obschon sie das nur in einer gefühlsmäßigen und dilettantischen Weise tun konnte. Sie übernahm die Direktion eines *Kinderhortes,* arbeitete an der *Ferienkolonie* und an der sozialen Fürsorge. Meinem Vater erschien dies, wie vielen Männern seiner Generation und seiner Klasse, nur als ein Zeitvertreib, dem sie kaum Aufmerksamkeit schenkten. Dazu kam noch ein anderes. Mein Vater, obschon er Frauen gegenüber liebenswürdig und zuvorkommend war, fühlte sich am wohlsten in der Gesellschaft von Männern. Er hatte das Genie der Freundschaft in hohem Maße, und der Verlust eines Freundes erschütterte ihn so wie der Tod eines nahen Verwandten. Besonders in seinem späteren Leben war ihm sein Klub und das täglich Spiel im Klub unentbehrlich. Er gehörte erst der *Resource* und später dem *Klub von 1880* an, einem Klub, in dem um hohe Einsätze gespielt wurde. Eigentlich war er damit aus der Sphäre, in die unsere Familie gehörte, hinausgetreten, aber die Behaglichkeit, die gute Küche und die feinen Weine des Klubs bedeuteten ihm viel. Meiner Mutter hingegen war diese Welt verschlossen. Karten hat sie nie gespielt, und ihre Welt war die ihres Hauses, ihrer Kinder, Verwandten, und Freundinnen.

Die Kinder waren wahrscheinlich ebenso sehr ein Band zwischen meinen Eltern als eine Quelle ständiger Diskussion und Zwietracht. Keiner von ihnen hat je Bacon gelesen, der wußte daß, *,,He who has children gives hostages to fortune.''*

Meine Eltern hatten fünf Kinder, die zwischen 1894 und 1903 geboren wurden. Das erste Kind, Paula genannt, war das Lieblingskind meiner Mutter und sie versuchte, ihr all das zu geben, was sie selber im Leben nicht erreicht hatte. Der Versuch mißlang—nicht ohne Schuld meiner Mutter. Sie gab dem kleinen Mädchen, das nach ihrem Kinderbilde zu urteilen, reizend gewesen sein muß, einen Familienstolz, der nicht zu rechtfertigen war. ,,Mein Großvater ist der Geheimrat Strassmann'', pflegte sie schon als dreijährige zu sagen, ohne daß sie eine Ahnung davon haben konnte, was der Titel bedeutete. Sodann hatte es sich meine Mutter in den Kopf gesetzt, daß Paula auf die Universität gehen sollte. Nachdem sie die Schule absolviert hatte, wurde sie von einem Privatlehrer für das Gymnasium vorbereitet und bestand die Prüfung im Jahr 1913. Sie matrikulierte sich in der Universität Berlin, um Geschichte und Literatur zu studieren. Ob die Anstrengung, das Abiturium abzulegen, über ihre Kräfte hinausgegangen ist, oder andere Umstände daran Schuld waren, in jedem Falle war sie seit ihrer Studentenzeit aus ihren seelischen Gleichgewicht und hat es nie wieder gewonnen. Hätten meine Eltern mehr von Psychologie verstanden, so hätten sie meine Schwester einem guten Psychiater anvertrauen müssen. Sie hatte einen starken sexuellen Drang, wagte aber nicht, ihm nachzugeben, da sie alle Vorurteile einer bürgerlich-puritanischen Erziehung teilte. Ihre Jungend fiel in die Jahren des ersten Weltkrieges, wo nur wenige Männer in der Heimat waren. Aber dies war nicht das größte Hindernis. Paula war davon überzeugt, daß sie nur einen ,,Akademiker'' heiraten könne. Die meisten Männer waren aber von der Mischung von Familienstolz und intellektuellem Dünkel abgestoßen, und so glitt sie immer mehr in eine Scheinwelt hinein, in der sie Menschen und Dinge nach ihren eigenen, verschrobenen Vorstellungen beurteilte. Ein Wort ihres Lehrer, Otto Hintze und später Friedrich Meinecke, konnte eine emotionale Krise auslösen. Sie begann Schlafmittel zu nehmen, die ihren Teint ruinierten, und ihr doch nur jenes temporäre Vergessen geben konnten, das Schlafmitteln bringen. Denke ich an sie, so bin ich oft an die Worte Goethes über seine Schwester Cornelia erinnert, daß sie ein Wesen war, das weder Glaube noch Liebe noch Hoffnung hatte. Und doch ist meine Dankesschuld an Paula in diesen Worten nicht ausgedrückt. Zu einer oder der anderen Zeit muß auch sie den Anschluß an die Welt der Dichtung gesucht haben. Ich fand in ihrem Bücherschrank Stefan Georges *Siebten*

Ring, Baudelaires *Fleurs du Mal,* Shellings Gedichte, Bücher, die für mich von großer Bedeutung werden sollten. Wie schwer ist es zu sagen, wann und wo ein Wesen irrt und sich verliert. Paula war ein solcher Mensch, und je älter sie wurde, um so schwerer war es, mit ihr zu leben. Meine Mutter wollte dies nicht sehen, oder nicht zugestehen, und fand für alles, was ihre älteste Tochter tat, eine Entschuldigung. Dies hätte ihr mein Vater vielleicht nachsehen können, aber nicht, daß sie dies Übermaß von Liebe nur dadurch aufbrachte, daß sie ihre Hingabe ihren zwei nächsten Kindern entzog.

Ihr zweites Kind, Heinrich, der 1895 geboren wurde, war zart, weder köperlich noch geistig robust, obschon er einen ungewöhnlichen Fond von Güte hatte und immer wünschte mit anderen zu teilen und für andere zu sorgen. Er war ein mittelmäßiger Schüler, der oft Nachilfelehrer brauchte, um mit seiner Klasse Schritt zu halten, und selbst dann noch „sitzen blieb", wie der deutsche Ausdruck ist, d.h., er mußte eine Klasse wiederholen. Das mag dazu beigetragen haben, daß meine Mutter für ihn nicht das gleiche Gefühl aufbringen konnte wie für ihr Erstgeborenes. Anders verhielt es sich mit ihrem dritten Kinde meiner Schwester, Charlotte, die 1896 zur Welt kam.

Meine Mutter litt während ihrer Schwangerschaft an Gallensteinanfällen und verlangte, daß man ihr Morphium gäbe, obschon ihr Arzt, mein Onkel Paul, sie warnte, daß dies das Kind, das sie trug, ungünstig beeinflussen könnte. Wie dem auch sei, meine Mutter hatte für dies Kind nicht nur keine Liebe, sondern sie behandelte es mit so großer Härte und Ungerechtigkeit, daß man glauben könnte, sie haßte es. Lotte, wie wir sie nannten, war kein hübsches Kind, aber dies war die geringste ihrer Schwierigkeiten. Ihre geistige Entwicklung ging um vieles langsamer als die normaler Kinder, und sie hatte von Anbeginn Mühe, dem Schulunterricht zu folgen. Dabei war sie nicht anomal, sondern nur schwächer in der Aufnahme dessen, was ihr vorgetragen wurde. Nach kurzer Zeit wurde es klar, daß sie nicht mit den Kindern ihres Alters Schritt halten konnte, und meine Eltern versuchten es mit einer Privatschule. Aber auch hier ging es nicht voran, und es schien, als würde es ihr nie gelingen, das Abschlußexamen zu machen. Heute sehen wir diese Probleme in anderem Licht. Vielleicht wäre ein Unterricht

in praktischen Dingen, wie Schneidern, Kochen, oder dergleichen, besser für sie gewesen, als das Schulpensum. Vorallem
aber, woran es ihr wirklich fehlte, war die Liebe der Mutter.
Denn meine Mutter sah in jedem Versagen, nur böse Absicht
oder schlechten Willen, und bestrafte sie dafür mit großer Härte.
Mein Vater versuchte diesen Mangel an Liebe und Güte auszugleichen, aber er war zu oft außer dem Hause, um damit Erfolg zu
haben. Zuletzt wurde ein Ausweg gewählt, der in manchem noch
hartherziger erscheint. Lotte wurde zu einem evangelischen Pa-
stor in Schlesien in Pension gegeben, in der Hoffnung, daß sie
dort so wohl die praktische Seite des Haushalts als auch intellektuelle Disziplin lernen würde. Der Name des Pastors war
Schmidt, und ich kann nur denken, daß ihn finanzielle Gründe
dazu bestimmt haben, sich und seiner Familie diese Verantwortung aufzuladen. Ich habe ihn nie kennengelernt, wohl aber seine
Kinder, die zuweilen nach Berlin kamen und uns besuchten.
Lotte muß sich bei den Schmidts ganz zu Hause gefühlt haben,
ein weiterer Beweis, wie sehr ihr die Liebe der Mutter gefehlt
hat. Als sie nach zwei Jahren nach Berlin zurückkehrte, versuchte mein Vater, sie an einen Brotberuf zu gewöhnen.
Obschon es ihm gelang, sie als Sekretärin im Geschäft eines
Verwandten unterzubringen, versagte sie auch dort. Es war die
Zeit nach dem ersten Weltkriege; die Dienstmädchen verließen
in großer Zahl ihren Beruf und wanderten in die Fabriken ab. So
wurde der Entschluß gefaßt, sich mit einem Dienstmädchen zu
begnügen, und Lotte die leichtere Hausarbeit zu übertragen.

Dies hat sie getreulich, wenn auch nicht immer zufriedenstel-
lend, getan. Stets aber war sie verzehrt von einem Bedürfnis
nach Liebe und Verständnis und ließ nie ab, es von unserer
Mutter zu erwarten, aber diese blieb ihr gegenüber so hart wie
zuvor.

1938 ist Lotte nach England ausgewandert. Zuerst nach Edinburgh, wo sie es als Dienstmädchen in einer schottischen
Familie ziemlich schlecht traf. Danach ging sie nach Manchester, und als der Krieg vorüber war, erhielt sie die Erlaubnis,
nach London überzusiedeln. Sie wohnte in Hampstead, wo ich
sie 1955 wieder gesehen habe. Sie arbeitete als „cater" in dem
Lyons Konzern, einer Kette von Restaurants und Teesalons, und
erhielt sich ohne jede Hilfe von anderen Menschen. Sie hatte nur

wenige Freunde, klagte aber niemals, und war stolz darauf, daß
sie den guten Kampf selbst gekämpft hatte, und niemanden
Dank zu sagen hatte. Ich sehe sie noch vor mir, wie sie mich auf
der *Victoria Station* erwartete, mit dem Ausdruck eines Kindes,
das zu viel zu leiden gehabt hat. Aber das Leiden entwickelte in
ihr eine dostojveskische Fähigkeit, die Härten und Qualen des
Lebens zu ertragen und doch jeder Zeit bereit zu sein, anderen
Menschen zu dienen und zu helfen. Sie erinnerte mich an den
Idioten, und wäre es nicht vermessen, so würde ich sagen, daß
um sie ein Hauch von Heiligkeit war.

Ihre Schwächen waren noch dieselben; sie war nicht ohne
Eifersucht auf andere Menschen, die mir nahe standen, und wie
die meisten Emigranten erhoffte sie sich zu viel von den
deutschen wiedergutmachungsgesetzen. Zuweilen sorgte sie
sich auch darum, was aus ihr werden würde, wenn sie nicht
mehr arbeiten könne. Als ich sie im Herbst 1956 wieder besuchte, konnte ich ihr versichern, daß sie sich darüber keine
grauen Haare wachsen zu lassen brauchte. Am selben Tage ist
sie dann einem Unfall erlegen. Dies jedenfalls war das Urteil des
Coroners und des Polizeiinspektors, die den Fall untersuchten.
Sie hatte mich an diesem Abend zum Essen erwartet, und die
Gerichte standen auf dem Küchenherd. Bevor ich kam, hatte sie
den kleinen Kamin sauber gefegt und muß dabei an einen Gasring gestoßen haben, auf dem sie sich ihren Tee zu bereiten
pflegte. Dann legte sie sich nieder, um sich auszuruhen und
bemerkte nicht, daß der Gasring sich geöffnet hatte. Sie schlief
ein und muß gestorben sein, ohne Bewußtsein, dessen was ihr
geschah. Bei der Untersuchung wurde ein Brief verlesen, den
die Gasgesellschaft an den Hausbesitzer geschrieben hatte, in
dem sie ihn darüber unterrichtete, daß der Gasring dringend der
Reparatur bedürfe. Aber nichts war geschehen. Da Lotte keine
Abschiedswort hinterlassen hat, darf man wohl den Gedanken
an Selbstmord als unberechtigt abweisen.

Ich sehe, daß mich der Fluß der Erinnerungen weit über meine
Kindheit hinausgetragen hat. Auch kann es niemandem entgehen, daß vieles, was ich über meine Eltern und meine Geschwister geschrieben habe, Rekonstruktion ist, und darüber hinaus
keinen Anspruch auf Wahrheit machen kann. Denn als Kind,
war ich mit dieser Dinge nur halb oder garnicht bewußt. Meine

Mutter, die Lotte so behandete wie die böse Stiefmutter im Märchen, war zu mir voller Güte und hat auch für ihr jüngstes Kind Elizabeth nichts als Liebe empfunden.

Sie ging mit uns in den nahen Tiergarten, wo wir in der Sandkuhle spielen konnten. Sie erzählte uns Geschichten und war so gut und aufopfernd wie irgend eine Mutter. Mein Verhältnis zu ihr blieb, von wenigen Mißverständnissen abgesehen, völlig ungetrübt. Ja, ich habe ihr und ihrer Welt als Kind und als junger Mensch näher als meinem Vater gestanden, obschon ich nie gegen ihn eine Animosität gefühlt habe, wie sie Freud als natürlich voraussetzt.

Über die Fürsorge hinaus, hat mir meine Mutter, ihre Liebe zu Büchern und Literatur mitgeteilt, und dies auf die natürlichste Art. Der Bücherschrank in unserem Wohnzimmer war nie abgeschlossen, und es gab keine Bücher, die "verboten" waren. Anscheinend glaubten meine Eltern daß ich ein Buch, das über meinen Horizont hinausging, selber zurückstellen würde. So fing ich früh an, zu lesen, und unter den bevorzugten Büchern war es besonders eine illustrierte Ausgabe Schillers, die mich anzog. Die Illustrationen waren im Stile der Zeit, und ich würde sie heute kitschig finden. Aber als Kind begeisterten sie mich. Daneben waren es die Gedichte Fontanes, besonders die Balladen, die mir vorgelesen wurden und die ich bald auswendig wußte. Ich brauchte kaum hinzuzufügen, daß dieser Teil des Fontaneschen Werkes mir jetzt ungenießbar geworden ist. Wahrscheinlich war es auch meine Mutter, die darauf bestand, daß meine Schwester Elizabeth und ich eine englische Gouvernante bekamen. Sie hieß Miss Hughes und kam jeden Nachmittag, um uns zum Spaziergang abzuholen. Sie war eine gutherzige Seele und war niemals hart im Bestrafen oder Vorwürfen; das einzige, was sie verlangte, war *"a cup of tea"*, bevor wir ausgingen. Sie blieb unserem Hause verbunden bis zum Ausbruch des ersten Weltkrieges; seitdem haben wir nichts mehr von ihr gehört. Aber die frühe Übung in der englischen Sprache hat mir später geholfen, den Übergang in den angelsächsischen Sprachbereich zu vollziehen.

Ein anderes Mittel, das meine Mutter verwandte, um mich den Bedingen, die sie für wertvoll hielt, zuzuführen, waren die sonntäglichen Besuche der Museen, besonders des Kaiser

Friedrich Museum und der National Gallerie. Ich würde lügen, wollte ich behaupten, daß ich oder Liesel zu jener Zeit Verständnis oder Interesse an Malerei gehabt hätten. Aber meine Mutter belohnte uns jedesmal, wenn wir uns manierlich benamen, mit einem Besuch in einer Konditorei oder mit einem Stück Kuchen, das sie auf dem Rückweg kaufte. Dieser Köder wirkte auf uns, wie die berühmte Pawlovsche Klingel. Die Bedingung war natürlich, daß wir ihren Erklärungen zuhörten und nicht Müdigkeit vortäuschten, um aus dem Museum herauszukommen. War sie nicht mit uns zufrieden, so versuchten wir sie umzustimmen, in dem wir beim Anblick einer Konditorei ausriefen: ,,Das ist auch ein schönes Geschäft.'' Im ganzen erfüllte meine Mutter ihren Zweck vollkommen. Als ich später auf die Universität kam, waren mir die Museen der Stadt schon vertraut: Ich bedurfte nur einer kritischen Anleitung, um *sehen zu lernen!*

Außer meiner Mutter haben nur zwei Menschen Einfluß auf meine Kindheit gehabt. Meine Schwester Elizabeth und meine Cousine Antonie Strassmann. Zu meinen anderen Geschwistern hatte ich während meiner Kindheit kein intimes Verhältnis.

Mein Onkel Paul hatte sich zur gleichen Zeit wie meine Mutter mit einem jungen Mädchen aus Giessen verlobt. Ihre Familie war angesehen; der Vater war Anwalt in der kleinen Stadt, aber ebenso wie mein Vater war sie nicht begütert. Dies hat ihnen meine Großmutter nie verziehen. Aber meine Tante Hedwig war die beste Frau für meinen Onkel, der tyrannisch und launenhaft war. Sie ertrug seine Anfälle mit vollkommenem Gleichmut und war ebenso ehrgeizig und versnobbt, wie er selbst. Viele Jahre später, als zwei ihrer Kinder zum Katholizismus übergetreten waren, schenkte ich ihr ein Buch: *The Face of the Saint,* das Photographien und Biographien von berühmten Heiligen enthielt. Sie blätterte es durch, schüttelte den Kopf, und sagte, ,,Dabei kommen sie alle aus sehr guter Familie.''

Mein Onkel stieg langsam zu einem der ersten Gynäkologen Berlins auf und konnte sich eine eigene Klinik bauen, in der Schumannstraße 18, vier Häuser von dem deutschen Theater. Der Ehe entsprossen vier Kinder, die alle in einer oder der anderen Weise ungewöhnlich begabt waren; der älteste Sohn, Helmuth, war ein schöner, hochgewachsener Mensch mit blon-

dem, welligen Haar und blauen Augen, der sich dafür entschieden hatte, Ingenieur zu werden. Er absolvierte seine Dienstpflicht im vierten Garderegiment und wurde beim Kriegsausbruch sofort einberufen. Nachdem er zum Leutenant avanziert
war und das eiserne Kreuz erster Klasse erhalten hatte, ist er
1916 in der Sommeschlacht gefallen. Der zweite Sohn, Erwin,
wurde wie sein Vater Gynäkologe und sollte die Klinik übernehmen. Er lebt heute in Houston Texas, im Ruhestand. Die
Tochter Gisela war ein Mädchen von madonnenhafter
Schönheit, die den Schweizer Juristen Max Gutzwiller heiratete
und ihm sechs Kinder gebar. Sie ist mit 45 Jahren Krebs gestorben. Das jüngste Kind hieß Antonie und wurde von allen Toni
genannt. Sie wurde am 14. April 1901 geboren also ein halbes
jahr vor mir.

Es muß die Alterstufe gewesen sein, die uns ursprünglich
zusammengeführt hat. Wir spielten als Kinder oft zusammen im
Tiergarten oder im Bellevuepark oder am Spandauerbock. Auch
bei den vielen Familienbesuchen und den feierlichen
Weihnachtsessen waren wir immer ein Herz und eine Seele. Wir
rauchten im Badezimmer meiner Großmutter die erste Zigarette,
und was dergleichen Dinge mehr waren. Wir hatten auch die
Tanzstunde gemeinsam, und darüber muß ich ein Wort sagen.
Ich muß zehn oder elf Jahre gewesen sein, als dies Unternehman
arrangiert wurde. Wir waren, schätzungsweise, zwanzig, vielleicht aber auch dreißig Kinder, aus dem Berliner Bildungsbürgertum. Ich kann mich nicht an alle erinnern, aber
einige sind mir im Gedächtnis geblieben. Irene Messel, die Tochter von Alfred Messel; die Kinder des Berliner Stadtbaumei-
sters, Ludwig Hofmann; die Tochter des Theologen Dibelius, der
Sohn des Direktors des botanischen Gartens im Lichterfelde,
und so fort. Der Unterricht wurde von einer Dame erteilt, und
alle Kommandos waren französisch. Die Musik besorgte ein
Klavierspieler, der im Frack erschien. Die erste Stunde fand im
Hause von Ludwig Hofmann in der Margaretenstraße statt.
Danach ging der Unterricht von Haus zu Haus. Selbstverständlich wurden während einer Pause Limonade und belegte
Brötchen serviert.

Toni und ich fuhren gewöhnlich im Auto ihres Vaters zu
diesen Sonnabendnachmittagen, wobei wir uns sehr fein vorka-

men, da nur wenige Familien damals ein Auto hatten. Es war ein
Adler, und der Chauffeur hieß Hugo und war für unser leibliches
Wohlergehen verantwortlich. Toni war in der Tanzstunde von
Anfang an zu Hause, aber für mich war sie eine Tortur. Erstens
war ich schrecklich ungeschickt, und schien immer zwei linke
Füße zu haben. Ausserdem machte es mir Schwierigkeiten, ein
Mädchen zum Tanz aufzufordern. Das größte Hindernis bestand
aber darin, daß ich mich von der ersten Stunde an in ein Mädchen verliebt hatte, das nichts von mir wissen wollte. Sie hieß
Annemarie, und ich war so völlig von diesem Gefühl erfüllt, daß
ich unsere gute Miss Hughes zwang, jeden Nachmittag durch die
Margaretenstraße zu gehen, wo Annemarie wohnte. Selbst wenn
ich ihrem Bruder auf der Straße begegnete, hatte ich Herzklopfen. 1934 habe ich sie dann einmal in einer Gesellschaft getroff-
en, und sie hat mich nicht erkannt und ich sie nicht. Es hätte mir
eine Warnung sein sollen, *mais le coeur a ses raisons* . . .

Von meinen späteren Beziehungen zu Toni werde ich an anderer Stelle berichten. Sie war schon als Kind von einer so
außerordentlichen Vitalität, daß sie fast in allen Dingen ihren
Kopf bekam. Wir waren wie Bruder und Schwester, und dies
Band hat lange Jahre der Trennung und Entfremdung überstanden, so daß wir es 1946, als wir uns in New York begegneten,
gleich aufnehmen konnten.

Meine Beziehungen zu Liesel waren natürlich anderer Art.
Auch hier war, wie ich glaube, die Alterstufe entscheidend, die
uns die gleichen Erlebnisse teilen ließ. Wir waren fast immer
zusammen und verbrachten auch unsere Freizeit und unsere
Ferien miteinander. In unsere Familie bestand die Sitte, daß
Kinder erst nach ihrem 15. Jahr das Abendbrot mit den Eltern
einnehmen durften, weil mein Vater erst gegen acht oder neun
Uhr aus dem Büro oder dem Klub kam. So aßen Liesel und ich
immer zusammen, und das mag mitgeholfen haben, uns
aneinander zu ketten.

Als ich zehn und sie acht Jahre war, formten wir, was man in
Amerika a ,,*gang*'' nennt, eine Gruppe von Kindern, die sich
jeden Tag treffen, um zu spielen, Süßigkeiten zu essen, und so
fort. Wir gingen in den Tiergarten, der nur zehn Minuten von
unserer Wohnung entfernt war und spielten auf einem langen,
rechteckigen Platz, der nach einer Statue ,,Apollo'' genannte

wurde. Es waren Mädchens und Jungens, und was uns verband war nicht nur sportlicher Eifer, sondern ein gewißer erotischer Strom, denn wir waren in dem Alter, wo wir die ersten Qualen der Pubertät zu ertragen hatten. Trotzdem war alles harmlos, und ein Kuß war das Äußerste, was je verlangt oder erhofft wurde. Ich selber verliebte mich in ein Mädchen, das drei Jahre älter als ich war; sie hatte rotes Haar, grüne Augen, und den milchweißen Teint, der so oft damit zusammen geht. Als sie in die Ferien ging, erlaubte sie mir für ihren Vogel zu sorgen, ein Rotkehlchen, das ich recht lieb gewann. Die Beziehung dauerte über ein Jahr und ich glaubte, daß ich sie wirklich liebte. Aber es war nur die Liebe des Cherubims, die vor der Stufe des sexuellen Halt macht. Sie ist dann, wie so viele andere, aus meinem Leben verschwunden, und ich habe sie nie wieder gesehen.

Seltsamerweise hat mein Verhältnis zu Liesel nie unter diesen Beziehungen gelitten. Wir waren beide frei von Eifersucht auf andere Menschen; Liesel erzählte mir von ihren Flirts, aber ich bin nicht sicher, daß ich ebenso aufrichtig war. Sie hatte mehr an meinen Freunden auszusetzen, besonders als ich auf die Universität ging. Aber im Ganzen, war unser Leben ein Leben vollkommener Harmonie, in dem wir unsere Hoffnungen und Enttäuschungen austauschten. Mein Vater hat mich einmal in vorsichtiger Form davor gewarnt, daß eine solche Intimität zu Komplikationen führen könne, wobei er an Inzest gedacht haben muß. Aber der Verdacht war absurd.

Liesel war das anschmiegsamste Wesen, dem ich je begegnet bin, Sie hing an Blumen und Tieren, und es war ihr großer Kummer, daß mein Vater ihr nicht gestattete, einen Dackel zu haben. Sie absolvierte die Mädchenschule und wollte Chemie studieren. Mein Vater hat ihr dies nicht gestattet, und sie wurde gezwungen, den üblichen Kurs in Schreibmaschine und Stenographie zu nehmen, um einen Brotberuf zu finden. Bevor ich davon erzähle, sollte ich wohl ein Wort über die Familie neines Vaters sagen.

Wie ich schon sagte, war er der jüngste von 13. Geschwistern, von denen einige vor meiner Geburt gestorben waren. Ein Bruder war nach Amerika ausgewandert; der Name ist in den Vereinigten Staaten nicht selten, aber ich habe mich nie bemüht herausfinden, ob irgendwelche Bande existieren. Andere

Schwestern und Brüder lebten in Schlesien, und wir sahen sie nur selten. So beschränkte sich der Kreis auf eine Schwester und zwei Brüder und deren Angehörige.

Die Schwester hieß Selma und hatte einen Herrn Schäfer geheiratet, der in Kattowitz ein Restaurant besaß. Nach seinem Tode übersiedelte sie nach Berlin mit ihren zwei Kindern, ihrem polnischen Dienstmädchen, das kaum deutsch verstand, und einem Weinkeller, aus dem sie unserer Familie oft eine Flasche vorzüglichen Tokaiers schickte. Sie war 20 Jahre älter als mein Vater, und behandelte ihn und seine Kinder stets als wären wir ihre eigenen. Sie lebte in Schöneberg, in der Hauptstraße, und es war immer ein Vergnügen sie zu besuchen. Sie verstand, wie es natürlich war, viel von kochen und backen und versorgte meinen Vater mit seinem Lieblingsgebäck, das sie Mürbekuchen nannte, und das ausgezeichnet schmeckte. Sie ist 1914 gestorben, und ich werde nie vergessen, wie tief die Nachricht meinen Vater erschüttert hat.

Der eine Bruder hieß Adolf und war Prokurist in einem Kohlengroßhandelgeschäft, *Cäsar Wollheim,* das Eduard Arnhold gehörte. Er hatte sich mit einer Christin verheiratet und war selber zum Christentum übergetreten. Sie waren sehr glücklich, lebten ein einfaches und zurückgezogenes Leben, das in keiner Weise ihren Wohlstand verriet. Ihr Lebensinhalt war ihr Sohn Erich und das Sammeln von Antiquitäten, Porzellan, alten Silber, Ebenholz, und Elfenbein, und sie hatten es zu einer bemerkenswerten Sammlung gebracht. Onkel Adolf war sehr großzügig mit seinen Nichten und Neffen und ließ uns niemals gehen, ohne uns ein Talerstück in die Hand zu drücken. Er is 1925 an Zuckerkrankheit gestorben, wenige wochen bevor das Insulin in den Handel kam. Sein Sohn hatte die Rechte studiert und die Laufbahn eines Richters gewählt. Er war erfolgreich und stieg rasch zum Präsidenten eines Landgerichtes auf. Auch er hatte sich mit einer Arierin verheiratet, so daß die Nazis ihn zwar aus dem Amt entließen, aber so weit ich weiß, nicht behelligt haben. Nach 1945 ist er in sein Amt zurückgekehrt. Als ich in Berlin war, versuchte ich ihm anzurufen. Eine weibliche Stimme antwortete mir, ,,Erich Masur—den gibt es gar nicht.'' Durch Zufall erfuhr ich, daß er vor kurzer Zeit gestorben war und daß seine Frau eine Alkoholikerin geworden war.

Ein anderer Neffe meines Vaters war ein erfolgreicher Patentanwalt und ein anderer, Kurt Masur, wurde Regierungspräsident in Hannover. 1938 ist er nach England ausgewandert und hat nach dem Kriege in Locarno gelebt. Als ich 1965 in Locarno war, und die steilen Straßen zu seiner Wohnung heraufgeklommen war, erfuhr ich, daß er im Winter an einem Herzanfall gestorben war. Weder er noch Erich haben Nachkommen hinterlassen.

Der zweite Bruder meines Vaters, der in Berlin lebte, hieß Ludwig und war Bankier. Sein kleines Bankgeschäft hatte Bankrott gemacht, und mein Onkel Adolf und mein Vater hatten die Schulden zurückbezahlt. Mein Vater tat dies, in dem er auf das Vermögen meiner Mutter ausrückgrif, eine Tatsache, die zu ständigen Streitigkeiten zwischen meinen Eltern führte. Onkel Ludwig hatte drei Kinder. Die älteste hieß Paula und verlobte sich mit einem Internisten, der lange Jahre unser Hausarzt war. Die beiden Söhne waren recht verschieden. Der ältere wurde Getreidemakler. Der jüngere, Oskar, wurde Rechtsanwalt am Kammergericht in Berlin. Obschon er Kriegsfreiwilliger gewesen war, das eiserne Kreuz erhalten hatte, und mit einer Arierin verheiratet war, warfen ihn die Nazis nach der „Reichskristallnacht" ins Konzentrationslager, wo er schmählich mißhandelt wurde. Nach seiner Entlassung wanderte er nach England aus, wurde aber während des zweiten Weltkrieges nach Australien verschickt. Nach dem Kriege kam er nach Deutschland zurück und ist 1955 in Köln gestorben. Die Kinder meiner Kousine Paula leben noch. Obschon ihr Mann und sie selbst überzeugte Juden waren, haben alle ihre Kinder sich mit Nichtjuden verheiratet. In dieser, wie auch in mancher Hinsicht, ist unser Familien–Schicksal typisch für die Diaspora der deutschen Juden. Soweit ich weiß, ist kein Mitglied unserer Familie nach Israel ausgewandert. Der Assimilationsprozeß war zuweit vorgeschritten, um eine Rückwanderung zu erlauben.

Sozialgeschichtlich gesehen, war die Familie meines Vaters eine Generation hinter den Strassmanns zurück. Psychologisch gesprochen, waren die Männer mehr von juristischen Berufen als von der Medizin angezogen. Zu intimen Beziehungen ist es zwischen den beiden Familienkreisen nicht gekommen. Sie existierten mehr nebeneinander als miteinander. Aber auch das ist mir erst später klar geworden, in meiner Kindheit umzog ein Sicherheitsgürtel von Großeltern, Eltern, Tanten, Onkeln, und Kousinen unser tägliches Leben. Der Gedanke, daß wir je ohne die Bastionen der Sekurität zu leben gezwungen sein könnten, ist uns nicht gekommen. Aber dies war nur ein Teil der falschen Sicherheit, in der das ganze Zeitalter lebte. Wie oft habe ich an das Lied von *de la Motte Fouqué* denken müssen.

> ,,Wenn alles eben käme,
> Wie du gewollt es hast,
> Und Gott Dir gar nichts nähme,
> Und gäb Dir keine Last,
> Wie wärs dann um Dein Sterben,
> Du Menschenkind, bestellt,
> Du müßtest ja verderben
> So lieb wär Dir die Welt.''

Die Welt ist mir darum nicht weniger lieb geworden und das Sterben nicht leichter. Aber auf irdische Sicherheit zu vertrauen, haben wir alle verlernt.

An meinen Großvater Heinrich Strassmann habe ich nur fragmentarische Erinnerungen. Nach seinen Memoiren zu schließen, muß er ein besinnlicher Mensch gewesen sein, der sich von dem Schweren, das ihm wie allen Menschen auferlegt wurde, nicht niederdrücken ließ. An persönlichen Erlebnissen ist mir nur eine kleine Szene im Gedächtnis geblieben. Als er uns einmal besuchte, weigerte ich mich, ihm die Hand geben oder auch nur guten Tag zu sagen. Darauf ergriff er eine Karaffe mit kaltem Wasser und goß es mir über den Kopf, ein Heilmittel, das rasch den gewünschten Erfolg erzielte. Als er starb war ich vier Jahre alt, aber alles was mir davon im Gedächtnis geblieben ist, sind die vielen Blumenspenden, die uns ins Haus geschickt wurden.

Meine Großmutter überlebte ihn noch zehn Jahre. Sie war selbst im Alter eine schöne Frau mit weißem Haar und lebhaften, schwarzen Augen. Sie verwandte große Aufmerksamkeit auf ihre Toilette und ihre Kleider, und liebte es Brüssler Spitzen über ihren Blusen zu tragen. Ich habe vorher gesagt, daß sie eine

harte, geldstolze Frau war, aber ich weiß dies nur aus den
Erzählungen meines Vaters. Mir selbst ist sie immer mit großer
Liebe begegnet. Jeden Sonntag gingen Elizabeth und ich zu ihr
zu dem sogenannten „zweiten Frühstück", ein Imbiß, den die
meisten Deutschen gegen elf Uhr einnehmen. Der Tisch war
immer für uns gedeckt und stets entließ sie uns mit einem kleinen
Geschenk. Sie hat mich auch zweimal auf Reisen mitgenommen,
einmal in das Riesengebirge zur Winterzeit, wo wir Schlitten
fuhren, und ich rodeln lernte. Das andere Mal in einen Kurort,
Wildungen, wohin sie der Arzt wegen eines Blasenleidens geschickt hatte. Sie reiste nie allein, sondern begleitet von einer
Gesellschafterin, die dafür zu sorgen hatte, das alles so ging, wie
es sich meine Großmutter wünschte. Als sie 1915 starb, war ich
schon dreizehn Jahre alt. Aber das Gefühl eines Verlustes habe
ich nicht empfunden. Die Begegnung mit dem Tode kam mir erst
später.

Die jährlichen Sommerreisen gehörten auch zu der bürgerlichen Routine. Sie gingen manchmal an die Ostsee, manchmal
an die Nordsee, oder in das Riesengebirge, wo ich als neun-
jähriger an der Besteigung der *Schneekoppe* teilnehmen durfte.
Einen großen Eindruck haben diese Reisen auf mich nicht
gemacht, mit Ausnahme derjenigen, die wir 1907 nach
Scheveningen unternahmen. Und hier war es nicht so sehr der
Ort oder das Hotel als das Land selbst, das sich mir eingeprägt
hat. Trotzdem Liesel und ich zu jung waren, um jeden Abend an
der *table d'hôte* zu essen, wurden wir doch auf die Ausflüge in
den Haag, nach Rotterdam, Amsterdam, und Delft mitgenommen. Das Mauritshuis, das Rijksmuseum mit der „Nachtwache", vorallem aber die Kirche in Delft, in der Wilhelm der Schweiger begraben liegt, sind mir unvergeßlich
geblieben. Erst 1969 bin ich wieder nach Delft gekommen und
habe die Kirche besucht und den Hund, der auf Grabmal zu
Füssen seines Herren liegt. Wie so vieles andere hat der Krieg
auch diese Form der Erziehung abgeschnitten und meinen
Horizont verengt. Für meine Mutter müssen diese Reisen eine
ziemliche Anstrengung gewesen sein. Denn obschon wir unser
Kindermädchen mitnahmen, fehlte es nicht an kleinen Zwi-
schenfällen, Krankheiten, und unvorhergesehen Ereignissen, für
die sie eine Lösung finden mußte. Kamen wir nach Berlin

zurück, so fanden wir dieselbe Welt vor, die wir vor fünf Wochen verlassen hatten, und die scheinbar unzerstörbar war. Ich bin in einer Epoche aufgewachsen, in der das Warenhaus oder der Supermarket kleine Rolle spielten. Statt dessen lagen in der benachbarten Lützowstraße die Geschäfte, der Bäcker, der Fleischermeister, der Geflügelhändler, der Kolonialwarenladen, der Blumenladen, und was dergleichen mehr war. Ganz sind diese Geschäfte auch heute nicht aus Berlin verschwunden. In Amerika hingegen haben *supermarket, drugstore* und die großen Warenhäuser den selbständigen Händler verdrängt. Ich kann nicht sagen, daß ich eine große Wehmut darüber empfinde, daß die großen Organisationen dem mittelständischen Individualismus den Garaus gemacht haben. Wer einmal ein Berliner Wochenende durchlebt hat, wird mir das nachfühlen können.

Überdenke ich, was ich geschrieben habe, so könnte ich sagen, daß ich (um ein Wort Bismarcks zu variieren) in allem das normale Produkt des bügerlichen Zeitalters war. Vielleicht auch darin, daß mir Auseinandersetzungen über Geld und finanzielle Probleme, die von Zeit zu Zeit den häuslichen Frieden unterbrachen, besonders peinlich im Gedächtnis geblieben sind. Es ist zuweilen gesagt worden, daß Ehen entweder dann zerbrechen, wenn die Gatten sexuell nicht harmonieren oder, wenn sie es nicht verstehen, ihre wirtschaftlichen Probleme zu lösen. Mir scheint, daß es noch andere Gründe gibt, der wichtigste ist die Übereinstimmung der beiden Persönlichkeiten, die Ausrichtung auf gemeinsame Ziele und Interessen. Aber negativ gesprochen, ist es gewiß richtig, daß Diskord in wirtschaftlichen Fragen, eine Ehe gefährden kann. Wer im Falle meiner Eltern die Schuld daran trug, vermag ich nicht zu sagen. Meine Mutter verstand es nicht, mit Geld umzugehen; vielleicht war sie nie dazu erzogen worden, wozu es kam, das sie ihr eigenes „Nadelgeld" besaß, und glaubte darauf zurückgreifen zu können. Wie ich erwähnte, hatte mein Vater diese Summe dazu verwendet, die Schulden seines Bruders zu bezahlen, und meiner Mutter die Summe nie zurückgezahlt. Ohne Zweifel hat sie das verbittert. Aber es gab auch kein Familien-budget, sondern das Haushaltsgeld wurde ihr von Tag zu Tag gegeben, was ich immer als erniedrigend empfunden habe. Oft erhielt sie eine größere Summe und benutzte sie, um eine dringliche Rechnung zu begleichen. Wenn dann der Fleischer oder der Bäcker erneut ihre Forderungen präsentierten, so gab es aufgeregte Auseinandersetzungen, die damit endeten, daß meine Mutter das Zimmer verließ oder gar aus dem Hause fortrannte. Mein Vater war desgleichen höchst aufgebracht und verließ das Haus, um seinen Ärger abzukühlen. Zuweilen nahm er mich auf diesen Spaziergängen mit und beklagte sich bitterlich über Dinge, die über meinen Horizont herausgingen. Erst später habe ich verstanden, daß er nicht immer fair gehandelt hat, daß er sich selber Ausgaben am Spieltisch erlaubte, die die kleinen Verfehlungen meiner Mutter überstiegen. Während des ersten Weltkriegs, als meine Mutter im Schleichhandel einkaufen mußte, wurde die Situation noch schlimmer, da mein Vater sich weigerte, der Lage ins Gesicht zu sehen, mit der Begründung, daß diese Einkäufe ungesetzlich seien, und er nichts davon wissen wollte. Die Gerichte, die so gekauft wurden, hat er aber jeden Tag gegessen, ohne danach zu fragen, woher sie kamen. In dieser Lage blieb meiner Mutter keine Wahl, als ihren Schmuck und das Familiensilber ins Pfandhaus zu tragen. Zuweilen führte daß zu tragi–komischen Situationen, wenn unvermutet Gäste ins Haus kamen, und der Tisch mit dem Familiensilber gedeckt werden sollte. Sobald wir Kinder uns über die Lage Rechenschaft ablegen konnten, sind wir meiner Mutter zu Hilfe gekommen, und haben die Pfänder ausgelöst. Die dahinterliegenden Probleme habe ich erst später verstehen gelernt, als ich auf eigenen Füßen stehen mußte. Aber die Situation als solche rief in mir einen Abscheu von Diskussionen über Geld und Geldfragen hervor, die ich noch heute nicht überwunden habe. Vielleicht wird man sagen, daß auch diese Reaktion im Grunde eine bürgerliche ist, und ich würde dies zugeben. Wenn ich in meinem Leben vor die Notwendigkeit gestellt war, zwischen wirtschaftlicher Sicherheit und innerer Freiheit zu wählen, habe ich selten die wirtschaftliche Sicherheit gewählt. Aber ich habe immer versucht, meine Existenz auf das bare Minimum des absolutnotwendigen zu beschränken. In einer Wohlstandsgesellschaft, wie der kapitalistischen, in der wir leben, ist dies eine Garantie, daß man nicht zum Knecht von Dingen und Apparaten wird, sondern sich die Freiheit der Wahl und die Ordnung der Werte sichert.

Es scheint als wären die Worte, die ich über meinen Vater

geschrieben habe, recht lieblos, und doch entspricht dies nicht dem Gefühl, das ich noch heute, ja heute mehr denn als je, für ihn hege. Der Gedanke plagt mich oft, daß ich mich nie darum bemüht habe, ihn zu verstehen; bleibt die Frage, ob ihm an solchem Verstehen gelegen war.

Er war Anwalt und zog in seinem Beruf, das Zivilrecht jedem anderen Zweige des Rechtes vor. Soweit ich weiß, hat er nur zweimal Kriminalfälle vertreten. Das erste Mal als junger Referendar, wo er vom Gericht mit der Verteidigung einer Gouvernante beauftragt worden war, die von dem Sohne des Hauses, in dem sie lebte, verführt worden war. Als sie niederkam, tötete sie das Kind und wurde des Kindermordes angeklagt. Mein Vater erzielte ihren Freispruch. Das war natürlich vor meiner Geburt, wurde aber oft als Zeichen seines juristischen Könnens erwähnt. Der zweite Fall war ebenfalls ein tragischer und betraf einen Geschäftsfreund meines Vaters, der in einem Scheidungsprozeß einen Eid abgelegt hatte, zu einer gewissen Dame keinerlei Beziehungen zu haben. Die Dame überwarf sich mit ihm, und da sie Briefe von ihm hatte, die seine Schuld bewiesen, zeigte sie ihn bei den Behörden an, und er wurde des Meineides beschuldigt. An einen Freispruch war unter den Umständen nicht zu denken. Aber mein Vater erreichte es, daß sein Freund zwar verurteilt, daß aber die Strafe suspendiert wurde, und er seine Stellung behielt.

Im übrigen war die Praxis meines Vaters auf große Gesellschaften gestellt: Cäsar Wollheim, Friedländer Fuld, der Großhändler Damaschke, die Versicherungsgesellschaft *Nordstern*, und andere, deren Namen mir entfallen sind. Er war auch erfolgreich in Scheidungs und Erbschaftsprozessen, da er sich immer darum bemühte, nicht nur das Richtige, sondern das Rechte zu tun, und soweit es möglich war, beiden Parteien genüge zu tun.

Die Testamente reicher Leute waren eine stäte Quelle der Unruhe für ihn. Einer seiner Klienten mißtraute seinem Sohne und wünschte, daß das Geschäft, in dem sein Vermögen investiert war, an seine Tochter fallen sollte. Da er überdies herzleidend war, so rief meinen Vater oft Nachts zu sich, um sich versichern zu lassen, daß seine Wünsche erfüllt werden würden. Ein anderer Fall, der mir im Gedächtnis geblieben ist betraf die Enkeltochter eines reichen Ehepaares. Sie hatten ihr ganzes Vermögen diesem Kinde vermacht, da sich ihre Tochter gegen ihren Willen verheiratet hatte. Mein Vater war Testamentsvollstrecker, solange die Enkeltochter unmündig war. Das Vermögen war in mündelsicheren Papieren angelegt und sollte nicht angegriffen werden. Dann kam der Krieg und die Inflation, und das Kind wäre verhungert, hätte mein Vater nicht das Kapital in Angriff genommen. Solche Fälle kosteten ihm den Schlaf. Überhaupt litt er an einer ständigen Furcht vor Regressen und hatte alles, was er besaß, auf den Namen meiner Mutter schreiben lassen. Zuweilen konnten ihm seine Klienten nicht einmal die Gerichtskosten erstatten, und er half ihnen dann aus seiner eigenen Tasche.

Ich errinere mich an einen alten Offizier, der meinem Vater eine Empireuhr schenkte, die Blücher seinem Uhrgroßvater gegeben hatte, um in dieser Weise seine Dankbarkeit zu beweisen. Aber nicht immer wurde mein Vater so behandelt. So vertrat er einen Beamten im Auswärtigen Amt, der zum Unterstaatssekretär aufgestiegen war. In seiner Jugend hatte dieser Mann ein Verhältnis gehabt mit einem Fräulein, das wir Schmidt nennen wollen. Sie hatte ihm einen Sohn geboren, aber er hatte sie nicht geheiratet, sondern nur für sie und den Sohn Sorge getragen. Fräulein Schmidt verfolgte nun diesen Mann auf Schritt und Tritt, schrieb an Präsident Hindenburg, an Gustav Stresemann, und versuchte auf jede Weise ihren früheren Liebhaber zu discreditieren. Meinem Vater fiel die Aufgabe zu, ihren Wünschen so weit entgegen zu kommen, wie dies nur möglich war. Aber auch für ihn hatte sie nichts als Hohn, und sagte immer wieder, daß sie von einem Juden kaum Gerechtigkeit erwarten könne.

Genau genommen, war mein Vater damals nicht mehr Jude, aber in den Augen der meisten Deutschen machte der Wechsel der Konfession keinen Unterschied.

Mein Vater und meine Mutter sind um 1900 zum protestantischen Christentum übergetreten. Es wäre vermessen, wollte ich etwas über ihre Motive sagen, da ich ja zu jener Zeit noch nicht einmal geboren war. Aber weder mein Vater noch meine Mutter waren religiöse Naturen, und es liegt nahe zu glauben, daß die Gründe weltlicher Art gewesen sind. Das Bekenntnis zum Christentum war in der wilhelminischen Zeit das Eintrittsbillet in die Gesellschaft. Für meinen Vater kam hinzu, daß die Bestallung zum Notar nur Christen erteilt wurde. Er ist auch 1908 Notar geworden, was eine erhebliche Erweiterung seines Tätigkeitskreises mitsichbrachte und natürlich auch eine Zunahme seines Einkommens. Er liegt mir fern darüber urteilen zu wollen. Aber ich glaube, daß dieser Schritt, den auch andere Mitglieder unserer Familie taten, meinen Vater tief beunruhigt hat. Von heute gesehen, erscheint es eine natürlich Folge des Assimilationsprozesses. Für ihn aber bedeutete es wohl mehr, und er muß es als eine Art von Verrat an seinem Judentum empfunden haben.

Die Skrupel fraßen sich in sein Unterbewußtsein hinein und riefen eine Krise hervor, die ich zwar miterlebte, aber nicht verstand. Was ich darüber sagen kann, ist also Rekonstruktion.

Im Jahre 1909 wurden wir die Opfer einer Kohlengasvergiftung. Die Wohnung unter uns war lehr geworden, und der Wirt wünschte sie so schnell wie möglich wieder zu vermieten. So wurden alle Zimmer neu tapeziert. Da es November war, trockenten die Wände nicht so rasch, wie er es erhofft hatte, und um den Prozeß zu beschleunigen, ließ er offene Kohlenbecken aufstellen. Der Rauch drang durch die Decken in die Dielen unserer Wohnung. Zum Glück war nicht die ganze Wohnung so behandelt worden, sondern nur einige Zimmer. Zu diesen gehörte das Schlafzimmer meiner Eltern, in dem auch ich schlief, und ein kleines Zimmer auf der anderen Seite des Korridors, in dem mein Bruder schlief.

Als das Dienstmädchen am Morgen in das Schlafzimmer kam, um meinen Eltern eine Tasse Tee zu bringen, war der Raum von blau–schwarzem Rauche erfüllt, und wir waren bewustlos. Sie alarmierte den Hausarzt und die Feuerwehr, die bald mit den notwendigen Geräten erschienen. Es war *Bußtag*, die Straßen waren verschneit und die Luft eiskalt. Trotzdem wurden alle Fenster aufgemacht, wir wurden in andere Räume getragen, und zunächst mit Sauerstoff behandelt. Sodann wurde eine Krankenschwester beordert, um uns zu versorgen. Ich fand die ganze Angelegenheit höchst amüsant, verliebte mich sofort in die Krankenschwester, die mich damit unterhielt, Häuser aus Zeitungspapier auszuschneiden. Meine Mutter folgte den ärztlichen Anordnungen und blieb im Bett, nicht aber mein Vater. Er hatte wichtige Verhandlungen zu erledigen und ging gegen die ausdrücklichen Vorschriften des Arztes in sein Büro. Im folgenden Sommer litt er dann an Schlaflosigkeit und wurde in ein Sanatorium nach Wiesbaden geschickt. Man gab ihm Pantopom, aber eine Heilung wurde nicht erzielt. Statt dessen verschlimmerte sich sein Zustand, so daß er am Ende des Jahres wieder in ein Sanatorium gehen mußte. Dieses Mal wählte er das Sanatorium seines Freundes Albert Oliven, daß in einem Vorort Berlins, in Lankwitz, gelegen war. Oliven hatte zwar sein medizinisches Examen abgelegt, war aber im Grunde mehr Unternehmer als Arzt. Zusammen mit einem Doktor Fränkel hatte er einen großen Komplex von Heilstätten in Lankwitz angelegt. Die Gebäude liefen am Teltowkanal entlang und füllten eine ganze Straßenseite. Das Sanatorium war nur für wohlhabende Patienten und für leichtere Fälle von Genütsstörung. Es lag in einem großen Park, mit Tennisplätzen und kleinem See, auf dem man rudern konnte, und hatte im Hause allen nur erdenklichen Komfort, eine Bibliothek, ein Gymnasium für sportliche Übungen, einen Billardraum, und was dergleichen Dinge mehr waren. Die ärztliche Behandlung lag in den Händen von Doktor Juliusburgers, der zu den frühen Anhängern von Sigmund Freud gehörte. In dieser Anstalt hat mein Vater vier Monate gelebt und alle mögliche Therapien wurden an ihm ausprobiert: Hypnose, Schlafmittel aller Art, und erste Versuche einer Analyse. Meiner Mutter verbrachte den Tag meistens mit meinem Vater und fuhr am Abend nach Berlin zurück. Während der Weihnachtsferien hielt sie es aber für angebracht, den ganzen Tag mit ihren Kindern zu verbringen, und um meinem Vater nicht allein zu lassen, wurde ich für zwei Wochen zu meinem Vater geschirkt.

Ich habe darüber nachgedacht, daß diese Erfahrung, die mich hätte bedrücken sollen, zu den schönsten Erlebnissen meiner Kindheit gehört. Zunächst einmal bekamen wir das Frühstück im Bett von einer Schwester serviert, und das gefiel mir außerordentlich. Sodann schien es mir als hätte ich das ganze Haus zu meiner Verfügung; niemals war jemand in der Bibliothek, selten im Billiardzimmer oder Park. Alle waren mir freundlich, vielleicht weil es sie aufheiterte, in mitten von so viel Schwermut ein normales Kind zu sehen. Die Oberin, die mich besonders verwöhnte, nahm mich auf ihre Einkaufsfahrten nach Berlin mit, und ließ mich in der Konditorei Schilling so viel Nußtorte essen, wie ich wollte.

Ich erinnere mich an den Sylvesterabend des Jahres, an dem ich mit meinem Vater durch die verschneiten Straßen von Lankwitz ging. Es waren nur wenige Menschen auf der Straße, und ich fühlte mich eng mit ihm verbunden. Natürlich verstand ich nichts von dem, was er mir erzählte: ,,daß der joviale Medizinalrat ein Morphinist sei, der zu einer Entziehungskur im Sanatorium war'', oder ,,daß ein junger Mann, der zuweilen mit mir Billard spielte, an einer schweren Neurose litt.'' Als wir in das Sanatorium zurück kamen, begannen schon die Vorbereitungen für den Sylvesterabend, und es wurde mir erlaubt, bis zwolf Uhr aufzubleiben.

Ebensowenig verstand ich natürlich die Depression, die meinen Vater in das Sanatorium gebracht hatte. Es war eine ,,*idée fixe*'', die sich zu einer wahren Besessenheit entwickelt hatte. Dies war der Sachverhalt: mein Vater hatte zwei Vornamen—Emil und David. Seit langem hatte er den Vornamen David nicht mehr gebraucht, sondern seine Amtshandlungen mit Emil Masur unterschrieben. Allmählich gewann der Gedanke Macht über ihn, daß damit alle seine juristischen Aktionen ungültig seien, und daß er ferner für den entstandenen Schaden haftbar sei, und wegen Urkundenfälschung ins Zuchthaus kommen werde. Selbstverständlich versuchten die Ärzte ihm klar zu machen, daß dies eine Ausgeburt seiner Phantasie sei; als dies nicht half, wurden Kollegen und Sachverständige herbeizitiert, unter anderem der Präsident der Anwaltskammer. Nichts konnte meinen Vater überzeugen.

Es ist leicht zu sehen, daß diese Depression das Ergebnis eines Schuldgefühles gewesen sein muß, daß ihn nach seinem Übertritt zum Christentum befiel. Nach vier Monaten wurde er aus dem Sanatorium entlassen. Er ging auf lange Reisen an die italienische und die französische Riviera und das Engadin. Den Gebrauch von Schlafmitteln hat er sich aber nie abgewöhnt. Er nahm Veronal und steigerte die Dosis während eines Jahres, so daß dann wieder eine Entziehungskur notwendig wurde. Ob er sich je von der Überzeugung frei gemacht hat, daß er ungesetzlich gehandelt habe, weiß ich nicht. Aber als nach dem Kriege Reisen ins Ausland nur mit einem Paß unternommen werden konnten, weigerte er sich, sich einen Paß zu beschaffen. Er wollte seinen Namen nicht unter ein offizielles Dokument setzen. Es war ein merkwürdiger Widerspruch, da er ja als Anwalt und Notar täglich dazu gezwungen war, dies zu tun.

Mit alledem bin ich schon in meine Knabenzeit herein gekommen. Und es wäre wohl an der Zeit ein Wort über die Schule zu sagen. Die Schule hat mir mit wenigen Ausnahmen nicht viel bedeutet. Zuerst besuchten Heinrich und ich das Falck Realgymnasium, das in der Lützowstraße lag. Später wurden wir umgeschult und auf das Kaiser Wilhelm Realgymnasium geschickt, da meine Eltern glaubten, daß Heinrich dort leichter vorankommen würde. Warum mir die Schule sowenig zugesagt hat ist schwer in Worte zu fassen. Ich hatte nur Interesse für einige Fächer, vorallem Deutsch und Geschichte. In fremden Sprachen war ich nicht all zu schlecht, aber ich machte nie einen Versuch, mich auszuzeichnen. Von den Naturwissenschaften waren es nur die Botanik und die Chemie, die mich anzogen, von Geometrie verstand ich nichts, ebensowenig von Physik. Wie weit dies meine Schuld war oder durch meine Indifferenz verursacht war oder wie weit ein mechanisierter Lehrbetrieb mir die Auffasung verleidete, ist schwer zu sagen. Der Krieg zwang die meisten der jungen und empfänglichen Lehrer in die Armee, und die Schule blieb in den Händen der älteren, die schon zu lange die Routine des täglichen Drills angewandt hatten, und sich nicht mehr wandeln konnten oder wollten. Der Krieg lockerte auch die Schuldisziplin in großem Umfang; an jedem „Siegestag" wurden wir vom Unterricht entlassen und konnten tun, was wir wollten. Dazu kam noch das Bewußtsein, daß man der Schule am besten entgehen könnte, wenn man sich freiwillig zum Heeresdienst stellte. Mein Bruder hatte sich 1914 als Freiwilliger gemeldet, war aber wegen eines Herzfehlers nicht angenommen worden. So wurde er Krankenpfleger beim Rotenkreuz; im Grunde war auch diese Pflicht zu schwer für ihn, und er infizierte sich mit einer schweren Dysenterie. Als 1916 die Reserven immer spärlicher wurden, hat man ihn doch angenommen, und in die Marineinfanterie gesteckt, wo er an den schweren Schlachten in Flandern teilgenommen hat.

Das Kaiser Wilhelm Realgymnasium lag in der Kochstraße 66, direkt neben einer Mädchenschule, der Königin Elizabeth Schule. Die Kochstraße gehörte eigentlich in das Zeitungsviertel; das Ullstein–Haus lag nur wenige Schritte von unserer Schule entfernt. Desgleichen die Friedrichstraße, die an ihrem nördlichen Ende viel von ihrem einstigen Charakter eingebüßt hatte und eigentlich eine Straße für Zuhälter und Huren geworden war. Meine Schule konnte sich in keiner Weise mit den alten renommierten Schulen, wie dem Grauen Kloster oder dem Französischen Gymnasium, vergleichen.

Auch sozial gesehen, waren die Schüler in ihrer Mehrheit Kinder der unteren Mittelklasse, kleiner Beamter, Kaufleute, oder Besitzer von Kneipen, ohne das mir der Klassenunterschied damals bewußt geworden wäte. Ich habe mich niemals vereinsamt gefühlt, war aber auch nicht zu meinen Klassengenossen hingezogen, mit einer Ausnahme, von der ich noch zu sprechen habe. Wie gesagt, die Lehrer waren mittelmäßig, bis auf unseren Geschichtslehrer Dr. Hartmann und den Lateinlehrer, den berühmten Professor Norden. Eduard Norden, der Verfasser der *Lateinischen Kunstprosa,* hatte es als seine patriotische Pflicht angesehen, dem Lehrermangel während des Krieges abzuhelfen, und so kam er denn jede Woche, um uns Vorlesungen über Sallust oder Cicero zu halten. Trotzdem habe ich es zu keiner vollkommenen Beherrschung des Lateinischen gebracht, und mein Vater konnte noch im Alter besser lateinische Texte übersetzen als ich. Das Griechische habe ich erst auf der Universität studiert, auch hier ohne es zu einer wirklichen Vertrautheit zu bringen.

Ich habe mich oft der vielen Stunden geschämt, die ich in der Schule gedankenlos vergeudet habe, und kann noch heute nicht verstehen, warum sowenig von dem Lehrstoff in mein Bewußtsein eingedrungen ist. Manche Gegenstände ließen mich kalt, wie die Morgenandachten oder der Religionsunterricht. Dabei zeichnete ich mich in der Vorbereitung auf die Konfirmation in gewisser Weise aus und erhielt vom dem Pfarrer der *Zwölf Apostel Kirche* eine Prämie; die Predigten Luthers. Die Kirche steht noch heute am Ende der Genthinerstraße, und ihr Anblick hat mich mehr bewegt, als die Konfirmation selbst.

Ich muß hier auch zwei Fehler meines Charakters erwähnen,

die nur indirekt mit der Schule zusammenhängen, und für die ich allein die Verantwortung trage. Als Großstädter habe ich nie ein ursprüngliches Verhältnis zur Natur gehabt. Ich liebe die Natur, die Blumen, den Himmel, die Bäume, in den großen Parks, aber es ist die *Natura sympathica* der Romantik, nicht die schlichte Natur, die wächst und welkt, in der gesät und geerntet wird. Ich habe in meinem Leben dies instinktive Verhältnis zur Natur oft in Frauen gefunden und bewundert, aber in mir selber hat es nie Wurzel gefaßt.

Der zweite Mangel betrifft mein Verhältnis zu physischer Aktivität. Obschon meine Eltern Wert darauf legten, daß dieser Teil meiner Erziehung nicht vernachlässigt wurde und einen ausgedienten Feldwebel engagierten, mich darin zu üben, habe ich es nie zu einer wirklichen Fertigkeit gebracht. Auch das Turnen in der Schule half mir nicht weiter. Ich ging zu den Spielen, die in der Haasenheide stattfanden, aber ausgezeichnet habe ich mich darin nie. Rudern machte mir Vergnügen und auch im Segeln habe ich mich versucht. Jedoch selbst im Schwimmen habe ich es nie zu einer wirklichen sportlichen Leistung gebracht. In Südamerika lernte ich reiten, aber auch das langweilte mich nach einer kurzen Weile, und ich gab es wieder auf. Die einzige körperliche Tätigkeit, die mir zusagte, und nach heute zusagt, ist das Laufen. In der Schule trat ich noch vor dem Kriege dem *Altwandervogel* bei und ging auf die Wochenendfahrten. Aber viel haben sie mir nicht bedeutet. Das Schlafen in Heuschobern, das Essen von selbstgekochten Gerichten bereitete mir geringes Vergnügen. Dazu kam noch, daß die älteren Mitglieder des Wandervogels mich verwöhnten, und mir oft die schweren Arbeiten ersparten. Vielleicht hätte ich mich doch zu einem sportlicheren Knaben entwickelt, aber der Krieg schnitt diese Tätigkeit ab.

Mit alledem hängt zusammen, daß ich das bin, was Walther Rathenau einen Furchtmenschen nennen würde. Als ich einmal las, daß Lord Nelson von sich gesagt hat, er hätte das Gefühl der Furcht nie gekannt, wurde mir bewußt, daß mein Leben unter dem entgegengesetzten Vorzeichen gestanden hat. Ich habe immer Angst vor anderen Menschen, vor Krankheit, vor der Zukunft, ja vor dem Leben selbst gehabt. Erst im Alter habe ich diese Furcht überkommen. An moralischem Mut hat es mir nicht gefehlt, und ich habe mich selten vor schwierigen Aufgaben oder vor peinlichen Situation gescheut, selbst wenn sie mit physischer Gefahr verbunden waren. Aber es war immer der moralische Mut, der mir half, meine physische Angst zu überwinden. So war ich, und bin ich, eine Mischung von Aktivität und Zurückgezogenheit, von Feigheit und Aggressivität. Whenn ich meinem Instinkt folgen würde, würde ich mich in ein Mauseloch verkriechen und dann jammern, daß sich niemand um mich kümmert.

Jedenfalls war ich als Knabe und sogar noch als Student von einer kaum zu beschreibenden Scheu und Schüchterheit. Die geringste Fehlleistung trieb mir die Schamröte ins Gesicht und ließ mich lächerliche Torheiten begehen. Das Merkwürdigste war, daß diese Schüchternheit von einem übermäßigen Stolze begleitet war, der völlig unberechtigt war und nichts zu seiner Verteidigung hätte sagen können. Die Schüchternheit ist mir vom Leben gründlich ausgetrieben worden, besonders in der Emigration wo es hieß *"sink or swim"*. Aber der Stolz ist mir geblieben und hat mich oft, wie ich heute erkenne, zu falschen Handlungen geführt. Meine größten Fehler waren, und sind es noch immer, Unterlassungen. Aber Stolz, sagte mir eine katholische Dame einmal, ist die Sünde, zu der sich jeder am leichtesten bekennt.

Es ist schwieriger von einem anderen Charakterzug zu sprechen, der sich ebenfalls schon in meiner Kindheit zeigte, und von dem ich Spuren noch heute empfinde. Der Anblick eines schönen Frauengesichts hat mich immer tief bewegt und beunruhigt. Das erste Mal, daß ich mir dessen bewußt wurde, war auf jener Winterreise ins Riesengebirge, auf die mich meine Großmutter mitgenommen hatte. Wir wohnten in einem Hotel in Krumhübel und unter den Gästen war ein bekannter Berliner Photograph, der mit seiner Familie dort war. Er hatte einen Sohn, mit dem ich mich bald anfreundete, und so kam ich oft in die Nähe seiner Gouvernante. Ich erinnere mich nur daran, daß sie schwarze Haare und dunkle Augen hatte und eine Perlenschnur trug. Aber so oft ich sie sah, konnte ich nichts tun, als sie unverwandt anschauen, bis einer ihrer Verehrer sagte, daß es unhöflich sei, Menchen anzustarren.

Natürlich war ich mir meines Benehmens nicht bewußt und

noch weniger verstand ich meine Motive. Auch glaube ich kaum, daß die Dame etwas von der Bewunderung gewußt hat, die ich für sie empfand. Ähnliche Gefühle hatte ich auch für eine Freundin meiner Mutter, die in Stettin wohnte, uns aber oft besuchte. Der Geruch von Parfum und Pelzwerk hatte etwas Berauschendes für mich. Bei alledem war ich völlig kindlich und es war nur die Empfindung eines schönes Wesens, das mich entzückte.

Selbstverständlich war auch ich in der Schule von meinen Klassenkameraden ,,aufgeklärt'' worden. Der Junge, der das unternahm, gehörte zu einer Gruppe von Schülern, die sich oft auf einem Dachgarten trafen, und dort homosexuelle Praktixen pflegten. Wie die meisten ihrer Art suchten sie immer nach Novizen, die sie für ihre Zusammenkünfte gewinnen wollten. Eines Tages, als wir von der Schule nach Hause gingen, erzählte er mir, wie Kinder erzeugt werden und zur Welt kommen. Er tat das in der rohesten Form und mit den gewöhnlichsten Ausdrükken, die mich tief schockierten. Das Resultat war aber nicht, was er sich erwartet hatte. Ich ging schnurstracks zu meiner Mutter, erzählte ihr, was man mir gesagt hatte, und fragte sie, ob es wahr sei. Meine Mutter antwortete mir in der taktvollsten Weise; sie versuchte nicht zu leugnen, was man mir eröffnet hatte, aber sie nahm ihm den Stachel des Gemeinen. Ich erreichte sexuelle Reife und sexuelle Erfahrungen erst später, und war gegen die ständigen Anspielungen und Witze, in denen sich Schulkinder gefallen, mehr oder weniger immun. Zuweilen hatte ich sogar ein Gefühl der Minderwertigkeit, von dieser Erfahrung ausgeschlossen zu sein, aber das änderte nichts an der Tatsache, daß das sexuelle Erlebnis erst später in mein Leben eintrat, und auch dann noch als ein großer Schock, den ich erst nach Jahren überwinden gelernt habe.

Auf der andern Seite aber hatte ich die Empfindlichkeit für die Schönheit, besonders für das weibliche Antlitz. Ich glaubte auch aus dieser Empfindung kein Hehl machen zu müssen. In einem Jahr war es unsere Aufgabe in der Schule einen Vortrag vor der Klasse zu halten. Wir hatten freie Wahl in dem Gegenstand unseres Vortrages. Ich wählte mir Praxiteles und erzählte die Anekdote von der Entstehung der Venus von Knidos, von der berichtet wird, daß die Göttin gesagt haben soll, ,,Wo sah mich Praxiteles nackt?'' Es war vielleicht ein Zeichen für das Verständnis, das uns unser Lehrer entgegen brachten, daß er keinen Anstoß an meinem Vortrag nahmen. Erst nach vielen Jahren habe ich erkennen gelernt, daß dies Gefühl ein biologisches Vorstadium der Geschlechtswahl ist. Die Keats'sche Formel,

,,Beauty is truth, and truth beauty;
That is all you know or need to know,''

ist ein platonischer Irrtum. Im Grunde hat Schönheit nichts mit Wahrheit und doch weniger mit dem Guten zu tun. Sie ist eine Verlockung, ein Köder, den die Natur der Begierde entgegen hält, um sie zu verblenden und um ihre eigenen Zwecke zu erreichen. Aber derjenige, der den Köder verschluckt hat, wird dadurch nicht von seiner Besessenheit geheilt. So ist es mir immer dann ergangen, wenn ich mich in jenem seltsamen Zustande befand, den wir als Liebe bezeichnen. Es war umsonst, daß ich mir sagte, das Liebe im Grunde nur ein Eigensinn der Begierde sei; die Begierde siegte über die Vernunft. ,,Wer die Schönheit angesucht mit Augen, ist dem Tode schon anheimgegeben,'' sagt Platen. Das ist vielleicht eine dichterische Übertreibung, denn auch die Liebe brennt sich aus wie alle menschlichen Leidenschaften. Aber, so viel ist wahr, wer diesem Triebe unterworfen ist, lebt ein gespaltenes Leben, in dem die rationalen Handlungen ständig in Gefahr sind von irrationellen Eingebungen unterbrochen oder gefährdet zu werden. Lange Zeit habe ich geglaubt, daß man dies Besessensein von dem Schönen mit dem Verfolg geistiger Ziele balancieren würde. Aber auch das war eine Illusion. Vielleicht liegt ein gewißer Trost darin, daß ich dies Schicksal mit so vielen andere Menschen teilte.

,,The time I lost in wooing
In watching and pursuing
The light that lies in woman's eyes
Were all my heart's undoing.

Das Erwachen 2

ALS ich dreizehn Jahre war, begann ich ein Tagebuch zu führen, eine Gewohnheit, die ich noch heute pflege, aber mit erheblichen Unterschieden. Als junger Mensch war mir das Tagebuch ein unentbehrlicher Dialog mit mir selbst, veranlaßt durch ein Bedürfnis der Selbstklärung und der Selbstbespiegelung. Heute beschränkt sich mein Tagebuch fast ganz auf das Festhalten von Tatsachen und Begebenheiten. In jedem Falle habe ich für die folgenden Seiten eine sichere Unterlage als das Gedächtnis, das einem zu oft Fallen stellt.

Die ersten Seiten meines Tagebuches habe ich vernichtet, als ich herausfand, daß meine Mutter sie gelesen hatte. Die frühste Eintragung beginnt mit dem 10. Dezember 1916, also zu einer Zeit, als ich 15 Jahre alt war. Es ist kein Vergnügen, diese vergilbten Aufzeichnungen durchzusehen. Und doch war der Impuls im ganzen ein Guter gesehen. Wir hatten eine schöne Ausgabe von Hebbels Tagebüchern in unserem Hause, in blauem Leder gebunden; ich habe viele Stunden damit verbracht, sie zu studieren. So schrieb ich mir den folgenden Satz heraus: ,,Und wer kann gleichgültig so manche tausend Welten in sich versinken sehen und wünschte nicht wenigstens das Göttliche, sei es Wonne oder Schmerz, das durch sie hindurch zog, zu retten."

Aus alledem sollte es klar sein, daß ich damals mit einem unglaublichen Heißhunger, ohne Urteil, und ohne Geschmack zu lesen begann. Was las ich?—Goethe, Schiller, Kleist, Grillparzer, Hebbel, Gottfried Keller, Konrad Ferdinand Meyer, Ibsen, Strindberg, Hauptmann, und auch Unterhaltungsromane wie die Kellermanns. Es ist mir unmöglich zu sagen, ob sie einen bestimmenden Eindruck auf mich gemacht haben. Dagegen bin ich mir bewußt, daß Oscar Wildes *Picture of Dorian Gray*, in vieler Hinsicht einen entscheiden Einfluß auf mich gehabt hat. Ich wollte sein und leben wie Lord Henri, mit anderen Worten, ich wollte ein *dandy* werden. Auch der Film mag dazu beigetragen haben, denn obwohl ich noch nicht das gesetzliche Alter erreicht hatte, ging ich oft ins Kino und war von der Pseudoeleganz gewissen Schauspieler angezogen.

Zu diesen disparaten Einflüssen kam im Jahre 1916 der der Bühne, und das in vielfacher Gestalt. Wir begannen in der Schule, Theater zu spielen: zuerst nur ausgewählte Szenen aus unseren Lieblingsstücken, aber später auch ganze Werke, wie Schillers *Don Carlos*, den wir freilich kürzen mußten, da wir zwar eine junges Mädchen für die Königin fanden, aber niemanden, der die Prinzessin Eboli spielen konnte. Ich selbst versuchte mich in der Rolle des Fausts und später des Marquis de Posa, aber ich habe immer gewußt, das ich keinerlei Talent für diesen Beruf besaß. Anders stand es mit zwei Menschen, die mir damals nahe waren: mein Schulfreund Paul Schulz, der sich später Paul Wernburg nannte, und meine Kousine Antonie Strassmann.

Paul war der einzige meiner Mitschüler, der mir nahe gekommen ist, und es war die Bühne und die Literatur, die uns zusammen geführt haben. Paul kam aus einer Kleinbürgerlichen Familie; sein Vater war Postbeamter, und sie lebte in Reinickendorf, was weder damals noch heute als ein elegantes Wohnviertel galt. Außerdem war er Katholik, was zu einer gewissen Isolierung in der protestantischen Schule beitrug. In jedem Falle wurden wir Freunde. Er war in manchem begabter als ich, besonders für die Naturwissenschaften, für die mir jedes Verständnis abging. Er kam beinahe täglich, zu uns ins Haus. Am Abend mußte er dann einen langen Weg zu Fuß laufen, bis er an der französichen Straße, die Straßenbahn (Nr. 32) erreichte. Ich habe ihn oft begleitet, da mir meine Eltern vollkommen vertrauten, und mir schon mit 15 Jahren den Schlüssel zur Haustür übergaben. (Es war damals noch Sitte, alle Wohnhäuser in Berlin um zehn Uhr abzuschließen; nach zehn Uhr mußte man den Portier herausklingeln, was dieser immer als eine Beleidigung empfand.) In diesen langen Nachmittagen haben Paul und ich unsere Hoffnungen und Erwartungen an das Leben diskutiert. Paul hatte sich entschieden, Schauspieler zu werden. Nachdem wir das Abiturium absolviert hatten, wurde er an der Schauspielschule Max Reinhardts angenommen und erhielt nach kurzer Zeit ein Engagement in Elberfeld. Unsere Beziehungen dauerten noch ein Jahrzehnt. Ich besuchte ihn in Elberfeld, und er kam regelmäßig nach Berlin. Aber sein Leben wurde von Einflüssen bestimmt, die ich zu jener Zeit kaum verstand. In Elberfeld hatte er sich infiziert, und obschon er bald geheilt wurde, entwickelte er eine Art psychologischer Impotenz, die es ihm unmöglich machte, mit Frauen zu schlafen. Trotzdem hing er an Frauen und sie an ihm; er verheiratete sich zwei Mal und wurde zwei Mal geschieden. Langsam entfernten wir uns voneinander. In Jahre 1933 habe ich ihn zum letzten Male gesehen. Er rief mich an und wir trafen uns in einem kleinen Café. Es war der Juni 1933. Er erzählte mir, daß er seit vielen Jahren Mitglied der Kommunistischen Partei gewesen sei, und daß er seine Verhaftung als unmittelbar bevorstehend betrachte. Ich bot ihm an, ihn in unserer Wohnung zu verstecken, aber er lehnte es ab und sagte, daß dies nur meine Familie und mich selbst kompromitieren würde. So schieden wir voneinander, und ich habe nie erfahren, was aus ihm geworden ist, und ob auch er der Verfolgung durch die braunen Barbaren zum Opfer gefallen ist. Wenn ich an Paul zurückdenke, so glaube ich, daß es mehr der Einfluß der Berliner Theater als eine innere Berufung gewesen ist, die ihn zur Bühne geführt haben.

Im grunde gilt das gleiche auch für Antonie Strassmann. Die Klinik ihres Vaters, in der auch die Familie wohnte, lag in der Schumannstraße. Das deutsche Theater war nur vier Häuser von der Klinik entfernt. So war es verständlich, daß ein junges Mädchen von der Magie der Bühne angezogen wurde. Antonie ging ins Theater, wie die meisten jungen Menschen in Berlin, aber bald genügte ihr das nicht, und sie entschloß sich Schauspielerin zu werden. Auch hier haben psychologische Einflüsse mitgespielt. Einer der berühmten Schauspieler in Reinhardts Ensemble war Paul Wegner, in den sich Antonie verliebt hatte. (Diese Worte gründen sich auf vieles, was sie mir selbst erzählt hat, aber sie sind nur eine Annahme. Ich bin überhaupt groß darin, Menschen und Dinge hinterher zu verstehen, die mir rätselhaft bleiben, wenn ich sie erlebe. Der „*esprit de l'escalier*" ist in mir höchst ausgeprägt). Wie dem auch sei, Antonie war entschlossen, sich als Schauspielerin zu bewähren. In einer Familie, die so auf bürgerliches Prestige hielt wie die ihre, war das 1916 sehr schwierig. Dazu kam, daß ihre Eltern einen starken sozialen Ergeiz hatten und alles daran setzten, von der Aristokratie und der Hautebourgeoisie anerkannt zu werden. So hatte es Antonie nicht leicht sich zu behaupten. Aber schließlich wurde es ihr erlaubt, die Schule zu verlassen, und bei einem anerkannten Schauspieler, Eduard von Winterstein, Unterricht im Sprachen und Spielen zu nehmen.

In jenen Jahren sind wir oft durch die verschneiten Straßen Berlins gegangen und haben über das gesprochen, was uns wichtig war. Ihr war damals, die Literatur nur ein Umweg zum Theater, und das Theater ein Umweg zu sich selbst. Mir war das Theater ein Umweg zur Literatur.

Sie war kaum hübsch zu nennen; sie hatte die große Strassmann'sche Nase, die sie sich später wegoperieren ließ. Zuweilen glaubte ich, daß ich sie liebte, aber das war nur eine der vielen Illusionen, von denen ich mit 16 Jahren lebte. Sie brachte mir auch die ersten expressionistsischen Dramen: von Unruhs *Das Geschlecht* und Görings *Seeschlacht*. Görings *Seeschlacht* machte einen tiefen Eindruck auf mich, wie später auch die Dramen von Werfel und Hasenclever. Trotzdem war der deutsche Expressionisnus für mich nur eine Durchgangsphase, die ich bald hinter mir ließ. Für Antonie kamen alle diese Dinge nur in so fern in Betracht, als sie ihr Material zur Selbstdarstellung werden Konnten.

Antonie hatte viel mehr Vitalität als ich. Ich selbst war fast immer müde und fühlte mich als das typische Produkt der europäischen Dekadenz. Vieles davon mag 16 jährige Pose gewesen sein; der Rest wahrscheinlich die Folge von ungenügender, vitaminarmer Nahrung. Wenn ich heute, 18 Jahre nach ihrem Tode, Antonie Lebensgang zu verstehen versuche, so komme ich zu dem Schluß, daß die meisten ihrer Handlungen einem Bedürfnis nach Anerkennung entsprüngen.

Sie erreichte ihr erstes Ziel schon mit 18 Jahren und erhielt ein Engagement in Stolp in Pommern. Von dort wurde sie nach Magdeburg engagiert, wo sie sich in eine Liebesaffaire verstrickte und einen Selbstmordversuch unternahm, der mißglückte, aber durch alle Zeitungen lief. Dann ging sie nach Stuttgart und verheiratete sich mit einem Textilfabrikanten. Aber auch diese Beziehung konnte sie nicht fesseln und nach wenigen Jahren wurde sie von ihm geschieden. In der Zwischenzeit hatte sie den Sport entdeckt und war bei allen Veranstaltungen wie dem Sechstagerennen, Boxkämpfen, und was dergleichen mehr war, zu sehen. Eines Tages versuchte sie mich davon zu überzeugen, daß ich Boxen lernen sollte. Als ich die Idee zurückwies, fragte sie mich, was ich tun würde, wenn ich plötzlich auf der Straße angegriffen würde? Ich antwortete: ,,Ich rufe einen Schutzmann.''

Es war in dieser Epoche ihres Lebens, daß sie eine Affaire mit dem Kronprinzen hatte, die ebenfalls durch alle Skandalblätter ging. Wir hatten uns in jenen Jahren völlig von einander entfernt. Als ich ihr einmal einen Band selbstgeschriebener Gedichte gab, und Monate lang nichts von ihr hörte, bat ich sie schließlich, mir den Band zurückzugeben. Als ich ihn empfing, lag der Brief, mit dem ich ihn begleitet hatte, uneröffnet in dem Buch. Ich will gerne zugeben, daß die Gedichte nicht gut waren.

1930 wandte sie sich dem Fliegen zu und war *copilot* in einer *Dornier–X*, die den Atlantik überquerte, was damals viel Mut und Geschick erforderte. Sie wanderte 1931 nach den Vereinigten Staaten aus und erhielt sich als Repräsentatin deutscher Flugzeugmaschinen. Natürlich kannte sie die berühmten Nazi Flieger wie Göring und Udet—und hat manchen Menchen geholfen, dem Konzentrationslager zu entkommen.

Das hat sie aber selber nicht vor Verfolgungen schützen können. Sie war 1937 amerikanische Bügerin geworden. Eine Nazigruppe, vielleicht von der Gestapo dazu angestiftet, versuchte sie in New York gefangen zu nehmen und zu entführen. Als Grund gaben sie an, daß Antonie eine deutsche Erfindung an amerikanische Gesellschaften verkauft habe. Der Versuch mißlang, da die *F.B.I.* Antonie beschützte. Völlig ist mir diese Angelegenheit nie klar geworden, und ich halte es für möglich, daß sie damals auch als eine Geheimagentin gearbeitet hat. Als der Krieg ausbrach, mußte sie diese Tätigkeit aufgeben.

1938 war ihr Vater in der Schweiz gestorben. Er hatte seine Frau zur Erbin eingesetzt. Ihr hätten die Nazis aber nie das Vermögen, sowie seine kostbare Bildersammlung, ausgehändigt. So schlug sie die Erbschaft zu Gunsten von Antonie aus, die amerikanische Bügerin war. Da zwischen Deutschland und Amerika ein Abkommen bestand, daß die Erbschaften eines Bürgers in dem anderen Lande anerkannt werden würde (was angesichts der vielen Deutsch–Amerikaner zugunsten Deutschlands ausfiel) konnte Antonie die Erbschaft anfordern und kam in den Besitz einer erheblichen Summe Geldes sowie der kostbaren Bildersammlung. Ihre Mutter war inzwischen in die Vereinigten Staaten gekommen, und Antonie baute sich ein Haus in dem Hudsontal, unweit der Stadt Peekskill. Nach einer kurzen Tätigkeit in der Kriegsindustrie, eröffnete sich ihr eine neue Laufbahn. Sie hatte den amerikanischen Industriellen, Eugene Macdonald, kennengelernt, den Begründer des Elektro–Konzerns *Zenith*. Macdonald experimentierte zu jener Zeit mit Apparten für Schwerhörige, und fragte Antonie, ob sie die Vertretung dieser *hearing aids* in Staate New York übernehmen wollte. Sie griff zu, und als ich sie 1946 in New York wieder sah, war sie Direktor in dieser Abteilung. Sie fuhr jeden Morgen 45 Meilen von ihrem Hause in die Stadt und kehrte am Abend gegen 6 Uhr zurück.

Sie hatte sich zu einem der warmherzigsten Menschen entwickelt, die mir je begegnet sind. Vor und während des Krieges hat sie unzähligen Menschen geholfen. Ihr Bruder, der 1935 in die U.S.A. kam, und als Arzt sein Examen noch einmal ablegen mußte, wurde von ihr erhalten, bis er seine Praxis in Houston eröffnen konnte. Auch mich hat sie auf die großzögigste Weise unterstützt. Ich suchte 1946 nach einer Lehrstelle, die mir Zeit lassen würde, meine *Bolívar* in einer englischen Ausgabe zu veröffentlichen. Ich hatte eine Unterkunft in einem *Quaker college* gefunden, aber die Atmosphäre religiöser Hypokrisie sagte mir nicht zu. Als ich ihr dies schrieb, telegraphierte sie mir, daß ich bei ihr so lange wohnen könnte, wie ich wollte. Wir verstanden uns sofort wieder so gut wie einst als Kinder. Zum Glück fand ich bald eine Anstellung, so daß ich nicht glaube, ihre Generosität mißbraucht zu haben.

Antonie war ein Mensch, der eine fast animalische Vitalität ausströmte, und viele Menschen sind ihr erlegen und haben sie begehrt. Viele Jahre nach ihrem Tode begegnete ich einem Professor, der mir bekannte, daß er jederseit bereit gewesen sei, sich scheiden zu lassen und sie zu heiraten. Und er war nicht der einzige. Auch Frauen fanden sich zu ihr hingezogen, und sie sich zu ihnen. Wie ich nach ihrem Tode erfuhr, hatte sie sich in den Staaten noch einmal verheiratet, aber ihren Mann schon nach einer Nacht verlassen. Da er sich weigerte, sich von ihr scheiden zu lassen, nahm sie ihren Mädchennamen wieder an und lebt in New York als Miss Strassmann. Sie hatte einen Freund, der zum großen Verdruß ihrer Mutter jeden Sonnabend und Sonntag bei ihnen zu Gast war. Er war durch und durch Amerikaner, interessierte sich weniger für Bücher als für *football* und *baseball*, und war ein Mensch, der sich in der Natur wohler fühlte als in einem Wohnzimmer. Daneben hatte Antonie aber noch viele Freunde, und ich glaube nicht, daß eine Beziehung sie wirklich erfüllen konnte.

1948 machten sich bei ihr die ersten Anzeichen einer Krankheit bemerkbar, der ihre Schwester Gisela sechs Jahre zuvor erlegen war. Obschon sie Tochter eines Arztes war, verzögerte sie es, einen Chirugen aufzusuchen. Als sie 1949 operiert wurde, war es schon zu spät, um die Ausbreitung des Krebses zu verhindern.

Sie besuchte mich 1949 in Virginia. Damals bereitete sich die letzte Phase ihres Lebens vor. Sie hatte sich entschlossen zum Katholizismus überzutreten. Ihr Berater war zuerst ein irischer Priester, der in Chester, Pennsylvania lebte. Danach aber wurde sie das Opfer jener habgierigen und geldsüchtigen Priester, die man nur allzu gut aus den Romanen Balzacs kennt. Sie gingen in ihrem Hause aus und ein; sie aßen und tranken so viel, wie sie in sich hereinstopfen konnten, und beherrschten in Wirklichkeit den Haushalt.

Als ich Antonie 1951 noch einmal besuchte, wohnte ein Monsignor bei ihr, dessen Spezialität die Bekehrung jüdischen Konvertiten war. Es war beschämend zu sehen, wie er seine Stellung mißbrauchte und als eine Art von Gott über dem Hause waltete. Aber er war nicht der Einzige. Angehörige religiöser Orden gingen aus und ein und trugen jedes Mal etwas aus dem Hause fort. Antonie selbst, die damals schon sehr krank war, fuhr jeden Morgen um sechs Uhr zur Messe und nahm jeden Tag das Abendmahl. Die Kirche war für sie eine letzte Zuflucht, eine Art von Rückversicherung gegen die Sterblichkeit. Mit ihrem Freunde hatte sie jede Beziehung abgebrochen und war stolz darauf, nun ein keusches Leben zu leben. Im September 1951 ging sie ins Krankenhaus, das sie nicht wieder lebendig verlassen sollte. Sie ist am 3. Januar 1952 gestorben. Im Krankenhaus hatte sie ihr Testament geändert, und den größten Teil ihres Vermögens der Kirche vermacht. Mir selbst hinterließ sie ein kleines Legat und alle Bücher aus ihrer Bibliothek, die ich mir aussuchen wollte. Sie war in vieler Hinsicht, der außerordentlichste Mensch dem ich je begegnet bin. Um einen Satz von Mauriac zu variieren: ,,Ich weiß nicht wo sie jetzt ist, aber wo immer sie ist, wird es interessant sein.''

Um zu meiner eigenen Entwicklung zurückkehren, so waren es die Einwirkungen dieser beider Menschen, Paul und Antonie, die mich dem Theater zugeführt haben. Berlin war selbst in mitten des Weltkrieges noch eine Theaterstadt. Die Theater Max Reinhardts, *das deutsche Theater*, die *Kammerspiele*, und die *Volksbühne* standen an der Spitze, aber das *Lessingtheater*, das *Hebbeltheater* hatten desgleichen ein hohes Niveau, und sogar das *Königliche Theater* konnte es mit jeder Bühne hinsichtlich des Repertoires und der Schauspieler aufnehmen. Ich ging oft ins Theater, drei oder vier Mal in der Woche, gewöhnlich auf die Galerie oder ,,Stehplatz'', denn für mehr langte mein Taschengeld nicht. Später als Paul in der Reinhardtschen Schauspiel–Schule war, erhielt ich auch Freikarten.

Die beste Aufführung, die ich je gesehen habe, war Reinhardts Inszenierung des *Othello*, mit Paul Wegner als Othello und

Eduard von Winterstein als Jago. *Othello* scheint mir von allen Shakespear'schen Tragödien, die am besten konstruierte zu sein. Das dramatische Gewebe ist ohne jeden Fehler. In *Macbeth* und *Hamlet* beunruhigten mich die Elemente des Übernatürlichen; der *Lear* war mir in seiner grauenhaften Gewaltsamkeit noch nicht zugänglich, und für *Antonius und Cleopatra* fehlte mir die emotionelle Voraussetzung. Ich habe auf den Reinhardtschen Bühnen fast alle Shakespearschen Stücke gesehen, *Was Ihr Wollt, Wie es Euch Gefällt, Ein Sommernachtstraum, Cymbelin*, und natürlich auch *Julius Caesar*. Einem deutschen Menschen sind die Werke Shakespears ja sowie so vertraut durch die Übersetzung A. W. Schlegels, für die es in der Weltliteratur keine Parallele gibt. Neben Shakespeare stand Reinhardts Inszenierung von Schillers *Don Carlos*, die mich unerhört beeindruckte, so wie sein *Faust, Erster Teil*, den ich viele Male gehört habe. Im Lessingstheater war es Strindbergs *Nach Damaskus* und im Hebbeltheater Strindbergs *Totentanz* sowie Wedekinds *Erdgeist*, die mir größten Eindruck machten. Daneben erlebte ich auch expressioniste Werke wie Sorges *Bettler*. Wie viel ich von alle dem verstanden habe, ist schwer zu sagen. Aber mit allen Werken der Kunst geht es einem ja so, daß man sie viele Male sehen und hören muß, bevor man sie sich aneignen kann.

Die Welt des Theaters hat mir bis zu meinem dreißigsten Jahre nahe gestanden. Einmal durch eine Schauspielerin, die für kurze Zeit in mein Leben trat, und dann durch einen Freund, der als Direktor mit den Bühnen Max Reinhardts verbunden gewesen war. Danach aber ist mir die Bühne so völlig abhandengekommen, daß ich heute nur mit Überwindung ins Theater gehen kann. Warum diese Entfremdung eingetreten ist, wüßte ich nicht zu sagen, es sei denn man fände die Erklärung in der Enttäuschung, die ich an diesem beiden Menschen erlitten habe. Ich bin noch immer von großen schauspielerischen Leistungen angesprochen, ziehe es aber vor, sie im Film zu sehen. Auch hat die Oper den Platz des Theaters in meinem Leben eingenommen. Im übrigen aber erscheint mir die Welt des Theaters als ein Symbol alles dessen, was ich für ephemerisch halte: eine Scheinwelt, die an sich selber glaubt, und an sich glauben machen will.

Trotzdem war es natürlich, daß meine ersten literarischen

Versuche theatralische Form annahmen. Ich las Mommsens
Römische Geschichte, in der mich besonders die Gestalt das
jüngeren Gracchus beeindruckte. So begann ich ein historisches
Drama zu schreiben. Ich quälte mich ein ganzes Jahr mit diesem
Projekt bevor ich einsehen mußte, daß es nichts tauge. Ich habe
es niemandem gezeigt, sondern es stillschweigend verbrannt.

Viele Jahre später fand ich bei Robert Musil die folgenden
Sätze:

,,In seinem Alter man hat am Gymnasium Goethe, Schiller,
Shakespeare, vielleicht sogar schon die Modernen gelesen. Das
schreibt sich dann halbverdaut aus den Fingerspitzen wieder heraus.
Römertragödien entstehen oder sensitivste Lyrik . . . Denn diese von
außen kommenden Assoziationen und erborgten Gefühle tragen die
jungen Leute über den gefährlich weichen seelischen Boden dieser
Jahre hinweg, wo man sich selber etwas bedeuten muß, und doch
noch zu unfertig ist, um wirklich etwas zu bedeuten.''

Der Wunsch im Gebiete der Literatur meine Erfüllung zu
finden, war überwältigend, des gleichen freilich die Zweifel, ob
ich eine Begabung dafür hätte. So war ich ständig zwischen
Selbstüberschätzung und Selbstunterschätzung hin und her
gerissen, ein Zustand, der für viele junge Menschen charakteri-
stisch ist. Er hält so lange an, bis sie sich gefunden haben,
vorausgesetzt, daß sie sich selber finden, was keineswegs immer
der Fall ist. Neben diesen Einwirkungen stand Nietzsche, den
ich mit 16 Jahren zum ersten Male las. Das erste Buch war die
Geburt der Tragödie, die ich an einem Sommermorgen im Tiergarten las, und später, *Also Sprach Zarathustra*. Mein Verhältnis zu Nietzsche hat sich mit den Jahren so gewandelt, daß
es mir unmöglich ist, den Taumel zu beschreiben, den ich in den
Sommermonaten von 1918 empfand. Sollte man ihn deshalb
einen Versucher nennen? Ihn der gesagt hat, was liegt an
Schülern und Gläubigen?

In dem gleichen Jahre, 1917-1918, fielen mir drei Bücher in die
Hände, die für mich bestimmend wurden. Es waren Baudelaires
Fleurs du Mal, Hofmannsthals *Gedichte und Kleine Dramen*, und
Georges *Der Siebente Ring*.

Baudelaires *Fleurs du Mal* las ich in einer Übersetzung von
verschiedenen Dichtern, Stefan Zweig, Richard Schaukal, und

anderen. In der Erinnerung erscheint mir diese Übersetzung die beste zu sein, jedenfalls besser als die Georges, die mir immer zu harsch klang. Auch im Falle Baudelaires muß ich gestehen, daß ich mich an Worten berauschte, die ich oft kaum verstehen konnte. Viele seiner Gedichte setzen Erfahrungen voraus, an denen es mir gebrach, wie das geschlechtliche Erlebnis, oder Haschisch, das ich auch heute nicht kenne. Ich war aber davon überzeugt, das intellektuelle Erfahrung und Vorausnahme, dem wirklichen Erlebnis gleichkäme oder ihm sogar vorzuziehen sei, und teilte diese Überzeugung mit der ganzen Überheblichkeit meiner siebzehn Jahre meinen Eltern mit. So sagte ich einmal während einer Diskussion über Strindberg, ,,Ihr versteht eben nichts vom Geschlechtsleben,'' worauf mein Vater antwortete, ,,Warum erklärst Du es uns nicht?''

Es ist leicht zu verstehen, daß ich in einer solchen Seelenlage von den *Gedichten und Dramen* des jungen Hofmannsthal beeindruckt wurde. Die *Ballade des äußeren Lebens*, das *Lebenslied*, vorallem aber *Der Tod des Tizian* und der *Tor und der Tod* schienen mir als die Offenbarungen meiner eigenen Seele, nur daß meine Seele stumm war, und das Hofmannsthal die Worte dafür fand, was es hieß, sein ,,Leben zu erleben wie ein Buch''. Diese Dramen bedeuteten mir so viel, daß ich es später auf der Universität ablehnte, mich an einer Parodie des *Tor und des Tods* zu beteiligen, die Meineckes Schüler zu seinem 60. Geburtstag aufführten. Es schien mir wie eine Entweihung. Natürlich hatte ich keine Vorstellung von der Kompliziertheit des Dichters Hofmannsthal, noch könnte ich mich rühmen, die Vollendung solcher Werke wie *Der Weiße Fächer* oder *Das Kleine Welttheater* wirklich erfaßt zu haben. Aber der Dichter Hofmannsthal blieb ein entscheidender Einfluß in meinem Leben, eine Erziehung, zu der später die Prosaschriften unendliches beitragen haben.

Stefan Georges *Siebenter Ring* stand in dem Bücherschrank meiner Schwester in einem violetten Leineneinband. Ich öffnete ihn zufällig und las das Gedicht: *Der verwunschene Garten*. Während der Lektüre stieg vor mir das Profil Georges auf; es war wie eine Vision, obschon es möglich ist, daß ich sein Gesicht in Büchern oder Zeitschriften gesehen habe. Als ich später Gustav Breysig von diesem Erlebnis erzählte, sagte er mir, daß ihm

George einmal *Den verwunschenen Garten* vorgelesen und am
Ende ausgerufen habe, ,,Das ist so schön, daß kann ich gar nicht
geschrieben haben." Mein heutiges Urteil ist freilich ein anderes. Es ist ein Gedicht, das mehr als andere den Einfluß des
Prärafaelitismus in George wieder spiegelt. Da ich aber selbst
unter dem Eindruck Dante Gabriel Rosettis stand und mir seine
Blessed Damosel als der Ausdruck alles Schönen erschien, kann
ich mir wohl erklären, warum dies Gedicht einen solchen Ein-
druck auf mich gemacht hat. Die anderen Teile des *Siebenten
Ringes* habe ich mir erst allmählich aneignen können: zuerst die
Lieder, dann die *Zeitgedichte*, dann die *Gestalten* und die
Tafeln; das Maximinbuch ist mir immer verschlossen geblieben.
Diese drei großen Figuren meiner Jugend sind mir noch heute, ja
heute mehr als je, Begleiter meines Daseins, obschon andere
Einflüsse neben sie getreten sind, vor allem Goethe und Dante.

Ich muß noch eines anderen Umstandes meines Erwachens
gedenken, der aber mehr an der Peripherie geblieben ist. Wie die
meisten Kinder unserer Klasse habe ich auch Klavierunterricht
gehabt. Meine Lehrerin war eine unbemittelte Kousine, die auf
diese Weise unterstützt werden sollte. Es ging mir dabei wie mit
dem Schulunterricht; ich nahm nichts auf, und als sie mir eines
Tages erklärte, sie habe sich verlobt, war ich froh diesem Joche
entkommen zu sein, Meine Mutter ließ es sich aber angelegen
sein, daß ich der Musik rezeptiv erschlossen wurde. Sie kaufte
mir Konzertbillete, darunter war ein Zyklus von sieben Konzerten, die die Musik für das Klavier umfaßten. Allmählich erschloß
sich mir dargestalt die Welt der Musik. Dazu kam noch, daß ein
Klient meines Vaters der Musikkritiker und Komponist Max
Marschalk war, ein Schwager Gerhart Hauptmanns. Mein Vater
beriet ihn, ohne für seine Dienste zu liquidieren. Herr Marschalk
revanchierte sich, in dem er uns jede Woche Freikarten für die
besten Konzerte und für die Oper sandte. Auf diese Weise
wurde ich dazu erzogen, der Kammermusik zuzuhören, die in
Berlin von Arthur Schnabel, Flesch, und Grünfeld aufs vor-
trefflichste vorgetragen wurde. Ich hörte Hubermann, D'Albert,
Busoni, und ging regelmäßig in die Symphoniekonzerte der
königlichen Oper, die Richard Strauss dirigierte. Zuweilen
überwältigten mich diese Konzerte, wie ein Konzert in der
Philharmonie, in dem zwei Symphonien Tschaikowskis gespielt

wurden. Auch hier hat sich mein Geschmack erst allmählich geläutert, obschon ich zugeben will, daß Tschaikowski Momente genialer Inspiration hat, aber eben doch nur Momente. Die Oper hingegen blieb mir noch auf vielen Jahre verschlossen. Es war erst im Jahre 1926, in einer Aufführung von *La Forza del Destino*, daß ich von dieser Kunstform gefangen wurde.

Sollte jemand jemals diese Seiten lesen, so mag er wundern, daß ein junger Mensch im ersten Weltkriege so von literarischen und künstlerischen Problemen erfüllt war, daß er taub und blind blieb für das ungeheure Geschehen, das sich um ihn herum abspielte. Ich hatte einen Bruder in der Armee, Freunde, und Verwandte von uns starben oder wurden verwundet, das ganze Volk (wir eingeschlossen) litt an der Hungersnot, die die englische Blokade uns auferlegte. Hat nichts davon mich gestört? Bis zu meinem 16. Lebensjahr war ich kaum berührt von der Zerstörung, die der Krieg mit sich brachte. Mein Vetter Helmuth starb im Winter 1916, und das war das erste Ereignis, das meine Indifferens erschütterte. Dann kamen die Besuche von Kriegskameraden meines Bruders. Mein Bruder selbst war 1917 auf Urlaub und erzählte von den schweren Gasangriffen, an denen er teilgenommen hatte. Die Hungersituation, berührte natürlich auch unser Haus, obschon meine Mutter alles Erdenkliche tat, sie zu lindern. Im Jahre 1918 starb einer meiner Mitschüler, Leo Mikat, am 7. August an der Marne. Er war älter als ich und hatte sich freiwillig gemeldet. Die Nachricht von seinem Tode erschütterte mich tief, und ich schrieb damals: ,,Wofür kämpfen wir, da wir doch besiegt werden werden?'' Die Verlustliste dieser letzten Monate des Weltkrieges war besonders tragisch, da man sich der Sinnlosigkeit der Opfer immer mehr bewußt wurde. So schrieb ich in den gleichen Augusttagen: ,,Jetzt zum ersten Male seit langer Zeit steht die Menschheit wieder von einer Aufgabe. Der Friede muß kommen. Großes ist dem Einzelnen, dem Individuum vorbehalten, Größeres setzt ein in geschichtlichen Momenten, in welthistorischen Augenblikken.''

All dies schrieb ich, bevor die deutsche Regierung am 5. Oktober erklärte, daß der Krieg verloren sei. Einige Männer glaubten, daß der Krieg noch fortgesetzt werden könnte, und wollten eine *levée en masse* proklamieren. Die klarer sehenden sagten, daß das Morden enden müßte. Ich weiß nicht ob, wir jünge Menschen eine Vorstellung von dem hatten, was wir tun wollten. Meine ganze Klasse meldete sich noch im November 1918 freiwillig zum Heeresdienst und legte am 9. November das Notabiturium ab. Ich schnitt dabei rechtmäßig ab. Ich versagte in der mathematischen Prüfung vollkommen und bestand das Examen nur deshalb, weil mein deutscher Aufsatz über *Faust* als ,,ausgezeichnet'' bewertet wurde. Nach langem Hin und Her wurde das Examen als gültig anerkannt; es war wohl die revolutionäre Situation des ganzen Landes die das Ministerium bestimmte, uns aus der Schule entlassen. Ich war 17 Jahre alt und konnte mich an der Universität Berlin immatrikulieren lassen.

Bevor ich dazu übergehe, die Jahre meines Studiums zu beschreiben, muß ich noch von den Revolutionstagen 1918 sprechen. Sie kamen mir wie den meisten deutschen Bürgern, völlig überraschend. Ich war am Vorabend der Revolution zu einem Symphoniekonzert der königlichen Oper gegangen, von dessen Program mir die *Egmontouverture* unvergeßlich geblieben ist. Als ich aus dem Opernhaus heraustrat, sah ich Soldaten mit Maschinengewehren, aber ich hatte keine Ahnung, daß das Ende des Kaiserreiches so nahe war. Die Ereignisse des folgenden Tages zeigten, wie wenig das Bügertum auf den Zusammenbruch vorbereitet war, und daß es nicht gewillt war, für den Kaiser oder die Monarchie zu kämpfen. Die Arbeitermassen strömten aus den Fabriken, Lastwagen mit roten Fahnen fuhren durch die Stadt und proklamierten die Republik. Gerüchte durchliefen die Stadt, daß sich Kadetten im Schloß verschanzt hätten. Meine Schwester Paula, die sehr monarchistisch gesinnt war, hatte einen Anfall von Hysterie, schrie und weinte, und sagte, daß sie mich des Landesverrates bezichtigen würde. Mir war in der Tat die Monarchie und der Kaiser völlig gleichgültig. Ich empfand die Revolution wie einen großen Karneval, dem ich sympathetisch gegenüber stand. Allerdings verstand ich nichts, aber auch gar nichts von den politischen Belangen, die in jene Tagen zwischen den sozialistischen Parteien ausgetragen wurden. Da ich aus der Schule entlassen worden war, verbrachte ich meine Tage auf den Straßen, *Unter den Linden*, am *Brandenburger Tor*, oder am *Schloßplatz* und schrieb meine Eindrücke später in mein Tagebuch in einer

Prosa, die ich für expressionistisch hielt. Die erste Begeisterung und Hoffnung, die die Revolution in mir ausgelöst haben mag, verflog schon am nächsten Tage, als die Bedingungen des Waffenstillstandes bekannt gegeben wurden. Sie waren sehr hart, und lösten ein Gefühl der Beschämung aus, das man sich einem solchen Diktat zu fügen hatte.

Daneben quälten mich die Zweifel über meine Berufung; immer wieder mußte ich mir eingestehen, daß ich eine wirkliche Gabe nicht hatte, und daß man sich Talent nicht erringen kann, so sehr man es auch möchte. Auch diese Seiten meines Tagebuches erfüllen mich heute mit einer unüberwindlichen Scham. Es ist zu viel ,,sterile Aufgeregtheit'' darin, wie Georg Simmel es genannt haben würde. Langsam begann sich der Einfluß Georges auf mich zu verstärken, ohne mir jedoch Klarheit zu bringen. Und wie hätte es auch anders sein können, ein unfertiger junger Mensch in einer chaotischen Zeit. Denn die politischen Ereignisse drängten sich immer wieder an mich heran, und es war unmöglich ihnen auszuweichen.

Ich ging zu vielen der Massenversammlungen, die die Parteien zusammenberiefen, auch hier ohne mir über die Tragweite der politischen Probleme, die diskutiert wurden, im klaren zusein. Eines Morgens aber, als ich vor dem Spiegel stand, mit dem Kamm in der Hand, überkam mich plötzlich eine Erinnerung. Es war das Telegram, das der Kommandant von Kiautschau beim Ausbruch des Kriegs an den Kaiser gesandt hatte. So weit ich mich erinnern kann, war sein Wortlaut dieser: ,,Einstehe für Pflichterfüllung bis zum Äußersten.'' Dieser Moment ist für Jahre meines Lebens entscheidend geworden. Es schien mir, daß der Gedanke patriotischer Pflichterfüllung dem eines eudämonistischen Humanismus, wie ihn die Sozialisten predigten, überlegen war. Und so kam es, daß ich schon beim Beginn des Jahres 1919 mich von der Zielen und Wünschen der Revolution abwandte, und mich zu der ,,Rechten'' hingezogen fühlte. Heute sehe ich diese ,,Bekehrung'' in anderem Licht. Wie viel besser wäre es für Deutschland gewesen, wenn ein Teil des Bürgertums, besonders die Jugend, sich zu der Republik bekannt und ihr gedient hätte. Und so kann ich auch der Frage nicht ausweichen, ob meine ,,Konversion'' nicht letzthin ein Ausdruck eines ,,Klassenbewußtseins'' gewesen ist, das sich nicht mit der Arbeiterschaft identifizieren wollte. Ganz abweisen kann ich diese Erklärung nicht, aber bis zu meiner Auswanderung im Jahre 1935 bin ich mir nie darüber im klaren gewesen, daß ich eigentlich ein Kind der deutschen Bourgeoisie gewesen bin, und daß ich meine bourgeoisen Ursprünge niemals abgestreift habe. Wie dem auch sei, bewußt war meine Neigung zum Konservatismus nicht von solchen Motiven geleitet.

In meinen Aufzeichnungen findet sich erstaunlicher Weiß keine Bezugnahme auf dies Erlebnis. Wohl aber eine städe Präokkupation mit den Problemen der Nation. Im Februar wurde ich an Universität matrikuliert. Der Vorgang als solcher war kein erhebender. Es war eine Massenprozedur, wie man sie im Zeitalter der Demobilisation erwarten mußte. Und doch sind mir diese Tage unvergeßlich geblieben. Als ich in das Foyer des Palastes des Prinzen Heinrich trat, um die Notizen zu lesen, die die Professoren dort angeschlagen hatten, überkam mich der Wunsch, hier einmal selber als Lehrer zu wirken. Als ich 1960 nach Berlin zurückkehrte, ging ich an der Universität vorbei. Ich hatte es bisher vermieden, das Gebäude zu besuchen. Ich entschied mich schließlich dafür, die gespensterhafte Erinnerung zu Grabe zu legen. Das Foyer war noch dort, aber quer durch die ganze Weite des Raumes hatten die Kommunisten eine Wand von Marmor errichtet auf der in goldenen Buchstaben der Satz von Karl Marx stand: ,,Philosophen haben bisher nur versucht, die Welt zu erkennen, es kommt aber darauf an sie zu verändern.''

Die Lehrjahre 3

Es ist schwer von diesen Jahren ein Bild zu geben oder eine zusammenhängende Erzählung niederzuschreiben. So vielen Fäden, die unverbunden in dem Gewebe zu liegen schienen, verschlangen sich schließlich zu einem Ganzen, das meinen Charakter geformt hat.

Um mit dem Elementarsten anzufangen, schuf mein Entschluß, auf die Universität zu gehen, eine Konfliktsituation zwischen meinem Vater und mir, die sechs Jahre dauerte und erst mit meinem Doktorexamen endete. Mein Vater war nicht gegen das Studium als solches, aber er wollte, dass ich einen „Brotberuf" erwähle, und von seinem Freunde Oliven beeinflußt, hatte er sich in den Kopf gesetzt, daß ich entweder die Karriere eines Postbeamten oder die eines Zahnarztes einschlagen sollte. Oliven hatte herausgefunden, daß diese die besten Berufsaussichten hätten, und mir rasch ein Einkommen garantieren würden. Zu beiden war ich völlig ungeignet, und sagte meinem Vater, daß ich mich nie damit einverstanden erklären würde. Auch den Gedanken Jura zu studieren und in seine Praxis einzutreten, lehnte ich ab.

Das Ergebnis war eine Entfremdung zwischen meinem Vater und mir. Er war zwar bereit, mich weiter im Hause zu erhalten und auch das Studiengeld zu bezahlen, daß allerdings unter den inflationären Zeitläuften nur nominal war, lehnte es aber ab, mir ein Taschengeld zu geben, so daß ich selber für meine notwenigsten Ausgaben einzustehen hatte. Ich tat das, in dem ich Nachhilfeunterricht erteilte. Auch kam mir meine Mutter zu Hilfe, so weit sie es vermochte. Aber die Studienjahre waren Jahre der Opfer und Entbehrung: oft hatte ich nicht genug Geld für die Straßenbahn, und eine Tasse Kaffee war ein Luxus, den man sich nur selten gestatten durfte. Verglichen mit der heutigen Generation, die ein Auto für selbstverständlich hält, waren wir um vieles bescheidener, um nicht zu sagen, idealistischer.

Der zweite Vorgang, der in mein erstes Studentenjahr fiel, war das Erlebnis des Geschlechtstriebes. Ich habe schon davon gesprochen, wie sehr mich der Kontakt mit Frauen anzog. Wie viele Großstadtkinder machte ich Zufallsbekanntschaften auf Straßen und in Parks. Die meisten Frauen lebten während des Krieges ohne Männer und waren geneigt mit einem Knaben vorlieb zu nehmen. Dazu kamen noch die Bekanntschaften, die ich während der Ferienmonate in Badeorten machte. Immer redete ich mir ein, daß diese flüchtigen Beziehungen den Namen Liebe verdienten, während es in Wirklichkeit nur die ersten schüchternen Versuche waren, dem erwachenden Trieb ein Ventil zu geben. Zuweilen sprach ich auch Dirnen an, war aber immer zu feige oder zu ängstlich, ihnen zu folgen. Einmal ging ich soweit, eine in das Hotel zu begleiten und das Zimmer zu bezahlen. Dann wurde mir aber bange, ich fragte sie nach ihrem Preis und entfloh, indem ich ihr das Geld in die Hand drückte.

Eines Abends hatte ich die Bekanntschaft eines Mädchens im Tiergarten gemacht und auf einer Parkbank verlor ich meine Unschuld. Sie war erheblich älter als ich und wußte besser als ich, was ich wollte. Sie führte, um nicht zu sagen, verführte mich. Das Erlebnis als solches traf mich wie ein Blitzschlag, und erschütterte mich zutiefst. Ich habe sie noch einmal wieder gesehen. Sie wohnte in Potsdam und wollte, daß ich sie dort besuchen sollte. Dazu konnte ich mich aber nicht entschließen. So trafen wir uns denn wieder im Tiergarten, und das Ergebnis war das Gleiche.

Doch wäre es falsch zu sagen, daß ich damit schon in die Welt der Erwachsenen getreten wäre. Für lange Jahre blieb mir das sexualle Erlebnis eine Quelle der Qual und des Rausches, das ich nicht in mein Leben eingliedern konnte. Monate völliger Enthaltsamkeit wechselten mit Perioden wahrer Besessenheit, in der ich die Stadt durchstreifte auf der Suche nach einem Kontakt, den ich verabscheute. Ich hatte keinerlei Schranken in meinem Verfolg und auch keinerlei Rat, den ich wahrscheinlich nicht befolgt haben würde. In der Rückschau sehen diese Erfahrungen um vieles harmloser aus, als sie mir zu jener Zeit erschienen. Als ich Shakespeares *Sonette* las und das 129. fand, schienen mir die Worte wie der unmittelbare Niederschlag meiner eigenen Seele:

>*,,The expense of spirit in a waste of shame*
>*is lust in action.''*

Und auch die alte Erfahrung: *post coitum animal triste* habe ich jedesmal durchleben müssen. All zu oft kehrte ich meine eigene Schwermut gegen das unschuldige Obejkt meiner Begierde und überhäufte sie mit Vorwüfen oder Schmähungen. Das ganz Feld des Sexuellebene erschien mir wie Dschungel in dem man sich nur verlieren konnte. Es hat vieler Jahre bedurft, bevor ich mich daran gewöhnen konnte, darin einen Teil das Menschenlebens zu sehen. Auch die erste Lektüre Freuds hat mir nicht geholfen, meine Hemmungen zu überwinden. Eigentlich war es erst die Liebe, die mir dazu verhalf, das Zusammensein mit einer Frau als etwas schönes zu erleben.

Zu jener Zeit war ich schon Student, und die intellektuellen Berührungen an und durch die Universität waren der wichtigste Teil meiner Existenz. Es klingt trivial, wenn man davon spricht, welch ein unerhörtes geistiges Leben die Universität Berlin in den Nachkriegsjahren erfüllte. Der deutsche Student war völlig frei sich seiner Lehrer auszu suchen. Ich hatte mich in der Universität matrikuliert, mit der Absicht Germanistik zu studieren. Das hielt mich aber nicht davon ab, in andere Gebiete hineinzuhorchen, vorallen Philosophie, Kunstgeschichte, und Geschichte. Ich weiß nicht, ob ich mir die Germanistik erwählt hatte, mit einem Berufsziel als Aussicht. Aber diese Disziplin wurde in Berlin auf eine so abschreckende Weise gelehrt, daß mir bald die Lust an dem Studium verging. Der Akzent wurde auf die Philologie und die Sprachgeschichte gelegt, nicht auf die Literatur. Und selbst diese wurden in der mechanistischen Weiß vorgetragen. So verbrachte ich viele Stunden damit, die gotische Bibelübersetzung des Ulfilas und das Evangelienbuch des Otfried zu lesen. Die althochdeutsche Sprachverschiebung war einer der Hauptgegenstände, mit denen wir geplagt wurden, ohne daß es den Professoren eingefallen wäre, uns diesen Vorgang in irgend einer Weise zu erklären, oder ihn durch Vergleiche mit der englischen Sprache zu erhellen. Die Übungen zur deutschen Literatur beschränkten sich des Gleichen auf die philologische Auslegung von Texten. Wir lasen Meier Helmbrechts Gedicht, ohne daß die sozialgeschichtlichen Belange dieses Büchleins berührt wurden. Eine andere Vorlesung, die mir im Gedächtnis geblieben ist, befaßte sich mit Walther von der Vogelweide.

Auch hier lag der Nachdruck auf der Auslegung der Worte, anstelle dessen, was die Franzosen *interprétation de texte* nennen. Eine Vorlesung über die *Edda*, ließ mich ebenfalls kalt. Dazu kam, daß die germanistische Abteilung an der Universität außerordentlich schwach besetzt war. Den Lehrstuhl hatte Gustav Roethe inne, dessen Verdienste, wenn sie je existiert hatten, weit zurücklagen. Er war kein schlechter Redner und trug die deutsche Literaturgeschichte mit einem gewissen Pathos, jedoch durchsetzt von politischen und rassischen Verurteilen, vor. Frauen ließ er in seinem Seminar nicht zu, und wenn sie doch hineinkamen, so ignorierte er sie. Auch seinem Nachfolger Julius Petersen kann ich nicht viel Gutes nachsagen. Dabei waren alle diese Vorlesungen überfüllt, da Deutsch als Lehrfach sehr beliebt war, weil jeder Student die Sprache konnte. Neben Roethe gab es noch einen Professor Schneider, den die Studenten den ,,Damenschneider'' nannten, da er Frauen zuließ, und sie bei ihm promovieren konnten. Professor Hübner, beschränkte sich ganz auf den Unterricht des Gothischen und des Althochdeutschen. Der einzige, er sich für Literatur erwärmte, war Max Herrmann. Er war ein sitzengebliebener Privatdozent, wahrscheinlich weil er Jude war. Außerdem hatte er ein Spezialgebiet für das sich die Durchschnittsgermanisten nicht begeistern konnten (nebenbei bemerkt, ich auch nicht), die Theatergeschichte. Aber seine Vorlesungen über Lessing, und seine Übungen über Hölderlin und Kleist waren anregend und stellten das dichterische Werk in den Mittelpunkt. Max Herrmann ist, wie so viele, in Theresienstadt ermordet worden.

An anderen Universitäten sah es mit der Germanistik besser aus. Gundolf lehrte in Heidelberg, Unger in Göttingen, und Korff in Leipzig. Aber meine häusliche Situation und die Inflation machten einen längeren Aufenthalt an einer anderen Universität unmöglich. So war es natülich, daß ich mich anderen Gebieten zuwandte. Von den Professoren, die den größten Eindruck auf mich machten, muß ich an erster Stelle Ernst Troeltsch erwähnen. Ich kam im Februar 1919 zufällig in eine seiner Vorlesungen über den Geist der Renaissance und blieb gebannt und verzaubert von seiner Beredsamkeit, seinem unglaublichen Wissen und seiner Persönlichkeit.

Troeltsch hatte eine große Anzahl von Studenten, die er mit seiner erdhaften Vitalität im Banne hielt. Die Vorlesungen, die ich von ihm hörte, waren Geschichte der Philosophie, Ethik, und Religionsphilosophie. Dabei waren es nicht so sehr die systematischen Gehalte, die mich fesselten, als die Anregungen, die er scheinbar nebenbei ausstreute. Die Bücher, die er erwähnte, holte ich mir sofort aus der Universitätsbibliothek. In sein Seminar bin ich erst später gekommen, da ich für fortgeschrittene Studien in der Philosophie noch nicht reif war. Aber es war Troeltsch, der mich auf die Probleme der Geschichtsphilosophie hinwies, die er damals selbst in Angriff nahm. Ich las seine Rede über die *Maßstäbe zur Beurteilung historischer Dinge* und die Aufsätze, die er in der *Historischen Zeitschrift* veröffentlichte. Sie sind dann unter dem Titel *Der Historismus und seine Probleme* 1922 erschienen. Danenben war Troeltsch auch Unterstaatssekretär im Kultusministerium, und ein Teil dessen, was er dort erreichen wollte, floß in seine Vorlesungen über.

Sodann hatte ich damals, von Mommsen angeregt, ein großes Interesse an der Geschichte des Altertums. Ich hörte griechische Geschichte bei Ulrich Wilkens, römische Geschichte und die Geschichte des Urchristentums bei Eduard Meyer. Meyer war von einer unglaublichen Gelehrsamkeit aber ein monotoner Redner. Außerdem war er ein leidenschaftlicher Nationalist, Antisemit, und Gegner der Republik. Er machte oft antisemitische

Bemerkungen in seinen Vorlesungen, was die Studenten zu teils feindlichen teils begeisterten Kundgebungen veranlaßte. In den Wintermonaten 1919/1920, als Berlin ständig von Streiks geplagt war, und oft das Licht und die Heitzung versagten, ließ sich Meyer davon in keiner Weise abschrecken, seine Vorlesungen zu halten. Er kam mit Kerzen ausgerüstet in die Vorlesung und sprach frei, ohne in sein Manuskript hineinzusehen. An Nachschreiben war nicht zu denken, und ich hatte oft Mühe, wach zu bleiben und der Vorlesung zu folgen. Einen tieferen Eindruck machte mir die *Geschichte des Kaliphats* von Carl Heinz Becker. Becker, der Orientalist war, war außerdem auch preußischer Kultusminister. Trotzdem hatte er nur acht oder zehn Studenten, von den wenigstens vier Professoren waren. Die Summe alles dessen, war ein weiter historischer Horizont, dem es jedoch an klaren Linien und Grenzen gebrach. In meinem Tagebuch finde ich die Aufzeichnung, daß die meisten Studenten zwar idealistisch aber im ganzen doch als Herde reagierten. Dagegen erwähnte ich zwei Professoren, die mich durch ihre Wahrheitsliebe beeindruckten: Reinhold Seeberg und Friedrich Meinecke. Von Meinecke werde ich später mehr zu sagen haben. Seeberg war Rektor der Universität und sein vergeistigtes Gesicht zog mich an. Er hielt auch die Rede, die zur Feier der im Kriege Gefallenen im Dome gehalten wurde. In dieser Rede prägte er die Inschrift, die später auf das Denkmal für die verstorbenen Studenten eingegraben wurde: *invictis, victi, victuri.*

Die Zuversicht auf eine Wiederauferstehung Deutschlands hat im Sommer 1919 viele der Besten bewegt. Man denke nur an Max Weber! Auch mich hat die Krise, die durch den Vertrag von Versailles heraufbeschworen wurde, zu tiefst aufgerüttelt. Man fühlt sich nach der Erfahrung der Hitlerzeit geneigt, den Versailervertrag als zu milde anzusehen, und es ist wahr, daß Deutschland nichts schweres auferlegt wurde, als es selbst Russland im Frieden von Brest–Litowsk angetan hatte. Zu solcher Einsicht bin ich aber erst später gekommen. Damals war ich davon überzeugt, daß Deutschland ein bitteres Unrecht angetan worden sei. Ich schrieb in jenen Tagen: ,,Die Demokratie ist sittlich, weil des Individuum in ihr die Handlungen im Staatsdienst mit eigenem Verantwortungsgefühl durchdringen soll. Aber tut es das? Ist

der Zwang zur Sittlichkeit nicht besser?'' Ich hatte keine
Ahnung, daß ich damit fast wörtlich ein Argument Rousseaus
aus dem *Contrat Social* aussprach.

Es müssen ähnliche Gedanken gewesen sein, die mich dazu
bewegen haben, im März 1919 einem Freikorps in Berlin
beizutreten. Das Freikorps, die *Brigade Reinhardt*, war im
Kriminalgericht in Moabit einquartiert und ich suchte den
Offizier auf, der die Rekrutierung überwachte. Als ich ihm mein
Anliegen unterbreitete sagte er: ,,Ja, Menchenskind, haben Sie
denn irgend eine militärische Ausbildung?'' Als ich das ver-
neinte, antwortete er mir: ,,Was wollen Sie denn hier?'' Ich
erwiderte ihm, daß ich es für meine Pflicht hielt, gegen die
Kommunisten zu kämpfen. Er zuckte die Achseln und beschloß
mich einzureihen. Es ist bezeichnend, daß sich meine Eltern in
keiner Weise diesem Entschluß widersetzten. So blieb ich 14
Tage in dieser Notstandskaserne. Ich lernte die elementaren
Griffe, um ein Gewehr laden zu können, aß und schlief mit
meinen Kameraden, ohne daß ich mich auch nur an einen erinnern könnte. Feuerwaffen sind mir immer unheimlich geblieben,
und ich habe selber niemals ein Gewehr oder einen Revolver
besessen.

An Kämpfen habe ich nicht teilgenommen, und wäre dazu
auch kaum im Stande gewesen. Dagegen wurde ich bei
Säuberungsaktionen im Osten und Norden Berlins eingesetzt,
wo wir die Arbeiterviertel bis auf die Dächer hinauf nach Waffen
durchsuchen mußten. Meine Erinnerungen an all dies is
nebelhaft. Ich hatte eine schwere Grippe und war die meiste Zeit
in hohem Fieber. Als ich nach vierzehn Tagen nach Hause kam,
da der Aufstand niedergeschlagen war, fiel ich sofort ins Bett.
Ich hatte eine schwere Bronchenentzündung. Und die Rönt-
genaufnahmen, die später gemacht wurden, zeigten daß auch die
Lunge affiziert war.

Ich blieb vier Wochen im Bett, und verschiedene Spezialisten
wurden hinzugezogen. Ich war damals noch zu jung um die
Bedrohung zu verstehen, der ich von nun an ausgesetzt war. Die
Episode bei dem Freikorps nannte ich in meinen Aufzeichnungen: ,,Soldatspielen'', was wenigstens zeigt, daß ich
mir dabei nicht sehr großartig vorkam. Auch das war im Grunde
ein Teil jenes Suchens nach mir selbst, das im Jahre 1919/1920

mit ungebrochener Intensität andauerte. Heute würden wir dies eine Identitätskrise nennen, nur daß ich mein Selbst noch nicht gefunden hatte und meine Tage zwischen Zweifeln, Träumen, und Melancholie verbrachte. Ich wußte nicht, was ich wollen sollte. Aber ich wußte genau, was ich nicht wollte.

Ich war mir meiner Unreife voll bewußt und wieß alle Versuche, mich in einer literarischen oder philosophischen Gruppe zu betätigen, zurück. Einer meiner früheren Mitschüler hatten den Plan, einen *Verein für Individualismus* zu gründen, was mir als der Gipfel der Absurdität erschien. Ein anderer meiner Mitschüler, Hans Urner, der Theologie studierte und später Professor in Halle wurde, schlug mir vor, eine expressionistische Zeitschrift herauszugeben. Sie sollte in einem dreieckigen Format erscheinen. Auch dies schien mir lächerlich, und ich weigerte mich, etwas damit zu tun zu haben. Ich fuhr fort Gedichte zu schreiben, die aber fast immer Vorbilder, wie George, Hofmannsthal, Vollmöller, oder Rilke imitierten. Meine Freizeit verbrachte ich, wenn ich konnte, in Potsdam und enfand auf diesen Spaziergängen *Sans Souci*, über das ich eine Rhapsodie in mein Tagebuch schrieb [Vgl. 321-322].

Ich entdeckte jenen preußischen Stil, den Moeller van der Bruck später in seinem Buche beschrieben hat. Mit alledem war ich erst 18 Jahre, und so sehr ich unter meiner Unreife litt, glaubte ich mich ihrer nicht schämen zu müssen.

Diese Phase meines Lebens fand ein gewaltsames Ende. Im März 1920 unternahm Wolfgang Kapp einen Putsch, dessen Ziel es war, die Republik zu stürzen und eine rechtsgerichtete Regierung einzusetzen. Kapp hatte die Unterstützung des kommandierenden Generals in Berlin, von Lüttwitz, aber noch durchschlagender war, daß er die *Brigade Erhard* auf seiner Seite hatte, ein Freikorps, daß aus Söldnern bestand, die im Baltikum gegen die Bolschewisten gekämpft hatten, und das sich nun weigerte, sich gemäß den Bestimmungen des Versailler Vertrages aufzulösen. Am 13. März 1920 marschierte die *Brigade Erhard* von Döberitz nach Berlin, wo sie am Brandenburger Tor von einer begeisterten Menge empfangen wurde. Der Kapp–Putsch war das Werk von Dilettanten, ohne ,,Vorsicht, Einsicht, und Umsicht,'' und hätte von der Regierung leicht niedergeschlagen werden können, wenn die Reichswehr ihre Pflicht getan hätte. Aber die Reichswehr war gespalten und nahm eine neutrale Haltung ein. Sie folgte der Parole des Generals von Seeckt: ,,Soldaten schießen nicht auf Soldaten.'' Das zwang die Reichsregierung, die Hauptstadt zu verlassen und nach Dresden zu fliehen.

Dies Ereignis brachte mich für ein paar Tage an den Brennpunkt des historischen Geschehens. Der Sonnabend, an dem die Regierung gestürzt wurde, war ein warmer Vorfrühlingstag. Auf den Straßen spielten die Musikkapellen patriotische Lieder. Die Massen schienen mir gleichgültig aber eher freundlich als feindlich gesinnt. Mit meiner Studentenkarte als Ausweis kam ich durch alle Absperrungen und Postenketten hindurch. Die Berliner Studenten beriefen eine Versammlung ein, die sich zu der neuen Regierung bekannte. Die Soldaten, die inzwischen das Regierungsviertel und die Wilhelmstraße besetzt hatten, zeigten die alte deutsche Kriegsflagge und trugen auf ihren Stahlhelmen das Symbol des Antisemitismus: das Hakenkreuz. Ich wußte nicht, was ich von alledem zu halten hatte. Am nächsten Tage traten die Berliner Arbeiter, und nicht nur die Berliner, in den Generalstreik. Ich erhielt meine Einberufung von der *Brigade Reinhardt,* zu der ich noch gehörte. Ich war im Zweifel, ob ich diesem Rufe zu folgen hatte, entschied mich schließlich doch dafür und ging am Nachmittag in die Kaserne, die in Moabit lag. Um halb vier Uhr war ich schon in Uniform. Um acht Uhr wurden fünf von uns zum Ordonanzdienst in die Reichskanzlei kommandiert. Wir gingen ohne Waffen, konnten ohne Schwierigkeiten das Brandenburger Tor passieren, und meldeten uns in der Reichskanzlei. Wir hatten Nachtdienst, und soweit ich mich erinnern kann, bestand er im wesentlichen darin, Briefe auszutragen oder untergeordnete Dinge zu tun. Am nächsten Morgen wurden wir voll beschäftigt. Der Zugang zu der Wohnung des ,,Reichskanzlers'' Kapp war mit einer Tür verschlossen, die nur mit einem Geheimschlüssel geöffnet werden konnte. Nur Männer mit Ausweis war es erlaubt, einzutreten. Man vertraute mir diesen Schlüssel an mit der Weisung, jeden nach seinem Ausweis zu fragen. Als ein hochgewachsener Mann neben mir stand und Eintritt begehrte, fragte ich ihn nach seinem Ausweis. Er sah mich nicht einmal an und beharrte auf seinem Befehl. Plötzlich rief mir ein Offizier zu, ,,Sie Idiot, sehen Sie denn nicht, wen Sie vor sich haben?'' Es war der General Ludendorf. Ludendorf ging zu Kapp hinein, kam nach einer Weile heraus und unterhielt sich mit den anderen Offizieren, die im Vorzimmer waren. Der Ton der Unterhaltung war pessimistisch und antisemitisch. Auch Kapp selbst habe ich an diesem Tage gesehen, ein schwerschultriger Mann, in schwarzen Gehrock, das Haar in die Stirngekämmt, und die besinnlichen Augen hinter starken Gläsern verborgen. Ich kann nicht sagen, daß er mir einen großen Eindruck gemacht hat. Wohl aber Ludendorf, Der Kapp–Putsch hätte wahrscheinlich mit einer Militärdiktatur Ludendorfs geendet, wenn er ein paar Wochen gedauert hätte. Aber das ganze Theater war schon in wenigen Tagen zu Ende. Am 16. März bekam ich den ersten Begriff davon, wie die Stimmung der Berliner Bevölkerung wirklich war. Ich hatte Telegramme aufs Postamt zu bringen, Schlafdecken aus Wohnungen zu holen, und all dies Nachts in der dunklen Stadt, die ohne Licht war. In den Straßen schwirrten die Dirnen mit ihren gespenstischen Kavalieren. Zum Teil machte ich diese Laufgänge mit dem Fahrrad, zum Teil in einem Auto, das von einem Soldaten gefahren wurde. Aber immer hatte ich einen entsicherten Revolver im Gürtel. Ludendorf kam am selben Tage und bat um Wachen, da er einen Angriff auf sein Leben befürchtete.

Der nächste Tag brachte das unvermeidliche Ende. Gegen Mittag kam die Nachricht, daß Kapp die Unternehmung aufgegeben hätte, und bereit sei zu fliehen. Als wir in den Vorhof der Reichskanzlei stürzten, fuhr sein Auto ab. Auch Lüttwitz war zurückgetreten, und niemand wußte, wer den Befehl über die Truppen hatte. Jüngere Offiziere verkleideten sich als Frauen, warfen sich in die Autos und fuhren ab. Im Foyer der Reichskanzlei stand eine Dame—mein Tagebuch nennt sie Frau von R—in einem grünen Schneiderkostüm mit einem Gewehr in der Hand und schrie, daß sie General Lüttwitz erschießen würde. Es war symptomatisch für die allgemeine Hysterie. Die Bank war gesprengt, und jedermann hatte das Gefühl: *rien ne va plus!* Die Hauptakteure verschwanden schnell, aber die Truppen blieben. Gegen Abend machten wir eine Patrouille *Unter den Linden*; es regnete und der Abend war finster. Die Arbeitermassen begannen langsam, das Regierungsviertel einzukreisen. Als

wir in die Reichskanzlei zurückkehrten, und ich einem Ober-
leutenant die Lage schilderte, sagte er „Verderben Sie mir die
Stimmung nicht." Wir gingen zu Bett mit dem Gefühl, daß die
Reichskanzlei am Morgen von den Arbeitern gestürmt werden
würde. Dazu kam es nicht. Der Minister Eugen Schiffer erschien
und übernahm die Geschäfte in Namen der legitimen Regierung.
Daß ich herausgekommen bin, danke ich meinem Bruder, der die
Wachen davon überzeugte, daß man mich entlassen solle, da
mein Vater schwer erkrankt sei. Es war eine List aber sie war
erfolgreich, und so kam ich am Morgen des 18. März wohlbehalten wieder nach Hause. Am 22. März bat ich um meinem
Abschied von der *Brigade Reinhardt* in der überzeugung, daß
der Putsch ein Verbrechen gewesen sei.

Das Ergebnis dieser Tage war in vieler Hinsicht für mich
entscheidend. Es änderte nichts an meiner konservativen Grund-
haltung. Aber ich hatten nun die Pabst, Erhard, Lüttwitz, *e tutti
quanti,* aus erster Hand kennengelernt, und was noch wichtiger
war, ich hatte den ersten Vorgeschmack davon bekommen,
welche Rolle der Antisemitismus in Deutschland spielen sollte.
Auf der Schule war ich antisemitischen Anfeindungen nie ausgesetzt gewesen. Ernst Fränkel hat mir später einmal erklärt,
daß das Berliner Judentum eine Art von *subculture* gewesen sei.
Aber ich kann dem nicht zustimmen. Gewiß waren die meisten
Familien, mit denen meine Eltern verkehrten, jüdischer
Abstammung. Aber in meiner Generation begann sich das zu
ändern und weder in der Schule noch auf der Universität habe
ich meine Freunde nach diesem Gesichtspunkt ausgewählt, von
meinen Freundinnen ganz zu schweigen. Aber ich war mir
meines jüdischen Erbteiles bewußt. Jemand hat einmal gesagt,
daß Jude sein *a state of mind* sei. So finde ich wenige Monate
nach dem Kapp–Putsch die Aufzeichnung in meinem Tagebuch:
„Bei meiner größten Liebe zu Deutschland verläßt mich das
Bewußtsein nicht, von Blut Jude zu sein. Es gehört zu meinem
geheimen Stolz . . . Aber bin ich irgendwo beheimatet?
Niemand ist mir fremder als die Juden." Dieser Wiederspruch in
meinem Leben sollte mich noch lange Jahre quälen, bis es Hitler
zufiel, ihn für mich zu lösen.

Vielleicht hätte man denken können, daß mich nun auf das
andere Extrem geworfen hätte, und Kommunist geworden wäre.

Aber der Kommunismus hat mich niemals angezogen. Vielleicht ist dies sogar eine meiner Schwächen. Denn ich war schon damals all zu individualistisch, und die Gemeinschaft bedeutete mir weniger als die Selbsterfüllung. Ich fand den Aktivismus, der so viele der linksgerichteten Intellektuellen erfüllte, flach und dachte, daß sie Aktion und Agitation verwechselten.

Heute bin ich mir klar darüber, daß diese Episode meiner Jugend ein fehlgeleiteter Patriotismus war, und daß ich, wie so viele Deutsche, meinen Teil, wie klein er auch sein mochte, an der Schuld dessen trug, was 1933 geschah. Wie alle andern, habe auch ich einen hohen Preis für meine Blindheit bezahlt.

In den Monaten, die auf den Kapp–Putsch folgten, versuchte ich mir auf andere Weise darüber Klarheit zu verschaffen, ob Europa seinem Untergang ginge oder ob noch Hoffnung auf eine ,,Erneurung'' bestehe. Das Phänomen der Dekadenz hatte mich seit langem beschäftigt: eigentlich schon seit mit meiner Bekanntschaft mit Baudelaire und Nietzsche. In einer Art von geistigem Salto Mortale legte ich die Schuld für die zunehmende Verflachung und Entgeistigung den Massen zur Last. Ganz falsch war dies nicht, wie mir die Lektüre von Ortega y Gasset beweisen sollte. Da ich aber Ortega damals nicht kannte, fand ich meine Bestätigung in George. Ich las mit Inbrunst alles, was George veröffentlicht hatte, und versuchte mir auch diejenigen Schriften zu beschaffen, die nicht im Handel waren, wie die *Blätter für die Kunst.* Meine Abneigung gegen die ,,Pöbelherrschaft'', wie ich die Republik nannte, wurde nur verstärkt durch Verse wie diese: ,,Und heute herrscht allein das Volkes Räude,'' oder ,,Zehntausende muß der heilige Wahnsinn schlagen,'' was ich mir als eine Prophezeihung des Bolschewismus auslegte. Oder jenen anderen Vers: ,,Schon eure Zahl ist Frevel.'' Von den Büchern Georges sprach *Das Jahr der Seele* am klarsten zu mir. Die frühen Bücher wie *Algabal* sind mir immer fremd geblieben, und der *Stern des Bundes* war eine Art von Bibel für den Kreis Georges, von der ich mir nur einiges aneignen konnte.

Daneben standen die Übersetzungen, von denen mich besonders die Dante–übersetzung beeindruckte. Ich hatte Dante schon auf der Schule in der Übersetzung von Streckfuß gelesen, aber es war erst Georges Übertragung die mir die Welt des Florentiners eröffnete. Ich schrieb Teile davon in meine Tagebücher und

gewann schließlich meine Mutter dafür, mir die gesamte Übertragung abzuschreiben, da sie nicht im Handel erhältlich war.
Angeregt davon begann ich Italienisch zu studieren, habe es aber
nie über eine gewiße Fertigkeit im Lesen herausgebracht.

Aber George war ja nicht nur Dichter; er war, und wollte es
sein: Seher und Gesetzgeber. Und es war hier, daß ich in mich in
den Netzen seiner Gedankenwelt verfing. Daß er das Theater
verdammte, mochte noch hingehen, aber mit seiner Verurteilung
der Musik und des Romans konnte ich mich so wenig einverstanden erklären, wie mit der Lobpreisung von Mittelmäßig-
keiten aus seinem Kreisem wie Melchior Lechter. Ich hatte
inzwischen für mich selbst die Malerei des Impressionismus
entdeckt: Renoir, Monet, Manet, und Pissaro hatten mir eine
Welt eröffnet, ganz zu schweigen von den Erschütterungen, die
die Malerei Gauguins und van Goghs in mir auslösten. So stand
ich vor einer neuen Ungewißheit, die ich auf meine Weise zu
lösen versuchte. Ich las die Bücher des Georgekreises, vorallem
Gundolf. Sein *Shakespeare und der deutsche Geist* und sein
Goethe schienen mir Meisterwerke der Auslegung, aber sein
George überzeugte mich so wenig wie seine späteren Werke. Ich
las auch die Schriften Friedrich Wolters, besonders *Herrschaft
und Dienst,* aber auch hier blieben meine Gefühle zwiespältig.
Ernst Bertrams *Nietzsche* schien mir ein wundervolles Buch;
später habe ich eingesehen, wie wenig er von Nietzsches
Eigenstem aussagt. Aber ich entdeckte auch Rudolf Borchardts
grosse Kritik des *Siebenten Ringes* so wie seine *Rede über
Hofmannsthal* und die Polemik, die sich zwischen den
Nachfolgern Georges und Borchardt entwickelt hatte.

In dieses Jahr fiel meine Bekanntschaft mit Gustav Breysig.
Breysig war zum ordentlichen Professor ernannt worden, und
ich besuchte sowohl seine Vorlesungen wie seine Übungen. Die
Vorlesungen zu einer vergleichenden Geschichstskunde hinter-
liessen mir keinen Eindruck. Sie waren konfus und willkürlich.
Wenn ich an Spenglers und Toynbees Unternehmungen denke,
so scheinen mir Breysigs Versuche dilettantisch. In den
Übungen lasen wir in zwei Semestern das *Kommunistische Man-
ifest.* Ich habe schon davon gesprochen, daß ich gegen den
Kommunismus eine natürliche Immunität besaß, und so ist dann
auch diese Lektüre an mir so abgelaufen wie das Wasser von den

Federn der Ente. Aber Breysigs Persönlichkeit zog mich an, und
er lud mich in sein schönes Haus ein, daß in einem Vorort von
Berlin gelegen war. Auf einer dieser Besuche erzählte er mir von
seiner Freundschaft mit George und ermunterte mich, meine
Doktorarbeit über die Gesellschaft am Hofe der Fürsten Schön-
burg im Würzburg des 18. Jahrhunderts zu schreiben. Ich war
aber damals noch nicht bereit, an eine Dissertation zu denken.

Von Breysig ging ich zu Friedrich Wolters, der 1920 an der
Universität Berlin lehrte. Ich war in seinem Seminar zur Geschichte des Humanismus, wo ich einen Vortrag über Reuchlin
hielt. Auch Wolters zog mich in sein Haus, aber das wertvollste
Resultat dieses Seminars waren die Bekanntschaften, die ich
machte, besonders die mit Wolfram von den Steinen. Ich lernte
auch andere Mitglieder der Familie von den Steinen Kennen, im
besondered Helmuth, dessen Persönlichkeit mich aber abstieß.
Er war so betont homosexuell in seinen Neigungen, daß ich dies
als eine Barriere zwischen uns empfand.

Klarheit brachte mir auch der Winter 1920/21 nicht. Dazu kam
noch, daß ich in dieser Zeit unter des Eindruck von Spenglers
Untergang des Abendlandes stand. Das Buch war nach dem
ersten Weltkriege eine Modebuch geworden. Aber es hat seine
Popularität überlebt und bleibt eine der großen Leistungen auf
dem Gebiet der Geschichtsphilosophie. Ich brauche kaum zu
sagen, daß es der apokalyptische Ton war, der mich zu Spengler
führte. Die Niederlage Deutschlands wurde weniger schmerzlich
empfunden, wenn man sie als einen Akt in dem allgemeinen
Untergang Europas verstand. Aber sehr bald ließ ich solche
Vordergrunds Betrachtungen hinter mir, und wurde von dem
großartigen Schauspiel bezaubert, das Spengler heraufbe-
schwor. Die acht großen Kulturen, die er profilierte, erschienen
mir nun als das einzig würdige Objekt des Studiums. Es waren
besonders die somatische, die aegyptische, die magische, und
die faustische Kultur, die mich faszinierten. Auch der Gedanke,
daß man eine Kultur von der Kulturseele her verstehen müsse,
um dergestalt die Einheit aller Kulturphänomene zu sehen,
schien mir eine Erleuchtung. Dabei war ich nicht unkritisch und las
die Einwände, die die historische Zunft gegen Spengler schrieb.
Und so begannen eine Reihe von Problemen in mir umzugehen,
die noch heute ihre Anziehungskraft für mich nicht verloren

haben. Neben Spengler las ich Jakob Burckhardts *Weltge-schichtliche Betrachtungen,* aus denen ich große Abschnitte herausschrieb. Überhaupt las ich mit einem wahren Heißhunger. Jeder geistig orientierte Mensch hat seine eigene Manier, sich die Autoren auszusuchen, die er lesen will. In Amerika gibt es für jede Vorlesung *reading lists,* die aber selten das erwünschte Resultat erbringen. Ich schrieb mir jeden Namen heraus, den ich bei Nietzsche, Hofmannsthal, oder Troeltsch fand, und stellte mir so meine eigenen Listen zusammen. Ich begann auch die großen französischen Moralisten zu lesen: Pascal, de la Rochefoucauld, Vauvenargues, und Chamfort. Daneben las ich, von Troeltsch inspiriert, Wilhelm Dilthey. Ich werde den Augenblick nie vergessen, als ich in seiner *Rede zum 70. Geburtstag,* das Wort von der ,,Anarchie der Weltanschauungen'' fand. Das war es recht eigentlich, was mich beunruhigte, ,,Die Anarchie der Weltanchauungen'', oder wie man es auch nennen könnte: der Relativismus der Werte.

Mit 18 Jahren ist es nicht einfach, mit diesem Gedanken zu leben, und man sucht sich einen direkten Weg zu einer stabilen Wertwelt. Troeltsch glaubte, daß dies nur durch einen Willensakt erfolgen könne, oder wenn man will, durch einen Akt des Glaubens, aus dem eine ethische Wertsetzung hervorgehen müßte. Zu einer solchen Lösung war ich aber noch nicht reif.

Im Sommer 1920 hatte ich mich dafür entschieden, daß die Germanistik nicht die Achse meines Studiums bleiben würde. Noch immer ohne Kompaß wandte ich mich der Kunstgeschichte zu. Ich besuchte eine Vorlesung von Noack über griechische Kunst, und eine andere von Goldschmidt über die Gothik des hohen Mittelalters. Beide waren unsagbar langweilig, und ich hatte Mühe in dem verdunkelten Vorlesungsraum nicht einzuschlafen. Auch hier lag der Wert in den Anregungen zum Selbststudium. Ich saß viele Stunden in dem kunsthistorischen Seminar, daß in dem Gebäude der alten Bibliothek, der sogenannten Kommode, lag. Der Mann, der mir die Augen geöffnet hat, war Alfred Fischel. Auch er war einer der jüdischen Privatdozenten, der in seiner Karriere stecken geblieben war. Er hatte ein feines, melancholisches Gesicht, das wie aus einem Gemälde des Greco herausgeschnitten war. Er lehrte im *Kaiser Friedrich Museum,* und zwar eine Führung durch die verschiedenen Schulen der Malerei. Er hatte eine große Anzahl von Zuhörern, Eine kleine Gruppe war so von ihm angetan, daß sie ihn fragte, ob er nicht ein Seminar im Museum halten würde. Es zeigt den Geist des Idealismus, der damals Lehrer und Schüler beseelte, daß die Frage eines Honorars niemals erwähnte wurde. So blieben fünf oder sechs Studenten nach der Führung mit ihm zusamen, und er wählte als Gegenstand des Seminars die flämische Malerei des 15. Jahrhunderts, die in Berlin besonders gut vertreten war. In der ersten Stunde standen wir vor einem Bild Roger van der Weydens, und er wandte sich zu mir und sagte, ,,Beschreiben Sie, bitte, was Sie in diesem Bilde sehen.'' Zu meiner Beschämung wurde es mir klar, wie wenig ich sah. Fischel war besonders an graphischer Kunst interessiert und machte uns auf die Schätze aufmerksam, die in dem nahe gelegen *Kupferstichkabinett* verborgen waren. Dort habe ich viele Stunden verbracht mit den Zeichnungen Dürers und Grünewalds, den Illustrationen Botticellis zur *Divina Comedia* und den Radierungen Rembrandts. Ein anderes Feld, für das sich Fischel erwärmte, war die Kunst des Theaters, genau genommen, die Wechselwirkungen von Theater und bildender Kunst. Auch darüber hielt er Vorlesungen, meistens spät am Abend, in dem *Kunstgewerbemuseum*. Die Bibliothek des Kunstgewerbemuseums war für mich besonders anziehend, da sie kostbare Bücher enthielt, Erstdrucke und illustrierte Ausgaben, die sonst kaum erhältlich waren. Ich verdanke Fischel unendlich viel und bedaure es, daß ich später den Kontakt mit ihm nicht aufrecht erhielt. Wie so viele mußte auch er die Heimat verlassen und hat in London seine Ausgabe der Zeichnungen Raphaels, an der er lange gearbeitet hatte, veröffentlicht. Natürlich las ich auch die großen Kunsthistoriker, Heinrich Wölfflin, Herman Grimm, Karl Justi, Fromentin, Carl Neumann, Friedländer, Panofski und Saxl.

Ich kann mich nicht mehr erinnern, wo ich den Namen Walter Paters zuerst fand, aber bald begann ich sein Buch über *die Renaissance* zu lesen und später *Marius der Epikuräer*. Der Stil Walter Paters machte einen unauslöschbaren Eindruck auf mich, und für lange Jahre suchte ich meinen Prosastil an ihm, an Hofmannsthal und an Rudolf Borchardt zu orientieren. Das Resultat war eine preziöse Prosa, mit überladenen Sätzen, die mir jetzt unaustehlich erscheint. Mein Gedanke eines guten Satzes ist heute der vollkommener Einfachheit und Klarheit; der Leser soll ihn bei der ersten Lektüre verstehen. Aber wahrscheinlich war es erst der Umgang mit der englischen Sprache, der mich dahin gebracht hat, des Preziöse abzutun.

Mit den anderen Lehrer der Kunstgeschichte hatte ich nicht viel zu tun. Werner Weisbach bin ich erst in den 30iger Jahren näher gekommen, ebenso Alfred Neumeyer. In Frühjahr 1921 machte ich eine kurze Reise nach Dresden, um das Rokoko der Dresdner Residenz kennenzulernen. Ich wohnte in einer Spelunke in der Nähe der Brühlschen Terrasse, wo der Wirt mir anriet, des Nachts meine Tür verschlossen zu halten. Das störte mich aber nicht. Das Museum mit seinem berühmten Raphael und der kaum weniger berühmten *Venus* des Giorgione, mit seinen Rembrandts und Vermeers übertraf meine Erwartungen, und der Zwinger, die Hofkirche, die Frauenkirche, und die Brühlsche Terrasse entzückten mich. Ich fuhr auch die Elbe hinauf nach Pillnitz, um mir das Sommerschloß anzusehen.

In diesen Jahren der deutschen Inflation war an Reisen in das Ausland nicht zu denken. Und so fand ich denn eine Entschädigung dafür, in Deutschland herumzureisen mit dem *Handbuch der deutschen Kunstdenkmäler*, das Georg Dehio bearbeitet hatte. Wo immer ich hinkam, war das braune Buch ein Ausweis, der alle Türen öffnete.

Ich weiß nicht mehr, wie es mir gelungen ist, meinen Vater davon zu überzeugen, daß ich wenigstens ein Semester außerhalb Berlins studiern sollte. In jedem Falle gab er seine Zustimmung, und ich entschied mich dafür, nach Marburg zu gehen. Der Grund war einfach. Friedrich Wolters hatte einen Ruf als außerordentlicher Professor nach Marburg angenommen, und ich fühlte mehr denn je die Notwendigkeit, über mein Verhältnis zu George ins Reine zu kommen. Seine Gegenwart in der geistigen Welt erhob und bedrückte mich zur gleichen Zeit.

Mit mir fuhr auch ein Freund, den ich in Wolters Seminar kennengelernt hatte und der sich mehr an mich anschloß, als mir lieb war. Er hieß Eberl. Marburg war im frühen 20. Jahrhundert eine Zitadelle des Neukantianismus gewesen; davon war 1921 nicht viel zu spüren. Dagegen war die Theologie mit Otto und Heiler sehr gut vertreten. Ich belegte Wolters Seminar, das sich mit der Vorgeschichte des Sozialismus befaßte, in dem ich ein Referat über das Leben Campanellas erstattete. Durch Zufall kam ich schon zu Anfang des Semesters in eine Vorlesung Ernst Robert Curtius' über die französische Romantik. Der Name war mir durch Troeltsch bekannt geworden, der Curtius Buch: *Die Wegbereiter des heutigen Frankreiche* sehr gepriesen hatte. Curtius' Vorlesung zog mich so an, daß ich auch seine Übung über Dantes *Vita Nova* belegte. Er war nicht, was man einen beredeten Sprecher nennen würde, und kleine Vorfälle im Saal konnten ihn aus der Fassung bringen. Aber die Bewältigung des Stoffes, den er vortrug, war außerordentlich sowohl in der ästhetischen wie in der philosophischen Perspektive. Ich habe noch die Nachschriften seiner Vorlesungen: sie begannen mit der französischen Revolution, mit Madame de Stael und Chateaubriand, und führten bis zu Stendhal und Balzac. Balzac hatte ich schon in der Inselausgabe gelesen, die Hofmannsthal eingeleitet hatte; des gleichen Stendhal, dessen *Rouge et Noir* und *La Chatreuse de Parme* zu meinen Lieblingsbüchern gehörten. Durch Curtius angeleitet, las ich nun auch Lamartine, Musset, und de Vigny. Nur Victor Hugo ist mir immer fern geblieben.

Curtius, obschon weniger vital als Troeltsch, war ihm auch darin verwandt, daß er unaufhörlich Anregungen ausstreute, die in andere Gebiete als das der französischen Literatur führten. So hatte er mich auf Adam Müller aufmerksam gemacht, und ich begann Müllers *Reden über die Beredsamkeit* zu lesen.

Ich hatte damals eine Idiosynkrasie, die ich hier erwähnen muß. Ich war 19 Jahre alt und mir meiner Unreife allzu bewußt. So wollte ich niemals mit jenen Menschen in Berührung kommen, die ich am meisten bewunderte, da ich mich dessen nicht für würdig hielt. Eines Tages faßte ich mir aber doch ein Herz und stellte Curtius nach der Danteübung eine Frage. Zu meinem Erstaunen forderte er mich auf, ihn auf dem Heimweg zu begleiten, und lud mich ein, als wir an seinem Hause angelegt waren, heraufzukommen und eine Tasse Tee mit ihm zu trinken. Ich tat das nur all zu gern, war aber so schüchtern, daß ich nicht wagte, von dem mir angebotenen Gebäck zu essen. Danach bin ich noch einige Male zu Curtius gekommen; er war immer höchst freundlich und zog meine Gesellschaft sogar der von Kollegen vor, die ihn besuchten. Es war der Beginn einer schönen

Freundschaft. Ich sandte ihm später, die meisten meiner Arbeiten und er reziprozierte in der gleichen Weise. 1932 traf ich ihn während der Pfingstferien in Baden-Baden, wo er zu einer Entziehungskur war. Er war damals verheiratet und hatte Marburg erst mit Heidelberg und dann mit Bonn vertauscht. 1932 hatte er sich von dem Studium der französischen Kultur entfernt und konzentrierte sich auf Spanien. Erst später hat er mir erzählt, daß er schon damals auf dem Wege war, sein großes Werk über *Europäische Literatur und Lateinisches Mittelalter* zu entwerfen. Daneben nahm er an den Zeitkämpfen teil und veröffentlichte 1932 ein Buch: *Deutscher Geist in Gefahr*. Es war ein Wunder, daß die Nazis ihn 1933 nicht herauswarfen. Statt dessen boykottierten sie seine Vorlesungen, die von 800 Zuhörern schließlich auf drei herunter gingen. So lange es möglich war, hat er die Verbindung mit mir aufrecht erhalten und schrieb mir nach Südamerika, wenn er im Ausland war. 1955 habe ich ihn zum letzten Male besucht. Er war schon sehr krank und seine Sprache war behindert. Im nächsten Jahre, als ich wieder in Europa war, erhielt ich in Paris die Nachricht von seinem Tode in Rom. Curtius war ein außerordentlicher Mensch, der in keine der Schablonen, passte, in die wir deutsche Gelehrte einzuordnen pflegen. Er war ein Kritiker im Sinne Saint Beuves, von denen es in Deutschland nur all zu wenige gegeben hat.

Natürlich las ich in Marburg auch Curtius' Lieblingsautoren: Saint Beuve, André Gide, und immer wieder Balzac. Daneben hatte ich mir ein großes Program zurechtgelegt: eine vollständige Lektüre Goethes, in der sich mir zum ersten Male *Die Wahlverwandtschaften* erschlossen, und eine Lektüre Platos. Ich hatte in Berlin mit meinem Studium des Griechischen begonnen und setzte dies in Marburg fort, wo wir die *Apologie* um sieben Uhr morgens lasen! Mein Studium Platos beschränkte sich jedoch nicht auf diese Schrift. Ich las seine Dialoge in der Übersetzung Schleiermachers.

Wäre ich meiner Neigung gefolgt, so hätte ich mich damals auf die romanischen Sprachen konzentriert und hätte eventuell das Gebiet gefunden, das wir heute vergleichende Literaturgeschichte nennen. Aber einmal gab es dafür in Deutschland keinen Lehrstuhl, und zum zweiten glaubte ich nicht an meine Fähigkeit fremde Sprachen zu lernen.

Ich blieb dem Geschichtsstudium treu. In der Zwischenzeit

klärten sich für mich zwei fundamentale Fragen, beide in negativer Weise. Ich hatte fortgefahren, Gedichte zu schreiben und glaubte noch immer, daß meine Berufung auf diesem Gebiete läge. Aber eines Nachts, als ich auf der Lahnbrücke stand, und der Mond auf die Elizabethkirche schien, wurde es mir klar, daß ich diese Gedichte zwar fühlen aber nie zum Ausdruck bringen könnte [Vgl. S. 324]. Von diesem Augenblick an, wußte ich, daß ich mein Herz mit einem Traum genährt hatte. In der Poesie wie in der Kunst hat nur das Daseinsberechtigung, das ersten Ranges ist. Meine Arbeiten aber waren Imitationnen, und so entschloß ich mich dieser Illusion zu entsagen. Es war kein leichter Entschluß, und ich habe mit niemandem darüber gesprochen.

Das zweite Problem betraf mein Verhältnis zu George. Mit Wolters Anwesenheit in Marburg entwickelte sich die kleine Universitätsstadt zu einem Zentrum der Georgeschule. Wolfram von den Steinen war Wolters gefolgt, wie ich es getan hatte. Ich lernte in Marburg Walter Elze kennen, einen ehemaligen Offizier, der Geschichte studierte, und mit dem ich später wieder an der Universität Berlin zusammentreffen sollte. Sodann waren Kommerell und Anton in Marburg; Friedrich Gundolf kam zu einem Vortrag zu Besuch, desgleichen Berthold Valentin, und einmal George selbst, den ich aber nur in der Straßenbahn sah. Er machte den Eindruck eines alten Mannes (weit über seine 53 Jahre hinaus) und sah wirklich aus, wie das Gundolf zugeschriebene Witzwort: ,,George sieht aus, wie eine alte Frau, die wie ein alter Mann aussieht, der wie eine alte Frau aussieht.''

Obgleich ich nicht in den engsten Zirkel des ,,Meisters'' gezogen wurde, wurde ich doch zu vielen Seancen eingeladen. Eine, bei der Valentin zugegen war, ist mir im Gedächtnis geblieben. Wir versammelten uns in einem verdunkelten Raum, in dem auf einem altarähnlichen Tisch das Bild Maximins zwischen zwei Kerzen stand. Dann wurden Georges Gedichte in dem seltsamen Singsang verlesen, der der katholischen Litanei entlehnt war. Das Ganze erschien mir wie ein lächerlicher Mummenschanz. Ich wollte keiner Sekte angehören; und wenn es eine Kirche sein sollte, dann wenigstens die katholische. Ich wußte damals nur sehr wenig über Georges Beziehung zu dem Knaben Maximilian Kronenberger, aber der Gedanke, ihn zu einem Gott zu erheben, wie das im *Siebenten Ring*, in dem *Gedenkbuch für Maximin* und

in dem *Stern des Bundes* ausgesprochen war, schien mir skuril.
Die Idee, daß die Not der Zeit auf diese Weise geheilt werden
könnte, war absurd. Dazu kam, daß Homosexualität mich immer
abgestoßen hat. Ich habe viele homosexuelle Freunde gehabt,
aber die Voraussetzung für unsere Freundschaft war immer, daß
ihre Neigung ihre Privatangelegenheit blieb, die nicht diskutiert
wurde. Vielleicht war dies eine Art von Puritanismus von meiner
Seite, aber ich konnte mich dessen nicht erwehren, und wollte
sowenig von ihrem Liebesleben wissen, wie ich selbst das meine
unter dem Schleier des Schweigens verbarg.

Um es kurz zu sagen, wurde mir in Marburg klar, daß ich mich
nie in den „Kreis" einordnen könnte, und daß es an der Zeit
war, diesen Traum beiseite zu legen. Georges Verhältnis zu der
Epoche war ein seltsames. Er lehnte den Fortschrittsglauben
ebenso ab wie die Demokratie und die Technik. Vieles, was er
darüber gesagt hat, hat einen prophetischen Klang und ist erst
heute in Erfüllung gegangen. Ich kann gewiße Verse auch in
diesen Tagen nur mit Erschütterung lesen. Aber so richtig die
Kritik der Zeit war, so negativ war sie auch. Er hatte nichts an
die Stelle zu setzen, um das Vakuum zu füllen, das sein Zorn und
Spott hinterließ. Es schien mir, daß die Haltung Jakob
Burckhardts, und sein Glaube, daß nur eine Art von Askese den
Menschen dieser Zeit angemessen wäre, (eine innerweltliche
Askese versteht sich) um vieles besser war als die Pose des
Georgeskreises. Auch die „*Uniform*" begann mir lächerlich zu
werden: das Plastron, die lange silberne Uhrkette und was der
Albernheiten mehr waren. Zu einer Aussprache über diese
Dinge ist es nie zwischen mir und Wolters gekommen, aber ich
wußte, daß ich nun noch einmal von vorn anfangen mußte.

Ich kann nicht sagen, daß der Bruch ein schmerzlicher gewesen wäre und habe mit einigen dieser Menschen, wie Wolfram
von den Steinen, freundschaftliche Beziehungen aufrecht erhalten. Auch füllten diese Dinge mein Leben nicht so vollkommen,
daß mir nicht Zeit zu anderen Erlebnißen geblieben wäre. Fast
jeden Sonnabend und Sonntag gingen Eberl und ich auf eine
kunsthistorische Wanderung. Marburg hatte zwei Denkmäler,
die mich immer von neuem mit Bewunderung erfüllten: die
Elizabeth–Kirche und das hochgelegene Schloß, das ich oft
erstieg. Daneben war das Lahntal voll von großen Kirchen der

spätromanischen Zeit, besonders der wunderbare Dom von
Limburg. Einmal fuhren wir nach Kassel, um das Museum mit
seinen Rembrandts kennenzulernen und besuchten dabei auch
das nahegelegene Wilhelmshöhe. (Das schöne Wesertal hat sich
mir erst erschlossen, als ich nach Göttingen kam.) Sodann war
das kleine Schlößchen Wilhelmstal ein Ziel einer unserer
Fahrten: ein Kleinod des deutschen Rokokos. Zu Pfingsten
fuhren wir zuerst nach Frankfurt, um das *Städelsche Museum* zu
besuchen, und dann nach Mainz, und von Mainz wanderten wir
den Rhein herunter nach Andernach, wo der Rotdorn in der
Blüte stand, und die Stadt den Mai als den Marienmonat beging.
Von Andernach führte uns unser Weg nach dem Benedik-
tinerkloster *Maria Laach*, das an einem kleinen tiefblauen See in
der Eifel gelegen ist. Immer hatten wir den Dehio in der Hand;
photographieren habe ich nie gelernt; es schien mir eine
schwache Art, das Gedächtnis zu ersetzen. Die meisten dieser
Orte sind mir noch voll gegenwärtig auch ohne das Hilfsmittel
von Postkarten oder Bildern.

Am Ende des Sommers machten wir eine lange Wanderung,
zuerst wieder nach Frankfurt; dann gingen wir den Rhein ab-
wärts bis nach Koblenz und von dort in das Moselthal. Ich
erinnere mich einer Nacht, wo wir uns am Most betranken und
am nächsten Morgen mit einem schweren Kopf unseren Weg
über die Hügel der Mosel in das Rheinthal antraten. In Andernach trennten wir uns: ich wollte weiter nach Bonn und Köln,
wo ich eine Woche verbrachte.

Köln, wie das ganze Rheinthal, war von fremden Truppen
besetzt; aber die Amerikaner in Köln störten mich nicht so sehr
wie die Franzosen am Ober-Rhein. In Köln sah ich die wunderbaren romanischen Kirchen: *Zwölf Apostel, Gross San Martin,
Maria im Kapitol*, und natürlich auch den *Dom*. Als Köln später
unter den englischen Bomben verbrannte, habe ich oft mit
Wehmut an diese herrlichen Monumente denken müssen.

Im September kehrte ich noch Berlin zurück, wo mich Liesel
sehnsüchtig erwartete. Sie hatte inzwischen eine Handelsschule
besucht (sehr zu ihrem Verdruß) und war nun bereit, in das
Geschäft von Eduard Arnhold einzutreten. Sie hätte es nicht
besser treffen können. Mein Vater war der Notar der Firma, und
mein Onkel Adolf war als Prokurist dort tätig. Herr Arnhold ließ

es sich nicht nehmen, sie selber in seinem Geschäft willkommen zu heißen. Mein Verhältnis zu Liesel war noch immer völlig ungetrübt; wenn mein Studienplan es erlaubte, holte ich sie aus dem Geschäft ab, und wir gingen zusammen nach Hause. Wir fingen auch an, gemeinsam in das Theater zu gehen [Vgl. S. 325].

Als ich nach Berlin zurückkehrte, wußte ich nun, daß ich nicht zum Dichter bestimmt sei. Das hieß aber nicht, daß mir die Poesie weniger bedeutete. Im Gegenteil! Ich entdeckte Keats, und war hingerissen von der Schönheit seiner *Ode on a Grecian Urn* und *To Autumn*. Ich las auch Shelley, so vielleicht nicht mit dem gleichen Enthusiasmus wie Keats. Überhaupt gehörte damals sehr wenig dazu, mich in Schwingungen zu versetzen. Eine Wolke, ein besonderes Licht, der Duft der verwelkenden Blätter im Tiergarten genügten, mich für einen ganzen Tag zu erfüllen. Ich könnte mit Wordsworth sagen: „*I cannot paint what then I was. . . That time is past, and all its aching joys are now no more.*" Und wie er, könnte ich vielleicht auch sagen, „*Other gifts have followed*". Denn ich war damals entschlossen, meinem Studium nun eine feste Richteng geben.

Auch hier haben menschliche Einflüsse auf eine seltsame Weise mitgespielt. Durch einen Studienfreund wurde ich eines Abends einem Menschen zugeführt, der mich zwei Jahre lang vollständig dominierte. Er hieß Manfred Adam und war sieben Jahre älter als ich. Er glich den Giuliano de Medici in dem Portrait Botticellis im Kaiser Friedrich Museum. Er kleidete sich völlig in Schwarz, benutzte so gar nur schwarze Handschuhe, und litt an vielen Neurosen. Er konnte nie vor ein Uhr Mittags aufstehen, hatte eine tötliche Furcht vor der Berührung mit anderen Menschen und wusch sich unablässig die Hände. Er fühlte sich zum Katholizismus hingezogen und beeinflußte auch mich in dieser Richtung. Ob es ihm mit dem Gedanken, Priester zu werden, ernst war, vermag ich nicht zu sagen; wahrscheinlich fahlte es ihm an Selbstdizilin. Was mich zu ihm zog waren zwei Dinge: einmal seine Liebe der Barock Musik, besonders der Musik vor Bach und Mozart, und zum andere sein Interesse an der Philosophie, im besondered der Phänomenologie Husserls und Schelers.

Es entwickelte sich eine seltsame Freundschaft. Wir sahen uns beinahe jeden Abend, und er spielte mir stundenlang auf dem Klavier die alten Meister vor: Schütz, Pachelbel, Bach, Händel und Mozart. So ging er einmal mit mir den Klavierauszug des *Don Giovanni* durch und sang die Arien mit seiner dünnen Tenorstimme; es war genug, mir dies Wunderwerk zu erschließen. Gewöhnlich dauerten diese Sitzungen bis spät in die Nacht, und weder er noch ich haben jemals daran gedacht, das Abendessen zu einer bestimmten Stunde einzunehmen. Er lebte mit seinen Eltern und mit zwei Brüdern, von denen der eine älter, der andere jünger war. Manfred hatte keinen Beruf und auch keine Absicht je einen Beruf auszuüben. Diese Dinge kümmerten mich damals kaum; so weit ich es übersehe, muß sein älterer Bruder ihn erhalten haben. Was die Philosophie betraf, so wollte er mich zum Thomismus bekehren und führte mich auch in die deutschen Mystiker, Meister Eckehart, Seuse und Tauler ein. Er wies mich auf die Schriften der heiligen Theresa von Avila hin, deren Selbstbiographie ich las. Dazu kamen die Schriften Max Schelers, die Aufsatzbände vom *Umsturz der Werte* und die *Ethik*. Im Winter 1921/22 las ich die *Religionssoziologie* Max Webers, und in den Sommerferien die drei Kritiken Immanuel Kants. Vieles andere floß mit hinein; im ganzen war es eine philosophische Erziehung, für die ich ihm dankbar sein muß. Aber langsam machten sich persönliche Gegensätze bemerkbar. Er wollte ein Leben führen, das ganz der Askese gewidmet sein sollte. Zuweilen brachen aber Züge hindurch, die nicht in dies Bild paßten. An einem Sommerabend traf ich in einer Apotheke, eine Freundin, die ich lange nicht gesehen hatte. Wir verabredeten ein Zusammensein für den selben Abend. Als ich die Apotheke mit ihr verließ, fragte er mich mit zischender Stimme: ,,Wer ist diese Dame?`` Als ich ihm sagte, eine Freundin, schien er tief verstimmt. Und je mehr ich mir darüber klar wurde, daß ich auf einen Abschluß meiner Studien hinarbeiten mußte, um so weniger schien er eine solche Ausrichtung zu billigen. Darüber ist es zwischen uns zum Bruch gekommen, oder vielleicht ist das Wort ,,Bruch`` nicht am Platze. Ich entzog mich seinem Einfluß und vermied es, ihm zu begegnen. Er deutete es sich als eine Abkehr und versuchte gemeinsame Freund gegen mich zu stimmen. Dies war mir ziemlich gleichgültig, und im November 1923 kam es dann zu einer langen und peinlichen Unterredung (natürlich wieder in der

Nacht), die das Ende bedeutete, und Ich habe ihn nie wieder gesehen.

Der Entschluß mein Studium zum Abschluß zu bringen, war ein natürlicher. Der „ewige Student" war in Deutschland wie auch in anderen Ländern eine komische Figur. Unter dem Einfluß von Adam, und vielleicht auch meiner alten Bewunderung folgend, wandte ich mich zuerst Troeltsch zu. Nach einigem Zögern nahm er mich in sein Seminar auf. Es war eines jener Mammut–seminare, wie sie an der Universität Berlin üblich waren. Weit über 100 Studenten versammelten sich in dem großen Raum. Aber 90 waren nur Statisten, ich einbegriffen. Eine kleine Gruppe erstattete die Berichte. Das Thema war eng mit Troeltschs eigenen Arbeiten verknüpft, die damals seinen Studien zur Geschichte des Historismus gewidmet waren. Die Seminararbeiten, die er verteilte, waren mit diesen Problemen verbunden: Burke; die französische Revolution; die deutsche Romantik, im besonderen Novalis, Schopenhauer, Kierkegaard; und die historische Schule. Einige der Vorträge waren ausgezeichnet, wie der von Dietrich Gerhard über Burke, oder der Marcuses über Kierkegaard. Troeltsch selbst beschränkte sich darauf, am Abschluß jeder Sitzung, die Denker in die großen Perspektiven der europäischen Philosophie zu stellen. Zuweilen freilich warf er aber auch die Ordnung über den Haufen und erstattete selbst Bericht über ein Buch, das er gerade gelesen hatte und das ihm wichtig erschien, wie H. G. Wells *Outline of History*. Das Resultat dieser Sitzungen war weniger eine Klärung der Begriffe (wenigstens nicht für mich), als eine ungeheure Anregung, die es zu bewältigen galt.

Jedoch versuchte ich Troeltsch dafür zu gewinnen, meine Doktorarbeit zu leiten, die ich über das Thema, Schopenhauers Verhältnis zur Geschichte, schreiben wollte. Ich suchte ihn in seiner Wohnung am Reichskanzlerplatz auf, aber er verhielt sich ablehnend. Ihm war nichts an Schülern gelegen, was bei seiner Belastung mit Aufgaben aller Art verständlich war. So wollte er eine endgültige Entscheidung erst im nächsten Winter treffen. Aber er ist bald nach unserer Unterredung an einem Herzanfall gestorben. Ich erfuhr davon durch Meinecke, der mir auf dem Korridor der Universität begegnete und mit tiefer Erschütterung sagte: „Troeltsch ist gestorben."

Mit Meinecke hatte ich schon vom Jahre 1919 her engere
Beziehungen. Meine Schwester Paula war eine seiner Schülerin-
nen, und wir wurden beide oft in sein Haus in Dahlem eingeladen. Im Herbst 1921 war ich in seinem Seminar, das der Pro-
blemwelt der Staatsräson gewidmet war. Auch hier war ein großer
Kreis von Studenten versammelt, und auch hier waren es nur
wenige, die sich an der Diskussion beteiligten. Ich selbst hatte
eine Arbeit über Frederick II. und seine Jugend–schrift über das
europäische Staatensystem zu schreiben. Meineckes Seminar
war anders angelegt, als das von Troeltsch. Er konzentrierte sich
auf eine große Gestalt und auf Texte, die wir mit ihm zusammen
lasen und auslegten. Dabei wurde uns klar, wie wenig wir im
Grunde wußten, oder sahen, selbst wenn es uns gedruckt vor
Augen stand. Meinecke war ein Meister der Interpretation; er
entdeckte die Dialektik in den Gedanken der Philosophen und
Staatsmänner, mit denen er umging, und erzog uns in dieser
Weise, die vordergründliche Auslegung der konventionellen
Historie zu überwinden. Von den Figuren, mit denen wir uns in
jenen Jahren beschäftigt haben, sind mir besonders Machiavelli,
Hegel, Ranke, und Treitschke im Gedächtnis geblieben. Zu der
kleinen Gruppe, die ihm nahe stand, gehörten Hajo Holborn,
Dietrich Gerhard, Hans Baron, Fritz Epstein, Hans Rosenberg,
Margarete Friesecke, und ich. Die meisten waren Juden oder
Halbjuden und die Meineckeschule hieß darum in der Zunft ,,die
Judenschule''. Es war ein Paradox, denn seinem Instinkt
zufolge, war Meinecke keineswegs philosemitisch, aber er hatte
sich damals zu einer großen Objektivität durchgerungen und ließ
jeden Studenten gelten, wie er einmal war. Er war von erstaun-
licher Toleranz in der Diskussion und nahm auch Einwürfe von
Grünschnäbeln, wie ich es war, mit Verständnis auf. Ebenso wie
Troeltsch warf auch er ständig Anregungen aus, die zu weiteren
Untersuchungen führen könnten. So erwähnte er einmal, daß
man Rankes Begriff der Weltgeschichte untersuchen müßte.
Holborn griff diese Idee auf und wollte sie zum Thema seiner
Dissertation machen. Nach einer Weile ließ er sie aber wieder
fallen, und als er mir das sagte, war ich nur all zu begierig, mich
selbst daran zu versuchen. Meinecke war damit einverstanden,
und so hatte ich denn ein Thema für eine Dissertation, das mir
nicht nur zusagte, sondern mich inspirierte. Ich begann die Lek-

türe der 54 Bände von Rankes *Gesammelten Schriften*, eine Aufgabe, die auch zu einer Ausweitung meines historischen Wissens beitrug. Mit alledem hatte ich mich, vielleicht ohne es zu wissen, Meineckes Methode verschrieben: der Ideengeschichte, oder wie ich es vorzog zu nennen, der Geistesgeschichte. Jedoch war es kein Zufall, denn alles, was ich bis dahin studiert hatte, schien in dieser Methode zu kulminieren. Mit gewissen Reservationen bin ich ihr treu geblieben. Ich will damit nicht sagen, daß die Ideengeschichte die wichtigste historische Disziplin ist, nur daß sie für mich und meinen Interessen, die naturgegebene Form der Forschung ist. Zu jener Zeit waren die meisten von Meineckes Schülern in ähnlicher Weise angespannt. Gerhard beschäftigte sich mit Niebuhr. Friesecke mit Treitschke, Hans Rosenberg mit Haym, Felix Gilbert mit Droysen, Hans Baron mit Calvin und Luther. Nicht alle sind in der Ideengeschichte geblieben; und auch das ist gut. Aber die menschlichen Beziehungen, die in jenen Jahren entstanden, haben mit wenigen Ausnahmen die Umwälzungen den Nazizeit überstanden. Das Haus *am Hirschsprung 13* ist für uns ein geistiger und sozialer Magnet geblieben, selbst nach dem Tode Meineckes, 1954. Frau Meinecke pflegt das Andenken an ihren Gatten mit rührender Hingabe und nimmt jeden Schüler ihres Mannes als ein Mitglied ihrer Familie auf. Am 31. Januar 1970 habe ich noch ihren 95. Geburtstag in ihrem Hause mit einem Glaß Champagner feiern dürfen. So schien mein Lebensweg endlich ein Ziel gefunden zu haben, selbst wenn es nur das kurzfristige einer Doktorarbeit war.

Während ich an meiner Dissertation arbeitete, überfiel unsere Familie die erste große Katastrophe. Es war am 23. Mai 1923. Meine Schwester Elizabeth war während der Mittagspause in den Küchenraum des Büros gegangen und hatte versucht, einen Teekessel auf den Herd zu stellen. Er war ein Gasherd und ihr Ärmel fing Feuer. Ihr Kleid war mit einem hoch entzündlichen Stoffe gefärbt, und in wenigen Sekunden stand sie selbst in Flammen. Ein Angestellter, Herr Kirschstein, der versuchte die Flammen zu ersticken, trug selbst schwere Brandwunden davon. Um zwei Uhr nachmittags wurde sie in unser Haus gebracht. Wie es ihr möglich war, die Treppen zu steigen, ist mir unbegreiflich. Wahrscheinlich hätte sie sofort in ein Krankenhaus gebracht werden müssen. Aber auch dies hätte das Ende nicht abwenden können, denn, wie mir mein Onkel Paul später sagte, hatte sie Verbrennungen dritten Grades, die sich über den ganzen Körper erstreckten. Selbst mit den Mitteln der heutigen Medizin wäre sie nicht zu retten gewesen. Wir waren zunächst in einem Trauma und verstanden kaum das Ausmaß der Tragödie. Dr. Wechselmann, der uns am nächsten wohnte, gab ihr eine Morphiuminjektion und rief eine Krankenschwester an, die danach unserem Hause eng verbunden blieb: Schwester Ida Aron. Liesel lag in ihrem Zimmer, das neben meinem Schlafzimmer lag. Am ersten Tage war ihr Geist noch ungetrübt, aber in der folgenden Nacht fiel sie in ein Delirium und schrie: Geh fort Tod! Meine Mutter und ich, die im Nebenzimmer eine hilflose Nachtwache hielten, vernahmen diese Worte, aber anderes, was sie sagte, war unverständlich. Am nächsten Morgen sank sie in Bewußtlosigkeit. Der Arzt verordnete ein kaltes Bad, und wir trugen sie in das Badezimmer, aber es war nur all zu klar, daß nichts mehr helfen konnte. Am Montag morgen um sieben Uhr ist sie gestorben.

Mein Vater war völlig gebrochen, und so fiel es mir und meinem Bruder zu, die notwendigen Anordnungen zu treffen. Wir brachten ihren Körper am Dienstag nachmittag in das Krematorium und am Freitag fand die Bestattung statt.

Wie soll ich die Wirkung dieser Tragödie auf mich und meine Familie beschreiben? Mein Vater was, obschon er es nie aussprach, von einem Schuldgefühl gequält, daß er Elizabeth in diesen Beruf gezwungen hatte, und gab sich selbst die Schuld an ihren Tod. Das war natürlich eine Wahnvorstellung, denn das Unheil hätte sie genau so in unserem Hause oder in einem Laboratorium treffen können. Er hat das Trauerjahr streng inne gehalten, versagte sich auch die Ausspannung im Klub und trug seitdem nur noch schwarze Kravatten. Man mag darüber lächeln, wenn man will. Meine Mutter erkrankte im Winter an einem schweren Magengeschwür, das durch einen Darmriß noch kompliziert wurde. Ich selbst fühlte, daß ich einen Teil meiner Existenz verloren hatte. Monate hindurch ging ich jeden Tag auf den Friedhof.

Es war ein schlimmer Sommer. Die Inflation hatte ihren Höhepunkt erreicht und wir, wie viele andere, waren dem Ver-

hungern nahe. Mein Gewicht ging auf 112 Pfund herunter; es
hätte mir nichts ausgemacht, damals zu sterben. Es war unmöglich, sich die Größe des Unglücks mit irgend einem Troste hinweg zu rationalisieren. Im September erkrankte ich an einem
schweren Lungenspitzenkatarh. An einen Aufenthalt in der
Schweiz war nicht zu denken, obschon Meinecke versuchte,
mich nach Leysin zu bringen. Schließlich kam eine Patentante,
Frau von Rosenberg, zu meiner Rettung. Sie erreichte es, daß
ich für sechs Wochen auf ein Rittergut in Pommern ging. Es war
ein Aufenthalt wo ich offiziell zwei Knaben unterrichten sollte,
da diese aber eine Erzieherin hatte, waren meine Pflichten sehr
leicht. Die Hauptsache war, daß ich mich in der Landluft aufhalten konnte und so viel essen durfte, wie ich wollte. In der Tat
habe ich in sechs Wochen zwolf Pfund zugenommen.

Meine Erinnerungen an diesen Aufenthalt sind nicht klar. Am
Anfang hatte ich noch Anfälle von Fieber und, da ich mit dem
Gutsinspektor und einem Eleven im selben Zimmer schlief, ging
es mir nicht gut. Nach ein paar Wochen erhielt ich aber ein
eigenen Schlafzimmer und gewann mir auch den Respekt der
Gutsherrin und der Erzieherin. Es waren böse Wochen für
Deutschland. Am 8. November machte Hitler seinen Bierhallen-
putsch, und niemand wußte, was geschehen würde. Während
dieser Tage wurde es mir von neuem klar, wie tief der Antisemitismus in des Volk gedrungen war. Der Arzt, der junge
Eleve, und viele andere trugen das Hakenkreuz im Knopfloch.
Die Gutsherrin und die Erzieherin wußten um meine jüdische
Abkunft, aber sonst niemand. Am 6. Dezember fuhr ich wieder
nach Berlin; ich war noch nicht geheilt, aber doch auf dem Wege
der Besserung. Sehe ich heute zurück, so scheint mir, daß meine
Kindheit mit Liesels Tod zu Ende gegangen ist. Nie wieder habe
ich einen Menschen gefunden, der mir die gleiche Zärtlichkeit,
die gleiche selbstlose Liebe und Anbetung entgegen gebracht
hat. Und wie so viele Schläge in meinem Leben hat auch dieser
mich härter gemacht und etwas in mir getötet.

Im Februar 1924, genau gesagt am 2. Februar, begegnete ich
einer Frau, in die ich mich Hals über Kopf verliebte [Vgl. S.
323]. Die Umstände, unter denen ich sie kennenlernte, sind
wenig bedeutend: ich habe nie verstanden, warum man der Tatsache der gesellschaftlichen Vorstellung Bedeutung beimißt. Sie

war so alt wie ich, hieß Charlotte Ursula, hatte schwarzes Haar und schwarze Augen und war verheiratet. Ihr Mann war Offizier in der Reichswehr, und in Gumbinnen in Ostpreußen stationiert. Sie selbst hatte eine Stellung bei einem Ehepaar inne, wo sie *au pair* lebte und den Haushalt versah. Die Tatsache, daß sie verheiratet war, teilte sie mir am Abend mit und sagte, daß es keinen Sinn hätte, daß wir uns wiedersähen. Dann hat sie mich aber doch am nächsten Tage angerufen, und alles kam, wie es kommen mußte. Für lange Wochen war ich damit zufrieden, sie auf ihren kleinen Gängen und Einkäufen zu begleiten, oder sie in irgend einem Teeraum zu treffen. Aber jeden Tag schrieb ich ihr, und sie mir, und der Gedanke ist uns nicht gekommen, daß der Postbote diese Briefe verdächtig finden und sie öffnen könnte. Dann teilte sie mir im März mit, daß ihr Mann auf einen kurzen Urlaub nach Berlin käme, und einen Tag später rief sie mich an und sagte, ,,Ich will mit Dir zusammen sein.`` So ging ich denn in eines der Absteigehotels, in der Steglitzerstraße, ein dunkeles und furchteinflößendes Haus, und bestellte ein Zimmer. Dort haben wir ein paar Stunden verbracht. Warum sie darauf bestand, ist mir erst später klar geworden. Sie wußte, daß sie mit ihrem Manne schlafen mußte, und da sie sich ein Kind wünschte, wollte sie es von mir haben. Noch einige Wochen danach versuchte sie sich davon zu überzeugen, daß sie schwanger sei. An einem Abend gingen wir in ein Konzert in der Philharmonie, in dem Bronislaw Hubermann spielte, und als wir aus der Loge auf den Gang heraustraten, sagte sie mir, daß sie ein Kind erwarte. Der Eindruck auf mich war kaum der, den sie erwartet hatte. Ich wurde von Angst ergriffen und schrieb ihr noch am selben Abend, daß ich sie nicht heiraten könnte. Gewiß war dies nicht sehr mutig, aber ich war nicht in der Lage eine Familie zu gründen. Als sie sah, daß sie sich getäuscht hatte, machte ich einen Versuch unsere Beziehungen abzubrechen, und schrieb ihr, daß es besser wäre, wenn wir uns nicht sehen würden. Sie antwortete mir nicht. Es war um die Osterzeit, und ich war hin und hergerissen zwischen meinem Verlangen, sie zu sehen, und meiner Vernunft, die mir sagte, daß dies nur zu einer Katastrophe führen könnte. Nach vierzehn Tagen rief sie mich an, wieder nur mit den einfachen Worten: ,,Ich werde Dich dort und dort erwarten.`` Und ich folgte ihrem Wunsch, als ob dies die einzig mögliche Antwort auf ihre Worte sei. Wir begegneten uns, als hätte es nie eine Trennung gegeben. Dann kam der Frühling und es schien einfacher, uns zu sehn. Wir konnten in den Tiergarten oder in den Bellevuepark gehen, wo die Fliederbüsche blühten. Wie viel meine Eltern von all dem gewuß oder geahnt haben, vermag ich nicht zu sagen. Aber die Menschen, bei denen sie wohnte, und der Portier des Hauses, so wie der Briefträger überwachten jeden ihrer Ausgänge.

Frage ich mich heute, was mich so unwiderstehlich zu ihr zog, so kann ich nur sagen, ihre Anmut, ihre Einfachheit, und ihre Schönheit. Die Geste, mit der sie ein Heubündel im Bellevuepark ergriff und ihr Gesicht darin verbarg, die Blumen und die Früchte, die sie mir sandte, die völlige Furchtlosigkeit, mit der sie dies ganze Geschehen durchschritt, all dies war etwas, was mir nie zuvor begegnet war. Ich hatte meine sexuellen Erlebnisse gehabt. Aber wenn sie nicht von der Art waren, ,,wo knüpfen und lösen in dieselbe Stunde'' fiel, so waren sie schal und entbehrten des Geheimnisses.

Was dies Geheimnis war, dessen war ich mir nicht bewußt. Ich hätte es nur in dichterischen Worten ausdrücken können:

> *It is to be all made of sighs and tears;*
> *. . .*
> *It is to be all made of faith and service;*
> *. . .*
> *It is to be all made of fantasy,*
> *All made of passion, and all made of wishes;*
> *All adoration, duty, and observance,*
> *All humbleness, all patience, and impatience,*
> *All purity, all trial, all obeisance;*

Es war natürlich, daß niemand verstand, was in mir vorging. Eimal brachte ich sie mit meinem Freunde Paul Wernburg zusammen und vom ersten Augenblick konnte ich fühlen, daß sie einander haßten. ,,Sie hat Dich behext'', sagte mir Paul, als wir fortgingen. Dabei war ich damals unerfahren in Dingen des Geschlechts und fragte mich nie, was sie empfinden möge. Ich begehrte sie, wie sie mich begehrte und das war uns genug.

Trotzdem waren die Stunden, die wir mit einander verbrachten nur wenige. Aber sogar das mag dazu beitragen haben, diese Liebe in einer solchen Weißglut zu bewahren. Geldfragen haben uns niemals beschäftigt. Wir waren beide arm; alles, was ich ihre geben konnte, waren kleine Geschenke wie ein Zigarettenetui, und sie sandte mir Blumen und Früchte. So erinnere ich mich, daß sie mir einmal einen großen Teller Kirschen sandte, in deren Mitte sie einen Bund Stiefmütterchen gelegt hatte.

Ich schreibe dies aus dem Gedächtnis. Ihre Briefe, und die meinen, liegen neben mir, aber ich habe mich nicht dazubringen können, sie noch einmal zu lesen. Das Unbegreifliche war, daß wir keinerlei intellektuelle Bande hatten. Sie kam aus einer unbegüterten Familie in Pommern; ihr Vater war Gutsinspektor, und ihre Erziehung beschränkte sich auf die höhere Töchterschule, und auch diese kann nicht sehr gut gewesen sein, denn sie sprach alle ausländischen Namen falsch aus. Auch hatte sie keine Ahnung, von dem, was ich im Leben zu erreichen hoffte, und sah mich als einen Menschen, dem es an Willenskraft und Zielstrebigkeit fehlte. Wir haben uns aber darüber nie gestritten; es schien unwichtig im Vergleich zu dem, was uns aneinanderkettete. Es war das erste Mal in meinem Leben, das sich meine Leidenschaft auf einen Menschen konzentrierte, mit dem ich nie hätte leben können.

Die Monate des Frühlings gingen vorbei und wir wußten, daß der Sommer die unvermeidliche Trennung bringen würde, daß ihr Mann nach Berlin kommen würde, um sie nach Ostpreußen zu begleiten. Bevor er ankam, sahen wir uns noch einmal. Sie brach in Tränen aus und schnitt sich eine Locke von ihrem Haar ab. Auch diese liegt neben mir, und auch sie kann ich nur mit einem Schauder sehen. Wir waren übereingekommen, daß wir uns nicht wieder sehen würden, aber eines Nachmittages rief sie mich an und sagte, ich sollte sie auf ihren Einkäufen begleiten. Wir trafen uns in dem Warenhause Wertheim, aber alles, was sie mir sagen konnte, war, daß sie tief unglücklich sei. Am nächsten Morgen entfaltete sich das Verhängnis. Der Portier und der Briefträger hatten ihren Mann so viel erzählt, daß sie es unmöglich fand zu leugnen, und wohl auch zu stolz war, es zu tun. Wieder rief sie mich an, aber diesmal mit einer Botschaft, die mir Furcht einflößte: ,,Mein Mann möchte Dich sprechen.'' Ich versprach, sogleich zu kommen. Sie wohnte in der Viktoriastraße und das Ehepaar, für das sie arbeitete, war auf Reisen. Die wenigen Minuten, die ich brauchte, um zu ihrer Wohnung zu gelangen, gehören zu den furchtbarsten meines Lebens. Ich dachte, daß ihr Mann mich erschießen würde, und ich konnte ihm nur recht geben, wenn er es tun würde.

Die Unterredung verlief aber ziemlich ruhig. Er setzte mir auseinander, was ich ohne dies wußte, daß ich nicht in der Lage sei, ihr ein Heim anzubieten. Danach eröffnete er mir, daß er Charlotte Ursula versprochen habe, mich nicht zu töten, wenn ich versprechen würde, sie nicht wieder zu sehen. In diesem Augenblick kam sie selbst mit Tränen in den Augen in das Zimmer. Es schien, als wäre Verzicht die einzige Lösung. Was folgte, war eine melodramatische Szene, in der ich ihn um Verzeihung bat, die er mir auch gewährte. Ich versprach Berlin zu verlassen und nicht zurückzukehren, bis sie nach Gumbinnen gefahren sei. Mein Vater war zur Zeit im Harz, in einem Sanatorium, und ich rief ihn an und fragte, ob ich zu ihm kommen könne. Als er dies ohne jede Frage bejahte, war ich bereit, am nächsten Tage abzufahren. Am Morgen kam sie um von mir Abschied zu nehmen, und wir konnten nicht von einandergehen, ohne eine letzte Umarmung. So hatte ich mein Wort schon einen Tag gebrochen, nach dem ich es gegeben hatte. Die Schwüre von Verliebten! Sie brachte mich zum Bahnhof, und am Nachmittag traf ich in Braunlage ein, wo mich mein Vater in einer Pension untergebracht hatte, die gegenüber dem Sanatorium lag. Ich erzählte ihm, was geschehen war, aber er machte mir keinerlei Vorwürfe und versuchte mich so gar, so weit er das konnte, aufzuheitern. Er ging mit mir in Konzerte, die ihn kaum interessierten. Eines dieser Konzerte gab ein Sänger, der sich selbst auf der Laute begleitete. Er sang Schuberts *Ständchen*, das ich seitdem nie habe hören können, ohne daß mir die Tränen in die Augen getreten wären.

Ich hörte von ihr fast jeden Tag. Da sie nicht zu schreiben wagte, sandte sie mir Telegramme, immer aufs neue versichernd, daß sie mich unwandelbar liebte. Wie all dies enden würde, war mir unenträtselbar. Als ich nach Berlin zurückkehrte, war sie nach München zu der Familie ihres Mannes gefahren. Die Telegramme wurden spärlicher. Aber eines Tages telegraphierte sie, daß sie zu einer bestimmten Stunde in Berlin eintreffen würde. Ich erwartete sie am Bahnhof und, da

sie nur wenige Stunden in Berlin bleiben konnte, fuhren wir nach
Babelsberg, für dessen Park wir eine besondere Vorliebe hatten.
Noch einmal nahmen wir voneinander Abschied, aber diesmal
war es das Ende.

Ich habe sie nicht wiedergesehen. Wir korrespondierten noch
bis zum Beginn des nächsten Frühlings. Eine ihrer Schwestern,
Elfriede, hatte eine Stellung in Berlin angenommen und erbot
sich, meine Briefe in ein Kouvert zu stecken und die Adresse
darauf zu schreiben. Auch dies war nicht ohne Risiko, aber am
Anfang schien alle Gefahr besser als des völligen Voneinan-
derabgeschnittensein. Elfriede war fast noch ein Kind, und mir
in vielen näher als ihre Schwester. Sie las Bücher, ging in die
Oper, sandte mir auch Opernkarten, und hatte bald für mich ein
Gefühl, das über Mitleid hinausging. Durch sie erfuhr ich manches, was ich aus Briefen nie erfahren konnte. Ich fuhr fort
Charlotte Ursula kleine Geschenke zu machen und, wenn ich
konnte, auch Geld zu senden, da sie darüber klagte, wie einge-
schränkt sie leben mußte. Im Frühjahr 1925 erhielt ich einen
kurzen Brief, der mich tief befremdete. Sie schrieb, daß sie sich
in Schulden verstrickt hätte, daß ihr Mann angefangen hätte zu
spielen, und beim Spiel verloren hätte, und daß alles ihre Schuld
sei. Vielleicht war es wahr, und doch konnte ich mich des
Gefühles nicht erwehren, daß der Brief diktiert worden war. Am
selben Abend traf ich zufällig ihre Schwester, und Elfriede erzählte mir, daß auch sie einen Brief erhalten habe. Er war aber
anderen Inhalts. Er teilte ihr mit, daß Charlotte Ursula ein Kind
erwarte, und daß sie darüber unsagbar glücklich sei. Ich habe ihr
nicht wieder geschrieben, und auch sie hat nie wieder versucht,
mit mir in Verbindung zu treten. Trotz allem gab es noch ein
Nachspiel, das aber so traurig ist, daß ich mich fast schäme, es
hinzuschreiben. Im Jahre 1926 erhielt ich einen Rohrpostbrief,
der von ihrem Mann in einem Berliner Hotel aufgegeben worden
war. Darin erbot er sich, in die Scheidung zuwilligen, wenn ich
bereit wäre, seine Schulden zu bezahlen. Die Höhe der Schuld
war nicht angegeben, aber dies spielte im Grunde auch keine
Rolle. Denn mein Gefühl für sie, war nicht mehr das Gleiche wie
vor zwei Jahren. Es war eine geschäftliche Transaktion, die er
mir vorschlug; wie sie selber darüber dachte, konnte ich nicht
einmal ahnen. Ich lehnte seinen Vorschlag ab, und so endete

diese Affaire. Sie hat mich nicht davor bewahrt, denselben Fehler wieder zu begehen. Anscheinend gibt es für bestimmte Menschen keine Immunität gegen diesen Virus. Aber wenn ich sie mit den anderen Frauen vergleiche, die mir später nahe standen, kann ich nur sagen, daß sie die unschuldigste war, daß sie weniger Berechnung und *arrière pensée* hatte als jede andere, und daß, was immer sie an Schwächen zeigte, aus einer tiefen Hilflosigkeit stammte.

All dies geschah, während ich meine Dissertation schrieb. Man könnte denken, daß es mich abgelenkt und gestörte hätte, aber das Gegenteil war der Fall. Ich arbeitete jeden Tag und schrieb in meine Arbeitshefte, was ich mir am Tage zuvor zurecht gelegt hatte. Ich hatte die Werke Rankes durchgelesen, und mir die notwendigen Auszüge gemacht. Diese schnitt ich dann auseinander und ordnete die Zitate nach Überschriften, die ich in Briefumschläge tat. Auf diese Weise hatte ich alles Material, für eine bestimmte Problemreihe bei der Hand.

Das Thema war mir wichtig, besonders die Frage, wie die Ranke'sche Objektivität mit der Idee vereinbar war, eine Weltgeschichte zu entwerfen. Denn nach meinem Dafürhalten, setzte jede Weltgeschichte eine Konstruktion voraus, die nur von der Bejahung konkreter Wertgehalte in der Gegenwart des Historikers unternommen werden konnte. „Wir verstehen,‟ sagte ich mit Goethe, „nur was wir lieben.‟ Aber wir können nur das lieben, was in einer oder der anderen Weise zu unserem Kulturkreis gehört hat. Dies waren die Grundgedanken, die ich in der Einleitung klar zu machen versuchte. Sodann hatte ich es mir zur Aufgabe gemacht, die Vorgänger Rankes auf diesem Gebiet wenigstens aus der Vogelperspektive zu schildern. Das hieß aber, daß ich mich in die Werke Bossuets, Voltaires, Herders, Kants, Schellings, F. Schlegels, und Hegels hineinzuarbeiten hatte, von kleineren Geistern ganz zu schweigen. Das nächste Kapitel, das ich *Wertweit und Weltgeschichte* betitelte, sollte die weltanschaulichen Faktoren darlegen, die Rankes Weltgeschichte bewußt oder unbewußt strukturiert hatten. Ich sah sie in seinem lutherischen Christentum, in seinem Glauben an den göttlich–menschlichen Geist, den er eusebianisch–augustinisch interpretierte. Mit alledem kam er der Hegel'schen Geschichtsphilosophie nahe, ohne sich dem Schema der Dialek-

tik zu verschreiben. Das letzte Element war ein humanistischer
Glaube an die tradierte westliche Kultur, die er zwar nicht im
Sinne des Fortschrittsgedanken interpretierte, aber doch so, daß
er an ihren Fortbestand glaubte und ihre unerschöpften Möglichkeiten prieß. Ich nannte es eine ,,Teleologie ohne Telos". In
den übrigen Kapiteln des kleinen Büchleins versuchte ich die
Genese des weltgeschichtlichen Gedankens in Rankes Werk auf-
zuzeigen und ein Bild davon zu geben, wie sich die Weltgeschichte vor den Augen des alten Ranke entfaltet hatte.

Ich schrieb jeden Tag zehn Seiten, so daß das Ganze im
August abgeschlossen war, und ich Meinecke, den ersten Entwurf vorlegen konnte. Meinecke hatte nur wenig auszusetzten.
Er war vielleicht so gar zu tolerant, denn das Büchlein läßt viel
an Exaktheit zu wünschen übrig. Meinecke war in der Beziehung all zu großzügig, und ich habe die Methode genauer
Fußnoten erst in den U.S.A. gelernt, wo mir freilich einen
Fetisch daraus machen und glauben, daß der wissenschaftliche
Apparat schon ein Beweis von gediegener Gelehrsamkeit ist. Als
zweiten Referenten schlug mir Meinecke Professor Stähelin vor,
der zwar im Gebiet der russischen Geschichte arbeitete, aber
einen Lehrauftrag für Universalgeschichte hatte. Ich nahm diesen Vorschlag auf und habe es nie bereut. Stähelin war ein
feiner Kopf, und ich habe ihm bis zu meiner Emigration nahe
gestanden.

Nachdem die Dissertation angenommen war, begann ich mich
auf das mündliche Examen vorzubereiten. Meine unselige
Liebes–affaire hatte meinem Vater und meine Mutter mehr
Kummer gemacht, als ich mir zugestehen wollte, und war fer-
nerhin kompliziert durch einen hysterischen Anfall meiner
Schwester Paula, die meine Verstrickungen, zum Anlass nahm,
unbegründete Vorwürfe gegen meine Schwester Lotte zu erheben. Aus alledem konnte ich nur einen Schluß ziehen, daß ich zu
beweisen hatte, daß dies die Ernsthaftigkeit meiner Studien
nicht beeinflußt hatte. So begann für mich eine Periode der
konzentriertesten Arbeit. Ich kann sagen, daß ich nie vorher und
nie wieder so angestrengt gearbeitet habe, wie in den Monaten
vom September 1924 bis zum Januar 1925. Ich hatte mir ein
Program ausgearbeitet, das einen 16 stündigen Arbeitstag in
Rechnung stellte. Ich begann um acht Uhr morgens mit der Lek-

türe der Bücher, die ich für wichtig hielt. Um zwei Uhr nachmittags traf ich mich mit Margarete Friesecke im Büro meines Vaters, wo wir ungestört arbeiten konnten. Sie befand sich im gleichen Stadium wie ich, und wir waren übereingekommen, daß wir uns gegenseitig helfen könnten. Wir gingen zusammen bestimmte Problemreihen der Geschichte durch und repetierten die deutsche Literaturgeschichte, die wir als Nebenfach hatten. Gewöhnlich dauerten diese Sitzungen bis acht Uhr abends. Dann ging ich nach Hause, aß mein Abendbrot und begann die Nachtarbeit. Ich fuhr fort zu lesen und mich selbst zu befragen, bis es ein oder zwei Uhr war. Ich hielt mich mit Kaffee und Cognac wach und ging dann mit einem Schlafmittel zu Bett. (Ich hatte dies nach Liesels Tode begonnen und habe die Gewohnheit seitdem niemals brechen können.)

Das Examen selbst begann mit der Prüfung durch Meinecke. Er war sehr höflich, fragte mich, ob er rauchen dürfe, war aber im übrigen sachlich und unnachgiebig. Es war ein Galopp durch die Jahrhunderte von der Reformation bis zu Bismarck; einige der Fragen, die ich nicht beantworten konnte, habe ich bis heute nicht vergessen. Am nächsten Tage wurde ich Albert von Brackmann in mittelalterlicher Geschichte geprüft; er war erheblich konzilianter und sagte mir zum Abschluß, daß dies anscheinend ein sehr gutes Examen sein würde. Der folgende Tag brachte den Abschluß mit der Prüfung in deutscher Literatur durch Julius Petersen, der mich das Kreuzzugslied Walther von der Vogelweides interpretieren und einige Fragen über die Meistersänger beantworten ließ. Zum Abschluß kam die Philosophie mit Eduard Spranger. Ich hatte mich darauf nicht vorbereitet im Vertrauen auf meine allgemeinen Kenntnisse. Spranger nahm meine Dissertation zum Sprungbrett, um auf die Probleme der Geschichtsphilosophie von Hegel und Karl Marx einzugehen. Es war nicht schwer, und ich genoß den Austausch der Meinungen. Nach einer Stunde war alles vorüber. Ich wurde in den Sitzungssaal der Fakultät gerufen, wo mir Meinecke und die andered Herren gratulierten. Ich hatte das Examen *summa cum laude* bestanden; die Doktorarbeit erhielt das Prädikat *eximium*.

Meine Eltern waren hoch erfreut, und mein Vater änderte seine Haltung mir gegenüber von einem Tag auf den anderen. War er bisher gegen mein Studium gewesen, so wurde ich nun sein Lieblingskind, und er erklärte sich mit meinem Plan, die Universitätskarriere einzuschlagen, einverstanden.

Die Entscheidung fiel am nächsten Morgen in einer Unterredung mit Meinecke. Er beglückwünschte mich noch einmal und sagte mir dann, was Mommsen einmal gesagt hatte, daß der Historiker Sprachen lernen und Institution studieren solle. Er riet mir dazu, das Staatsexamen abzulegen, so daß ich jedem Falle, in den öffentlichen Unterricht eintreten könnte. Ich lehnte das mit dem ganzen Hochmut meiner 23 Jahr ab und sagte, ich wollte lieber alles auf eine Karte setzen. Er ließ das gut sein und versprach mir, im Kultusministerium für mich ein Stipendium zu erbitten. Außerdem bot er mir an, in den Stab der *Historischen Zeitschrift* einzutreten und den zwei monatlichen Bericht über die Geschichtsphilosophie zu übernehmen. Das Wichtigste aber war, daß er mir zusagte, meine Doktorarbeit als *Beiheft der Historischen Zeitschrift* zu veröffentlichen.

In kurzer Zeit erhielt ich dann den Vertrag von dem Verlag Oldenburg und ein Stipendium von dem preußischen Kultusminister. Es war nicht sehr hoch; am Anfang 140 Mark, die während der Wirtschaftskrise sogar auf 75 zusammengestrichen wurden. Aber es gab mir eine materielle Unabhängigkeit, genug um meine Schneiderrechnungen zu bezahlen, und was ich sonst noch an kleinen Ausgaben hatte. Ich ging daran, mir eine Bibliothek aufzubauen. Da ich nun auch Besprechungen für andere Zeitschriften wie das *Archiv für Kulturgeschichte* schrieb, so hatte ich bald eine ansehnliche Bibliothek beisammen. Sie ist später in alle Winde verstreut worden, und ich habe gelernt, mich auf öffentliche Bibliotheken zu verlassen.

So war nun meine Studentenzeit vorüber. Da ich aber sofort in einen neuen Abschnitt meiner Studien eintrat, habe ich diese Zäsur nicht als einer Periode in meinem Leben empfunden. Meinecke ließ es sich auch angelegen sein, ansonsten für mein Wohlergehen zu sorgen. Er empfahl mich an das Institut, das ein Graf Solms in der Nähe von Frankfurt am Main auf seinem Schloße Assenheim eingerichtet hatte. Der Graf, von seinen adligen Genossen der rote Graf genannt, wollte Gelehrten eine Stätte bieten, wo sie sich ausruhen oder arbeiten könnten. Die Leitung lag in den Händen eines Soziologen, der in Giessen Privatdozent war. Gesellschaftlich und wirtschaftlich versorgte eine Kousine des Grafen, eine Baronin Buxhoeveden, das Institut. Der Graf, der mit einer Prinzessin Leiningen verheiratet war, kam von Zeit zu Zeit in das Institut, um mit seinen Gästen Tee zu trinken und zu plaudern. Ich erhielt zwei sehr schöne Zimmer, ein Schlafzimmer und ein Arbeitzimmer. Mit der Baronin verstand ich mich sehr gut, aber mit dem Sociologen überhaupt nicht. Er hatte ein Manier, die mir lächerlich erschien; er wollte jedes Fremdwort aus der deutschen Sprache ausrotten, und es durch ein Wort eigener Prägung ersetzen. Auch mit den übrigen Gästen konnte ich nichts anfangen.

Ich war damals von einer unsagbaren Arroganz in der Sprache sowohl wie im Auftreten, und es erstaunt mich nicht, daß die meisten Menschen mich unausstehlich fanden. Der Park, der das Schloß umgab, war schön und mit herrlichen Bäumen bepflanzt. Auch die Umgebung zog mich an, besonders das nahegelegene Friedberg, wo ich das mittelalterliche Judenbad besuchte. Aber das Essen war dürftig und im ganzen fühlte ich mich wie ein Fisch auf dem Trocknen. Mein Vater, der auf der Durchreise nach Bühlerhöhe in Frankfurt Station machte, fand mich blaß und dünn und riet mir, den Aufenthalt abzubrechen. Das tat ich freilich nicht, aber ich verließ das Heim mit offener Antipathie. Auf der Heimreise traf ich meinen Vater in Heidelberg, wo ich Gundolf im Kolleg hörte und Erich Rothacker besuchte, mit dem mich seine Bewunderung für Dilthey und die Aufgaben der Geistesgeschichte verbanden.

Ich unterbrach die Rückfahrt, um mir Weimar anzusehen, und muß gestehen, daß ich es unsagbar langweilig fand. Besonders das Goethehaus stieß mich ab. Es hatte einen so augesprochenen musealen Charakter, das ich die Stadt nicht schnell genug verlassen konnte. Nicht immer ist es mir in meinem Leben so gegangen. Die Geburtsstätte Simón Bolívars, und noch mehr die *Hacienda*, in der er starb, sind Stätten der Inspiration für mich gewesen. Desgleichen Thomas Jeffersons Haus in Monticello. Aber die Lebenstätte eines großen Menschen hat in sich selbst nur wenig, das mich anzieht.

Der Sommer, der folgte, war unbeschwert, und der erste, in dem es mir genügte, die eigene Existenz zu geniesßen. Mein Vater und ich waren allein in der großen Wohnung, da meine Mutter und meine Geschwister ihre Ferien in der Schweiz verbrachten. So entschied mein Vater, daß wir besser täten, in seinem Klub zu essen, und er führte mich als Gast dort ein. Der *Klub von 1880* lag in der Victoriastraße, die mir nur allzugut bekannt war. Ich hatte mit den Herrn, die dort verkehrten, wenige Berührungspunkte, da ich nicht Karten spielte und nichts von der Börse verstand. Einmal fragte mich ein Bankier, was ich werden wollte, und als ich ihm erklärte, ich wollte Privatdozent der Geschichte werden, sagte er, ,,Sind Sie wohlhabend?'' Als ich dies verneinen mußte, antwortete er mir, ,,Dann müssen Sie eine reiche Frau heiraten''. Auch das ist nicht in Erfüllung gegangen. Ich verbrachte meine Mußezeit auf der Terasse des Klubs und las Zeitungen und Bücher.

An einem Nachmittag klingelte das Telephon in unserer Wohnung, das Dienstmädchen rief mich an den Apparat. Die Dame, die zu mir sprach, stellte sich als eine Freundin von Paul Wernburg vor. Sie sagte, sie hätte ein Sommerengagement in Berlin und wollte mich kennenlernen. Wir verabredeten, daß ich sie nach der Vorstellung, am Theaterausgang treffen würde. Als ich vom Telephon zurückkam, fragte mich mein Vater, wer angerufen habe. Ich erzählte es ihm, und er antwortete; ,,Warum tut Paul das? Im besten Falle fängt Du kein Verhältnis mit ihr an.''

Ich traf sie am selben Abend; wir saßen lange bei *Kranzler*, Unter den Linden, und sie erzählte mir von ihrer Freundschaft mit Paul. Sie hieß Maria und war ungarischer Abstammung. Wir sahen uns dann jeden Tag, ich sollte sagen, jede Nacht, da ich sie immer vom Theater abholte. In der ersten Woche kam auch Paul nach Berlin, was eine gewiße Komplikation hervorrief, da Maria vor die Entscheidung gestellt wurde, wessen Freundin sie sein wollte. Ich kann nur sagen, daß ich die Situation kaum überschaute, und daß mir nichts ferner lag, als Maria beinflussen zu wollen. Ich habe mich immer zu dem Vers bekannt:

,,Liebe, die nicht Macht hat, hat kein Recht.''

Schließlich ließ Maria mich wissen, daß sie mir den Vorzug gäbe. Zum Glück hat dies meine Freundschaft mit Wernburg nicht erschüttert. Ich sah sie dann jeden Tag und jede Nacht; sie hatte eine kleine Wohnung in Schöneberg, und wir blieben zusammen, bis sie ins Theater fahren mußte. Dann holte ich sie nach der Vorstellungen vom Theater ab. Einmal ging ich sogar in eine der Vorstellungen. Sie war eine gute Schauspielerin, aber das Stück war eine alberne Posse, wie sie im Sommer gegeben wird. Dann brachte ich sie nach Hause; gewöhnlich war es spät in der Nacht. Zuweilen erwartete sie eine Freundin auf der Straße. Sie hieß Hilde und wurde später eine bekannte Filmschauspielerin. Maria schlief manchmal in ihrer Wohnung. Die Bedeutung davon ist mir erst später aufgegangen. Damals war ich so von meiner Wichtigkeit erfüllt, daß es micht nicht interessierte, was andere Manschen, selbst die, die mir nahe standen, taten, oder warum sie es taten.

Maria war eine Courtisane. Sie hatte einen vollkommenen Körper und ein schönes, so vielleicht nicht all zu ausdrucksfähiges Gesicht. Der Genuß war ihr Erfüllung, und wie die meisten Courtisanen, war sie unersättlich. Dies war wohl auch der Grund, warum es ihr nicht genügte, mit mir zu Bett gehen, und warum sie neben mir noch eine Freundin haben mußte. Sie machte keinerlei Hehl daraus, wie sie lebte. In Düsseldorf, wo sie Pauls Freundin gewesen war, hatte sie neben ihm noch einen reichen Industriellen, denn, wie sie sagte, ,,Meine Gage war gerade genug, meine Strümpfe zu bezahlen.'' Auch trank sie, besonders vor und während der Vorstellung, ziemlich viel: Cognac, oder was grade zur Hand war. All dies hätte mich eigentlich abstoßen sollen, da ich noch immer ein Puritaner war. Aber das Gegenteil war der Fall, und so lange sie in Berlin war, war ich ihr völlig untertan. Dabei waren wir uns beide darüber klar, daß das, was uns verband, nicht den Namen Liebe verdiente, und wir haben es stets vermieden, dies Wort auszusprechen. Einmal sagte sie mir, daß sie ein Kind von mir haben wollte, aber dies ist nur ein Weg, durch den Frauen Männer an sich zu fesseln pflegen. Sie war völlig ohne Scham, und auch dies war für mich eine Offenbarung. Was ich durch sie kennenlernte, war die Stufe zwischen dem Geschlechtserlebnis, das ja im wesentlichen animalisch, und bei dem der Partner auswechselbar ist, und der Liebe, die darauf besteht, daß es nur dies Individuum ist, daß dir Erfüllung geben kann. Ich nannte diese Zwischenstufe die Erotik. Auf dieser kann man Liebe wohl spielen, aber man ist nicht willig, den Preis der Hingabe dafür zu bezahlen. Maria spielte ihre Liebe und liebte ihr Spiel. Die Art, wie sie Hingabe vortäuschte, war fast genial. Ich schrieb damals in mein Tagebuch, „die Erotik ist in gewißer Weise Spiel und wenn man will Schauspiel." Das Bett war für sie eine zweite Bühne, und ich bin nicht sicher ob es nicht die erste war. Sie hielt es für selbstverständlich, daß ihr jeweiliger Freund, ihr finanziell beistehen würde.

Als ihr Engagement zu Ende ging, und sie sich darauf vorbereitete, nach Düsseldorf zugehen, wo sie am Stadttheater den Winter hindurch spielten sollte, waren wir beide zufrieden, daß dies Verhältnis sein Ende gefunden hatte. Wie viele Variationen, die Erotik sich erfinden mag, es bleibt doch immer das selbe: ein flüchtiger Rausch, aus dem man erwacht und wünscht, man wäre allein, und brauchte nicht su prätendieren, das man Gefühle hätte, für die in einer solchen Beziehung kein Raum ist. Die letzte Nacht verbrachten wir in einem Hotel, und als ich sie auf den Bahnhof brachte, fiel mir der dumme Witz ein, von dem Mann, der seine Schwiegermutter an den Zug bringt und nach vorne geht, um die Lokomotive zu streicheln.

Selbstverständlich war dies nicht das Ende. Das Spiel mußte nach allen Regeln der Komödie zu Ende gespielt werden. Da unser beider Geburtstag in den Monat September fiel, so tauschten wir Geschenke aus. Sie sandte mir eine schöne silberne Tabaksdose, die ich als Zigarettenetui verwenden sollte und die ich schon nach einem halben Jahr in einer Taxe verlor; ich schickte ihr eine Reproduktion des „Konzerts" von Giorgione, für das sie eine besonders Vorliebe hatte. Dann wurden die Briefe seltener. Im Dezember empfing ich eines Morgens einen großen Briefumschlag, der ein Bild von ihr enthielt, und einen Abschiedsbrief. Sie schrieb mir, daß sie sich in einen Sänger verliebt hätte, dem sie ganz angehören wollte. Er war ein Bariton, der rasch zu internationalem Ruf aufstieg. 1928 kam sie wieder nach Berlin, da ihr Geliebter inzwischen an die Berliner Staatsoper engagiert worden war. Wir gingen in die Oper, und sie fand mich sehr viel menschlicher als vor drei Jahren. Einmal sagte sie mir, „Ich würde gerne mit Dir schlafen, aber ich habe mir geschworen, ihm treu zu sein."

Das Jahr 1925 ging zu Ende mit der Revision meiner Doktorarbeit, die 1926 erschien. Rückblickend muß ich sagen, daß ich wünschte, ich hätte mehr Mühe auf den wissenschaftlichen Apparat verwandt. Trotzdem hat das kleine Buch einen gewissen Widerhall gefunden. Georg von Below besprach es sehr freundlich in den *Schmollerschen Jahrbüchern*, und Otto Westpfahl attackierte es leidenschaftlich in einem langen Aufsatz in her *Deutschen Literature Zeitung*, von kleineren Anzeigen zu schweigen. Es kam nun darauf an, ein passendes Thema für meine Habilitationsschrift zu finden. Ich hatte nicht lange zu suchen. Seit geraumer Zeit hatte mich die Gestalt Friedrich Julius Stahls angezogen. Meine Schwester Paula hatte ihre Doktorarbeit über das *Erfurter Parlament von 1850* geschrieben, und als ich sie las, war ich beeindruckt von der Figur Stahls. Als ich die Literatur durchforschte, sah ich, daß es an einer Biographie mangelte. Ich schrieb an die Menschen, die sich mit Stahl beschäftigt hatten, was, nebenbei bemerkt, zu meiner Freundschaft mit Erich Kaufmann führte, der damals als Berater im Auswärtigen Amt arbeitete. Aber niemand wußte etwas über den Stahlschen Nachlass. Schließlich erfuhr ich, daß seine Papiere auf seinen Wunsch verbrannt worden seien. Ich blieb jedoch skeptisch, und obschon meine Freunde mich auslachten, fuhr ich fort nach dem Stahlschen Nachlaß zu suchen. Ich schrieb an den Grafen Westarp, den Führer der deutschnationalen Partei, aber er wußte nichts über den Verbleib der Papiere und empfahl mich an Dr. Max Wildgrube in Dresden. Wildgrube schrieb mir, daß er in ein paar Tagen in Berlin sein, und mich im *Habsburger Hof* erwarten würde. Er war ein Metalindustrieller, der sich in seiner Jugend mit Stahl beschäftigt hatte; auch war er zu einer Zeit Mitglied des Reichstags gewesen. Über den Nachlaß wußte er nichts, aber er bot mir an, mir die Erstausgaben der Stahlschen Werke zu bringen, die er gesammelt hatte. Er hat dies Versprechen auch erfüllt und wurde mir ein treuer Freund, der mich regelmäßig besuchte. Ich werde noch davon zu sprechen haben, wie sehr er sich in der Zeit des Nationalsozialismus bewährt hat.

Schließlich verfiel ich auf ein paradoxes Hilfsmittel. Ich sandte Postkarten an alle deutschen, schweizer, und österreichischen Bibliotheken, und fragte, ob sie etwas über den Nachlaß Stahls wüßten. Zu meinem Erstaunen erfuhr ich, daß sich der ganze Nachlaß in der Bibliothek von Wolfenbüttel befand. Das war im April 1926. Am nächstend Tage war ich auf der Reise nach Wolfenbüttel. Es war ein Sonntag, und ich machte in Braunschweig Station, um mir die Rembrandts in dem Braunschweiger Museum anzusehen. Am Abend kam ich in Wolfenbüttel an. Ich wußte nur, daß Lessing hier Bibliothekar gewesen war. Aber die kleine Stadt hatte noch andere Attraktionen, besonders eine schöne Barockkirche. Nur eines gutes Hotel gab es nicht. Am Montag morgen war ich in der Bibliothek und fand einen überwältigenden Reichtum von Dokumenten.

Im ganzen waren es 16 oder 17 Mappen, die Manuskripte aller Art anthielten. An eine Lektüre war in Wolfenbüttel nicht zu denken, da sie mich Wochen gekostet haben würde. So verabredete ich mit dem Direktor der Bibliothek, daß der Nachlaß zur Durcharbeit an die Staatsbibliothek in Berlin geschickt werden würde, wo ich in der Handschriftenabteilung Raum und Muße zum Studium haben würde. Heute, im Zeitalter der Photokopie, wäre die Aufgabe um vieles einfacher gewesen. Damals mußte ich zunächst einmal die Handschrift selbst studieren. Stahl hatte sich seine eigenen Abkürzungen erfunden; einige Forscher glauben sogar, daß er sich der Stenographie bedient hätte. In jedem Falle war es ein langwieriges Unternehmen, das mich viele Monate gekostet hat.

Was war es, das mich zu Stahl hingeführt hatte? Es war die Tatsache seiner jüdischen Abkunft, zusammen mit der ungewöhnlichen Leistung sich trotz dieses Handicaps zum Führer der preußischen Konservativen zu machen. Mir schien, als wäre Stahl eine der großen Gestalten in der Assimiliationsbewegung des deutschen Judentums. Seine Schwächen sah ich damals nicht so klar, wie heute; aber es war mir deutlich, daß ich hier einen Gegenstand hatte, der mich persönlich ansprach.

Dabei war ich noch immer von Zweifel geplagt, ob ich mich in die Rolle des Brotgelehrten schicken würde. „Schneidet sie mich," so schrieb ich, „nicht mehr als billig von dem täglichen Umgang mit der erlauchten Geisterwelt der Geschichte ab?" Und ich fragte mich des weiteren, wenn ich mich mit dem Problem des Judentums auseinandersetzten wollte, ist dieser Umweg nötig? Nicht um Wissen war es mir zu tun, sondern um Weisheit. Ich hielt mich noch immer für einen „mißratenen Dichter". Dies Gefühl wurde verstärkt, als ich 1926 zum ersten und letzten Male den deutschen Historikertag in Breslau besuchte. Ich empfand eine tiefe Fremdheit und Isolierung gegenüber den menschlichen Atomen, die dort zusammen gekommen waren, gegunüber dem Spezialistentum, und dem Dünkel, der sich für das Salz der Erde hielt. Freilich ist es mir später in Amerika auf den sogenannten ,,Sklavenmärkten" der *American Historical Association* nicht anders gegangen. Mir schien, als sähen die meisten Historiker die Geschichte aus der Froschperspekative, als ob sie die Geschichte machten, und nicht diese sie. Diese Menschen glauben, daß wenn etwas anfülle, es fülle sie auch aus.

Selbst im Umbang mit dem mir befreundeten Historikern, wie Ulrich Noack und Dietrich Gerhard fühlte ich diese Kluft. In einem langen Gespräch mit Dietrich Gerhard im Februar 1927 wurde mir dies besonders klar. Er hielt mir vor, daß ich verschlossen sei, keine Konzessionen mache, und eher zum Künstler als zum Wissenschaftler tauge. Er sah, (wie ich heute weiß) ganz richtig, daß ich keine Bindungen anerkenne, als die, die ich mir selbst auferlegte, und glaubte, daß der Zwang einer großen Organization, Bank, Partei, oder Armee, mir gut tun würde. Ich sei zu fein, innerlich und äußerlich; all dies ging bis zur Kritik meiner Kleidung und Handschuhe. Schließlich sagte ich ihm, ,,Sie halten mich also für einen ins Konservative abgedrängten Anarchisten?" Worauf er mir die Antwort schuldig blieb.

Meine Gespräche mit Ulrich Noack waren weniger persönlicher Natur. Er hatte sich eine seltsame Theorie erarbeitet, deren prinzipieller Gedanke darin bestand, daß Deutschland einen Präventivkrieg hätte führen sollen, um seine Machtposition zu behaupten. Mein Haupteinwand war was hätte dies geändert an unserer geistigen Not? Noch immer schien mir dies das wesentliche Problem nicht nur Deutschlands sondern Europas. Ich fühlte mehr denn je, ,,Wir leben alle auf unserer Insel, und es gibt keine Verständigung und kein Verständnis, außer wenn die Wertordnung gleich oder analog strukturiert ist."

Aber, um zu dem Problem Stahls, oder richtiger zu meinem Problem, zurückzukehren, so ging mir damals nicht nur das Problem des Judentums und seine Beziehung zu Deutschland und den Deutschen auf, sondern auch das Problem des An-

tisemitismus. In Heinrich Heines *Ludwig Börne* fand ich ein
tiefes Wort, das mir als Warnung hätte dienen sollen. Die Juden,
so sagt er, sind das Volk des Buches.

„Ein Buch ist ihr Vaterland, ihr Besitz, ihr Herrscher, . . . ihr Unglück.
Sie leben in den umfriedeten Marken dieses Buches, hier üben sie ihr
unveräußerliches Bürgerrecht aus, hier kann man sie nicht verjagen,
nicht verachten, hier sind sie stark und bewunderungswürdig. Ver-
senkt in die Lektüre dieses Buches merkten sie wenig von den Verän-
derungen, die um sie her in der wirklichen Welt vorfielen; Völker
erhuben sich und schwanden, Staaten blühten empor und erloschen,
Revolution stärmten über den Erdboden . . . sie aber, die Juden lagen
gebeugt über ihrem Buche und bemerkten nichts von der wilden Jagd
der Zeit, die über ihre Häupter dahinzog."

Ich hätte diesen Worte mehr Aufmerksamkeit schenken sollen. Statt dessen schien mir die einzig mögliche Lösung des
Problems: die Assimilation! Der Zionismus war nur ein Ausweg
für diejenigen, die noch nicht den Anschluß an die westliche
Kultur gefunden hatten. Wahrscheinlich wäre es ohne Hitler
auch nie zu einer Staatsgründung gekommen. Wie dem auch sei,
ich wußte mich in guter Gesellschaft, mit Felix Mendelssohn
Bartholdy, Heine, Husserl, Hofmannsthal, Rudolf Borchardt,
George Simmel, und vielen anderen, die dem gleichen Ziele zu-
strebten. In Deutschlend, so glaubte ich, waren die konservativen Kräfte noch so stark, daß man sie nicht ungestraft ignorieren
konnte. Deshalb schien mir die Haltung Stahls, in vielem
gerechtfertigt, und in machem vorbildlich.
Und doch hat es an Warnungen nicht gefehlt. Zuweilen kamen
sie von ganz zufälligen Begegnungen, von denen ich wenigstens
ein Beispiel geben will. In einer Gesellschaft wurde ich einer
Dame vorgestellt, die sich über die Wohnungsnot in Berlin beklagte und sagte, daß sie dringend eine Wohnung brauche. Dann
sah sie mich an und sagte, Sind sie Jude? Als ich dies bejahte,
sagte sie mir, „Können Sie mir nicht eine Wohnung beschaffen?
Juden können doch alles."
Die andere Sphäre, in der mir der Antisemitismus begegnete,
war die Universität. Auf der Schule war ich nie antisemitischen
Anfeindungen ausgesetzt. Aber nach meinem Doktorexamen,
begann Meinecke eine Reihe von Anfragen, wo ich mich

habilitieren könnte. Er schrieb zunächst nach Bonn, wo man ihm sagte, die Fakultät hätte schon zwei Privatdozenten der Geschichte, was auch der Wahrheit entsprach. So dann wandte er sich nach Frankfurt am Main, und hier stieß er auf eine glatte Ablehnung. Er hat mir dies zwar nicht klipp und klar gesagt, aber doch angedeutet. Darauf hinschlug er mir Breslau vor, und ich fuhr im Frühjahr 1927 nach Breslau. Beide Ordinarien, sowohl, Ziekursch wie Reincke–Bloch, zeigten sich sehr wohl wollend, und alles schien in bester Ordnung. Dann starb Reincke-Bloch und Ziekursch nahm einen Ruf nach Köln an. Siegfried Kaehler übernahm den Lehrstuhl für moderne Geschichte in Breslau. Ich schrieb ihm, und er schlug vor, daß wir uns in einem Teesalon in der Bellevuestraße treffen sollten. Von Anbeginn an, lehnte er mich ab, und versuchte mir den Gedanken an die Habilitation auszureden. Ich wäre viel besser dran, wann ich es als freier Schriftsteller versuchen würde. Er gab mir keinerlei zusicherung und war anscheinend entschlossen, die Habilitation zu sabotieren. Im Jahre 1960 hat mir sein Schüler Walter Bussmann erzählt, daß ihm Kaehler selbst gestanden habe, er hätte keinen Juden habilitiern wollen!

Als Meinecke davon erfuhr, ließ er mir durch Walther Kienast, der damals Mitherausgeber der *Historischen Zeitschrift* war, mitteilen, daß er mich in Berlin habilitieren würde. Zu alledem kann ich heute nur sagen, daß jeder Mensch, der als Jude in Deutschland geboren wurde, ein gewißes Nasses von Antisemitismus als sein Gott–gegebenes Erbteil ansah und als selbst verständlich hinnahm. Es kam nur darauf an, es zu überwinden—oder so dachten wir.

Mit alledem bin ich den Ereignissen wieder vorausgeeilt. Die Jahre von 1925–1933 waren eigentlich die glücklichsten meines Lebens. Ich war oft krank. Erst eine schwere Halsentzündung, die mich mit einer chronischen Mandelinfektion zurückließ. Sodann schwere Grippen und Mittelohrentzündungen, und andere Dinge, von denen ich nicht sprechen will. Aber daneben stand die Tatsache, daß ich mein eigener Herr war. Außerdem lohnte sich Berlin damals als eine herrliche Stadt, in der zu leben.

Ich ging viel in die Oper, und, wie ich erwähnte, es war *Die Macht des Schicksals,* die mir diese Kunstform erschloß. Sie erschien mir als ein Märchen, das man weder realistisch noch psychologisch zu erklären versuchen soll. Die Gestalten der Oper wurden für mich zu Inkarnationen der ewigen Leidenschaften, die die Menschen bewegen. Wie in der antiken Tragödie singt aus der Maske ein Gott.

Zudem kamen noch die Konzerte: die großen Oratorien Bachs und Händels, das Requiem Mozarts, und die Sonaten Beethovens. 1927 hörte ich Arthur Schnabel die 32 Sonaten Beethovens in der *Volksbühne* spielen, ein Erlebnis, das ich 1933, als Hitler schon an der Macht war, wiederholen konnte. Es ist fast unmöglich von dem Reichtum des Berliner Musiklebens einen Begriff zu geben.

Daneben standen die großen Ausstellungen in den Museen, den Kunsthandlungen und in der Akademie. Da war eine Rembrandt–ausstellung, eine Dürer–ausstellung, eine Austellung chinesicher Kunst, die mir unvergeßlich geblieben sind. Die Kunsthandlungen konzentrierten sich auf die zeitgenössiche Kunst, die französischen Impressionisten, van Gogh, und die deutschen Expressionisten. All dies stand mir, wie jedem Menschen, offen und wurde mir zum geliebten Besitz. Ich hatte damals noch die Hoffnung, daß ich eines Tages über gewiße Maler, wie Crivelli, Claude Lorraine, und Caspar David Friedrich selbst schreiben könnte.

Diese sieben Jahre waren auch die, in denen ich materiell am wenigsten beschwert war. Mein Vater verwöhnte mich, vielleicht sogar mehr als für mich gut war, und reiste mit mir in elegante Plätze wie Baden-Baden, wo er mich in einem Luxushotel einquartierte. Er schickte mich nach Meran, oder Lugano, und auch hier wohnte ich stets in den besten Hotels. Es war ein Wunder, das ich mich später daran gewöhnte, einfach zu leben und bescheiden zu wohnen.

Diese Jahre standen unter dem Einfluß zweier Menschen, die für mein Leben von großer Bedeutung waren. Ich habe davon gesprochen, wie sehr ich mich zu einem Individualisten entwikkelt hatte. Nach Liesels Tode hatte diese Tendenz sich so intensiviert, daß es mir schwer fiel, zu irgend einem Menschen, von dem zu sprechen, was mich ergriff, oder was mir Schön erschien [Vgl. S. 327]. Es war eine Verkapselung in dem Ich, eine Art von Autismus, die sich sogar auf Bücher erstreckte. So wollte ich

niemanden, auch nicht meinen Freunden, von der Entdeckung
Keats oder Shelleys sprechen, was natürlich lächerlich war, da
sie ja zum *Ewigen Vorrat der menschlichen Poesie* gehören.
Vielleicht war es eine Form der Abwehr, um mich vor dem
Unverständnis anderer Menschen zu schützen. In jedem Falle
war es so ausgeprägt, daß es sich zu einer Manie entwickelt
hatte. Erst langsam habe ich gelernt, die feindliche Reaktion von
Menschen auf Dinge, die mir lieb oder teuer sind, zu ertragen.
Im Grunde war es eine Form der Intoleranz, die wahrscheinlich
aus einem Gefühl der Unsicherheit zu erklären ist. Wie dem
auch sei, daß ich diese Form der ,,ungenügenden Selbstsucht''
allmählich überkam, danke ich der Einwirkung zweier
Menschen, von denen nun zu sprechen ist.

Der eine war ein Mann, Gustav Steinbömer, oder wie er sich
in seinen Büchern nannte, Gustav Hillard. Da er seine Autobiographie unter dem Titel *Herren und Narren der Welt* geschrieben
hat, brauche ich dem nur wenig hinzufügen. Er war am 24
Februar 1881 in Rotterdam auf die Welt gekommen, war also 20
Jahre älter als ich. Wo ich ihn kennengelernt habe, vermag ich
nicht mehr zu sagen, wahrscheinlich in einer kunsthistorischen
Vorlesung, da er nach dem Kriege Kunstgeschichte studierte.
Vor dem Jahre 1925 waren wir uns kaum näher gekommen.
Dann aber hat uns eine zufällige Begegnung wieder zusammen
geführt, und es begann eine Freundschaft, die bis zum Beginn
der Hitlerzeit gedauert hat. Daß er diese Freundschaft in seinen
Memoiren mit keinem Worte erwähnt, mag viele Gründe haben.
Vielleicht gehöre ich weder zu den *Herren* noch zu den *Narren*
der Welt; vielleicht auch daß er sich seines Verhaltens gegen
mich geschämt hat.

Zunächst muß ich bekennen, daß ich ihn grenzenlos bewunderte, jedenfalls am Beginn unserer Freundschaft. Er war
Offizier gewesen und als Major aus dem großen Generalstab aus-
geschieden. Dann war er in die Direktion des Deutschen Theaters eingetreten. Er kannte eine große Zahl von Menschen, die zu
der politischen und geistigen Elite Deutschlands gehörten. Er
war mit dem Kronprinzen erzogen worden und stand mit dem
deutschen Adel auf gutem Fuße, ohne selbst zum Adel zu gehören. Er kannte die Dichter Lilienkron, Hofmannsthal, Theodor
Däubler, und Rudolf Borchardt; führende Figuren der Berliner

Theaterwelt, Max und Edmund Reinhardt; und Schauspielerinnen wie Helene Thiemig, Rosa Bertens, und was der Namen mehr waren. Er war ein ausgezeichneter Rakonteur, dessen Anekdoten vom Hof bis zur Börse reichte. Er war mit Walther Rathenau befreundet gewesen, und seine Briefe standen in den beiden Briefbänden, die nach Rathenaus Tode veröffentlicht wurden. Er sprach englisch und französisch und hatte sogar sein Dolmetscherexamen in beiden Sprachen abgelegt. Auf seinen Reisen hatte er Balfour und Liautey kennengelernt, wie er später auch die Bekanntschaft André Gides machte. Dabei war er nicht, was man in Amerika a „*name dropper*" nennt; er hatte das nicht nötig.

Unsere Freundschaft entwickelte sich ganz natürlich, da wir gemeinsame Interessen teilten, da er von der Poesie Georges und Hofmannstahls angezogen war, und da unsere politische Anschauungen übereinzustimmen schienen. Wir verabredeten uns gewöhnlich am Morgen für einen Spaziergang im Tiergarten, gingen in eine Ausstellung, oder er kam Nachmittag zum Tee. Steinbömer gehörte zu dem Kreise der Jungkonservativen, die sich um Heinrich von Gleichen, Moeller van der Bruck, und Max Hildebert Boehm schaarten. Sie veröffentlichten einen Wochenblatt, das sich erst das *Gewissen* und später *Der Ring* nannte. Er schrieb regelmäßig für diese Zeitung und versuchte auch mich dafür zu gewinnen. Ich besuchte einige ihrer Versammlungen wurde mir aber darüber klar, daß die Gruppe eine antisemitische Unterströmung hatte, mit der ich mich nicht identifizieren konnte, ohne ein Renegat zu werden. Auf der anderen Seite hatte ich keine Bedenken, seine Aufsätze, die er mir regelmäßig vorlas, zu korrigieren, und auch keine Gewissensbisse, wenn er meine eigenen Gedanken in diese Aufsätze einflocht. Mit alledem war ich noch immer der Empfangende, denn Steinbömer hatte so viele Eigenschaften, die ich bewunderte, das ich mir wie ein Kind vorkam, wenn ich mich mit ihm verglich. Unsere aestethischen Anschauungen deckten sich fast gänzlich und so schien nichts die Harmonie unserer Beziehungen zu stören. Er wohnte in einer Garconnière am Kronprinzenufer und war oft in unserem Hause zu Gast, fast immer am Sonntag, wenn er keine wichtigeren Einladungen hatte. Mein Vater hatte eine große Vorliebe für ihn gefaßt, und die übrigen Mitglieder meiner

Familie respektierte er oder ignorierte er, je nach dem sie zu seinem Lebenstile paßten. Sein Verhältnis zu Frauen war mir ein Rätsel, und ich habe Ursache zu glauben, daß er homosexuell war, obschon dies in seinen Erinnerungen mit keinem Worte erwähnt wird. Mir gegenüber war er höchst diskret, und über Andeutungen ist er nie hinausgegangen, selbst nicht auf kunsthistorischen Reisen, die wir unternahmen. Im ganzen blieb unsere Freundschaft eine intellektuelle; wir nannten uns Freund, aber gebrauchten, das *Sie* statt des *Du,* und sind nie dazu gekommen, uns bei unserem Vornamen zu nennen. Das Einzige, was mich an ihm irritierte, war seine Unpünktlichkeit, was bei einem früheren Offizier seltsam anmutet.

Was dann eine gewiße Abkühlung in unseren Beziehungen hervorbrachte, ist schwer in Worte zu fassen. Noch im Jahre 1928, als ich auf dem ininternationalen Historikertag in Olso einen Vortrag hielt, war keine Entfremdung zu verspüren, und ich schrieg ihm einen langen Bericht, von dem ich einen Durchschlag besitze. Aber schon im nächsten Jahre schien es mir, als hätte diese Freundschaft etwas von ihrem ursprünglichen Impetus verloren. Ich kann nur annehmen, daß es meine anfänglichen Erfolge, wie bescheiden sie waren, die ihn verstimmt habe; gewiß hat die Tatsache meiner Habilitation 1930 uns nicht näher gebracht. Der offensichtliche Grund unserer Entfremdung war jedoch die politische Krise, die in Deutschland 1930 aufbrach.

Seit dem Aufstieg Stresemanns hatte ich mich der deutschen Volkspartei zugewandt und unterstützte, soweit das ein einzelner Mensch kann, Deutschlands Aussöhnung mit dem Westen, die unter den Namen der Locarnopolitik ging. Steinbömer hat dies nicht gesehen und wandte sich mehr und mehr dem Kampf gegen die ,,Erfüllungspolitik'' zu, wozu auch der Einfluß Carl Schmitts beigetragen haben mag. Ich habe Carl Schmitt in seinem Hause kennengelernt, und kann nur sagen, daß er mir von Anfang an zuwider war, obschon ich damals nicht wissen konnte, daß er eine Art von intellektueller Hure war, die sich jedem zur Verfügung stellte, der ihm Macht und Einfluß versprach.

Die volle Gefahr der Situation ist mir damals nicht bewußt geworden; wie so viele andere hielt ich Hitler für einen Narren, der nie zur Macht kommen könnte. Die zunehmende Radikalisierung des deutschen Volkes konnte mir aber so wenig entgehen, wie irgend einem anderen Menschen. Als 1932 die Wahl des Reichspräsidenten zur Debatte stand, unterzeichnete ich mit anderen Berliner Hochschullehrern einen Aufruf zur Wiederwahl Hindenburgs. Der Gegenkandidat war Adolf Hitler!

Darauferhielt ich am 12. 3. 1932 einen Brief von Steinbömer, in dem er mir nicht nur diesen Akt vorwarf, sondern darin ,,eine gewollte und bewußte Distanzierung'' zu sehen glauben mußte. Ich schrieb ihm einen langen Antwortsbrief, in dem ich ihm auseinandersetzte, daß ich nicht auf ,,die Nacht der langen Messer'' warten wollte, und erinnerte ihn an das Lied der S. A. worin es hieß,

> Und wenn das Judenblut vom Messer spritzt,
> So geht's nochmal so gut.

In seiner Antwort leugnete er jede Kenntnis diese Liedes, das damals jederman in Deutschland kannte, und verwies mich auf das *Liederbuch des Unbekannten S. A. Mannes,* das er als ,,ein nicht uninteressantes und unwesentliches Dokument einer neuen politisch–polemischen Lyrik'' bezeichnete. Von Mord und Totschlag, so fuhr er fort, ist darin nicht die Rede, und das Wort Jude kommt darin nicht vor, ,,Jedenfalls werden in der Praxis seit Jahren recht überwiegend Nationalsozialisten totgeschlagen.'' Eine solche Blindheit war typisch für viele deutsche Intellektuelle, sie entsprang dem Bedürfnis die Augen vor dem zu schließen, was heraufkam. Ich würde lügen, wenn ich sagen würde, daß ich damals schon gewußt habe, daß dies nur in Belsen und Auschwitz enden könnte. Aber nach diesem Briefwechsel war an einen weiteren Gedankenaustausch nicht zu denken.

Als mein Vater 1933 starb, kam Steinbömer zu der Beerdigung, lehnte es aber entschieden ab, sich in irgend einer Weise zu mir zu bekennen. Wahrscheinlich war es ihm sogar peinlich, daß er mir 1928 ein Buch, *Abtrünnige Bildung,* gewidmet hatte. Ich habe ihn 1934 noch einmal gesehen. Es war kurz nach dem Naziputsch in Österreich und der Ermordung von Dollfuß. Wir saßen in einem Café gegenüber dem Bahnhof am Zoo und diskutierten die politische Lage. Er sprach von den kommenden Entscheidungen und nannte Hitler „den Führer". Dies war mir Beweis genug, daß er nun versuchen wollte, sein Glück bei diesem Regime von Verbrechern zu suchen, und ich hatte kein Verlangen ihn wiederzusehen. Nach dem Erscheinen meines *Bolívars* in Deutschland, hat er mir 1950 wieder geschrieben und mir auch seine Bücher zugesandt. Wie die meisten Deutschen hatte er selbstverständlich nichts mit dem Nationalsozialismus zu schaffen gehabt. Die Briefe, die er mir bis in die 60iger Jahre sandte, versuchten vergeblich eine Beziehung wieder herzustellen, die tötlich getroffen worden war. Er war der letzte männliche Freund, den ich in meinem Leben gehabt habe. Auch dies war ein Opfer, das die Emigration von mir gefordert hat. Wie oft habe ich mich an Schillers Worte erinnern müssen:

> „Denn über alles Glück geht doch der Freund,
> Ders fühlend erst erschaft, ders teilend mehrt."

Ich habe zwar seine Briefe beantwortet, aber die alten Gefühle ließen sich nicht auferwecken; es blieb das Bewußtsein nicht nur recht gehabt zu haben, sondern verraten worden zu sein. Wäre es anders gegangen, hätte Deutschland gesiegt, so hätte er sich meiner gewiß nicht erinnert.

Von dem anderen Menschen zu schreiben fällt mir schwerer. Wohl deswegen, weil ich mir sagen muß, daß ich in dieser Beziehung als Mensch versagt habe, und eine Schuld auf mich geladen habe, die ich nie tilgen kann. Es war eine Frau, und ich will sie bei dem Namen nennen, den sie sich später selbst erwählte: Carlota. Ihr wahrer Name war Charlotte. Sie trat am 2. Januar 1926 in mein Leben als eine Zufallsbekanntschaft, wie so viele andere in dieser Epoche. Ich war zu jener Zeit ohne Bindung an einen anderen Menschen, und dies hat es wohl erleichtert, daß unsere Beziehung sich rasch zu wirklicher Intimität entwickelte. Carlota war ein Jahr älter als ich, und war auch schon verheiratet gewesen. Technisch gesprochen, war sie sogar noch verheiratet, als ich sie kennenlernte, da ihre Scheidung erst zwei Jahre später gültig wurde. Dies hat sie mir allerdings erst nach vielen Jahren gestanden, da sie fürchtete, es würde mich abschrecken oder von ihr entfernen. Sie hatte einen

Geliebten, aber ich glaube nicht, daß diese Beziehung ihr viel
bedeutete. Wir trafen uns, wie das herkömmlich war, in einem
Café am Kurfürstendam, und sie erzählte mir von ihrem Leben.

Ihr Vater war Feldwebel gewesen und hatte nach seiner Entlassung eine Anstellung bei der Polizei gefunden. Er war, nach
ihrer Beschreibung, ein Mann, der zu körperlicher Gewalttätig-
keit neigte, und hatte sie als Kind oft geschlagen. Sie war auf
eine gute Schule in Charlottenburg gegangen, die *Fürstin Bismarck Schule*, die meistens von Mädchen aus reichen jüdischen
Häusern besucht wurde. Mit Stipendien war es ihr gelungen, die
ersten sechs Jahre zu absolvieren. Wie es üblich war, hatte sie
auch ein Poesiealbum, und eine ihrer Freundinnen hatte ihr die
Verse aus dem *Faust* hereingeschrieben:

> ,,Setz Dir Perrücken auf von Millionen Locken,
> Stell Deinen Fuß auf ellenhohe Socken:
> Du bleibst doch immer was Du bist.''

Ich habe erst nach Jahren verstanden, wie zutreffend diese
Worte in Bezug auf Carlota gewesen sind.

In jedem Falle kam es in ihrem elterlichem Hause zu schwaren
Konflikten zwischen ihr und ihrem Vater, und eines Tages lief
sie fort. Sie besuchte die Kunstgewerbeschule und bildete ihre
Fähigkeiten auf diesem Gebiete aus. Sie konnte schneidern,
zeichnen, Bücher einbinden, sie machte Lampenschirme, Kis-
senbezüge, Dinge, die in jenen Jahren sehr verlangt wurden. So
erhielt sie sich, bis sie einen jungen Maler heiratete. Nach den
Bildern zu erteilen, die sie von ihm besaß, war er nicht unbegabt,
aber sexuell harmonisierten sie nicht. Er wollte, wie sie mir
erzählte, nur eine, direkte, und schnelle Befriedigung seiner
Triebe; sie verglich ihn mit einem Stier. Sie dagegen war ein
höchst kompliziertes Wesen. Nach einer Fehlgeburt entschied
sie sich dafür, sich von ihm scheiden zu lassen. Sie wohnte in
einem kleinen Zimmer in der Nähe des Kurfürstendammes. Als
sie mich zu ersten Mal in diesem Raum empfing, fand auch ich,
daß wir sexuell nicht aufeinander abgestimmt waren. Trotz der
vielen Frauen, mit denen ich geschlafen hatte, war ich im
Grunde ein primitiver Mann. Sie hingegen wich der direkten
Vereinigung, so lange sie nur konnte, aus. Sie fand ihre Be-

friedingung darin, den Mann zu erregen, und diese Erregung so
lange auszudehnen, wie ihr Partner es ertrug. Dabei war sie
höchst erfinderisch, in immer neuen Weisen die Begierde auf-
zuwecken. Für sie selbst war eigentlich nur das erotische Vorspiel von Bedeutung, und sie wußte besser als irgend ein Mann
was ihr Genugtuung geben konnte. Am Anfang stieß mich dies
alles ab, aber nie genug, um mit ihr zu brechen. Und langsam
gewann sie mich, für die ihr eigene Form der Erotik.

Trotz allem hat diese Bindung nie vollkommene Macht über
mich gehabt. Einmal weil Carlota nicht schön war; zum anderen
aber weil der Geschlechtstrieb einen unzerreißbaren Knoten
nicht knüpfen kann. Es gibt immer Variationen dasselben
Themas, die man noch nicht ausgekostet hat, und die leicht
diejenigen ersetzen können, die man kennt.

Ob sie dies gefühlt hat weiß ich nicht. Sie hat mir gestanden,
daß sie schon nach wenigen Wochen den Entschluß gefaßt hat,
mich zu heiraten. Ich wünschte, ich könnte glauben, es wäre
Liebe gewesen, die sie dazu bestimmte. Ich bin aber davon
durchdrungen, daß es, bewußt oder unbewußt, sozialer Ehrgeiz
gewesen ist: was Alfred Adler Geltungsbedürfnis nennt. Sie
hatte als Kind sehr darunter gelitten, daß ihre Eltern zum Klein-
bürgertum gehörten. Auch die Tatsache, daß sie geboren worden
war, bevor ihre Eltern sich verheiratet hatten, mag dazu beigetragen haben, und sie versuchte sich mit allen Mitteln das zu
erringen, was ihr das Schicksal versagt hatte.

Carlota wußte, daß der Ehrgeiz meine größte Leidenschaft
war. Ich habe ihr selbst oft davon gesprochen. Obschon ich mich
gegen die Gefahr, den Ruhm mit dem Erfolg zu verwechseln,
gefeit wußte, fand ich meine beste Entspannung im Umgang mit
Frauen, denen ich mich anvertrauen konnte. Carlota muß dies
gefühlt haben und entschied sich dafür mir, wie sie es nannte, zu
dienen. Da sie weder schön noch reich war, blieb ihr nur ein
Waffe: sich in meine Arbeit einzuschalten. Sie tat dies auf die
einfachste und natürlichste Weise, die am Ende doch zu einer
Verstrickung führte.

Ein Freund von mir, der in der Gewerkschaftsbewegung tätig
war, hatte mir vorgeschlagen, einige Aufsätze für die
Gewerkschaft der Lokomotivführer zu schreiben. Diese
Wochenschrift war überparteilich und ich hatte volle Freiheit in

der Wahl meiner Themen. Zudem waren die Artikel sehr gut
bezahlt und kosteten mich keine Mühe. Ich schrieb den ersten
Artikel über den katholischen Bischof Wilhelm Emmanuel Ket-
teler. Als ich ihr davon erzählte, fragte sie mich, wer den Artikel
in die Maschine schreiben würde. Ich antwortete, eine Sekretärin meines Vaters, die auch meine Doktorarbeit abgeschrieben
hatte. Sie fragte, ob sie es nicht tun könnte. Und ich erklärte
mich damit einverstanden. Ich wußte zu jener Zeit nicht, daß sie
nicht einmal Maschine schreiben konnte. Als ich im folgenden
Sommer einen Aufsatz über den Briefwechsel Stahls mit
Rudolph Wagner schrieb, bat sie mich wieder, ihn in die Maschine schreiben zu dürfen. Mein Vater gab mir eine alte
Schreibmaschine, die ich in ihre Wohnung brachte, und sie hatte
inzwischen so viel gelernt, daß mir ihre Langsamkeit im
Schreiben entging. Auch bei der Durchsicht der Papiere Stahls
hat sie mir geholfen, in dem sie in die Staatsbibliothek kam, und
ich ihr Auszüge aus den Manuskripten diktierte. Da sie sehr arm
war, muß dies ein großes Opfer für sie gewesen sein. Sie wies
jede Bezahlung hartnäckig ab. Um ihr meine Dankbarkeit zu
zeigen, schenkte ich ihr zu ihrem Geburtstag am 21. August eine
goldene Armbanduhr. Als ich ihr sie gab, brach sie in Tränen
aus, wahrscheinlich weil sie glaubte, daß ich ihre Absicht durch-
schaut hatte, und mich nicht binden wollte. Dann dies war
ohne Frage ihr Ziel. Sie wollte mich von sich abhängig machen,
und ich ließ es zu, obschon dafür keine Notwendigkeit bestand,
da ich denselben Dienst im Büro meines Vaters ohne jede Verpflichtung haben konnte. Ihr Verhalten ging darauf hin, in mir
ein Gefühl der Abhängigkeit und der Unselbstständigkeit groß zu
ziehen, und sie hat dies auch den letzten Jahren unseres gemeinsamen Lebens offen zugegeben. Es wurde ihr um so leichter, als
ich oft krank war, und an Hypochondrie litt. So konnte sie im
Jahre 1927 in unser Haus zu kommen, da ich an die Wohnung
gefesselt war. Die Aufnahme, die ihr zuteil wurde, hätte sie
abschrecken sollen. Meine Mutter lehnte sie vom ersten Augenblicke entschieden ab; mein Vater durchschaute ihr Spiel und
warnte mich vor ihr. Er war davon überzeugt, daß ihre einzige
Absicht war, mich zu heiraten, und er sagte mir viele Male, daß
man nichts im Leben umsonst erhält. Meine Geschwister

wollten desgleichen nichts von ihr wissen, obschon sie auch mit ihnen dieselbe Methode versuchte, mit anderen Worten, sie durch Dienstleistungen zu gewinnen. Nachdem sie einmal in unser Haus gekommen war, erzwang sie es, daß sie zu Familienfesten eingeladen wurde, in dem sie mir Szenen machte, bis ich mich dafür einsetzte, daß man sie zu allen Festtagen hinzuzog. Trotzdem wußte sie, daß sie mehr gelitten als geliebt war, und sich ständigen Demütigungen aussetzte. Sie verschlimmerte die Situation noch durch zahllose Taktlosigkeiten und durch einen Hang, ihre soziale Position durch Lügen in eine besseres Licht zu setzen.

Selbstverständlich war ich in diesem ganzen Verhältnis schuldhafter als sie. Denn ich ließ mir ihre Dienstleistungen gefallen in dem Wissen, daß ich sie nicht liebte, da ich mich von ihr abhängig glaubte und in dem Bewußtsein lebte, daß meine Existenz als Wissenschaftler ohne sie schwieriger sein würde. Das dies eine Illusion war, die sie systematisch geschaffen hatte, wurde mir erst klar, als ich mich nach 20 Jahren von ihr emanzipierte. Aber dies war nicht die schlimmste Folge, die sich aus dieser Verstrickung entwickelte. Da ich sie nicht liebte, und sie mit einer gespielten Passivität, alles in den Kauf nahm, was meine Beziehung zu ihr mit sich brachte, so hielt ich mich auch nicht für gebunden, ihr treu zu sein. Im Gegenteil, ich machte einen Sport daraus, andere Beziehungen anzuknüpfen, besonders auf Reisen, so daß mein Gefühlsleben einen schizophrenen Charakter annahm, in dem ich ständig zu Lügen und Verschleierungen gezwungen war. Oft erzählte ich ihr auch von diesen ,,Bekanntschaften'', was ich nur als einen Versuch deuten kann, mich rein zu waschen, da ich nichts von ihr zurück hielt. Aber ich war mir bewußt, wie sehr sie diese Picadillos bedrückten, und ich muß gestehen, daß ich ihre Tränen und ihre hysterischen Ausbrüche mit einer Gleichgültigkeit hinnahm, die an Sadismus grenzte.

Ich war in jenen Jahren ein höchst mangelhaftes Individuum, und lebte in dem Gefühl, daß mir alles gestattet sei, so lange ich willens war, den Einsatz zu bestreiten, den man von mir erwartete. Das Leben schien mir wie ein Spieltisch, wo es sinnlos ist, sich darüber zu beklagen, wenn man verliert. Es war die alte

Devise: ,,Liebe, die nicht macht hat, hat kein Recht.'' Manche Menschen, die mir in jenen Jahren begegnet sind, hielten mich für eine Inkarnation des Egotismus.

Daß dieser Eindruck nicht die volle Wirklichkeit enthielt, darf ich sagen, ohne mich für mein Verhalten entschuldigen zu wollen. Nicht nur war mein Verhältnis zu Carlota von ständigen Zerwürfnissen geplagt, ich selbst war sehr oft daran zu verzweifeln, ob es mir je gelingen würde, ,,aus diesem Meer des Irrtums aufzutauchen.'' Ich versuchte die widerstreitenden Tendenzen in meinem Inneren auf eine Komponente zu bringen und kam zu dem Schluß, daß ,,ein Zynismus des Denkens und ein Ethos der Tat'', die einzige Möglichkeit sei, sich in dieser Welt zu behaupten. Aber mein Handeln folgte nicht dem Ethos der Tat, das ich mir vorgeschrieben hatte. Es verlangte mich ,,verläßliche Menschen'' um mich zu haben, und war mir doch darüber klar, daß dies der Ausdruck meiner eigenen Schwäche war, denn wer immer auf der Suche nach dem Verläßlichen ist, und sich beklagt, daß er es nicht findet, weiß, daß er es nötig hat. Zudem hatte ich verläßliche Menschen in meinen Eltern, und war ich nicht selbst ein Exempel dafür, wie wenig man Verläßlichkeit von Menschen erwarten konnte? Auch darüber war ich mir klar, daß der Drang sich mitzuteilen, letzlich ein Produkt der Schwäche ist. ,,Nur der Starke'', so schrieb ich, ,,erträgt es mit sich allein zu sein. Geheimnis ist Freiheit.'' Aber ich durfte mich selbst nicht zu den Starken zählen. Ich machte immer neue Versuche, mein Verhältnis zu Carlota zu lösen, oder es auf eine andere Grundlage zu stellen, und versagte jedesmal.

Einer der Gründe, warum es uns nicht gelang, zu einer wirklichen Übereinstimmung zu kommen, lag darin, daß ihre Bildung so mangelhaft war. Die Bücher, die sie gelesen hatte, und die sie fortfuhr zu lesen, waren Kitsch oder Schund. Sie begriff nicht, warum ich sie ablehnte. Wenn ich ihr gute Bücher gab, selbst solche, die leicht zu lesen waren, wie Maurois' *Shelley*, so war sie blind für die Qualitäten und ging mit einer schnippischen Bemerkung darüber hinweg. Das führte zu unendlichen Auseinandersetzungen, in denen ich oft ungerecht und untolerant war. Sogar zu der Kunst und der Musik (mit Ausnahme der Oper) konnte sie kein Verhältnis gewinnen. Auf die Gefahr hin, daß man mich für einen intellektuellen Snob halten mag, muß ich sagen, daß ihr die geistige Welt im tiefsten gleichgültig war, und daß sie sich mit meinen Zielen nur identifizierte, so lange es ihre Zwecke förderte. Unter diesen aber stand der soziale Aufstieg und das Geltungsbedürfnis an erster Stelle.

In jenen Jahren muß sie geglaubt haben, daß ich die beste Chance war, ihr diese Befriedigung zu verschaffen. So kam sie später in jede meiner Kollegstunden und schrieb die Vorträge nach. Nach Jahren habe ich verstehen gelernt, daß dies ein Ritual war, wo der Akt alles, und der Inhalt nichts bedeutete. Nur so kann ich mir erklären, daß sie sich später Menschen zuwandte, die kein Bedenken hatten, die Schriften von anderen Geistern zu plagieren, oder unverfroren, die größten Lügen aufzutischen. Ja ich glaube, es bereitete ihr sogar eine gewisse Genugtung, da ihr Verhältnis zur Wahrheit ein sehr prekäres war. Sie hatte keinerlei Hemmngen, Dinge zu erfinden, wenn es ihren Zwecken entsprach. Zweimal versuchte sie, mich glauben zu machen, daß sie ein Kind von mir erwartete, um mich zu Handlungen zu bewegen, gegen die ich mich sträubte. Außerdem war sie groß in dem, was die Franzosen *les mensonges affectives* nennen. Sie erfand sich Gründe und glaubte an sie, so lange sie ihren Wünschen entsprachen. Auch ihr Gedächtnis operierte in der gleichen Weise, und sie vergaß, was nicht in die Struktur ihres emotionellen Lebens paßte. Hemmungen kannte sie nicht oder erkannte sie nicht an. Sie gab einen vorgefaßten Plan erst auf, wenn sie erkennen mußte, daß sie vor einer Mauer stand, die sie nicht aus dem Wege räumen konnte.

Dies alles habe ich vor vierzig Jahren nicht gesehen, und doch war es anderen Menschen, die nicht in dieser Verwirrung lebten, wie meinem Vater, völlig klar. Es wäre meine Pflicht gewesen, eine Lösung aus dieser Bindung zu finden, die sie weniger getroffen hätte, als die zu der ich schließlich gezwungen war. Und doch, während ich diese Worte schreibe, weiß ich, daß sie auch nicht die volle Wahrheit ausdrücken. Denn als ich in die Vereinigten Staaten ging, und sie in Kolumbien zurückblieb, geschah es aus freien Willen; wie sie mir schrieg, ,,Sie war froh, von mir befreit zu sein.''

Mit alledem bin ich den Ereignissen voraus geeilt. Denn die Jahre zwischen 1925 und 1930 waren nicht nur mit diesen Beziehungen angefüllt oder auch nur von ihnen bedingt. Daneben gab es Lektüre und zwar in großem Ausmaß? Galsworthy, Thomas Mann, Proust, Bernhard Shaw, Sinclair Lewis, und manches, an das ich mich heute kaum erinnere. Es gab das Theater, es gab die großen Austellungen, es gab die neue Erfindung des Radio, das ich mir als eine Parallele zu der Buchdruckerkunst erklärte. Ich sah im Radio eine protestantische Entdeckung, da mit der Ausschaltung der visuellen Leiblichkeit ein Dimensionsschwund eingetreten war, wie mit der Reformation in der christlichen Religion.

In diesen Jahren war es zum ersten Male möglich, die Isolierung zu durchbrechen, in die der Weltkrieg und die Inflation die Deutschen gezwungen hatte. 1926 kannte ich wieder ins Ausland reisen, obschon mein Reiseziel noch nahe lag. Ich ging nach Strassburg, um das Münster zu sehen. 1928 fuhr ich im Frühjahr nach Meran, um mich von einer Nervenkrise zu erholen. Es war eine wunderbare Zeit, die Obstbäume standen in Blüte während die Berge noch mit Schnee bedeckt waren. Auf der Rückreise machte ich in München Station, wo ich in den Bayrischen Archiven nach dem Ursprung der Familie Stahls forschte. Es blieb mir aber Zeit genug, die Museen und die Schlösser Münchens zu geniessen. Von München fuhr ich nach Erlangen, und von Erlangen nach Bamberg und Nürnberg. Es war das Dürer–Jahr, und die Stadt Nürnberg hatte eine herrliche Dürer–ausstellung zusammengebracht. Als ich im Mai nach Berlin zurückkehrte, fühlte ich mich unendlich bereichert.

Eine neue Aufgabe wartete auf mich. 1928 tagte in Oslo der internationale Historikerkongress, der zweite der nach dem Krieg zusammentrat. Ich war eingeladen worden, an dem Kongress teilzunehmen und einen Vortrag zu geben. Die Einladung wurde mir von Joachim Wach übermittelt, dessen Werk über das *Verstehen* ich schätzte, den ich aber selbst nicht kannte. Wir begegneten uns in der Wohnung seines Vetters, Felix Gilbert, und ich habe eine schöne Erinnerung an unsere Unterhaltung. Leider habe ich ihn später nie wieder gesehen; er ist in den Vereinigten Staaten früh gestorben.

Als Thema wählte ich mir ein Problem, das mich schon lange beschäftigt hatte, *Geschehen und Geschichte*, oder die Frage Gustav Droysens: ,,Wie wird aus den Geschäften Geschichte?‘‘ Da mir mitgeteilt worden war, daß ich nur 20 Minuten Redezeit haben würde, kürzte ich meinen Vortrag dementsprechend. Über meine Reise selbst habe ich den Durchschlag eines langen Berichtes, den ich an Steinbömer sandte.

Unter den deutschen Teilnehmern überwogen die Ordinarien: Hermann Oncken, Fritz Hartung, Hans Rothfels, Walther Goetz und viele andere; aber es waren auch einige jüngere Vertreter der deutschen Geschichtswissenschaft anwesend, wie Martin Weinbaum und Ulrich Noack, obschon ich der einzige jüngere war, dem man zu einem Vortrag eingeladen hatte. Lese ich jetzt den Bericht, den ich vor mehr als 40 Jahren geschrieben habe, so bin ich erschrocken, wie sehr ich damals unter dem Einfluß des Nachkriegsnationalismus gestanden habe, der den ganzen Kongress beherrschte.

Die Franzosen hatten die weit aus größte Delegation gesandt, was der französischen Hegemonieposition in diesen Jahren entsprach. Ihr zur Zeite operierten tschechische und polnische Historiker als eine Art von Hilfsarmee. Der ideologische Konflikt wurde aber nicht zwischen Deutschland und Frankreich, sondern zwischen Frankreich und Italian ausgetragen, da die italienischen Historiker mit den Waffen Hegels und Nietzsches die Position des Faschismus verteidigten. Die Engländer waren neutral und verhielten sich zurückhaltend mit Ausnahme des sehr liberalen, G. P. Gooch, der eine deutschfreundliche Stellung einnahm, und dem ich auch selbst nahe kam. Am klarsten wurden diese Spannungen bei den offiziellen Empfängen. Bei diesen wurde das diplomatische Protokoll beobachtet und das französische Alphabet zugrunde gelegt. Natürlich hätte dann l'Allemagne den ersten Platz in der Rednerliste haben müssen. Das paßte aber den Franzosen nicht, und so erfanden sie sich l'Algier als eine unabhängige Nation. Die Deutschen revanchierten sich, indem sie Hermann Oncken für Deutschland *und* Österreich sprechen ließen. Auf die Frage nach dem österreichischen Redner antwortete die liebenswürdige Frau von Srbik ihrem französischen Tischnachbarn: ,,Der Anschluß ist schon vollzogen."

Und so ging es Tag aus Tag ein. Von den Rednern des Kongresses machte mir Henri Pirenne den größten Eindruck, der seine These von den Ursprüngen des Feudalismus vortrug. Mein eigener Vortrag war für den letzten Tag angesetzt, und ich war ein wenig besorgt, ob ich eine Zuhörerschaft haben würde. Außer mir sollten noch ein amerikanischer Historiker, Flint aus Kalifornien, und der polnische Historiker Oskar Halecki sprechen. Ein Norweger führte den Vorsitz.

Mr. Flint sprach zuerst und länger als es ihm erlaubt war. Als der Vorsitzende ihn darauf aufmerksam machte, sagte er: ,,*I have worked for six months. I will finish my thing.*'' Halecki sprach gleichfalls weit über die ihm gemäße Zeit hinaus, aber schließlich kam ich dennoch zum Worte, und meine Ausführungen wurde gut aufgenommen. Walther Goetz bat mich, den Vortrag im *Archiv für Kulturgeschichte* veröffentlichen zu dürfen.

Aber die wissenschaftliche Seite war nur ein und keineswegs des wichtigste Resultat dieser Reise. In Oslo waren wir eingeladen worden, das *Volksmuseum* zu besuchen, das in einem Fjord liegt. Dort standen die Bauernhäuser, die für jede der Provinzen typisch waren in ihrem rustikalen Barok oder Rokoko mit den Möbeln, die dahinein gehörten. In jedem dieser Häuser war ein Mädchen in der Tracht der Provinz, die zugleich als Führerin diente. Als ich eine von ihnen (natürlich auf Deutsch) fragte, aus welchem Holz diese Möbel gemacht seien, antwortete sie mir, ,,Ein Fichtenbaum steht einsam.'' Überhaupt war ich tief beeindruckt von der Schönheit der norwegischen Frauen, ihrer Frische, Natürlichkeit, und Anmut. Zum Glück war es mir erlaubt, die Norweger nicht nur aus der musealen Perspektive kennenzulernen. Ich wurde in norwegische Familien eingeladen und erfuhr nicht nur Gastfreundschaft und Teilnahme, sondern trug auch den Eindruck eines Bürgertumes fort, das sich unerschüttert von den Stürmen und Zerstörungen, die der erste Weltkrieg in Europe angerichtet hatte, in Wohlstand, Sekurität, und geistigem Streben erhalten hatte. Wahrscheinlich war es noch immer die Gesellschaft Ibsens, aber in ihrer Ruhe und Festigkeit hatte sie etwas unbeschreiblich anziehendes für einen Menschen, der seit seiner Kindheit nur Unrast und revolutionären Wandel erfahren hatte. Wie tief ich mich diesem Lande verbunden fühlte, habe ich erst verstanden, als es Hitler 1940 zu unterwerfen versuchte. Im Jahre 1960 begegnete ich in Berlin einen jungen norwegischen Professor, der an der Universität einen Vortrag halten sollte. Ich fragte ihn, wo er so gut deutsch gelernt hatte; er antwortete mir, „Im Konzentrationslager."

Nach dem Kongress hatte die norwegische Regierung eine Anzahl von Reisen veranstaltet, die die Gäste durch das Land führen sollten. Ich hatte mich für eine der kürzeren Reisen entschieden, die von Oslo nach Bergen ging. Hans Rothfels und Martin Weinbaum waren gleichfalls Mitglieder dieser Reisegesellschaft. Wir fuhren mit der Bahn oder mit kleinen Dampfern, je nach dem es der Fahrplan verlangte. Der Zug trug uns durch die breiten Waldgebirgstäler mit ihren unabsehbaren Gewässern, und langsam die Berge hinaufsteigend bis an die arktischen Eis- und Felsformationen bei Fiese. Dort blieben wir über Nacht, und bevor wir uns an dem reichen Buffet gütlich taten, hatten wir Zeit zum Füße der Gletscher zu gehen. Er war eine Mondlandschaft und ich mußte an Mephistos Worte denken, „Hast Du Begriff von Öd' und Einsamkeit." Das Land, das ich durchfuhr, gab mir einen Begriff von Melancholie und Verlorenheit, wozu noch die Bauernhäuser beitrugen. Denn die Menschen lebten hier nicht in Dörfern, sondern in vereinzelten Gehöften, und waren nicht nur Bauern, sondern Fischer und Jäger zur gleichen Zeit. Man mußte an Hamsun denken und natürlich auch an Munch, dessen Fresken ich in Oslo gesehen hatte.

Aber nicht alles auf dieser Reise trug den Ton der Melancholie. Ich gedenke einer Stunde im Hardangerfjord. Wir waren in Norheimsund angekommen und vor uns lag im Fjord eine kleine Insel, zu der ich in der Mittagsstunde herüberruderte. Es war ein sonniger Tag, und die ganze Bergkette, die den Fjord umgibt, lag im blauen Ferndunst. Es war ein Augenblick tiefer Stille und ich empfand eine Gelassenheit, für die ich nur ein Wort wußte: Glück! In wenigen Augenblicken meines Leben habe ich dies Gefühl erfahren; in Bellagio am Comer See und zuweilen am Meer. Es ist ein Gefühl des Wunschloseins, und für mich habe ich das Glück nie anders definieren können. Aber „ein jeder gibt seinem Glück einen andren Namen", und Ernst Robert Curtius sagte mir, daß ihm diese Idee des Glücks zu buddhistisch sei.

Schließlich kamen wir in Bergen an, wo ich die Hansasiedlung durchstreifte und erstaunt war über die Dürftigkeit und Enge der „deutschen Brücke", von der aus die Hansa den norwegischen Handel Kontrolliert hatte. Überall wurden wir freundlich aufgenommen, und die Empfänge zeichneten sich durch eine Üppigkeit aus, an die die verarmten Deutschen sich erst gewöhnen mußten. Es schien mir außrordentlich, daß dies Land, das eine so große Vergangenheit hatte, sich völlig ruhig in seine Rolle als Kleinstaat gefunden hatte. Die Norweger hatten vier Jahrhunderte dänischer und ein Jahrhundert schwedischer Vorherrschaft überstanden, lebten nun ihr eigenes Leben und sprachen ihre eigene Sprache, und die Schweden waren für sie nur ein Gegenstand wohlwollender Ironie. Und doch hatten sie einmal zu der europäischen Geschichte Unendliches beigetragen. Hier was die Heimat der Normannen, die Frankreich, England, Italian, und Russland invadiert und umgestaltet hatten. Als ich vor den Vikingerfunden in Oslo stand, empfing ich einen tiefen Eindruck von der hochentwickelten Holzschnittkunst, die sich in Schiffen und Schlitten ausgedrückt hatte, die Kunst einer Rasse, die ihre königlichen Toten, mit all dem begrub, was zu einem fürstlichen Leben gehörte.

Ich fuhr auf kürzerem Wege nach Oslo zurück, wo ich noch einmal den Kontakt mit den neugewonnenen Freunden genießen durfte. Auf der Heimfahrt sah ich mir auch Kopenhagen an, das mir aber keinen großen Eindruck hinterließ, vielleicht deswegen, weil ich meine Mittel erschöpft hatte, und in Berlin nicht einmal genug Geld für das Taxi besaß. Mein Vater bezahlte auch dies, wie er denn alles für mich tat, was meine Karriere fördern konnte.

Und so komme ich nach vielen Umwegen wieder auf meine Arbeit zurück. Ich weiß nicht, ob ich den Eindruck erweckt habe, daß ich in jenen Jahren all zu sehr den Einflüssen des Augenblickes hingegeben war: „ein Spiel von jedem Druck der Luft". Aber an dem war es nicht. Im Gegenteil, ich arbeitete eher zu viel als zu wenig. Außer meinen zweimonatlichen Beiträgen für die Historische Zeitschrift, schrieb ich Buchbesprechungen und Aufsätze. Auch nahm ich an Seminaren teil, besonders dem Seminar Gustav Mayers: zur Geschichte des Sozialismus. Mayer hatte nur eine kleine Gefolgschaft und hielt sein Seminar in seinem Hause in Lankwitz ab. Ich gab ein

Referat über Marx' und Engels Stellung zur Bismarck'schen Reichgründung. Auch dies habe ich nie veröffentlicht, da ich erkannte, daß meine Beurteilung zu stark von meinen nationalen Vorurteilen bestimmt war. In Mayers Hause kam ich in Kontakt mit Kommunisten und Sozialsten radikaler Färbung. Zu ihnen gehörte das Ehepaar Beydler. Er war ein Enkel Richard Wagners, und seinem Großvater wie aus dem Gesicht geschnitten. Sie hatten einen ,,Salon'', in dem sich am Sonntag Abend eine Reihe von jungen Menschen trafen. Die Unterhaltungen waren fast immer im Tone der marxistischen Dialektik und schienen mir wie ein talmudistisches Ritual. Sie haben mich nicht zum Kommunismus bekehren können.

Eine andere Begegnung, die ich Mayer verdanke, war die mit Paul L. Landsberg. Ich war ihm in meiner Studienzeit begegnet; 1928 sahen wir uns öfter. Sein Buch *Das Mittelalter und Wir* hatte eine kleine Sensation hervorgerufen. Im Zusammensein war er zugleich anziehend durch seine Genialität und abstoßend durch seine Arroganz und die Nichtachtung anderer Menschen. Auch hatte er eine Vorliebe für elegante Nachtlokale, die Sexualbörsen der großen Städte, die ich nicht teilte. In der Perspektive Manets und Toulouse–Lautrecs sind vielleicht anziehend, aber sie zu besuchen, schien mir niemals verlockend. 1929 verlor ich den Kontakt mit Paul Ludwig Landsberg, aber die Nachricht seines tragischen Todes in einem Konzentrationslager hat mich tief erschüttert.

Ich selbst definierte mein Lebenstempo als ,,Arbeitsdelirium gemildet durch Nervenkrisen.'' Ich arbeitete nicht lange aber ständig und verglich mich mit einem Rennpferd: ich war schnell, wenn es kurze Strecken zu durchlaufen galt, aber ich war nicht sicher, ob ich eine lange Bahn bewältigen könnte. Die Biographie Stahls aber war grade dies. Ich habe schon gesagt, warum ich mir dies Thema gewählte hatte. Daß es außerdem Gelegenheit gab, eine ganze Anzahl wichtiger Problemreihen zu studieren, half mir, mein Interesse zu bewahren. Da war zuerst die Geschichte Bayerns am Anfang des 19. Jahrhunderte, von der ich wenig wußte. Sodann die Geschichte der Burschenschaft in den Jahren der Karlsbader Beschlüsse. Das wichtigste aber blieb bie Versenkung in Stahl's Hauptwerk, die *Rechtsphilosophie nach geschichtlicher Ansicht*. Um diese zu würdigen, mußte ich nicht nur Hegels Rechtsphilosophie von Grund auf verstehen sondern auch die der *Geschichtlichen Schule*. Dazu kam noch das Studium der Kirchenverfassung und der Werke verwandter Geister wie Möhler. Ich lernte unendlich viel während der Arbeit, obschon ich mir nicht bewußt war, daß auch dieses Werk letzthin im Kreise der deutschen Geistesgeschichte blieb, und mir nicht half, meinen Kirchturmshorizont zu überwinden.

Im Frühjahr 1928 begann ich mit der Niederschrift der ersten Kapitel, die weder mich noch die Freunde befriedigten, die sie lasen. Ich begann eine zweite Fassung. Dann ließ mir Meinecke sagen, daß er mich in Berlin habilitieren würde, wenn ich anderswo, (d.h. in Breslau), auf Schwierigkeiten stoßen sollte. Dies war mir ein Ansporn, die Arbeit rasch zu vollenden, und ich arbeitete im Winter 1928 und den ganzen Sommer 1929 mit fieberhafter Anspannung. Im August 1929 war der erste Band des *Stahl* abgeschlossen. Schon vor der Beendigung war der Verlag S. Mittler an mich herangetreten, und hatte mir einen Vertrag angeboten, den ich natürlich unterschrieb.

Wenn ich heute auf dies Buch zurücksehe, so scheint mir seine größte Schwäche im stylistischen zu liegen. Ich stand nach wie vor unter dem Einfluß Walter Paters, zu dem allerdings auch der Rudolf Borchardts getreten war. So schrieb ich einem preziösen Stil, der mit Fremdworten und Anspielungen durchsetzt war, und für den ich heute wenig übrig habe. Von meinen Kritikern hat besonders Gerhard Ritter sich an diesem Fehler gestoßen, während andere, wie Heinrich von Srbik und Max Wildgrube, darüber hinweggesehen haben.

Ich reichte die Habilitationsschrift im Herbst 1929 der Fakultät ein. Die Kommission, die sie prüfte, bestand aus 9 Ordinarien, die mir alle wohl gesinnt zu sein schienen, besonders Oncken und Fritz Hartung, von denen ich es kaum erwartet hatte. Der Winter verging mit einem zermürbenden Warten, denn das Manuskript mußte unter den neun Mitgliedern zirkulieren. In der Zwischenzeit arbeitete ich an meiner Probevorlesung, für die die Fakultät, aus den von mir vorgeschlagenen Themen, leider das langweiligste gewählt hatte: ,,Naturrecht und Kirche in der protestantischen Kirchenverfassung.'' Bevor ich sie halten konnte, erkrankte ich an einer langwierigen Mittelohrentzündung, die mich für vier Wochen bettlägrig machte und mich schwach und entnervt zurückließ. Aber schließlich war es doch so weit, und am 19. Juni 1930 um halb neun erschien ich im Frack vor der Kommission und gab meine erste Vorlesung. Es war eine schwüle Juninacht, und ich beneidete Meinecke und Oncken, die mir in ihren leichten Sommeranzügen zuhörten. Die Diskussion schien eine Formsache, bis der mir befreundete Otto Hintze das Wort ergriff, und mich erbarmungslos examinierte. Auch das ging aber vorüber, und so war ich am Abend des 19. Juni Privatdozent an der Universität Berlin. Am 22. Juli hielt ich in der kleinen Aula, dem ehemaligen Galasaal des Prinzen Heinrich, meine öffentliche Antrittsvorlesung über ,,Deutsches Reich und deutsche Nation im 18 Jahrhundert," die bald darauf in den *Preußischen Jahrbüchern* gedruckt wurde.

Es versteht sich von selbst, daß meine Eltern unendlich froh waren. Für sie war es nicht nur ein persönlicher, sondern auch ein sozialer Triumph. Und so begann denn die Epoche meines Lebens, die ich wohl als die glücklichste bezeichnen kann, ja vielleicht die einzige, in der ich das Gefühl des Glücks kennengelernt habe. Das will ich nich sagen, daß ich nicht nach wie vor von Krankheiten geplagt war. Ich hatte für lange Zeit eine Tendenz zur Mandelentzündung, die fast immer das Ohr affizierte. Schlechter Rat hielt mich davon ab, das einzige Mittel zusuchen, das mir hätte helfen können, nämlich die operative Entfernung der Mandeln.

Auch kann ich nicht sagen, daß sich mein Charakter gebessert hätte; im Gegenteil ich war noch arroganter als zuvor. Aber die Welt schien nun offen vor mir liegen, und ich genoß all die Dinge, die mir das Leben wert zu machen schienen; Frauen, Musik, Malerei, und die Natur, wenn sie mir in einer Form entgegentrat, mit der ich mich befreunden konnte, wie in Baden–Baden oder Locarno.

Noch dem 22. Juli hielten es meine Eltern für geboten, daß ich mich gründlich ausruhen sollte. Ich fuhr mit meiner Mutter nach Freudenstadt, aber die Reise war eine Enttäuschung. Es regnete jeden Tag und der einzige Lichtblick in diesen düsteren Wochen war das Erscheinen meines Buches. Dazu kam noch, daß in dem Hotel eine Epidemie grassierte, über deren Charakter wir

uns Anfangs nicht im klaren waren. Der Direktor des Hotels und
der Arzt des Ortes versicherten uns, daß es nichts gefährliches
sei. In Wirklichkeit war es jedoch Scharlachfieber. Da so viele
Menschen erkrankten, hielt es meine Mutter für geboten,
Freudenstadt zu verlassen und in das nahe gelegne Baden–
Baden zu fahren. Hier war es warm, die Sonne schien, und wir
wohnten in dem Hotel, in dem die Familie meiner Mutter seit
Jahren abzusteigen pflegte. Ende August fuhr meine Mutter nach
Berlin zurück. Ich aber konnte mich von dem schönen Orte so
wenig trennen wie einst Turgenjew. So blieb ich bis in die ersten
Septembertage und diese Woche wurde in vieler Hinsicht für
mein Leben entscheidend.

Ich wußte seit langem, daß der Umgang mit Frauen mir unentbehrlich war, daß es diejenige Form des Daseins war, durch die
mir das Leben selbst zugänglich wurde. Zuweilen habe ich W. S.
Landers Verse auf mich angewandt und gesagt,

> *,,I strove with some, but none was worth my strife;*
> *Women I loved, and next to women Art.''*

Es begann am 2. September im Kasino. In Baden–Baden hatte
ich den Grand Prix besucht, aber Pferderennen schienen mir nie
so aufregend wie der Spieltisch, wo man jede Minute eine neue
Sensation verspürt. Ich setzte natürlich nur kleine Einsätze,
aber während ich der Kugel folgte, fiel mein Blick auf eine
Dame, die völlig unsinnig spielte. Sie setzte jedes Mal 20 Mark
auf Schwarz und verlor jedes Mal. Als sie ihre Chips verspielt
hatte, wandte sie sich dem Ausgang zu. Ein Mann folgte ihr,
aber sie wollte nichts von ihm wissen, und ich fragte sie, ob ich
sie in ihr Hotel bringen dürfte. Sie nahm dies an, aber wir gingen
nicht in ihr Hotel, sondern in die Bar des Kurhauses.

Sie hatte die Schultern eines Kindes mit Kinderarmen,
Gelenke, die so schmal waren, daß sie unmöglich etwas tragen
zu können schienen, und sei es auch nur die geringe Last dieses
schlanken Körpers. Ihre Hände waren lang und schmal, Hände,
die sich nach nichts ausstreckten und nichts berühren zu wollen
schienen.

Ihre Stirn war klar und gewölbt, voller Hochmut über den
ausrasierten Augenbrauen. Sie war sehr kurzsichtig, trug aber

keine Brille, sondern hielt ihre Augen fast immer halb geschlossen. Wenn sie öffnete, so sah man eine große blau–weiße Iris mit schwarzen Augensternen, Die Nase war fein und besonders im Profil von vollkommener Schönheit. Ihre Nasenflügel bebten ständig in einer sonderbaren Verachtung gegen einen imaginären Widerstand. Der Mund mit der vorschriftsmäßigen Emaillierung schien unwissend und unerfahren, ohne die Spur einer Verführung. Sie trug ihr Haar in der Mitte gescheitelt, und es fiel ihr in Wellen auf die Schultern herab; es war kastanienfarbig, am Abend fast schwarz aber am Tage leuchend rot.

In der ersten Nacht dachte ich nur, daß sie eine ungewöhnlich schöne und verwöhnte Frau sei. Sie war verheiratet, aber ihr Mann litt an Tuberkulosis und so reiste sie allein. Ihr Name war Carola aber ich nannte sie immer Cara.

Ich brachte sie in ihr Hotel, daß nicht sehr weit von dem meinem lag, und sagte ihr gute Nacht. Am nächsten Tage traf ich sie, als sie an meinem Hotel vorbeiging, und mir versicherte, daß dies nicht absichtlich geschehen sei. Sie wollte sich ein Paar Schuhe kaufen, und ich begleitete sie auf dem Einkauf. Danach schien es selbstverständlich, daß wir uns zum Tee trafen, und als ich mich verabschiedete, sagte sie, ,,Vergeuden Sie nicht zu viel Zeit mit dem Abendbrot.'' So sahen wir uns wieder in der Bar und am nächsten Morgen gingen wir auf einen Spaziergang durch die Wälder. Dabei erzählte sie mir etwas von ihrem Leben. Sie hatte ihre Eltern früh verloren und war im Kloster erzogen worden, obschon man kaum sagen konnte, daß sie gläubig war. Dann hatte sie sich verlobt aber ihre Verlobung aufgelöst. Trotzdem unterhielt sie noch freundschaftliche Beziehungen zu diesem Mann. Sie hatte sich in England verheiratet mit einem Mann, der zu der Kölner Großbourgeoisie gehörte, und dessen Reichtum von dem Besitz großer Grundstücke in Köln stammte. Sie hatte keine Kinder und lebte das Leben einer Dame ihrer Kreise, d.h., sie hatte ihre Flirts, ging zu Modeschauen, und tanzte mit Gigolos, da ihr Mann sich nicht für Tanz interessierte. Man hätte kaum einen Menschen finden können, mit dem ich weniger gemeinsam hatte. Aber dies schien das Gesetz meines Lebens zu sein, daß ich immer zu den Menschen hingezogen war, die die Qualitäten hatten, die mir fehlten. In den ersten Tagen, zwischen Montag und Donnerstag, sagten keiner von uns ein Wort, das über die konventionelle Konversation hinausging, nur daß wir es für selbstverständlich hielten, daß wir uns in jeder freien Minute des Tages sehen würden. Am Freitag mußte ich ihr dann mitteilen, daß ich am Anfang der nächsten Woche nach Berlin zurückkehren würde. Sie sah die Gründe nicht ein, und als ich darauf beharrte, fiel jede Vorsicht von ihr ab. Am Tage zuvor hatte sie mir gesagt, daß sie niemals Du zu mir sagen könnte; nun nannte sie mich Du. Sie hatte gesagt, ,,lieben heißt immer Herzklopfen haben'' und sagte nun, ,,Ich habe immer Herzklopfen.'' All dies trug sich am Morgen auf einen Spaziergang zu. Als sie mir sagte, daß sie mich liebte, griff sie nach ihrem Halse und riß sich die Perlenkette ab in einem vollkommenen Paroxismus des Gefühls. Ihre Hände öffneten sich und schlossen sich, sie sprach, sie stammelte, sie sang, und weinte und schließlich sagte sie, ,,Ich ersticke am Glück.''

Wie konnte ich ihr danach noch widersprechen? Wir kamen überein, daß wir am nächsten Tage nach Heidelberg fahren würden. Weder sie noch ich haben in diesem Augenblick an die Zukunft gedacht. Wir fuhren nach Heidelberg und stiegen in dem Europäischen Hof ab. Wir hatten eine Suite in einer Dependence des Hotels und waren völlig allein miteinander.

Als die Stunde des Mittagessens kam, ließ sie mich allein gehen, und jede Pose sagte sie mir, ,,Ich kann nicht essen und nicht schlafen; ich habe von der Liebe gelebt.'' Als ich zurückkam. lag sie auf dem Sofa und ich küßte sie, aber sie erweckte kein Begehren in mir. Sie war so schön, daß es mir wie eine Entweihung erschien, mit ihr zu schlafen.

Ich schlug ihr vor, daß wir auf den Schloßberg fahren sollten und sie war einverstanden. Auf dem Heimweg gingen wir am Neckar entlang. Sie trug einen großen schwarzen Strohhut, der ihr Gesicht beschattete; wir gingen der sinkenden Sonne entgegen; der Himmel war mit vielchenfarbenen Wolken erfüllt, und ich glaube, daß ich sie nie wieder so geliebt habe wie in diesem Augenblick.

Im Hotel war sie dann ganz die große Dame. Wir saßen auf der Terasse; es war eine warme Septembernacht, und sie wählte umständlich, was sie essen und trinken wollte: Rebhuhn und eine Flasche Johannisberger. In unserem Zimmer aber war sie die Cara, die ich liebte mit dem Überschwang des Gefühls, das sie am Vortag erfüllt hatte.

Es war ein großer Raum, der nur von einer Stehlampe mit einem blauen Schirm erhellt wurde. Als wir uns sum ersten Male umarmten, sagte sie, ,,Du must zehn Mal, hundert Mal so zu mir kommen, reiße mich in Stürke, erdrossele mich.'' Sie war nicht unerfahren, (wie sollte sie es auch sein), aber jeder anderen Form der Liebkosung als der unmittelbaren Vereinigung abhold, je der Gedanke erfüllte sie mit Abscheu. Die Vereinigung aber begehrte sie und sagte, ,,Ich möchte in jeder Ecke des Zimmers mit Dir sein, auf der Erde, auf dem Tisch. *N'importe.*'' Danach wurde sie traurig: ,,Du darfst mich nicht ansehen, denn sonst glaube ich Dir, daß Du mich liebst.'' Und weiter: ,,Ich kann mir nicht denken, daß in diesem zimmer je andere Menschen schlafen werden, die sich nichts zu sagen haben, ich möchte das Haus in Brand stecken.'' Ihre Stimmung wechselte von einer Minute zur anderen und im nächsten Augenblick konnte sie aussprechen: ,,Ich möchte etwas Furchtbares für Dich tun, damit Du glaubst, daß ich Dich liebe, ich könnte für Dich morden oder nackt auf die Straße gehen und jedem Menschen sagen, daß ich Dich liebe. Ich kann mir nicht denken, daß das je begonnen hat.''

Ich muß dann eingeschlafen sein, denn am Morgen sagte sie mir: ,,Ich hätte Dich töten können, ich fürchtete nur, daß Du es fühlen würdest.''

Wie der nächste Tag vergangen ist, weiß ich nicht mehr. Wir sprachen auch über die Zukunft, aber alles, was sie darüber sagte, war: ,,Wenn ich jetzt in mein Haus käme, müßte ich mit dem Rücken eintreten, damit man die Flamme in meinem Gesicht nicht sähe.'' Als die Stunde des Abschieds kam, verließ sie das Zimmer und sagte, ,,Mit Dir kann ich nicht leben, und ohne Dich muß ich sterben. Ich hoffe, Du bist fort, wenn ich zurückkomme. Ich kann nicht mit Dir zum Bahnhof gehen, ich würde Dich aus dem Zug reißen oder mich unter die Räder werfen.'' So fuhr ich am 9. September allein nach Berlin.

In der Rückschau, hört sich vieles von dem, was ich berichtet habe, wie Hysterie an. Aber es war es nicht. Es war einer jener seltenen Momente in denen ein einfacher und unkomplizierter Mensch in eine Dichterin verwandelt wurde und reden konnte wie Louise Labé oder Elizabeth Browning. Daß dies nicht Bestand haben konnte, dessen war ich mir zunächst nicht bewußt, noch würde es irgend etwas geändert haben. Ich hatte das Gefühl am Tische der Götter gesessen zu haben, und mit ihnen geteilt zu haben: Himmlisches Brot und himmlischen Wein. Und so wollte ich es belassen, bis die Götter mich verstoßen würden. Und doch war ich mir darüber klar, daß ich sie nicht so sehr liebte, als ihr Gefühl für mich; wie sie mich auch nicht lieben konnte, da sie mich kaum kannte, sie liebte ihre Liebe für mich. Sie liebte nicht den Leib oder das Fleisch, sie verachtete es sogar und verabscheute es, sie liebte ihre Hingabe und die Umarmung. Über all dies versuchte ich mir in den folgenden Wochen klar zu werden. Es schien mir schwieriger denn je, mein Leben nur unter das Gesetz der Idee zu stellen. Meine Seele und mein Geist waren auseinandergetreten; ich fürchtete, daß ich mit einer Ideenblindheit geschlagen worden sei, und daß dies der Preis war, den ich für meine Liebe zu bezahlen hatte. Und doch hatte ich das Gefühl, daß Liebe eine ständige Produktivität sei, und fühlte mich den Menschen, die daran nicht teil hatten, überlegen.

So erinnere ich mich zweier Gespräche mit meinen Kollegen Walther Kienast und Hajo Holborn, die mir zeigten, wie wenig ich zur Zunft gehörte. Besonders das Gespräch mit Holborn ist mir in Erinnerung geblieben. Wir waren zusammen auf einer Gesellschaft gewesen und machten auf dem Heimweg in einem Café am Kurfürstendam Station. Dabei erlebte ich dann, daß man zur gleichen Zeit in drei verschiedenen Bewußtseinslagen existieren kann. Ich beantwortete seine Fragen, die mir ziemlich dummdreist erschienen; ich hörte der Kapelle zu, die ein Potpourri aus Puccinis' *Madame Butterfly* spielte, und ich dachte über mein eigenes Leben nach, das mir mit jedem Tage seltsamer erschien. Damals glaubte ich, daß Holborn mit seiner Weltklugheit protzte, aber ich habe später eingesehen, daß er wirklich ein ausgezeichneter Politiker war; mir weit überlegen in der Behandlung menschlicher Dinge.

Trotz alledem wußte ich, daß Liebe keine Dauerextase ist, sondern ein Kontinuum, daß sie nur für Toren ein Feuerwerk ist, das in der Nacht versprüht. Und so war ich hin–und–her gerissen, zwischen dem Wunsche mein Leben auf dieses Erlebnis

aufzubauen und dem Bewußtsein, daß mir dies nie gelingen
würde, da Menschen wie ich nicht zum Glück geboren sind.

Seitdem wir uns in Heidelberg getrennt hatten, hatte sie regelmäßig geschrieben; ich antwortete ihr mit Briefen, die ich an
eine Tante von ihr sandte. Zuweilen schrieb sie in ihren Briefen
ganze Sätze aus Büchern ab, die ich leicht erkannte. Aber was
mich an anderen Menschen abgestoßen hätte, schien mir be-
langlos, wenn sie es tat. Auch rief sie mich von Köln jede Woche
zweimal an. Gewöhnlich von dem *Domhotel,* wo sie zu Tanztees
ging, und wo der Concierge schon meine Telephonenummer
auswendig wußte: Kurfürst 6572.

Im Oktober schrieb sie mir, daß sie ein Kind erwarte, und ich
versagte ihr, wie den anderen Frauen. Ich wollte nicht gebunden
sein. Sie tat die notwendigen Schritte, aber ich kann nicht
glauben, daß sie mein Verhalten für mich eingenommen hat.
Überhaupt ist mir auch in dieser Beziehung der Gedanke, ihr
treu zu sein, niemals gekommen, wie ich mich auch nie gefragt
habe, ob sie mir treu war. Trotzdem erwartet sie es von mir,
denn sie ließ sich durch einen Detektiv beobachten, und erfuhr
so, von meiner Existenz. Mir schien dies lächerlich, da ich ihr
jeder Zeit offen gesagt hätte, wie ich lebte. Im Dezember kam sie
nach Berlin. Sie hatte in Köln gesagt, daß sie zu einer Hochzeit
führe, hatte aber statt dessen, das Flugzeug genommen, um nach
Berlin zu fliegen. Schlechtes Wetter erzwang eine Notlandung in
Hannover, und sie nahm den Zug von Hannover bis Berlin. Ich
erwartete sie auf dem Bahnhof, und sie fuhr in das *Hotel
Esplanade.*

Sie hatte sich ein neues Abendkleid machen lassen und wollte
in ein Nachtlokal gehen. So fuhren wir erst in die *Regina* und
dann in die *Kaskade.* Mir bedeuteten solche Plätze nichts, und
da sie in einem sogar einen Bekannten aus Köln traf, war ihr und
mir der Abend verdorben. Am nächsten Tage wechselte sie das
Hotel. Bevor sie das Zimmer verließ, nahme sie die Nelken, die
ich ihr gebracht hatte, und brach sie in tausend Stücke. Sie
wollte sie nicht mit irgend jemandem teilen! Wir verbrachten die
Nacht zusammen und plötzlich schienen alle Wolken, die unser
Zusammensein verdüstert hatten, wie weggeblasen. Sie sprach
wie vor Monaten in Baden–Baden und Heidelberg, und ihre
Worte hatten dieselbe Inspiration wie einst. Sie sagte: ,,Alle

Uhren müßten stehen bleiben, und die Menschen müßten vergessen aufzustehen, und alle Straßen würden leer bleiben. Dann könnten wir immer beinander sein." Als Kind, so erzählte sie mir, habe ihr Vater ihr immer eine Geschichte vorlesen müssen. Dann fragte sie ihn, wie hoch ist der Himmel? „Noch höher". Bis tausend? „Tausend war das äußerste und ich liebe Dich bis Tausend." Im Grunde war sie ein Kind, für das die Geschöpfe seiner Phantasie die höchste Realität haben. „Und wenn ich fünfzig Jahre jeden Tag sagen sollte, wie ich Dich liebe, und was ich für Dich tun möchte, so würde mir jeden Tag etwas anderes einfallen . . . Ich könnte Dich beneiden um meine Liebe."

Es gibt eine Wollust der Erinnerungen, und es ist mit diesem Gefühl, daß ich an diese Umarmungen zurückdenke, die sie mir hinhielt, wie die Opfer an einen heidnischen Gott, leidenschaftlich, gewalttätig, und streng. In diesen Momenten schien sie nicht mehr sie selbst zu sein; sie rief Verwünschungen, Beschwörungen, und Laute des Entzückens und des Abscheus aus.

Ich weiß nicht, ob sie diese Nacht so tief erlebt hat wie ich. Wir hatten kaum Zeit zu schlafen. Unter unseren Fenstern dröhnten die Lastwagen und riefen die Zeitungsverkäufer ihre Botschaften aus, bis schließlich der fahle Morgen heraufdämmerte. Sie ergriff meine Hand und die Trauer des Abschieds begann uns zu überschatten. Danach wieder Briefe und Anrufe aus Köln, und im März 1931 kam sie noch einmal nach Berlin. Es war kein guter Winter für mich; viel Krankheit und viel Arbeit. Aber diesmal schien sie entschlossen, in Berlin zu bleiben. Sie wohnte in einem Apartmenthotel in meiner Nähe. Aber es schien schwerer, die alte Flamme zu entfachen. Ich glaube, daß sie enttäuscht von mir war, und als ihr Mann ihr Bankkonto sperrte, entschloß sie sich nach Köln zurückzukehren. Unsere Korrespondenz wurde unregelmäßig. Im Sommer 1932 saß ich an meinem Schreibtisch und las Balzac. Sie hatte mir seit Monaten nicht geschrieben. Plötzlich verwischte sich die Buchstaben auf der gedruckten Seite und ich sah ihre Handschrift vor mir. Am nächsten Tag empfing ich einen Brief, der zur gleichen Stunde geschrieben worden war.

Dann kam der Nationalsozialismus, und sie wußte, was es für mich bedeuten würde. Alle ihre Verwandten und viele ihrer

Freunde waren in der Partei. Sie fuhr fort zu schreiben, vielleicht aus Mitleid, vielleicht weil sie mich noch immer liebte. 1934 kam sie plötzlich auf längere Zeit nach Berlin. Ich widmete mich ihr, so weit es meine Zeit erlaubte. Ich machte sie mit einigen meiner Freunde bekannt, und sie gewann sie leicht für sich. Sie war noch immer so schön, daß die Menschen auf der Straße stehen blieben und sich nach ihr umdrehten. Aber wir wußten beide, daß unsere Leben auf immer in getrennten Bahnen laufen würden. Zuweilen sagte sie, ob im Ernst oder Scherz, ist schwer zu entscheiden, ,,Ich könnte Dich ja einfach niederschießen.'' Wahrscheinlich dachte sie noch immer, daß es eine Zukunft für uns geben müßte. Warum sie in Berlin war, wüßte ich nicht zu sagen. Es war ein Gesetz zwischen uns, daß wir uns nicht über unser Leben ausfragten. Dann verschwand sie, kam aber im Herbst wieder und hatte sich von ihrem Manne scheiden lassen; oder vielleicht war es auch umgekehrt, und ihr Mann hatte sich von ihr scheiden lassen. Sie nahm eine Wohnung in Steglitz, wo ich sie zuweilen zum Tee besuchte. Sie spielte mir Platten vor und war im ganzen heiter und ohne Ansprüche an mich. Zuweilen küßte ich sie, aber wir ließen es dabei bewenden. Ihr Umgang war *the Smart Set* von Berlin, der ihr nicht zuzusagte, und den sie doch nicht entbehren wollte. Sie bat mich, vorsichtig zu sein, mit meinen Ausspüchen über Adolf Hitler, besonders wenn ich seine Stimme auf der Straße aus den Lautsprechern hörte. Dann sah ich sie noch einige Male im Sommer 1935. Sie hatte Beziehungen zu einem jungen Mann aufgenommen, die sich darauf gründeten, daß er einen weißen Merzedes fuhr. Ich versuchte ihr das auszureden; sie war zu schön, um sich für einen eleganten Wagen zu verkaufen. Schließlich hatten wir eine lange Aussprache, in der wir uns darüber klar wurden, daß wir in getrennten Welten lebten. Ich hatte eine Ahnung von dem, was mir bevorstand und wußte, daß sie sich in der Emigration nie zu Hause fühlen würde. Sie hatte keinen Pioniergeist, und was sie sich an Abenteurn wünschte, gehörte nicht in die Sphäre der Entbehrung und Bewährung. Als ich ihr sagte, wie hoch, oder richtiger gesagt, wie niedrig mein Einkommen war, antwortete sie mir, ,,Das wäre gerade genug für meine Lingerie.'' So trennten wir uns unter Tränen.

Als ich nach Bogotá ging, hat sie mir noch einmal geschrieben, daß ich der einzige Mann gewesen sei, den sie je geliebt habe. Aber Papier ist geduldig, und wenige Wochen später sandte sie mir die Anzeige ihrer zweiten Ehe. Eine Frau hat mir später gesagt, ich hätte Cara heiraten sollen, selbst auf die Gefahr einens völligen Fehlschlages. Aber da wir von diesem Fehlschlage von vornherein überzeugt waren, wäre es eine sinnlose Geste gewesen, die nur zu gegenseitigen Vorwürfen hätte führen können. Auch über ihr hat sich dann die Falltür der Zeit geschlossen, und ich habe nie wieder ein Lebenszeichen von ihr erhalten. Im Sommer 1931, als ich in Locarno war, fand ich in einem Buch den Ausspruch von Thomas a Kempis: ,,*Ne dederis mulierbus substantiam tuam.*'' Viele Jahre habe ich unter dem Einfluß dieser Liebe gestanden. Unsere Erlebnis, so erkannte ich, stehen auf unseren täglichem Dasein stolz und unvereinbar. Was wir Alltag nennen, ist die Entfremdung des Lebens von sich selber. Unsere großen Augenblicke fallen in das tägliche Leben, wie die Strahlen der Mittagssonne auf das Meer, lotrecht und blendend. So entstehen die Gedichte, die Gemälde, die großen Paläste, und Statuen. Des gleichen aber erkannte ich, daß ,,Glück und Schönheit selten sich vereint.'' So eröffneten sich mir nun Dinge, die mir sonst verschlossen geblieben wären. In einer Schweizer Zeitschrift, der *Corona*, fand ich das Romanfragment *Andreas oder die Vereinigten*, das nach Hofmannsthal Tode veröffentlicht worden war. Ich schrieb einen kurzen Artikel darüber, (den ich heute verbessern könnte), der aber doch sagt, was mich damals bewegte. Dazu kam die Oper, genauer gesagt die Entdeckung Mozarts. Es schien mir, daß seine Musik des Verlangen zweier Liebenden vollkommen ausdrückt: Treue, Sehnsucht, Begierde, Hingabe, Jubel, und das Aufschmelzen in dem geliebten Du. Konstanze und Belmont sind so ewig wie Romeo und Julia. Mozart war ein Genie der Zärtlichkeit. Erst jetzt verstand ich Mozart und habe zehn Jahr später, dies Gefühl in Worte zu fassen versucht.

Trotz alledem setzt ich meine Beziehungen zu Carlota fort. In der Erinnerung erscheint mir dies als die unbegreiflichste Seite meiner damaligen Existenz, gewiß war es diejenige, die meine Schwächen am klarsten bezeugt. Aber Carlota war auch ihrer seits nicht geneigt, auf mich zu verzichten. Als ich ihr zuerst von dieser Liebe sprach, versuchte sie mich durch hysterische Ausbrüche zurückzugewinnen. Dann gab sie dies auf, in der Hoffnung, daß ihre Rivalin verschwinden würde. Als sich dies nicht erfüllte, versuchte sie mir einzureden, daß sie ein Kind von mir erwarte. Als ich daran nicht glaubte, entschloß sie sich zu ertragen, was immer an Demütigungen und Enttäuschungen vor ihr lag. Daß ich dies hinnahm und ihr sogar erlaubte, mir Dienste zu leisten, war gewiß verächtlich. Nur ein Tor konnte hoffen, daß sie mir nicht eines Tages die Rechnung präsentieren würde.

Nach alledem könnte man glauben, daß ich meine intellektuellen Aufgaben vergessen, oder auf den zweiten Platz verwiesen hätte, aber dies trifft nicht zu. Deutlicher als zuvor spürte ich nun die Grenzen der Geschichte, d.h., der Geschichte als Wissenschaft. Sie war doch nur kleine Insel im Geschehen, die nicht viel von den großen Querverbindungen aussagte, die das Leben bestimmen, Eros und Thanatos. Es schien mir unmöglich, mein Leben auf das su reduzieren, was die ,,Geschichte'' als geistige Nahrung anzubieten hatte. Ich wollte weder die Dichtung, noch die Musik oder die Kunst entbehren. Damals träumte ich davon, daß es mir eines Tages gelingen könnte, all dies in einer *europäischen Geistesgeschichte* einzufangen. Mein Leben hat mir dies nicht erlaubt, und ich weiß auch nicht, ob meine Fähigkeiten dazu ausgericht haben würden.

Jedenfalls gab es zunächst dringendere Aufgaben. Ich stand vor meinem ersten Semester, dem Wintersemester 1930/31, und hatte meine Laufbahn mit einem Fehler begonnen. Anstatt mich zu informieren, was meine älteren Kollegen lesen würden, hatte ich kurzerhand angekündigt, daß ich europäische Geschichte im Zeitalter der Restoration und Revolution, also von 1815–1848, lesen würde. Zu meinem Schrecken sah ich dann, daß Meinecke sich diese Epoche auserwählt hatte. So blieb mir nichts übrig, als im letzten Augenblick mein Thema zu wechseln, und statt dessen *Geschichte der deutschen Parteien* zu lesen. Natürlich hatte ich nur wenige Zuhörer. Ich arbeitete aber unverdrossen und habe noch heute das Manuskript dieser ersten Vorlesungsreihe. Das Seminar fiel erheblich besser aus. Hier hatte ich mich für die Probleme des Nationalismus entschieden, eine Frage, die 1930 in Deutschland sehr akut war, und die viele Studenten anzog. Das gleiche Thema habe ich auch später noch in Seminaren behandelt und ihm sogar ein Buch gewidmet, freilich nicht das Beste meiner Bücher. Ich hatte bis zum Winter 1930 keine Ahnung, wie anstrengend die Lehrstätigkeit sein konnte. Dazu kam, daß ich noch immer an meiner verschleppten Mittelohrentzündung litt und oft bettlägrig war.

In der akademischen Welt fühlte ich mich aber sehr bald zu Hause. Erich Kaufmann war aus Bonn nach Berlin übersiedelt, um so besser seine Tätigkeit als Berater des auswärtigen Amtes und als Professor der Rechte auszuüben. Er war zum Honararprofessor der Universität Berlin ernannt worden. Kaufmann hatte grade das deutsche Reich in einem der großen Prozesse vertreten, die sich aus dem Versaillervertrag entwickelt hatten. Es ging, wenn ich mich recht erinnere, um die Entschädigung für die Stickstoffwerke in Oberschlesien, die, wie die ganze Provinz, an Polen abgetreten worden waren. Der Streit wurde vor dem internationalen Gerichtshof im Haag ausgetragen, und Kaufmann vertrat das Reich. Von dem Honorar baute er sich ein Haus in Berlin am Nikolassee, das zu den schönsten Häusern gehörte, die ich gesehen habe. Es war einstöckig und in L–form gebaut. Ein Flügel des Hauses war von der großen Bibliothek ausgefüllt, die mit auserlesenem Geschmack eingerichtet war. Wie ich schon erwähnte, hatte uns das Interesse an Stahl zusammen gebracht. Ich war oft in seinem Hause zu Gast und lernte auch seine schöne Frau kennen, die ihn als Schwester im ersten Weltkriege gepflegt hatte. Kaufmann war eine der außerordentlichsten Intelligenzen, die mir je begegnet sind.

Er hatte die Gabe ein verwickeltes Problem in wenigen Minuten auf seine Grundzüge zu reduzieren, und diese dann in präziser From vorzutragen. Es war mir darin um viele Jahre voraus, wenn ich überhaupt je zu der gleichen Begriffschärfe gekommen bin. Seine Feinde, und er hatte deren viele, nannten ihn einen „jüdischen Junker". Er war in der Tat konservativ und außerordentlich patriotisch. Selbst im Jahre 1933 fand er noch gute Worte für die „völkische" Bewegung. Darum ist er auch nicht emigriert, sondern 1939 nach Holland gegangen. Wie dem auch sei, wir verstanden uns ausgezeichnet und unternahmen zusammen zwei Projekte, die für mich von Bedeutung werden sollten. Einmal hielten wir im Jahr 1932 zusammen ein Seminar über *Bismarcks Staatsrecht* ab. Ich brauche kaum zu sagen, daß ich in diesem Seminar eigentlich unter die Studenten gehörte, denn Kaufmann kannte nicht nur die Materie um vieles besser, er war auch kraftvoller und entschiedener in der Durchdringung der komplizierten Struktur des zweiten Reiches. Daß ihm die prinzipiellen Fehler der Bismarckschen Konstruktion nicht so klar waren, wie sie mir heute sind, ist kaum verwunderlich. Kaufmann war zwanzig Jahre älter als ich, und ein Mensche der Epoche vor 1914. Das Experiment war so erfolgreich, daß wir hofften, es 1933 zu wiederholen; dann hat der Aufstieg des Nationalsozialismus dies unmöglich gemacht. Das andere Projekt, das Kaufmann anregte, betraf die Organisation einer kleinen Gruppe von Akademikern, die sich alle zwei Wochen einmal treffen sollten, um sich von ihren Forschungsplänen zu unterrichten. Es war das, was man im 19. Jahrhundert ein *Kränzchen* genannt haben würde. Wir wählten unter unseren Freunden aus, wer sich am besten dazu eignen würde. Die Hauptsache war, die Spezialisten zu vermeiden, und Köpfe mit philosophischen Interessen zu finden. Kaufmann schlug den jungen Schweizer Farner vor, der über Zwingli gearbeitet hatte, und mit dem ich mich recht anfreundete. Daneben noch den jungen Völker-rechtler Gerber, der sich freilich später als unzuverläßig erwies. Ich nominierte meinen Nachbarn Arnold Wolfers, den Direktor der Hochschule für Politik, einen gebürtigen Schweizer, der Berlin zu seiner Wahlheimat gemacht hatte, bis die Nazis ihn vertrieben. Er hat dann in Yale eine zweite Laufbahn angefangen. Dazu kam noch der Theologe Erich Seeberg, der ein höchst interessantes Buch über Gottfried Arnold geschrieben hatte, und ein Phychiater Zinn, der Assistent von Bonhoefer war. So waren alle vier Fakultäten vertreten. Wir trafen uns gewöhnlich gegen acht Uhr in der Wohnung eines der Mitglieder. Dann hörten wir dem Vortrag zu und diskutierten über Bier und belegten Broten bis zwolf oder ein Uhr nachts. Eine andere Gemeinschaft, wenn ich sie so nennen darf, war ein „Spaziergang", zu dem mich Meinecke einlud. Jeden zweiten Sonntag trafen sich eine Gruppe von Professoren und Politikern in Dahlem und wanderte durch den Grunewald auf ein kleines Restaurant zu, wo wir eine Tasse Kaffe tranken. Es hört sich ziemlich philisterhaft an, war aber höchst interessant, da außer Meinecke und seinen Schüler, wie Gerhard und Holborn, auch Professoren wie der Geograph Penk, der Ökonomist Sehring und die Generäle Groener und Reinhard dazugehörten. Groener war eine unerschöpfliche Quelle von Anekdoten, die freilich mehr und mehr den Charakter eines Kassandra–rufes annahmen. Er war, wie man sich erinnern wird, aus dem Kabinet Brüning entlassen worden, und seine Demission zog bald den Fall Brünings nach sich. Er hatte sich mit seiner Sekretärin verheiratet, und als ihnen nach funf Monaten ein Kind geboren wurde, tauften seine Feinde das Kind auf den Namen des finnischen Schnelläufers, Nurmi. Groener hatte schon damals Vorahnungen, was Deutschland bevorstehen könnte, aber an einen Sieg des Nationalsozialismus hat niemand in dieser Gruppe geglaubt. Wir alle wußte, daß die Weimarer Republik ihrem Ende entgegen trieb, aber der Aufstieg Hitlers schien uns deshalb keinesweg notwendig, und war es auch nicht.

Auch meine anderen Kollegen nahmen mich gut auf. Ich gedenke mit Dankbarkeit der Freundschaft, die mir Otto Hoetzsch entgegenbrachte, mit dem ich mich ausgezeichnet verstand. Auch der Verfassungshistoriker Holtzmann lud mich oft in sein Haus am Wannsee ein, und hat nach der Emigration die Verbindung mit mir aufrechtzuerhalten versucht. So schien mein Leben einen festen Rahmen gewonnen zu haben. Von vielen Seiten hörte ich, daß ich bald eine Professur erhalten würde, aber es war mir nicht einmal darum zu tun, rasch zum Professor aufzusteigen. Ich wollte erst den Aufbau meiner Vorlesungen vollenden.

Eigentlich begann ich meine akademische Laufbahn mit dem zweiten Semester. Ende Februar 1931 fühlte ich mich so angegriffen, daß ich mich dafür entschied, Stärkung im Süden zu suchen. Ich fuhr an den Lago Maggiore, und blieb 14 Tage in Locarno. Das Hotel, in dem ich wohnte, das *Hotel Reber,* steht noch heute dort, wo es vor vierzig Jahren stand, nur durch eine Mauer und eine Hecke von Bambusbäumen vom See getrennt. Das Wetter war schön aber kühl. Jeden Tag unternahm ich einen großen Spaziergang, herauf zu der Madonna del Sasso oder in die abgelegenen Täler. Die Mimosen standen in der Blüte und das ganze Ufer des Sees war mit ihrem Duft erfüllt. Im Garten des Hotels blühten Fresias, die zu einer meiner Lieblingsblumen wurde. Zuweilen ruderte ich am Morgen auf dem See und genoß den Anblick der Berge, die noch ihre Schneekappen trugen.

Manchmal nahm ich das kleine Dampfschiff, das mich nach Brissago oder Ascona trug. Ascona war damals sehr in Mode und von Künstlern überlaufen. Brissago hingegen war völlig unberührt, ein kleines Fischerdorf von unbeschreiblichem Zauber. Am Nachmittage nahm ich den Tee auf der Terrasse des Hotels und fühlte mich wie verzaubert. Die Terasse streckt sich weit in den See herein, und man hatte das Gefühl auf einem Schiff zu sein.

An einem Tage fuhr ich mit Bekannten nach dem Comer See. Wir hatten einen Wagen gemietet und kamen ziemlich früh in Como an. Dann ging es am Seeufer entlang zu der *Villa d'Este* und schließlich zu der Villa Carlota. Hier standen die Camelien in voller Blüte; sie wuchsen so hoch wie eine Wand und gaben dem Garten ein verwunschenes Ansehen. Dann nahmen wir ein Fähre, um nach Bellagio überzusetzen.

Und für einen kurzen Augenblick wußte ich, was es heißt, glücklich zu sein. Es war eine Fermate in meinem Leben, wie vor zwei Jahren in Norheimsund. Es war Mittag, und der Himmel war leicht verhangen. Ich stand an die Mauer eines Gartens gelehnt zwischen zwei Amphoren mit blühenden Blumen; auf dem See glitt ein Boot langsam vorüber. Die Luft war sanft und leicht und rührte die Haut an wie die Kamelien, die im Garten blühten. Ich dachte an die Menschen, die ich liebte, ich war traurig und heiter, verhalten und leicht. Es müssen solche Augenblicke gewesen sein, die Goethe meinte, wenn er sagte, er hätte nur eine halbe Stunde Glücks in seinem Leben erfahren.

So gingen diese kurzen Wochen vorüber; ein Tag schien schöner als der andere; ich war ohne Schicksal und ohne den Drang, der mich immer antrieb, mehr zu tun und weiter zu gehen, als ich eigentlich wollte. Ich hatte freundliche Menschen um mich, aber niemand teilte mein Leben. Ich hoffte sehnsüchtig, daß dies der Anfang eines neuen Lebens sein würde; *vita nuova, vita sana.* Der Eindruck Locarnos war so stark, daß ich im Herbst noch einmal dahinfuhr, und 1934 zusammen mit meiner Mutter zum dritten Male. 1965 unternahm ich eine vierte Pilgerschaft und stand von neuem unter dem Zauber dieses einzigen Ortes. Letztlich war es wohl die Landschaft der oberitalienischen Seen, die mich so bezauberte. Denn ich empfand den Reiz Luganos und Stresas mit den Boromäis-

chen Inseln kaum weniger stark. 1966 war ich noch einmal am
Comer See und machte die Fahrt nach Bellagio. Es war die
gleiche Jahrzeit wie 1930, Anfang April, und alles stand in Blüte,
Veilchen, Stiefmütterchen, Himmelschlüssel, Kamelien und
Mimosen. Ich besuchte John Marshall, der zu jener Zeit Direk-
tor, oder, wie er es nannte, Kustodian der *Villa Serbelloni* war.

Als ich 1930 in Bellagio war, hatte ich mir vorgenommen den
zweiten Band des *Stahls* dort zu schreiben. Ich hatte ein Stipendium von der *Notgemeinschaft der deutschen Wissenschaft*
erhalten, um das Buch zu beenden. Aber die Arbeit an den
Vorlesungen hielt mich davon ab, und schließlich machte es der
Sieg des Nationalsozialismus undenkbar. Denn der Triumph Hitlers war eine vollkommene Widerlegung aller Gedanken und
Glaubenssätze, für die Stahl gekämpft hatte. Es war auch die
absolute Leugnung des Prinzipes der Assimilation, als dessen
bedeutendsten Vertreter ich Stahl darzustellen versucht hatte.
Nach dem Kriege war es mir unmöglich zu diesem Gegenstande
zurückzukehren und so ist die Biographie Stahls ein Torso geblieben. Es war das einzige Mal in meinem Leben, das ich ein
Stipendium angenommen habe, ohne die Verpflichtung einzulö-
sen.

Die Arbeit an den Vorlesung nahm mich in der Tat weitgehend
in Anspruch. Ich hatte für das Sommersemester 1931 das *Zeitalter Bismarcks* als Thema angegeben und war überracht, als ich
70 Studenten in meinem Auditorium vorfand. Ich las damals
zweistündig und bereitete jede Vorlesung auf genauste vor. Ich
nahm meine Nachschrift der Vorlesungen Meineckes als eine
Art von Kanvas, und arbeitete sie um, so daß sie dem Stande der
Forschung entsprachen. Daß ich dabei unendlich viel gelernt
habe, brauche ich kaum zu betonen. Die Arbeiten von Zechlin
und Rothfels über Bismarck, die neusten Forschungen über
Napoleon III, die Studien Redlichs über das Österreichische
Reichsproblem, die Biographien Gladstones und Disraelis, all
dies war mir Quelle der Erkenntnis und des Genusses. Die
Studenten zeigten sich aufgeschlossen, und ich hatte selbst an
den heißesten Tagen eine guten Zuhörerschaft. Im Seminar beschränkten sich die Privatdozenten gewöhnlich auf das Prosemi-
nar, also Übungen zur Einführung in das Studium der Geschichte. Auch hier hatte ich mehr Erfolg als ich erwartet hatte.

Meine Situation in diesen Jahren war paradox. Während Deutschland unter der Wirtschaftskrise litt, und durch eine schwere Bankenkrise hindurchging, war ich persönlich besser daran als zuvor. Ich hatte ein kleines Stipendium von dem preußischen Kultusministerium, das allerdings auf ein minimum gekürzt wurde; das Stipendium von der Notgemeinschaft; und die beträchtlichen Kolleggelder. Die Sitte war damals für jeden Betrag, den ein Student bezahlte, noch 50% vom Staate hinzuzufügen. Und da ich in jedem Semester eine große Anzahl von Studenten hatte, so ging es mir recht gut. Ich konnte nun auch einen Beitrag zu den monatlichen Ausgaben des Haushaltes machen, und meinen Vater in dieser Weise entlasten.

Die Jahre zwischen 1930 und 1933 waren die unbeschwertesten meines Lebens. Trotz der Depression war das kulturelle Leben Berlins noch immer unerhört anregend. Die Stadt war das Zentrum der musikalischen Welt Europas. Die Oper stand auf einem hohen Niveau, mit Bruno Walter, Otto Klemperer, und Erich Kleiber als den prinzipellen Dirigenten und solchen Talenten wie Georg Szell als Stellvertretern. Einer alten Sitte entsprechend hatten die Mitglieder des Lehrkörpers der Universität das Recht auf zwei Opernkarten in der Woche, und ich machte davon ausgiebig Gebrauch. Daneben waren die Konzerte nach wie vor eine musikalische Attraktion ersten Ranges. Ich hatte zu jener Zeit das Klavierkonzert entdeckt. So hörte ich Wilhelm Kempf an einem Abend Beethovens drei große Klavierkonzerte spielen. Gewöhnlich zog ich es vor allein in diese Konzerte zu gehen; es war mir unmöglich, meine Eindrücke in Worte zu fassen, oder gar die Wiedergabe des Künstlers zu diskutieren.

In gewißer Hinsicht war mein Erfolg als Privatdozent eine unmittelbare Folge der Wirtschaftskrise. Da die Arbeitslosigkeit ständig stieg, und es unmöglich war, Beschäftigung zu finden, zogen es viele junge Menschen vor, auf die Universität zu gehen, was die Zahl der Studierenden über alles Maß hinaus anschwellen ließ. Aber vielleicht ist es nicht unbescheiden zu sagen, daß ich mich auch unter anderen Umständen als Lehrer durchgesetzt haben würde.

Die Stellung des deutschen Universitätsprofessors war in gewißer Weise einzig. Er lehrte nur sieben Monate im Jahr; der

Rest sollte der Forschung gewidmet sein, und war es in den meisten Fällen auch. Er war völlig frei, in dem was er lehren wollte, und nur durch die *venia legendi* auf estimmte Fächer beschränkt. Auch die Zahl der Lehrstunden war niedrig; im Durchschnitt sechs und für Privatdozenten sogar noch weniger. Ich habe nie mehr als fünf Stunden unterrichtet: ein Ideal, zu dem sich die amerikanischen Universitäten erst später durchgerungen haben. Allerdings hatte der Privatdozent nicht die Sicherheit einer festen Anstellung. Erreichte er aber das Ziel der Professur, so hatte er die Sekurität des Beamtem, die Freiheit des Künstlers, und das soziale Ansehen eines Patriziers. Dazu kam noch, daß die Verwaltung (trotz der Autonomie der Universität) in den Händen des Staates lag, so daß die Institution mit einem Minimum an bürokratischer Kontrolle und beruflicher Überlastung zu laufen schien. Im Durchschnitt kamen die Historiker nur zweimal im Jahre zusammen und entschieden, was jeder lehren wollte. Dabei spielte die Seniorität eine große Rolle; die *Ordinarien* hatten den Vorrang und wählten, was sie lehren wollten. Für die *Außerordentlichen Professoren* und die *Privatdozenten* blieb noch genug zu tun.

Natürlich hatte das System auch seine Schwächen. Die Entscheidung darüber, wer Privatdozent werden konnte, lag ausschließlich bei den ordentlichen Professoren und konnte, wie ich selbst erfahren hatte, oft willkürlich sein. Des gleichen war die Beförderung zuweilen eine Frage der guten Beziehungen oder der Heirat. Darüber erzählten sich die Privatdozenten viele anstößige Geschichten. Und es gab mehr als einen Professor, der auf Grund einer ,,nicht fortgesetzten Dissertation'' zum Ordinarius aufgestiegen war. Aber dies waren die Ausnahmen, und ich bin in meinem Leben keinem Universitäts–System begegnet, das nicht seine Fehler gehabt hätte.

Schwerer wog die Tatsache, daß die meisten deutschen Hochschullehrer so wenig Charakter zeigten, als die Stunde es erforderte. Die Gewohnheit, die Entscheidungen des Staates ohne Protest hinzunehmen, führte zu Situationen, wie der von 1933, wo mir der Philosoph Nikolai Hartmann auf meine Frage, wie man die Universität von den Nazis retten könnte, mit einem Achselzucken erwiderte: ,,Man kann sich nicht um alles kümmern.'' Allerdings kann man den selben Vorwurf gegen viele

Berufsgruppen des deutschen Volkes erheben. Es liegt hier wohl
eine Gesamtbelastung der Deutschen vor. Die Politisierung der
Universitäten hat aber auch Nachteile, wie das Jahr 1969/70 in
Amerika gezeigt hat.

Was den Unterricht selbst anbelangt, so beruhte der Ruf eines
Professors auf der Vorlesung und der Übung. Die Gabe der
Vorlesung ist angeboren und kann kaum gelernt werden. Ich
glaube noch immer, daß sie ein unersetzliches Mittel ist, jüngere
Studenten zu lenken und zu unterweisen. Sie gibt mehr als ein
Buch geben kann, da sie auf der Gesamterfahrung und dem
Wissen des Lehrers aufgebaut ist, und dem Studenten dergestalt
eine Synthese bietet, die er in keinem Handbuch finden kann.
Das System der Vorlesung hat zwei Nachteile. Der erste ist, daß
der Professor sich mit der Routine einer einmal ausgearbeiteten
Vorlesung zufrieden gibt, und diese stur wiederholt, ohne auch
nur den Staub von den vergilbten Blättern abzublasen. Allerdings ist dies heute kaum mehr möglich, da die Welt in einem so
rapiden Wandel begriffen ist, und die Resultate der Forschung
sich derart aufhäufen, daß es intellektueller Selbstmord wäre, es
bei einer einmal gefaßten Form belassen zu woll Der zweite
Nachteil liegt darin, daß die Vorlesung den Studenten in ein
passives Organ verwandelt, das sich damit begnügt, nachzu-
schreiben, was der Lehrer sagt. Das hat schon Mephistopheles
gewußt und darüber gespottet. In Amerika hat man diese Gefahr
überwunden, indem man jedem Studenten das Recht zur Diskussion einräumt. Ich halte dies für eine ausgezeichnete Methode und habe mich ohne Schwierigkeit an sie gewöhnt. Die
Gefahr, daß faule oder rebellische Studenten, dies Recht der
Diskussion, dazu benutzen, den Lehrer zu hänseln oder zu un-
terbrechen, ist gering und in jedem Falle das kleinere Übel. Auch
sollte ein guter Lehrer genug Humor und *sang froid* besitzen,
solchen Störungen zu steuern. Die deutschen Studenten haben
sich nicht leicht an die Methode der freien Diskussion in der
Vorlesung gewöhnt. Als ich 1965/66 an der Freien Universität
Berlin lehrte, hatte ich mit meinem Versuch, die Studenten zur
Diskussion zu bewegen, keinerlei Erfolg.

Das Seminar hingegen, das ja eine deutsche Erfindung ist, gibt
dem deutschen Studenten die Freiheit, dem Lehrer und seinen
Seminar–genossen zu widersprechen, und sie zeigen sich hier oft

den amerikanischen Studenten überlegen. Dazu bietet das Seminar auch eine Fülle von Möglichkeiten, die der Vorlesung versagt sind. Es kann sich auf ein monographisches Thema beschränken, oder einen weitgespannten Rahmen zu füllen versuchen. Die Begrenzung liegt nur in der Zahl der Teilnehmer. Im Zeitalter der demokratischen Massenerziehung wird die Vorlesung, jedenfalls für die jüngeren Studenten, unentbehrlich bleiben. *Paperbacks* und Schallplatte erlauben heute eine größere Weite des unmittelbaren Kontaktes mit den ursprünglichen Quellen als dies vor eines Menschenalter üblich war. Durch diese Hilfsmittel kann die Vorlesung den Methoden des Seminars angenähert werden.

Ein anderer Unterschied zwischen der deutschen und der amerikanischen Universität ist der Altersunterschied der Lehrkörper. Durch die Strenge Auswahl der Privatdozenten und das komplizierte System der Habilitation war der deutsche Privatdozent im allgemeinen älter als sein Gegenspiel an den amerikanischen Universitäten. In Amerika werden junge Gelehrte schon vor den Doktorexamen zum Unterricht herangezogen. Sie verheiraten sich im allgemeinen früher, und oft trägt die Frau zu dem Familieneinkommen bei, wenn sie die Familie nicht ganz ernährt. In Deutschland war der Privatdozent fast immer zu einer Spät–ehe gezwungen, wenn er nicht im Hauptamt einen anderen Beruf, wie den des Archivans oder Lehrers an einer höheren Schule, ausübte. So bestand in Deutschland eine größere Kluft zwischen Studenten und Lehrern, als ich sie in Amerika angetroffen habe. Vielleicht war mein Erfolg als Lehrer in Berlin zum Teil der Tatsache zuzuschreiben, daß ich den Studenten im Alter näher stand und jeder Zeit bereit war, mit ihnen zu sprechen. So hatte ich bald eine Anzahl getreuer Schüler, aus denen sich langsam ein engerer Kreis herausschälte. Besonders in der Zeit des Nationalsozialismus war dies von Bedeutung, was nicht heißt, daß alle Mitglieder dieses Kreises dem Regime feindlich gegenüber standen. Aber sie waren mir so eng verbunden, daß ich mich auf ihre Verschwiegenheit verlassen konnte.

Zu diesem engeren Kreise gehörte ein junger Mann, der 1932 in mein Seminar kam, und sich mir als Oswald Dubsky vorstellte. Andere Studenten erzählten mir, daß er in Wirklichkeit

Graf Dubsky hieße. Ich war davon nicht sonderlich beeindruckt, da es verarmte österreichische Aristokraten in Hülle und Fülle gab. Er arbeitete aber sehr ordentlich, und allmählich kam ich ihm näher. Er ging auf die Zusammenkünfte, die uns im Sommer oft in den Grunewald führten, und die gewöhnlich in einem Tanzlokal endeten. Wir bevorzugten das *Quartier Latin*, das in der Nähe des Zoologischen Gartens lag. Auch schien er sich mit den anderen Studenten gut zu verstehen. Er hatte kleine Wohnung am Kurfürstendam in die er mich oft einlud. Als die Nazis an die Macht kamen, trat er offen für mich ein, obschon er selbst Nationalsozialist war.

Eines Tages kam er in meine Sprechzimmer und sagte mir, daß er mich mit seinem Vater bekannt machen wollte. Sein Vater wohne in dem Hotel *Eden*; würde ich mit ihnen zu Abend essen? Als ich zusagte, drehte er sich auf der Schwelle um, und fügte hinzu: ,,Wir ziehen uns am Abend um.'' Ich zog also meinen Smoking an und traf den älteren Grafen im *Eden*. Er war ein Mann, dem man sogleich ansah, daß er aus der österreichischen diplomatischen Schule stammte. Er dankte mir, daß ich seinen Sohn in eine strenge Zucht genommen, und ihm einen Begriff davon gegeben habe, was arbeiten sei. Am Ende des Abends fragte er mich, ob ich nicht einen Teil meiner Sommerferien auf dem Dubskyschen Landsitz verbringen wollte? Ich hatte keinen Begriff, was das Wort ,,Landsitz'' in diesem Falle bedeuten konnte, nahm aber nach einigem Zögern die Einladung an. Es war der Sommer 1933, und da ich ziemlich abgespannt war, war mir die Aussicht zu den Dubskys zu gehen willkommen. Ihr Landsitz hieß Zadlowiz–Lostice und war in Mähren gelegen, wie denn die Familie böhmischen Ursprunges war. Um dorthin zugelangen mußte man entweder nach Wien und Brünn, oder über Dresden und Prag mit dem Zuge nach Mähren fahren.

Ich zog den Weg über Prag vor, da ich es nicht kannte, und blieb eine Woche in der Hauptstadt der Tschechoslovakei. Der Eindruck war überwältigend. Ich wohnte in dem Hotel Ambassadeur, das am Wenzelplatz gelegen ist und das noch heute existiert. Zunächst war es eine Gnade von dem Druck des totalitären Systems in Deutschland vorübergehend befreit zu sein. Aber dies war nicht das Entscheidende. Da war die Stadt selbst, die eine eigene Vitalität hatte. Auf dem Wenzelsplatz, der ja in

Wirklichkeit eine Weite, wenn auch nicht sehr lange Straße ist, wogte eine eng–gepackte Menschenmenge hin und her; die Stadt schien von seltsamen Gerüchen engefüllte, die an den Osten gemahnten. Ich wurde mir darüber klar, daß dies das Einfallstor zum Orient war, und daß der Weg nach Konstantinopel über Prag führte. Damals hatte ich noch keine Ahnung, von den Plänen Adolf Hitlers, aber ich verstand zum ersten Mal die strategische Bedeutung dieser Länder. Dazu kam, daß die Bevölkerung einen ausgezeichneten Eindruck auf mich machte. Die Schwierigkeit der Sprache war leicht zu überwinden. Wenn die Menschen einer deutschen Frage nicht antworten wollten, so genügte es, diese auf französisch zu wiederholen, um rasch eine Antwort zu bekommen. Was mich aber völlig überwältigte, war Prag selbst. Da war zunächst die Altstadt, die herrliche Hadschrinburg mit der Kathedrale und dem Schloß. Man konnte es nicht unterlassen, an Karl IV. und an Rudolf II. zu denken, die hier gehaust hatten. Auf dem Wege zu dem Schloß kam man an der Goldmachergasse vorbei, und Erinnerungen an den *Golem* stiegen auf. Überschritt man die Karlsbrücke so sah man den tiefgrünen Fluß: Smetana's *Moldau*. In der Altstadt riefen die Paläste die Erinnerung an die großen europäischen Adelsgeschlechter wach, die Rohans, die Wallersteins, die Czernins. In der Neustadt war es kaum anders. Da war der Pulverturm, die berühmte Uhr, die eine der ältesten Europas ist. Der Schatten Johannes Huss' stieg auf, wenn man die Karlsuniversität betrat. Einmal nahm ich mein Mittagsessen in dem Hof eines Barokpalastes ein und fand heraus, daß er einst der Familie Piccolomini gehört hatte. Es war des Staunens kein Ende. Als ich 1966 wieder nach Prag kam, lag dieselbe Stadt noch an den Ufern der Moldau, aber das kommunistische Regime hatte seinen Mehltau darüber geworfen, und alles schien farb– und leblos.

Ich fühlte ein tiefes Bedauern, als die Woche zu Ende ging und ich mich nach Mähren aufmachen mußte. Aber meine Befürchtungen erwiesen sich als grundlos. Der Besitz bestand aus 200 Hektaren, die die tchechische Regierung der Familie Dubsky nach der Agrarreform belassen hatte. Es war ein Waldbestand, den der Graf in einen großen Park verwandelt hatte. Das Schloß war im Barokstil von einem der großen Meister, Fischer von

Erlach, erbaut worden. Die Fassade war für ein Barokgebäude schlicht und verhalten. Von der Front konnte man die beiden Seitenflügel nicht sehen, die sich auf den Park hinaus öffneten. In diesen Seitenflügeln lagen die Schlafzimmer im unteren Geschoß, und die Bibliothek und der Speisesaal im zweiten Stockwerk. Mein Zimmer lag im rechten Flügel, wo auch die Schlafzimmer des Grafen und anderer Gäste waren.

Das Dasein, das man in Zadlovic führte, war eine Art von Märchenexistenz, jedenfalls ein Treibhausdasein, das von der Wirklichkeit kaum berührt wurde. Der Haushalt hatte nicht weniger als acht Autos, meistens Tatrawagen, die in der Tschechoslovakei hergestellt wurden. Dem entsprach ein großer Stab von Bedienten; es gab einen Butler, der Matthias hieß, und vor dem alle in Angst und Furcht lebten. Mir selber war ein Diener zugeteilt worden, der mir am Morgen das Frühstück brachte und mein Bad herrichtete. Am Nachmittag legte er mir die Abendkleider heraus, und wärmte jedesmal das Hemd vor dem großen Kachelofen an.

Die Familie Dubsky bestand, außer dem älteren Grafen und Oswald, aus seiner Mutter, einer geborenen Gräfin Lützow, einer Tochter, die recht leidend war, und einem zweiten Sohn, der Aga genannt wurde. Die Gräfin war sehr katholisch, hatte ihren eigenen Kaplan, der jeden Tag Messe las, was sie aber nicht hinderte, eine Anhängerin Hitlers zu sein. Außerdem war noch ein Neffe des Grafen, ein Baron Wolfgang Thienen, da, der halb dänischer Abkunft war. Gäste kamen fast jeden Tag und blieben zuweilen über Nacht oder für einige Wochen. Es war eine einzigartige Gelegenheit, den österreichischen Adel kennenzulernen, bevor er in dem zweiten Weltkrieg zerstört wurde. Da waren die Thuns, die Trautmannsdorff, die Coudenhove Kalergis, und die Vetseras, alles Namen, die in einer oder der anderen Weise mit der Geschichte des Hauses Habsburg zusammenhingen. Sie nannte sich beim Vornamen und sprachen sich mit Du an, ob sie verwandt waren oder nicht, nur ich war der „Herr Doktor". Sie hatten ausgezeichnete Formen, besonders der Graf selbst war von ausgesuchter Höflichkeit, was ihm bei seinem Temperament nicht leicht gefallen sein kann. Eines Tages funktionierte sein Badezimmer nicht, und als er von seinem täglichen Tennisspiel zurückkam und mich auf dem Korridor traf, sagte er, ,,Würden Sie mir erlauben, ihr Badezimmer zu benutzen?''

Fast alle diese Menschen hatten sich dem Nationalsozialismus verschrieben und glaubten an die charismatischen Fähigkeiten des ,,Führers''. Es war vergeblich, daß ich sie darauf hinwies, wie widerspruchsvoll die Ideologie, wie durchsetzt mit Verbrechern die Partei war, sie widerstanden jedem Argument. Den Antisemitismus betrachteten sie als eine Art von Kinderkrankheit, die die Partei bald überwinden würde. Was die Motive dieser Parteilichkeit gewesen sein mögen, ist schwer zu sagen. In vielen Fällen wohl die Hoffnung, in einem neuen Deutschland zu der Elite zu gehören. Für die Tschechen hatten alle die größte Verachtung und sprachen von dem Präsidenten Masaryck nur als ,,das Urschwein''. So war es eine seltsame Mischung von Klassenressentiment und Nationalismus, die sie zu Hitler und seinen Horden zog. Eigentlich hätte mich das abstoßen müssen, aber die Formen, in denen es ausgesprochen wurde, waren so fein, daß es schwer war, den Menschen etwas zu verargen.

Dazu kam noch, daß sie persönlich von der Vulgarität der deutschen Nazis weit entfernt waren. Vor mir war Theodor Lessing in Zadlovic gewesen; mit mir zusammen war Rudolf Kassner da; nach mir Kam das Rosé Quarttet. Im ganzen lebte die Familie nach dem Prinzip ,,*noblesse oblige*'', und betrachtete Gastfreundschaft als eine der Formen, ihren Reichtum anzuwenden.

Ich fragte mich oft, woher die Mittel kamen, diesen Stil des Lebens zu bestreiten. Denn die Familie hatte nicht nur den Besitz in Böhmen; außerdem hatte sie ein Haus in Wien und ein Schloß in Salzburg, wo sie die Festspielwochen verbrachten. Die Antwort, so weit ich sie gegen kann, war einfach. Die Mutter der Gräfin war holländischer Abkunft und verfügte über ein großes Einkommen, das aus Zinnminen in Sumatra stammte. So war es ein imperialistisch, kapitalistisch, feudales Vermögen, das diesen Aufwand bestritt. Ich lernte auch die Mutter der Gräfin und ihren Vater kennen. Er war der letzte österreichische Botschafter am Quirinal gewesen. Nach dem Kriege hatte er sich eine Villa in der Nähe von Florenz gekauft, wo ich sie 1934 besucht habe.

Das tägliche Leben in Zadlovic war höchst angenehm. Nach

dem Frühstück spielten wir Croquet, worin ich es zu ziemlicher Fertigkeit brachte. Um 12:30 aßen wir das Lunch, das im allgemeinen leicht war, und zu dem wir einheimische Weine tranken. Am Nachmittag machte ich gewöhnlich einen langen Spaziergang mit dem Grafen Adolf, dem Vater Oswalds, wenn wir nicht die „Jause" in Picknickform im Walde einnahmen. Dann zog man sich um, und nahm das Abendbrot. Danach Bridge für die, die es mochten, oder Lektüre und Unterhaltung in der Bibliothek. Es war eine anziehende und geruhsame Form des Lebens, obschon ich mir darüber klar war, das es für mich nur eine fata morgana sein konnte. Oswald selbst sah ich wenig. Er ging auf die Jagd oder flirtete mit den jungen Komtessen. Dagegen schloß ich mich an den Baron Thienen an, der ein hochbegabter Mensch war, und alle Fähigkeiten hatte mit Ausnahms der einen, sie zu benutzen. Er hatte in jedem Beruf versagt und lebte getrennt von seiner Frau, die in Meran ein Hotel führte. Er war, was W. H. Auden ein „paralysierter Hamlet" genannt hat; aber auch er war ein enragierter Nazi. Da die österreichische Aristokratie weit verzweigt war, konnte es mich auch nicht überraschen, daß ich unter den Verwandten der Familie Dubsky Anhänger Hitlers aus Ungarn traf.

Auf dem Rückweg nach Berlin ließ ich noch einmal die gothisch–barocke Schönheit Prags in mich sinken. Aber sobald wir an die deutsche Grenze kamen, fühlte man den Gifthauch des totalitären Drachens. Ich hielt die Beziehungen mit den Dubskys aufrecht, einmal, da Oswald sich entschieden hatte, seine Doktorarbeit bei mir zu machen, und sich dafür Houston Stewart Chamberlain ausgesucht hatte. Sodann aber auch weil sein Vater mit mir korrespondierte, und ich an seinen Meinungen interessiert war, selbst wenn ich sie nicht teilte. Ich besitze noch die meisten seiner Briefe; von meinen Antworten aber nur eine, die aus dem Jahre 1934 stammt. Aus Berlin konnte man damals nur mit Vorsicht schreiben, und so sprach ich von den politischen Umständen als „klimatischen Verhältnissen". Vielleicht kann ich aus diesem Brief einen Satz zitieren: „*Qui vivra verra,* was trivial wäre, wenn Leben heutzutage noch eine Selbstverständlichkeit wäre."

Der Graf wollte mir beweisen, daß die Nazis garnicht so böse wären, wie die Propaganda des Auslandes sie erscheinen ließ, selbst nach der Ermordnung Dollfuß oder dem Parteitag von 1935! Als ich nach Kolumbien auswanderte, fuhr er fort mir zu schreiben, und ging so weit, mit dem Gedanken eines Besuches in Bogotá zu spielen. Wir diskutierten, ob er einen Wagen mitbringen sollte, ob er mit dem Flugzeug oder dem Schiff nach Bogotá kommen sollte, und was der Dinge mehr waren. Dann kam der deutschen Einfall in Österreich, und unsere Korrespondenz brach ab. Nach dem Kriege las ich in den Memoiren des Herrn von Papen, der damals deutscher Gesandter in Österreich war, daß ihm Graf Dubsky bei der Vorbereitung des Anschlußes sehr nützlich gewesen war. *Quem Deum perdere vult priusquam dementat.*

Dennoch habe ich oft an die Tage in Zadlovic denken müssen, besonders dann, wenn ich Hofmannsthal *Der Schwierige* las. Im Sommer 1968 aß ich mit meinem Freunde William Slottman in dem Faculty Club of Berkeley zu Mittag, der ein Kenner der österreichischen Monarchie ist; er war sehr amüsiert, als ich ihm von meiner Begegnung mit dem österreichischen Adel erzählte. Am nächsten Tage brachte er mir einen österreichischen Gotha, und als ich den Name Dubsky aufschlug, sah ich, daß Oswald im Russischen Feldzug 1941 gefallen war. Sein Bruder Aga ist 1944 im Lazarett gestorben. Der Vater hat den Krieg überlebt und ist 1952 am Bodensee gestorben.

Mit alledem bin ich meiner Lebensgeschichte um vieles vorausgeeilt. Um zu den Vorlesungen zurückzukommen, so trugen sie unendlich viel dazu bei, meinen historischen Horizont zu erweitern. Ich las ein Semester über *die französische Revolution und Napoleon,* dann über die *Gegenreformation,* und schließlich versuchte ich meinen Lieblingsgegenstand einzuführen: ich kündigte eine Vorlesung über die *deutsche Geistesgeschichte von 1770–1830* an. Selbst wenn es unbescheiden klingen mag, kann ich doch sagen, daß ich mit allen meinen Versuchen Erfolg gehabt habe, und daß meine Schülerzahl ständig im Wachsen war. 1932 fiel es mir zu, Meinecke, der sich von seinem Lehramt zurückziehen wollte, die Abschiedsrede zu halten. Wir hatten den Raum, in dem er seine letzte Vorlesung hielt, geschmückt, und ich sprach nur wenige Minuten. Leider habe ich das Konzept dieser Rede nicht mehr, nur noch das Stichwort, daß „Intuition und Zweifel die Mittel historischer Erkenntnis'' seien. Im gleichen Jahre begingen wir Meineckes 70 Geburtstag, und wieder wurde ich zusammen mit.

Siegfried Kähler beauftragt, das Geschenk auszusuchen, das ihm seine Schüler und Freunde überreichen wollten. Wir wählten eine Skizze des Rheintales von Hans Thoma, die ihm, glaube ich, Freude gemacht hat.

Weil mein erotisches Leben noch immer konfus und ungeordnet verlief, schien mein geistiges Leben gesichert. Ich hatte damals den Plan, eine Studie über die Organisation des napoleonischen Reiches zu beginnen, habe sie aber leider zurückgestellt, bis es zu spät war.

Mein Verhältnis zu meinen Kollegen war gut und in vielen Fällen fruchtbar. So weit ich es übersah, waren unter den Berliner Historikern nur ein oder zwei Nationalsozialisten. Das änderte sich allerdings nach dem 30. Januar 1933. An die Machtübernahme durch Adolf Hitler habe ich nicht geglaubt, und bin noch heute der Ansicht, daß sie sich hätte vermeiden lassen. Die Schuld an dieser Verkettung liegt bei der Großbourgeoisie, im besonderen bei Männern wie Schacht und Hugenberg, bei Aristokraten wie Herrn von Papen, vorallem aber bei der Reichswehr, die 1933 so versagte wie 1934 und 1938. Natürlich war auch die Arbeiterschaft nicht unschuldig, so wohl die kommunistische Partei, die stur der Parole Stalins folgte, als auch die Sozialdemokratische Partei, die verantwortsflüchtig war und nicht den Mut hatte, die Macht einzusetzen, als es noch möglich war. Die deutsche Katastrophe von 1933 gemahnte mich an Goethes Worte, daß die Geschichte eine ,,Mischmasch von Irrtum und Gewalt" ist. Damit will ich nicht sagen, daß mich die ökonomische, soziale, und politische Krise, durch die Deutschland hindurch ging, nicht im tiefsten berührt hätte. ,,Man muß den Menschen," so schrieb ich in mein Tagebuch, ,,eine neue Ordnung geben." Aber wie das geschehen könnte, wußte ich so wenig wie die meisten Deutschen in diesen Jahren.

Unsere Familie war von den Auswirkungen der Wirtschaftskrise nur wenig berührt. Die großen Gesellschaften, mit denen mein Vater arbeitete, hat ten kaum unter der Arbeitslosigkeit zu leiden. Mein Bruder behielt nicht nur seine Stellung, sondern stieg zum Direktor eines Unternehmens auf, das seinen Sitz in der Tschechoslovakei hatte, und von den

deutschen Verhältnissen unabhängigen sein schien. Meine
Schwester Paula hatte eine Stellung an einer Privatschule gefunden, die über ihre persönlichen Schwierigkeiten hinweg sah.
Lotte arbeitete im Haushalt. Natürlich war ich mir darüber klar,
daß die Wirtschaftskrise nicht nur den kulturellen überbau, sondern die ganze Struktur der menschlichen Gesellschaft und ihre
Sittlichkeit gefährdete, daß die Zustände, unter denen wir lebten, kaum verdienten menschliche genannt zu werden. Im Berlin, z.B., stieg die weibliche Prostitution in einem unvorstell-
baren Grade. Aber dies waren mehr intellektuelle Festellungen
als persönliches Leiden.

Theoretisch gesehen, hätte es müssen, die Krise zu überste-
hen, und einen neuen Staat aufzubauen. Die Reparationen hatten sich selbst *ad absurdum* geführt und waren dem Ende nah.
Nach ihrer Abschaffung konnte die Brüning'sche De-
flationspolitik abgebaut und eine Politik der Arbeitsbeschaf-
fung eingeleitet werden. Allerding hätte der Weimarer
Parteien–staat einem politischen Neubau weichen müssen. Daß
dies möglich ist, hat Charles de Gaulle 1958 bewiesen. Aber dieser
Name zeigt den tiefen Unterschied zwischen dem Frankreich
von 1958 und dem Deutschland von 1932. In Deutschland stand
ein alter Mann an der Spitze der Regierung, der starke Zeichen
der Senilität zeigte und unverantwortlichen Ratgebern ausgesetzt war. Die Männer der Vernunft, wie Brüning und
Groener, entbehrten jedes Charismas. Eine Umgestaltung des
staates hätte nur aus einer Nationalversammlung hervorgehen
können. Wie die Dinge 1932 lagen, hätten die Nazis in dieser
eine starke, vielleicht sogar die Mehrheitspartei dargestellt. So
blieb als Übergangslösung nur eine Art von Vernunftdiktatur
übrig, die so lange hätte dauern müssen, bis die Folgen der
Wirtschaftskrise überstanden, und die Springflut des Nationalsozialismus im abflauen war. Auch dies wäre möglich gewesen, wenn sich ein Führer gefunden hätte, der dem Totentanz
Hitlers die Stirne hätte bieten können. Aber es ist nutzlos zu
leugnen, daß es eine solchen Führer unter den bürgerlichen und
sozialistischen Parteien nicht gab. Das Ausmaß der dämonischen Kräfte, die mit Hitler an die Macht kamen, ist niemandem
in Deutschland klar gewesen. Und ich will zugestehen, daß seine
Anhänger klarer als seine Feinde die unerhörten Kräfte gespürt

haben, die dieser Mann entfesseln konnte. Nur, daß sie nicht sahen, daß es die Dämonie des Bösen war, gegen die vernünftige und anständige Menschen keine Waffen hatten.

Wie ich schon sagte, berührte mich die wirtschaftliche Not nicht persönlich. Meine Studentenzahl war im Steigen; noch im Februar 1933 veranstalteten die Studenten ein kleines Fest, in dem sie mir ein Geschenk überreichten: *Hamanns Kunstgeschichte* mit vierzig Unterschriften und Widmungen. Mein Vater und meine Mutter kamen zuweilen in meine Vorlesungen und weideten sich an dem Erfolg ihres Sohnes.

Im Herbst 1931 beging mein Vater seinen 70. Geburtstag in dem Stil, der ihm Freude machte: er hatte ein elegantes Buffet von seinem Klub bestellt und erfreute sich der vielen Gratulanten. Nach wie vor ging er zweimal im Jahr in ein Sanatorium, um seinen hohen Blutdruck zu bekämpfen, und die Einnahme von Schlafmittel herabzudrücken. Ich erwähne dies nur, weil es zeigt, wie eingewurzelt die bürgerlichen Lebensformen damals noch waren; vielleicht auch um zu zeigen, wie blind wir für das waren, was heraufzog, und was, ohne Frage, den größten Rückschritt in der europäischen Geschichte seit den Tagen der schwarzen Pest von 1348 darstellt. Auch kann ich nicht sagen, daß der Antisemitismus sich vor 1933 offen gezeigt hätte.

So traf mich, die Nachricht, daß Hitler zum Kanzler ernannt worden, am 30. Januar 1933 wie ein Blitzschlag. Es ist bekannt, daß das Kabinet so konstituiert war, daß Deutschland gegen die schlimmsten Auswüchse der Nazis geschützt zu sein schien; aber die Herrn Papen, Schacht, Hugenberg, und Thiessen hatten nicht mit Hitler gerechnet und vergessen, daß wer mit dem Teufel aus einer Schlüssel essen will, einen langen Löffel haben muß.

Doch ging das Semester zu Ende, ohne das meine Vorlesungen gestört wurden. In den letzten Februartagen besuchte mich Erich Rothacker, einer der Professoren, die sich offen zu dem Nationalsozialismus bekannten; und hoffte, daß er zum Kultusminister ernannt werden würde. Wie die meisten bürgerlichen Menschen verkannte er den Furor der Nationalsozialisten, und versicherte mir, daß das Schlimmste was passieren könnte, die Einführung eines numerus clausus für jüdische Studenten und Professoren sein würde.

Aber ich hatte andere Informationsquellen. Ich begann schweizer und englische Zeitungen zu lesen, besonders die *Basler Nachrichten* und den *Observer,* und fand darin nicht nur die Namen der vielen Deutschen, die vor den Nazis geflohen waren, sondern auch Beschreibungen der Exzesse der S. A. Daneben stand noch eine persönliche Verbindung, die mich über den wahren Charakter der Bewegung ins klare setzte. Es war eine junge Frau; sie hat mir niemals ihren Namen genannte, sprach aber mit einem starken baltischen Aktzent. Sie machte keiner Hehl daraus, daß sie zu der Partei gehörte und bei den Großindustriellen die Runde machte, um Geld für die Partei aufzutreiben. Was sie zu mir zog, kann ich nicht sagen. Jedenfalls sahen wir uns im Februar und März 1933 oft, und es war wohl das törichste und gefährlichste aller meiner Abenteuer, das leicht zu meinem Tode oder zu einem langen Aufenthalt im Konzentrationslager hätte führen können. Wie dem auch sein, diese Frau war die erste, die mir von den Gewalttätigkeiten der S. A. und der S. S. erzählte und mich warnte, nicht so offen zu reden, wie ich es tat. Sie sprach von den Folterungen, denen die Gefangenen ausgesetzt wurden, als einer selbstverständlichen Tatsache. Seltsamerweise war sie über mich und meine Familie sehr gut informiert, was mir eigentlich Angst hätte einflößen müssen, aber mein Leben in diesen Jahren war ein stäter Gang über dünnes Eis. Ich erwähne diese Episode nur weil sie beweist, daß die Abscheulichkeiten und Ausschreitungen des Regimes keineswegs verborgen waren, und daß jeder davon wußte, der davon wissen wollte. Die Deutschen, die sich damit entschuldigen, sie hätten nichts von den Konzentrationslagern oder den Gasöfen gewußt, sind Lügner. Um diese Verirrung meines Lebens zum Abschluß zu bringen, will ich nur sagen, daß sie mir eines Tages einen Strauß gelber Rosen schickte und dazu schrieb: ,,Auf Wiedersehen im vierten Reich."

Und doch ist die Blindheit, mit der die meisten Deutschen geschlagen waren, nicht unbegreiflich. Selbst Menschen, die gegen den nationalsozialistischen Virus immun waren, hielten eine satanische Bewegung, wie sie die Nazis heraufbeschworen, für unmöglich. Im Sommer 1932 hatte ich in Baden–Baden Ernst Robert Curtius wiedergetroffen, der grade sein Buch *Deutscher Geist in Gefahr* veröffentlicht hatte. In langen Gesprächen ver-

suchten wir uns darüber klar zu werden, was Deutschland be-
vorstand, aber an einen Sieg Hitlers glaubten wir beide nicht.
Eine andere Begegnung im Februar 1933, war die mit Johann
Huizinga, der in Berlin in der *Deutschen Gesellschaft* einen
Vortrag hielt. Auch Huizinga bekannte sich zu den Kräften der
Vernunft. Die Begegnung mit diesem einzigartigen Geiste wurde
für mich von großer Bedeutung. Immer mehr fühlte ich mich in
meinen Studien zu seinem Ideal der Kulturgeschichte hingezo-
gen; Jakob Burckhardt, Dilthey, Meinecke, Huizinga, und Paul
Hazard sind recht eigentlich die Vorbilder für meine eigenen
Bemühungen geworden.

Aber die mahnenden Worte von Intellektuellen wie Huizinga
und Curtius konnten die braune Flut so wenig eindämmen wie
die wohl gemeinten Bemühungen von Politikern der alten
Schule. Was uns bevorstand ist mir zum ersten Mal am 28.
Februar klar geworden, als das Radio gegen zehn Uhr Abends
die Nachricht durchgab, daß der Reichstag in Flammen stünde.
Daß der Ansager hinzusetzte, die Kommunisten hätten ihn in
Brand gesteckt, war vollkommen überflüßig, denn jeder
Mensch, der noch bei Sinnen war, mußte sich die Frage vorlegen, *Cui bono?* Darauf gab es nur eine Antwort. Ich sagte zu
meinem Vater, ,,Diese Schweine haben den Reichstag ange-
steckt, um die Wahlen zu gewinnen.'' Trotz aller Versuche, die
Nazis von diesem Verbrechen gegen das deutsche Volk rein-
zuwaschen, bin ich heute noch überzeugt, daß dies die einzig
mögliche Erklärung ist. Die Witze, die bald darauf in Berlin
umliefen, bewiesen, daß die Berliner nicht leicht hinters Licht zu
führen sind.

Als die Nazis dann doch nicht die Mehrheit in den Wahlen
vom 5. März erhielten, waren sie gezwungen, das ,,Er-
mächtigungsgesetz'' einzubringen, das die Grundrechte der
Weimarer Verfassung außer Kraft setzte. Ich war noch unbehin-
dert in meinen Bewegungen, und ging auf den Königsplatz vor
die Krolloper, wo der Reichstag tagte. Der große Platz war
angefüllt mit S. A.–männern, um die Abgeordneten unter Druck
zu setzen. Aber das war kaum nötig. Sämtliche bürgerliche
Parteien stimmten dem Ermächtigungsgesetz zu; nur die Sozialdemokraten hatten die Kourage dagegen zu stimmen.

Der Monat März war ein Monat der Ungewißheit. Niemand

wagte voraus zu sagen, wie Hitler die uneingeschränkten Befugnisse gebrauchen würde. Auch wußten wir nicht, daß hinter den Kulissen ein Machtkampf zwischen den Radikalen der Partei, wie Röhm und Göbbels, und den mehr gemäßigten, wie Göring und Blomberg, ausgefochten wurde. Als am 1. April der Boykott gegen alle jüdischen Unternehmungen, Anwälte, und Ärzte ausgerufen wurde, schien es, als ob die Radikalen gesiegt hätten. Vor dem Büro meines Vaters standen zwei S. A. Leute, die jedem Kunden den Eintritt verwehren sollten. Aber das war gar nicht nötig.

Der 1. April war ein Sonnabend. Mein Vater hatte sich entschieden, sein Büro nicht aufzusuchen. Sein Sekretärinnen waren Sozialdemokraten, so daß das Büro geschlossen blieb. Als der Boykott schon am nächsten Tage abgeblasen wurde, weil die Wirkung auf das Ausland, und den deutschen Export, all zu verheerend war, schien alles in den alten Bahnen zu laufen. Aber wir hatten nicht mit der Dynamik der Nationalsozialisten gerechnet.

Nur wenige Tage später kam die *Verordnung zur Wiederherstellung des Beamtentums*; Ärzte und Rechtsanwälte wurden gleichfalls den Kriterien der Rassenreinheit unterworten. Es begann die Zeit der Fragebögen, und unter den Fragen stand obenan die nach den jüdischen oder ,,arischen'' Großeltern. Wir wissen heute, daß Hindenburg seinen Einflug geltend machte, so daß die Männer, die vor 1914 im Amte gewesen waren, wie auch Männer, die am ersten Weltkriege teilgenommen hatten, und jene Menschen, die sich ,,Verdienste um die nationale Bewegung'' erworben hatten, von dem Gesetz ausgenommen waren. Was meinen Vater betraf, so war er seit 1908 Notar und Justizrat, und von den Folgen der Verordnung exempt. Aber die Sprache, in der der Brief des Justizministers Kerrl abgefaßt war, in dem mein Vater von diesen neuen Bestimmungen unterrichtet wurde, war so beleidigend, daß er ihn aufs tiefste getroffen hat. Er hieß darin, daß es einem Arier nicht zugemutet werden könne, sich von einem Juden vor Gericht vertreten zu lassen. Auch sonst wurde das Leben meines Vaters in Mitleidenschaft gezogen. Sein Klub wurde ständig von S. A. Leuten bedroht, die an der Türe erschienen, und unter dem

Vorwand, die Mitglieder des Klubs zu beschützen, erhebliche Summen erpressten.

Am 18. April gegen halb vier erlitt mein Vater einen schweren Herzanfall. Ich war darauf nicht völlig unvorbereitet, denn schon vor Jahren hatte mich der Arzt warnen lassen, daß sein Blutdruck zu hoch war. Wir konnten, da es ein Sonntag war, nur unseren Freund Dr. Wechselmann erreichen, der angina pectoris diagnostizierte. Eine Krankenschwester wurde herbeigeholt, dieselbe, die einst Liesel gepflegt hatte. Am nächsten Morgen um neun Uhr erlitt er einen zweiten Anfall und starb mit den Namen meiner Mutter auf den Lippen. Was folgte war traurig genug, die Beerdigung und die Abwicklung der Geschäfte, die in musterhafter Ordnung waren.

Ob der Tod meines Vaters durch jenen Brief von Kerrl ausgelöst worden war, vermag niemand mit Gewißheit zu behaupten. Nur so viel ist sicher, es war ein Glück, daß er starb, bevor ihm Schlimmeres auferlegt wurde. Er hätte sich niemals in die Emigration gefügt, und selbst wenn er zu Zeiten die deutsche Hölle verlassen hätte, so wäre er außerhalb des ihm vertrauten Milieus tief unglücklich gewesen. Er war kein Linguist und hätte nie eine andere Sprache gelernt, und ob er sich an eine andre Kultur anzupassen gewußt hätte, ist mir fraglich. So war sein Tod „*a blessing in disguise.*" Erst nach seinem Tode ist mir zum Bewußtsein gekommen, wie viel ich unterlassen hatte, sein Leben leichter zu machen. Und an vielen Tagen war ich „*wild with regret.*"

In den Wochen, die dem Tode meines Vaters folgten, war freilich kaum Zeit zum Trauern. Es galt sich zu entscheiden, ob ich für meine Position an der Universität kämpfen, oder sie ohne Widerstand aufgeben wollte. Damals ist mir dies nicht einmal als ein Problem, und noch weniger als eine Frage, erschienen. Ich war entschlossen, den Nazis nicht das Feld zu überlassen. Warum ich mich dafür entschied, will ich später zu erklären versuchen. Zunächst einmal galt es alle Kräfte zu mobilisieren, um meine Position zu bewahren. Nach der April-Verordnung konnte ich bleiben, da ich unter die Kategorie derjenigen fiel, die sich „Verdienste um die nationale Bewegung" erworben hatten. Aber ich hatte alle Papiere, die sich auf meine Mitgliedschaft in der *Brigade Reinhard* bezogen, verbrannt. So mußte ich einen indirekten Beweis führen, der sich nur auf Aussagen von Zeugen stützen konnte. Ich besuchte den Oberst Reinhard, der meinen Vater gekannt hatte in seiner Wohnung in Spandau, und er war bereit mir zu helfen. Er stellte mir ein Zeugnis aus, und gab mir auch ein Buch, das er über die Berliner Kämpfe verfaßt hatte, mit einer persönlicher Widmung.

Dann suchte ich den Führer des *Stahlhelms*, Düsterberg, auf, und obschon er sich meiner kaum erinnerte, war er bereit, mir ein Zeugnis auszustellen. Anders Menschen, die mich 1919 und 1920 in Uniform gesehen hatten, taten das Gleiche. Schon vorher hatte ich meinen Freund Wildgrube angerufen, und ihn um Hilfe gebeten. Wildgrube war 1932 für Hitler eingetreten, und Göring hatte ihm versichert, daß ihm „die ewige Dankbarkeit des Führeres" gewiß sei. (Was dies bedeutete, wußten wir freilich nicht.) Wildgrube erbot sich, von Dresden nach Berlin zu kommen, um mit dem neuen Herren im Kultusministerium zu sprechen. Er hat dies auch getan, wie ich glaube mit Erfolg. Sodann mobilisierte Carlota meine Studenten. Sie hatte jeder meiner Vorlesungen beigewohnt und kannte die meisten gut. Erst organisierte sie eine Petition, die alle mit Ausnahme eines Studenten, unterschrieben. Darin baten sie die Behörden, mich weiter im Amte zu belassen. So dann versuchte sie zusammen mit Oswald Dubsky, bis zu Hitler vorzudringen. Ob ihr das gelungen ist, vermag ich nicht zu sagen. Jedenfalls erreichte sie es, daß mich der Ministerialrat Achilles vor dem Anfang des Semesters empfing. Er saß mir gegenüber mit einem großen Hakenkreuz in der Kravatte und sagte, „Für Sie hat man ja schon einige Attacken–geritten." Als ich ihn fragte, ob ich am 3. Mai meine Vorlesungen aufnehmen könnte, versuchte er, mir auszuweichen. Schließlich aber gab er mir die Erlaubnis, und ich gehörte zu den wenigen, die das Semester ordnungsgemäß beginnen konnten.

Meine Kollegen verhielten sich im großen und ganzen ablehnend. Walter Elze riet mir, einen langen Urlaub zu nehmen! Er hat auch später aus seiner nationalsozialistischen Gesinnung kein Hehl gemacht. Nach dem ich die erste Vorlesung gehalten hatte, protestierte mein Kollege Paul Haake, ein sitzengebliebener Privatdozent, öffentlich gegen meine Tätigkeit an der

Universität. Der Rektor rief mich an, es war der Anthropologe Fischer, und fragte, worauf ich die Fortsetzung meiner Tätigkeit gründe. Er gab sich mit meiner Erklärung zufrieden und schrieb mir sogar noch einen liebenswürdigen Brief. Die Studenten waren mir bis auf wenige treu geblieben und kamen in ihrer S.A. oder S. S. Uniform in die Vorlesungen. Selbst mein Stipendium wurde mir von dem neuen nationalsozialistischen Minister verlängert. Es war eine Zeit des Überganges, in der niemand voraussehen konnte, was geschehen würde. Heute weiß ich, daß ich besser daran getan hätte, Deutschland sofort zu verlassen, wie Hajo Holborn und Hans Rosenberg es getan haben. Aber ich konnte mich nicht dazu bringen. Der Nationalsozialismus schien mir ein solcher Wahnsinn, daß ich nicht an den Bestand des Regimes glauben konnte. Auch war ich fest davon überzeugt, daß Frankreich, England, und Italien, von der kleinen Entente ganz zu schweigen, ihre Augen nicht vor der Heraufkunft eines neuen deutschen Militarismus verschließen würden, besonders wenn dieser durch dem Rassenwahnsinn verschärft wurde, der sich des deutschen Volkes bemächtigt hatte.

Tag für Tag sah ich in den Schaufenstern das Gesicht Adolf Hitlers, der wie ein Friseurgehilfe aussah, und dem die Vulgarität ins Gesicht geschrieben war. Daß ich die dämonischen Züge seiner Gestalt verkannte, will ich gerne zugeben. Aber immer wieder legte ich mir die Frage vor, was kann dieser Mensch Deutschland oder Europe geben, und ich war schon damals davon überzeugt, daß er und seine motorisierten Barbaren nur Unheil bringen könnten.

Am 1. Mai beobachtete ich, wie sich die S.A. auf den Straßen formierte, um auf das Tempelhofer Feld zu marschieren. In den Gesichtern war eine solche Rohheit und Vertierung, daß ich alle Gesichten glaubte, die damals in Berlin unliefen, und die in grausigen Einzelheiten, die Praxis der Konzentrationslager beschrieben. Wir lassen nun jeden Tag schweizer oder englische Zeitungen, wenn sie nicht beschlagnahmt wurden. Hitler selbst habe ich nur einmal gesehen, am 2. Juli 1934, einen Tag nach der Erschießung Röhms. Aber es war eine flüchtige Begegnung *Unter den Linden,* die keinen Eindruck erlaubte. Gehört habe ich seine Stimme natürlich oft; man konnte es ja nicht vermeiden, denn die Lautsprecher gröhlten auf allen Straßen. Aber nur einer Rede habe ich von Anfang bis zu Ende zugehört: es war die Rede, in der er vor dem Reichstag die Erschießung Röhms, Schleichers, und vieler anderer Menschen zu rechtfertigen suchte. Er sprach, eigentlich sollte man sagen, er heulte, wie ein rasender Wolf für zwei Stunden. Und doch muß ich gestehen, daß ich mich, obschon ich über die Einzelheiten dieser Tage informiert war, der Suggestionskraft dieses Menschen nicht entziehen konnte, und daß ich eine Stunde brauchte, um den Widersinn seiner Argumente abzuschütteln. Unser Dienstmädchen war viel einsichtiger; sie verließ das Wohnzimmer, in dem das Radio stand und sagte, ,,Ich kann schon die Stimme nicht ausstehen.''

All dies scheint zu beweisen, daß ich in Deutschland gegen besseres Wissen blieb. Wie so viele Menschen hoffte ich, daß sich das Regime totlaufen würde, und daß man mich dann zum Wiederaufbau gebrauchen könnte. Denn, wenn es Millionen gab, die Hitler und seinen Mördern anhingen, so gab es auch einige, die das Satanische der Bewegung von Anfang an erkannten. Man darf sagen, daß sich in ganz Deutschland, besonders aber in Berlin, die Gesellschaft schied, in diejenigen, die dafür, und diejenigen, die dagegen, waren. Am Anfang war sogar noch eine Diskussion zwischen Anhängern und Gegnern möglich, aber in dem Grade, in dem der Terror zunahm, verschwand die Möglichkeit der Aussprache, da man immer fürchten mußte, für jede Kritik zur Verantwortung gezogen zu werden.

So bildeten sich schnell Kreise, wo man glaubte, frei sprechen zu können. Unser ,,Kränzchen'' fuhr fort zu bestehen. Arnold Wolfers war der einzige, der sofort auswanderte. Ich traf ihn im Mai 1933 auf der Straße (wir wohnten nur zwei Häuser von einander getrennt), und mit zitternder Stimme sagte er mir, daß man unter einen solchen Regime von Verbrechern nicht leben könne. An seiner Stelle trat von Buggenhagen, der heute in Brasilien lebt, in unseren Kreis ein. Eine andere Beziehung, die mir in jenen Jahren wichtig und trostreich wurde, war die zu Gerda Koch. Ich hatte sie 1929 in Meran kennengelernt. Ihr Mann war dänischer Generalkonsul in Danzig und Vorsitzender des gemischten, deutschpolnischen Schiedsgerichtes. Als ich ihr im März 1933 schrieb, geschah es, weil ich Hoffnung hatte, nach Dänemark zu gehen. Zu meiner Überraschung erhielt ich einen

Brief aus Berlin, worin sie mir schrieb, daß sie sich von ihrem Gatten getrennt hatte und mit ihrem jüngeren Sohn, Jürgen, in Berlin wohnte. Von da an sahen wir uns oft. Sie hatte eine Wohnung in Wilmersdorf und lud mich in diese ihren Freundeskreis ein, der allerdings nur klein war. Außer mir gehörten ein Konsul Menken dazu, ein Opernsänger und seine Familie, so wie einige dänische Bekannte. Sie hatte eine gute Stimme und spielte auch Klavier, so daß die Abends fast immer mit Musik ausklangen. In ihrem Hause fühlte man sich geborgen. Ich ging oft mit mit ihr in die Oper. Eine Vorstellung des *Wilhelm Tell* ist mir unvergeßlich geblieben. Nachdem die Rossini'sche Ouverture verklungen war, erschien Hermann Göring mit Orden überladen in der Proszeniumsloge, begleitet von seiner Geliebten, Emmi Sonnemann. Er muß nicht empfunden haben, wie ironisch es war, daß er sich grade den *Wilhelm Tell* für seinen Besuch ausgesucht hatte. Leider fand sich kein Tell, diesen Gessler zu erschießen. Ich sah Göring in der Pause im Foyer, die Wangen hochrot geschminkt und widerwärtig, wie nur irgend ein Mensch, dem ich je begegnet bin.

Eine andre Oper, die wir zusammen besuchten, war Richard Strauss' *Arabella*. Ich hatte über Hofmannsthal Libretto einen Aufsatz geschrieben, der in der *Vossischen Zeitung* erschien. Es war eine der letzten Nummern dieser Zeitung, die Goebbels erlaubte. Das Libretto hatte es mir angetan, wie ich denn überhaupt glaube, daß die Zusammenarbeit Hofmannstahls und Strauss' ein einzigartiger Fall in der Geschichte der Musik und der Dichtkunst ist. Ich sandte den Artikel dem Intendanten Tietjen, der mir seinen artigen Dankesbrief schrieb. So gingen Gerda Koch und ich in die zweite Aufführung der *Arabella* und erfreuten uns der schönen Musik, dankbar, daß inmitten all des Häßlichen, das uns umgab, der Genius des Menschen noch immer sprach.

Im Jahre 1934 ließ sich ihr Mann von ihre scheiden, was sie anscheinend sehr getroffen hat. Als sie die Nachricht bekam, rief sie mich an, und wir verbrachten den Abend zusammen. Sie suchte auch meine Mutter auf und wurde zu einer Freundin unsres Hauses. Ihr Sohn, der in Berlin studierte, führte mich in die Geheimnisse der Kernphysik ein, ohne daß ich viel davon verstanden habe.

Eine andre Verbindung, die sich in jenen Jahren entwickelte, war die mit Farner. Im Herbst 1933 hatte mich die *Gesellschaft für Naturwissenschaften* eingeladen, eine Gedenkrede zu Wilhelm Diltheys hundersten Geburtstag zu halten. Ich tat dies auch, und Erich Rothacker veröffentlichte die Rede in seiner *Zeitschrift für Literaturwissenschaft und Geistesgeschichte.*

Einige Wochen später fragte mich Farner, ob ich nicht einen Artikel über Dilthey für das *Berliner Tageblatt* schreiben wollte. Ich entschuldigte mich mit der Bemerkung, daß ich einen langen Aufsatz an Rothacker abgesandt hatte. Aber Farner ließ nicht locker und bestand darauf, mich mit dem Chefredakteur des *Berliner Tageblattes* zusammen zu bringen. Dies war Paul Scheffer, der Korrespondent des *Tageblattes* in Moskau und Washington gewesen war, und der nun als ,,Arier'' die Leitung der berühmten Zeitung übernommen hatte. Wir trafen uns in seiner Wohnung *Unter den Zelten* zum Frühstück, und er lud mich ein, für die Zeitung einen Artikel über Politische Testamente zu erschreiben, Ich sandte ihm einen Entwurf, in dem er jedoch eine Bezugnahme auf Lenin's Testament vermißte. Da ich dies für ein zu heißes Eisen gehalten hatte, war ich froh, es noch hinzuzufügen. Es entging mir, daß dieser Artikel eine Vorbereitung auf das sogenannte ,,Testament'' Hindenburgs war, das in Berlin sehr bald als ,,Josepf's Legende'' belächelt wurde. Danach aber ließ mir Scheffer freie Hand, und im Oktober 1934 schrieb ich einen Artikel über ein Frauenbuch, den *Commentaire* der Marcelle Sauvageot, der einen starken Wiederhall im Publikum auslöste, und den Verlag Beermann Fischer dazu veranlaßte, mit mir über eine Übersetzung zu verhandeln. Jedes Mal trafen wir uns zum Frühstück in Scheffers Wohnung, und er war fast immer mit meinen Plänen einverstanden. Ich schrieb über *Joseph Chamberlain,* über englische Geschichte, und über Srbik's Buch *Deutsche Einheit.*

In der Rückschau kann ich nur denken, daß Goebbels Scheffer diese Zugeständnisse gemacht hat, um in der Übergangszeit von Hindenburg zu Hitler den Anschein von Freiheit in der deutschen Presse zu geben. Auch sonst konnte ich mit ziemlicher Freiheit veröffentlichen. Ein Artikel über Napoleon III erschien ungekürzt in der *Deutschen Zukunft.* Im Rundfunk konnte ich allerdings nicht mehr sprechen. Aber ich schrieb

Manuskripte für Hörspiele und Vorträge, die Carlota unter ihrem Namen vorlas. All dies kam im Sommer 1935 zu einem jähen Ende. Anscheinend hatte sich die Parteileitung dafür entschieden, die Zügel wieder anzuziehen.

Aus all dem müßte man schließen, daß ich der Düpierte war, und in Wirklichkeit war ich dies auch. Wie viele andre, interpretierte ich jede Konzession, die die Nazis machten, als tastende Schritte zu einem gemäßigten Tempo. In Wahrheit aber waren es Versuche der Kamouflage, die ihre wahren Absichten verdecken sollten. Diese wurden dann im September 1935 mit den *Gesetzen zur Verhütung der Rassenschande* klar gemacht. Die ganze Zeit war ich angefüllt von nagenden Zweifeln, ob das, was ich tat, das Richtige sei. Aber ich war nicht allein; es gab eine ganze Reihe von Menschen, die, ausharrten wie ich: Erich Kaufmann, Dietrich Gerhard, Alfred Neumeyer, und die meisten Mitglieder meiner Familie. Dazu kam, daß selbst Menschen, die sich 1933 zu Hitler bekannt hatten, schon nach wenigen Wochen von ihm enttäuscht waren, und kein Hehl aus ihrer Überzeugung machten. Mein Freund Wildgrube sagte mir beim Frühstück in dem Hotel Fürstenhof, also in dem öffentlichen Lokal, daß er hoffte Hitler noch am Galgen zu sehen, und er versicherte mir, daß die Leitung der Reichswehr diese Hoffnung teile. Dies mag für den General Beck zugetroffen haben, aber nicht für Menschen wie Keitel und Jodl. Die Lage war selbst für Menschen, die sich für gut unterrichtet hielten, verworren. Die ständige Propagandabarrage, der man ausgesetz war, die jähen Wandlungen, die die deutsche Politik in jenen Jahren vollzog, zerstörte das Leben und machten uns unsicher und unglücklich. ,,Alle diese Aufregungen'', so schrieb ich in mein Tagebuch, ,,höhlen uns aus, und wenn sie vorüber sind, so werden wir mit leerem Herzen und mit leeren Händen zurückbleiben . . . Wir müssen einen kleinen Ort suchen, zwischen den Klippen, oberhalb des Meeres, wo das Wasser nur noch unsere Füße erreichen kann.'' Ich nannte Deutschland in meine Aufzeichnungen, *Vineta,* die Insel, die im Meer versunken war. Zur gleichen Zeit wurde ich mir darüber klar, daß ich ein allzu guter Hegelianer gewesen war. Ich hatte geglaubt, daß Kraft nur aufbauend wirken könne, und mußte nun einsehen, daß sie auch zerstörerisch sein konnte. Mit einem Worte, was mir und Mil-

lionen anderer Menschen geschah, war nicht nur eine vitale
Bedrohung, wo man nicht wußte, ob man am nächsten Tage
noch frei oder am Leben sein würde, sondern eine Besinnung auf
die wahren Werte des Daseins. In jenen Tagen hörte ich einen
Vortrag von dem Alt–Philologen Regenbogen über *Seneca als
Philosoph der römischen Willenshaltung*. Als ich wenige Tage
später ein neues Heft für meine Aufzeichnungen begann, schrieb
ich als Motto darüber: *perseverandum est*.

Es war ein furchtbare Zeit, und nur diejenigen Menschen, die
unter einer totalitären Diktatur gelebt haben und wissen, daß
jedes Telephon und jedes Zimmer ein Mikrophon haben kann,
daß jeder Brief geöffnet wird, und daß man jeden Augenblick
ohne Grund ins Konzentrationslager geworfen werden kann,
sind imstande den Druck zu verstehen, unter dem ich damals
gelebt habe.

Daß ich es ertrug, ohne daran zugrunde zu gehen, war nur
möglich, weil man selbst unter Hitler noch ins Ausland fahren
konnte. So ging ich 1934 im Frühjahr nach Florenz, mit der
Absicht von dort nach Rom zu fahren. Ich kam am 8. April in
Florenz an und stieg in dem Hotel Anglo–Americano ab, das am
Rande der Stadt liegt [Vgl. S. 333]. Es war ein regnerischer
Frühlingstag, und der Arno führte Hochwasser. Gleich nach der
Ankunft ging ich in das Stadtinnere und ich kann nicht be-
schreiben, was mir in diesem Augenblick geschah. Der Anblick
des Ponte Vecchio, der Piazza de la Signoría, des Domes, all
dies war so ungeheuerlich, daß es mich fast umwarf. Und jeden
Tag, ja jede Stunde, entdeckte ich neue Wunder, die großen
Paläste, Strozzi, D'Avanzati, Ruccelai, Pitti; die Museen; die
Statuen Michelangelos; die Hügel von San Miniato; und Fiesole,
Santa Maria Novella, wer könnte all die Offenbaarungen nennen, die diese Stadt umschließt. Die großen Namen des Tre-
cento, Quattrocento, und des Cinquecento wurden mir zu lebendigen Gestalten. Es war ein Erlebnis, wie ich es nur als Student
gekannt hatte, aber auch dann nicht so tiefgehend wie in diesen
Wochen. Ich vermag nicht zu sagen, was mir den größten Eindruck machte: der Palazzo Vecchio, die Grabmäler der Medici
Familie, der Boboli Garten, oder die Fresken des Masaccio in
San Spíritu [Vgl. S. 334]. Aber mit jeder Entdeckung wurde ich
mir darüber klar, daß es in der europäischen Geschichte keine

Gerhard Strassmann Masur (geb. 17. September 1901)

Frieda Masur (geb. Strassmann) (1869-1945)

Emil David Masur (1861-1933)

Die Geschwister Masurs: Paula, Elizabeth, Gerhard, Heinrich, und Charlotte

Toni

Gerhard und Liesel

Gerhard Masur und sein Vater im Garten, um 1930

Am Fischtal, Berlin – Zehlendorf — ein Lieblingsort Masurs

Friedrich Meinecke

Der Preußische Minister
für Wissenschaft, Kunst und Volksbildung

U I   Nr.   602
—————
Bei Beantwortung wird um Angabe
der Geschäftsnummer gebeten.

Berlin W 8, den   25. März 1925.
Unter den Linden 4
Fernsprecher: Zentrum 11340—11343

Ich habe dem Dr. Masur vom 1. April d. Js. ab auf die Dauer
eines Jahres ein Stipendium bewilligt, das ihm die hiesige
Universitätskasse in monatlichen Raten zahlen wird. Ich stelle
Euer Hochwohlgeboren ergebenst anheim, den Empfänger hier—
von in Kenntnis zu setzen.

Im Auftrage

(Unterschriften)

An

den ordentlichen Professor
Herrn Geheimen Regierungsrats
Dr. Meinecke

Berlin-Dahlem

Mit freundlicher Genehmigung von dem Institut für Zeitgeschichte, München

Der Genehmigungsbescheid des Stipendiums, das Gerhard Masur bewilligt wurde.

Forum Fredericianum um 1935 mit dem Aula–Gebäude (links), ehemalige Königliche Bibliothek, der Friedrich–Wilhelm Universität (im Hintergrund), und dem Opernhaus (rechts).

Antonie Strassmann — weltberuhmte Fliegerin, um 1930

Ankündigungen der öffentlichen Vorlesungen Masurs in Bogota

Guillermo Valencia (1935) — der behrumteste kolumbianische Dichter der Neuzeit (Amateurphotograph Masurs – aus seinem Bericht ,,Reise durch den colombianischen [sic] Westen'').

Blick auf die Stadt Cali und das Tal *Valle del Cauca* (Amateurphotograph Masurs – aus seinem Bericht ,,Reise durch den colombianischen [sic] Westen'').

Das Bolívar Denkmal, Central Park, New York City

Blick auf Sweet Briar College und die naheliegende Landschaft

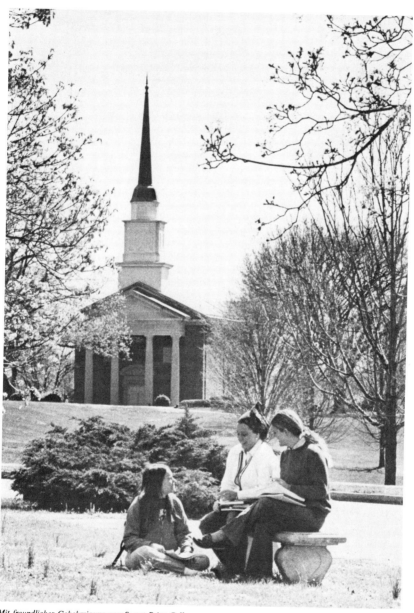

Studentinnen auf der Grünanlage des Sweet Briar College

Gerhard Masur im Alter von 64 Jahren — Ätna im Hintergrund

Helen Gaylord Masur — Taormina, Sizilien

1925 Quarry Road, Lynchburg, Virginia — die Wohnung
Gerhard und Helen Masurs und die naheliegende Grünanlage

Bellagio am Comer See (1965) —
,,Es war ein Augenblick tiefer Stille und ich empfand eine
Gelassenheit für die ich nur ein Wort wußte: Gluck!''

Mit freundlicher Genehmigung von der Landesbildstelle Berlin

Die Freie Universität Berlin

Helen und Gerhard

Gerhard Masur (1901-1975)

andere Stadt gegeben hat, die so viele Geister ersten Ranges hervorgebracht hat wie Florenz. Mir sind die Historiker immer unverständlich gewesen, die das Neue, das mit der Renaissance heraufkam, leugnen wollen.

Ich gab die Idee auf, auch noch Rom in diesem Frühjahr zu sehen; statt dessen kehrte ich zwei und drei Mal zu den Stätten und Bildern zurück, die mir lieb geworden waren. Ich traf auch einige Bekannte, den Historiker Hohl und seine Frau, die aus Rostock geflüchtet waren, und über die Nazis ebenso dachten wie ich. Ich sah Nikolai Rubinstein der in einer Pension am linken Ufer des Arno wohnte. Er hat mich in das Haus des alten Herrn Davidson eingefuhrt, des Historikers von Florenz. Auch hier war ich überrascht, wie sehr der Faschimus die Menschen eingeschüchterte hatte. Blättere ich in in meinem Tagebuch über Florenz, so finde ich daß ein Tag immer reicher war als der vorhergehende. Als Abschiedsgeschenk enhielt ich dann kurz vor der Abfahrt den Anblick einer Blumenausstellung in den Uffizi. Der lange Korridor von Arno bis zu der Piazza de la Signoría war mit Blumen angefüllt: Flieder, Narzissen, Azalien, und blühenden Zitronenbäumen. Ich verstand warum diese Stadt Florenz hieß. Am 2. Mai fuhr ich nach Berlin zurück, in der Hoffnung, daß dies der Beginn eines neuen Lebens sein würde [Vgl. S. 335]. Hätte es mir mein Geschick erlaubt, so hätte ich mich nun ganz der italienischen Geschichte zu wenden sollen. Noch heute bedaure ich es, daß ich dazu nicht den Mut oder die Kraft gehabt habe.

In Berlin fand ich statt dessen mein Leben so vor, wie ich es verlassen hatte. Ich begann meine Vorlesungen und mein Seminar. Aus dem Seminar hatte sich langsam ein kleiner Kreis heraus kristallisiert, der mich bat, einmal in der Woche mit ihren zu diskutieren. Wir trafen uns gewöhnlich am Sonntag in meiner Wohnung und lasen Bücher, die uns wichtig erschienen und von denen wir uns Klarheit in dem Chaos, das uns umgab, erwarteten. Ich erinnere mich besonders an die Lektüre Ortega y Gassets, *Der Aufstand der Massen*, und anderer Essays, die mir einen großen Eindruck machten. Der Kreis bestand aus zehn jungen Menschen, die sich unter normalen Unständen zu einer Schule entwickelt hätten. Dazu ist es nicht gekommen, und unter den vielen Dingen, die mir die Emigration entrissen hat, ist mir dies eines der schmerzlichsten. Nur zwei Menschen, die mir damals nahe standen, sind dem akademischen Leben treu geblieben: Wilmont Haacke, der heute Professor für Publizistik in Göttingen ist, und Ursula Schaefer, die in den Vereinigten Staaten einen Physiker geheiratet hat und jetzt in Yale lateinamerikanische Geschichte lehrt. Dubsky ist, wie ich erwähnte, gefallen und hatte wohl auch nicht das Zeug zum Historiker. Konrad Schaub hat sich dem journalismus zugewandt; ebenso Ruth Hofmann, mit der ich den Kontakt verloren habe. So ist es mir nicht beschieden gewesen, die Befriedigung zu erfahren, die Meinecke von seinem großen Schülerkreis zugeströmt ist. Bleibt die Frage, ob ich genug zu bieten hatte, um einen Schülerkreis an mich zu fesseln? Nach der Auswanderung war in Kolumbien an einen Schülerkreis nicht zu denken, da die Studenten ihre ausländischen Lehrer haßten. In den Vereinigten Staaten habe ich die Gelegenheit verpaßt, und als sie mir angeboten wurde, es noch einmal in Deutschland zu versuchen, fühlte mich in meinem Innersten, daß es schon zu spät war. Aber auch darüber will ich heute keine Tränen mehr vergießen, einmal weil ich weiß, daß nicht alle Blütenträume reifen und auch weil mich das Leben härter gemacht hat und mir das Weinen nicht so leicht fällt.

Zu den schönsten Begegnungen dieses Jahres zähle ich die mit Hilde Holstein. Sie war die Witwe des Kirchenrechtlers Günther Holstein, der mir von meiner Stahlarbeit her bekannt war. Nach dem Tode Ihres Mannes war sie von Kiel nach Berlin übersiedelt und lebte mit ihrer Mutter in Steglitz. Ich glaube, daß ich Sie im Hause Kaufmann getroffen habe, aber bald kam sie auch in meine Vorlesungen und lud mich in ihr Haus ein. Sie war eine Schülerin des Pianisten Edwin Fischer, mit dem sie mich zusammen brachte und dessen Persönlichkeit großen Eindruck auf mich machte. Er zog es vor, niemals vor einem kleinen Publikum zu spielen. Frau Holstein hingegen war dem nicht abgeneigt und hat mir an manchen Nachmittagen, an denen ich bei ihr zum Tee war, Chopin vorgespielt. Erst in den dreißiger jahren ist mir die Klarheit und Schönheit der Musik Chopins aufgegangen.

Das Jahr 1934 war der weltgeschichtliche Augenblick, in dem es noch möglich schien, das Verhängnis aufzuhalten, das Europa bedrohte. Der „Röhm–Putsch" bewies, wie tiefe Spaltungen die Partei Hitlers bedrohte. Selbst wenn es ihm im Juni und Juli 1934 gelang, diese Differenenzen mit Gewalt zu unterdrücken, so hofften wir doch, daß das Blutvergießen des 30. Juni Deutschland und dem Ausland die Augen öffnen würde für das, was heraufkam. Auch das erwies sich als eine Illusion. Ich verstand weder die Tragweite seines Einverständnisses mit der Reichwehr, noch die Bedeutung seines Aufstieges zum Kanzler–Präsidenten, oder die Schwere des Eides, der den Soldaten auferlegt wurde. Von der Blindheit des Auslandes, besonders der leitenden englischen Kreise, machte ich mir desgleichen keine Vorstellung.

Aber mein eigenes Leben schien von alleden zunächst kaum berührt zu werden. Ich begann meine Vorlesung im Winter 1934/35 mit Vorträgen über die Renaissance und die Reformation. Es war das zweite Mal, das ich mir dieses Thema gewählt hatte, aber dies Mal war ich besser vorbereitet. Die Eindrücke meiner Florentiner Reise waren noch frisch, und ich hatte es mir angelegen sein lassen, sie durch Lektüre zu vertiefen. Ich hatte den größten Zuhörerkreis, den ich in bisher erreicht hatte. Viele junge Studenten in S.A. und S.S. Uniform, und daneben Menschen aus der Stadt: Gerda Koch, Hilde Holstein, Herr Wolde, ein Freund von Richard Alexander Schröder, und auch junge Menschen, die nur bedingt zur Universität gehörten.

Unter ihnen war ein junges Mädchen von 19 Jahren, Brigitte Stieve, die Tochter von Fritz Stieve, dem Leiter der Kulturabteilung des Auswärtigen Amtes. Ich selbst gab mein Bestes, und habe nie wieder ein so gutes Kolleg gelesen, es sei denn 1963/64 in Berkeley. Oft sagte ich Dinge, die gewagt waren, und die die Zuhörer stets politisch interpretierten. Aber niemand hat mich denunziert. Auch vermied ich es den Hitlergruß zu geben, was von uns am Anfang jeder Vorlesung verlangt wurde. In vielen Fällen führten die Vorlesungen zu menschlichen Berührungen und Bekanntschaften wie im Falle von Wolde und Brigitte Stieve.

Wolde lud mich in sein Haus ein, wo ich einen Kreis interessanter Menschen traf, die sich in der Opposition zu dem Regime einig waren. Brigitte Stieve suchte mich am Ende des Semesters auf. Ich kannte ihren Vater von einer flüchtigen Begegnung. Sie erzählte mir von ihrer schwedischen Mutter und von ihrer Schwester, die den Sohn Max Reinhardts geheiratet hatte und aus Deutschland fortgegangen war. So ist es vielleicht entschuldbar, daß ich mich der Hoffnung hingab, daß sich eine Opposition zu Hitler zu formieren begann, und daß das Regime über kurz oder lang gestürzt werden würde. Auch sonst machten sich Anzeichen wachsenden Unwillens bemerkbar. Es gab in Berlin ein Kabaret, die *Katakombe*, wo das tausendjährige *dritte Reich* unverholen verspottet wurde. Aber wir übersahen, daß Goebbels, geschweige denn Hitler, diese Dinge nur zuließ, weil sie ihm zeigten, wo die Gegner des Regimes waren, die er dann um so umbarmherziger vernichten konnte.

Ich empfing die erste Warnung im Februar 1935. Hans Rothfels, der in Königsberg Professor war und wegen seiner schweren Kriegsverletzung noch lesen durfte, rief mich eines Tages an, und wir trafen uns in einem kleinen Kaffe gegenüber dem Schloß. Rothfels sagte mir ohne jeden Umschweif, daß er im Kultusministerium gehört hätte, daß man entschlossen sei, mich aus dem Lehramt zu entfernen. Ich war zunächst so betroffen, daß ich mich skeptisch verhielt und ihm sagte, ,,Ich könne das nicht glauben, da ich mehr Studenten habe denn je.'' Er lachte mich aus und antwortete nur, ,,eben deshalb.'' An dem Ernst seiner Warnung konnte ich nicht zweifeln.

Unvorbereitet war niemand in Deutschland auf eine solche Wendung. Und doch, als sie kam, traf sie mich wie ein Faustschlag. Zuerst versuchte ich, die wenigen Beziehungen, die ich im Ausland hatte zu aktivieren. Ein Vetter von mir, Karl Löwenthal, war nach Istanbul gegangen und hatte eine Position als Professor der Pathologie angenommen. Ich schrieb ihm, und er antwortete, daß ich mich an die *Notgemeinschaft deutscher Wissenschaften Ausland* wenden sollte. Ihr Sitz war in Zürich, und ihr Präsident Fritz Demuth. Die einzig Schwierigkeit bestand darin, daß ich zur gleichen Zeit einen Brief von der Gestapo erhielt, der es jedem Hochschullehrer verbot, mit dieser Organisation in Verbindung zu treten. Ich tat es aber doch, mit der Bitte, die Antwort an Carlota zu senden. Zunächst erhielt ich nur eine Bestätigung meines Briefes und eine Anfrage, ob ich auch an abgelegenen Plätze wie Teheran oder Rio de Janeiro gehen würde. Als ich dies bejahte, schien die Korrespondez eingeschlafen zu sein. Versuche, eine Stellung in Norwegen zu finden, führten zu nichts! Sodann schrieb ich an G. P. Gooch, den ich in Oslo kennengelernt hatte, und fragte ihn, ob ich in England Vorträge halten könnte. Er schlug mir vor, mit einem Vortrag in der Londoner Goethegesellschaft zu beginnen. Ich nahm dies an und wandte mich auch an Richard Samuel, der sich nach Cambridge geflüchtet hatte. Auch dies schien Erfolg zu haben; desgleichen hatte ich eine Zusage aus Oxford erhalten. Ich beabsichtigte, diese Vorträge als eine Brücke zu benutzen, um nicht als Refugee in England einzutreffen. Auch hier gab es aber eine politische Schwierigkeit. Es war nicht erlaubt, Einladungen ins Ausland ohne Genehmigung des Kultusministers anzunehmen. Dementsprechend schrieb ich an das Ministerium und bat um die Genehmigung, nach England zu gehen. Ich erhielt aber keine Antwort. Darauf bat ich Brigitte Stieve, ihren Vater zu fragen, wie ich mich verhalten sollte. Er ließ mir sagen, daß ich alles getan hätte, was man von mir erwarten könne und daß ich die Einladung annehmen solle.

Im Sommer 1935 begannen die Dinge an der Universität einen anderen Lauf zu nehmen. In diesem Semester vollendete mein erster Doktorant seine Dissertation über Albrecht von Roon. Als er zu dem Dekan ging, um ihm seine Referenten zu nennen, außer mir der Kriegsgeschichtler Walter Elze, war der Dekan wie von Sinnen. Es war der Mathematiker Bieberbach, der sein Amt im braunen Hemd eines S. A. Mannes ausübte. Er tobte und schrie den jungen Mann an: ,,Wissen Sie denn nicht, was in Deutschland seit 1933 vorgegangen ist? Wissen Sie denn nicht, daß wir eine Revolution gehabt haben?'' Er weigerte sich, mich zum Referenten zu bestellen. Der Student kam völlig bestürzt in mein Sprechzimmer und fragte: ,,Soll ich ihn zum Duell fordern?'' Dazu muß ich noch bemerken, daß er selber der S.S. angehörte. Ich beruhigte ihn, und schlug vor, daß an meiner Statt F. Hartung das Referat übernehmen sollte.

Schon vorher war die Geschichtsabteilung unter heftige Angriffe von der N.S.D.A.P. gekommen. Walther Frank hatte sich Oncken zum Gegenstand seines Zornes ausgesucht, weil Oncken ein Buch über Cromwell veröffentlicht hatte, in dem der englische Diktator dafür gepriesen wurde, daß er die Kräfte der Anarchie in seiner Armee gezähmt hatte. Nach kurzem Kampf schied Onken aus seinem Amt. Auch meine Artikel im Berliner Tageblatt waren nicht mehr willkommen.

In den Sommermonaten rief mich eines Tages Theodor Eschenburg an. Ich hatte ihn zuerst auf einer Gesellschaft kennengelernt, und 1931 wieder in Locarno getroffen. Wir hatten uns hier und dort gesehen, ohne jedoch wirklich intim zu sein. Er hatte ursprünglich gehofft, eine politische Laufbahn einzuschlagen, war aber nach dem Aufstieg der Nazis in einem der großen Industrieverbände gelandet. In seinem Büro schickte er die Sekretärin unter einem Vorwande aus dem Zimmer und wiederholte mir, was ich schon von Rothfels gehört hatte, daß ich nicht mehr lange in der Universität bleiben würde. Er sagt zwar nicht, wer ihn darüber informiert hatte, ich konnte aber nicht seinen Worte zweifeln. Gleichzeitig erbot er sich, mir mit allen Mitteln beizustehen. Er sei, so sagte er, auf dem Wege nach der Schweiz, und könnte in Zürich Station machen. So bat ich ihn, Fritz Demuth von der *Notgemeinschaft deutscher Wissenschaft im Ausland*, meine Bücher mitzunehmen. Wir verabredeten, daß er von Demuth als ,,Onkel Fritz'' schreiben würde. Er hat dies auch getan und Demuth begriff, daß mir das Feuer auf den Fersen brannte. Er schrieb an Eschenbach, daß er meinen Stahl mit Interesse und Zustimmung gelesen habe.

So kam das Ende des Sommersemesters heran, und ich entschied in einem kleinen italienischen Alpendorf, Vipiteno, Erholung zu suchen. Warum ich nicht nach Zürich gefahren bin, um mit Demuth zu sprechen, ist mir heute unbegreiflich. Es ist eine der vielen Unterlassungen, deren ich mich in meinem Leben schuldig gemacht habe. In Vipiteno war die italienische Alpenarmee im Manöver, um die Deutschen von einem Handstreich auf Österreich abzuschrecken, aber sie machte keinen guten Eindruck. Ich las *Die Brüder Karamasov* und schrieb einen kleinen Artikel über die Stadt, den ich nie veröffentlicht habe.

Während ich dort war, lud mich Graf Dubsky zum zweiten Male auf seinen Besitz ein, und ich fuhr durch Österreich nach Mähren. Es waren noch einmal genußreiche und beschauliche Tage, die aber von dem Gefühl einer nahen Katastrophe überschattet wurden. Während ich in Zadlovic war, erfuhr ich von meiner Mutter, daß Demuth angefragt hatte, ob ich nach Rio de Janeiro gehen würde. Mit Carlota hatte ich vereinbart, daß wir uns auf der Rückreise in Dresden treffen würden. Sie war auch dort, aber unser Zusammensein wurde von Krankheit verdüstert. Ich hatte mir eine Infektion zugezogen, die drohte, sich in eine Blutvergiftung auszudehnen. So kam ich krank in Berlin an und zu dem körperlichen Schmerz kam noch der Ekel über die *Nürnberger Gesetze*, die grade verkündet worden waren. Während ich noch im Bett lag, erhielt ich eine Anfrage von Demuth, ob ich auch nach Kolumbien gehen würde. Da er mir Kolumbia geschrieben hatte, begann ein großes Rätselraten, was Kolumbia bedeute. Meine Schwester Paula meinte, es bedeute *Columbia University* in New York; meine Mutter war der Ansicht, es sei British Columbia, nur ich war davon überzeugt, daß es die Republik in Südamerika betreffe. Natürlich sagte ich zu, aber ich war entschlossen, zuerst nach England zu gehen.

Ich erhielt von Gooch die gedruckte Einladung zu meinem Vortrag, der für den 21. Oktober in London angesetzt war. So bald ich ausgehen konnte, bestellte ich mir einen Schlafwagen und die belgischen und englischen Visa. Am 17. Oktober erhielt ich jedoch einen Brief von dem preußischen Kultusminister, in dem mir mitgeteilt wurde, daß mir die Erlaubnis zu Vorträgen in England nicht gegeben werden könnte. Zuerst war ich entschlossen doch zu fahren (und hätte es vielleicht auch tun sollen), aber langsam überkam mich die Angst, daß dies eine Falle sein könnte, wie sie die Nazis liebten. Ich hatte einen gültigen Pass und fürchtete, daß mir dieser bei der Überschreitung der deutschen Grenze abgenommen werden würde, falls die Nazis auf mich warten würden. So entschied ich mich, unter dem Einfluß meiner Mutter, nach der Schweiz zu fliehen. Ich traf die Vorbereitung in größter Verschwiegenheit. Ich nahm von Meinecke Abschied auf einem Spaziergang, bei dem wir die Frage diskutierten, ob Hitler ein Cromwell, ein Dschengiskhan, oder ein Mohammed war. Wir trennten uns, ohne eine Antwort zu finden. Von Gerda Koch verabschiedete ich mich auf einer Abendgesellschaft, auf der Schubert's *Wanderer* gesungen wurde, den ich seitdem nie habe hören können, ohne daß mir die Tränen in die Augen getreten wären [Vgl. S. 336]. Cara sah ich auf einem Spaziergang, hatte aber nicht genug Vertrauen in ihre Verschwiegenheit, und deutete nur an, daß ich forgehen würde. Zwei Frauen, die verstanden, was ich vorhatte, erboten sich, mich zu begleiten. Aber ich vertraute ihnen nicht und ging mit einem Scherz darüber hinweg. Wie ernsthaft dies Anerbieten gemeint war, vermag ich nicht zu sagen. Ich habe sie nicht wieder gesehen, aber sie hatten nicht die Eigenschaften einen Kampf durchzufechten, wie er mir bevorstand. Ich setzte mein Vertrauen in Carlota. Ich war ihr jetzt physisch treu und hatte ihr versprochen, unsere Beziehungen nicht durch törichte Abenteuer zu gefährden, an denen mir unter den Umständen nichts gelegen sein konnte.

Um keinen Argwohn bei den Behörden zu erregen, borgte ich mir von meinem Bruder das Bargeld für das Billet und den Creditbrief und gab ihm einen Scheck, den er nach meiner Abreise einlösen sollte. Man konnte im Oktober 1935 600 Franken in die Schweiz mitnehmen, freilich nicht in Geld sondern in Form von Coupons, die man jede Woche in einem Schweizer Postamt gegen Vorlage des Passes einlösen mußte. Der Höchstbetrag für jede Woche war 50 Franken! Der Abschied von meiner Mutter fiel mir schwer. Von meinen Geschwistern trennte ich mich dagegen ohne Schmerz, da es zwischen uns in den letzten Wochen zu häßlichen Szenen gekommen war, die mir bewiesen, daß sie mehr an ihrer eigenen Wohlfahrt interessiert waren, als an meinem Schicksal. Der Abschied von Berlin wurde mir auch dadurch erleichtert, daß die Stadt sich seit dem Erlaß der Nürnberger Gesetze in einem völligen Taumel befand. Ich wagte nicht einmal, Freunde in unsere Wohnung zu bitten. Jede Begegnung mußte auf der Straße oder in einem Kaffe stattfinden. Unaufhörlich marschierten die S.A Truppen durch die Stadt, vor denen man sich am besten in einem Hausflur verbarg. Auch die wenigen Studenten, die ich in jenen Tagen sah, schienen mir verändert. Die Proklamierung der allgemeinen Wehrpflicht fand uneingeschränkte Aufnahme unter ihnen. Dabei versicherte mir ein Student zur gleichen Zeit: ,,Ich glaube fest an den Friedenswillen Adolf Hitlers!'' Es gab natürlich auch besonnere Menschen, besonders unter meinen Freunden im Auswärtigen Amt, aber sie schienen einem anderen Wahne verfallen zu sein. Sie wollten nicht, daß ich weg ginge, da dies Regime in kurzer Zeit, spätestens am 1. April, gestürzt würde, und man mich dann gebrauchen könnte!

Die ganze Nation war in einem Fiebertaumel. Ich war schon
damals überzeugt, daß der zweite Weltkrieg nur eine Frage der
Zeit sei, aber als ich dies einer Bekannten gegenüber erwähnte,
sagte sie mir, ,,Wir haben schon einen Krieg überstanden, wir
werden auch den nächsten überleben.'' Daneben aber war ich
auch das Objekt des Grolles, daß ich mich dem Druck, der auf
allen lastete, entziehen konnte, und man beneidete mich sogar
um die Aussicht, nach Südamerika zu gehen, mit der in Berlin
oft gehörten Erklärung: ,,Den Juden gelingt doch alles!'' Mit
einem Worte es wurde mir nicht schwer, dies Tollhaus zu verlassen. Und doch, als ich am Abend des 22. Oktober 1935 auf dem
Anhalter Bahnhof stand, um den Zug nach Zürich zu nehmen,
wußte ich, daß mein Leben in Stücken lag.

. Die Fahrt verlief ohne Zwischenfälle. An der schweizer
Grenze kam die Gestapo in mein Coupé, sah meinen Pass an,
ließ mich aber nicht einmal die drei Handkoffer öffnen, mit
denen ich in die Fremde fuhr. Ich kam gegen Mittag in Zürich an.
Als wir die Grenze überschritten, hatte ich mir geschworen, daß
ich nicht lebend in das Hitler–Deutschland zurückkehren würde.
Und noch einen anderen Schwur hatte ich getan, daß ich dies
Regime überleben wollte, koste es, was es wolle.

Die Züricher Tage waren düster. Ich war im Hotel St. Gott-
hard abgestiegen, wo meine Mutter immer gewohnt hatte. Am
Nachmittag traf ich meine Kousine Annemarie Jakobsohn, die in
Zürich Medizin studierte. Aber obschon wir uns einst nahe gestanden hatten, war die Begegnung keine glückliche. Sie versicherte mir, daß niemand in der Schweiz etwas für mich tun
würde. Mein Hauptzweck in Zürich, war Fritz Demuth zu sehen
und die Verhandlungen mit Südamerika zu beschleunigen. Am
ersten Tage konnte ich ihn telephonisch nicht erreichen. So aß
ich mit Annemarie zu Abend und legte mich zu Bett, nachdem
ich eine halbe Flasche Cognac getrunken hatte.

Ich sah Demuth am nächsten Morgen. Er teilte mir mit, daß
sein Frau am Vortage gestorben sei; wie man mir später erzählte, hatte sie sich erhängt. Und noch andere tragische Erlebnisse lasteten auf ihm. Aber er schien ruhig und gesammelt. Er
erklärte mir, daß die Aussicht nach Rio zu gehen, unsicher sei,
da die französiche Regierung versuche, eine Delegation fran-
zösischer Gelehrter nach Rio zu bringen, und die Verhandlungen

sich über ein halbes Jahr hinziehen könnten. Was Bogotá und Kolumbien anging, so war er optimistischer, aber alles hinge davon ab, ob mein Herz gesund sei, und die Höhe von 2000 Metern ertragen könne. Dann fragte er mich, wieviel Geld ich habe. Auf meine Antwort hin, riet er mir, von Zürich fortzugehen. Die Stadt sei zu teuer und habe zu viele „Semi–granten", die einander deprimierten. Er riet mir, so rasch wie möglich nach Genf zu fahren, und mit dem kolumbianischen Gesandten Fühlung zu nehmen. Ich sagte ihm, daß ich mich für Lausanne entschieden hätte, daß nur eine Stunde von Genf entfernt war. Ich war mir darüber klar, daß ich unter den schweizer Gesetzen keinen Beruf ausüben könnte. Aber ich dachte daran, für Zeitungen zu schreiben. So fuhr ich am gleichen Tage auf die Redaktion der *Neuen Züricher Zeitung*, wo mir der Redakteur versicherte, daß er alles veröffentlichen würde, was ich schreiben wollte. Ich habe es aber nur zu zwei Artikeln gebracht.

Schon am dritten Tage saß ich im Zuge nach Lausanne, wo ich gegen zwei Uhr Mittags ankam. Ich nahm mir eine Taxe und Fuhr durch die Stadt, um ein billiges Hotel zu suchen. Gegen sechs Uhr Abend hatte ich sämtliche Hotels gesehen. Das Billigste, was ich finden konnte, hieß *Hotel Ritz* und war in Duchy in der Nähe der Drahtseilbahn gelegen. Ich hatte ein kleines Zimmer mit fließendem Wasser und alle meine Mahlzeiten für 8 Franken. Der Besitzer und seine Frau waren sehr zuvorkommend, da sie nur wenige Gäste hatten. Im wesentlichen bestanden diese aus russischen Emigranten, die das ganze Jahr in dem Hotel wohnten. Es war wie eine Szene aus einem Roman von Nabokov. Aber das Essen war ausgezeichnet, und die Menschen ruhig und freundlich. Auch zog es mich an, nahe am See zu wohnen, so daß man zu Fuß herunter gehen konnte. Ich tat es am nächsten Tage. Es war Herbst und die Bäume hatten noch ihr rotes und braunes Laubwerk. Die Schwäne lagen am Ufer und warteten auf die Kinder, die sie jeden Tag fütterten. Der Ort sagte mir sofort zu: die schönen Gärten, die Promenade, die völlig verlassen war, und der See. Die Ufer waren verschleiert, und die Kette der Berge, die dahinter lag, war nur zu ahnen, aber zum ersten Mal überkam mich nach diesen grausigen Wochen ein Hauch des Friedens. Und doch war ich noch immer wie ein

Gefangener, der überall die Ketten rasseln hört. Schon kleine Kinder, die ihre Fahnen schwankten erschreckten mich, da sie mich an die entmenschten S. A. Leute erinnerten. Erst allmählich begriff ich, was es heißt, im Exil zu sein. Bisher war mein Leben wie ein Pfeil gewesen, der von der Sehne abgeschossen war. Nun war die ,,Pyramide des Lebens'', von der Goethe spricht, abgebrochen, und es schien ein geringer Trost, daß ich mir sagen konnte, ,,Wenigstens war sie groß entworfen.'' Und doch gabe es auch in diesen Tagen Momente, in denen ich mich auf mich selbst besann. So schrieb ich in mein Tagebuch: ,,Vielleicht müßte man lernen, stolz darauf zu sein, zu jener unterdrückten Minorität zu gehören.'' Und weiter: ,,Der Staat ist schlecht, also kümmern wir uns nicht um den Staat. Aber er affiziert die Kultur, er richtet sie zu Grunde. Schaffen wir also den guten Staat, damit die Kultur leben kann.''

Zunächst hatte ich unzählige Brief zu schreiben. Ich mußt nach England schreiben und erklären, warum ich am 21. Oktober dort nicht hatte eintreffen können. Ich schrieb an alle Menschen, von denen ich glaubte, daß sie mir beistehen könnten. Und ich fuhr Anfang November nach Genf.

Schon die Fahrt entzückte mich, und die Stadt Calvins und Rousseau gefiel mir. Da war *la place des eaux vives;* nicht weit davon entfernt lag die kolumbianische Gesandschaft. Während ich auf den Gesandten wartete, fiel mein Blick auf ein Bildnis Simón Bolívars. Ich habe darüber an anderer Stelle gesprochen, aber es ist die Wahrheit, wenn ich sage, daß ich in diesem Augenblick den Entschluß faßte, sein Leben zu schreiben, wenn ich nach Kolumbien gehen sollte.

Der Gesandte war Gabriel Turbay, den ich später besser kennenlernte. Er war syrischer Abtammung, was ihm viele Kolumbianer nie verziehen haben. Er gehörte der liberalen Partei an. Sein Französisch war nicht viel besser als meine, aber wir unterhielten uns gut. Er erklärte mir, daß die Regierung eine Mission deutscher Gelehrter und Sachverständiger zusammenstellen wollte. Man hatte daran gedacht, daß ich Soziologie lehren könnte. Ich würde während des ersten Jahres französisch und danach spanisch unterrichten. Er teilte mir auch mit, daß er von mir einen Lebenslauf und andere notwendigen Unterlagen erwarte, um sie nach Bogotá zu senden. Auf meine Frage, wann

ich eine Entscheidung erwarten könnte, antwortete er mir ausweichend. Hätte ich gewußt, wie solche Dinge in Kolumbien
betrieben werden, so hätte ich wohl daran verzweifelt, jemals
dort eine Anstellung zu finden. Aber es gibt Momente „when
ignorance is bliss.''

Nachdem ich mich von Turbay verabschiedet hatte, ging ich in
den Völkerbundspalast. Dort bestand auch eine Stelle für Refugees, und die Dame, die sie betraute, empfing mich sofort. Sie
riet mir, jede Stelle anzunehmen, die mir angeboten würde, da
die Situation schlecht sei und keine Hoffnung auf Besserung
bestehe.

Am Nachmittag ging ich dann noch einmal an den weiten
Quais entlang und freute mich der Schneeketten des Mont
Blanc, die in überirdischer Reinheit leuchteten. Als ich fortfuhr,
lagen die Gipfel im Alpenglühen und ihr Schein begleitete mich
nach Lausanne.

Aber die Nächte waren schwer zu ertragen, und das Erwachen
am Morgen qualvoll. Die Briefe die ich aus Berlin erhielt, rieten
mir, das kolumbianische Angebot anzunehmen. Ich wußte damals nicht, wieviel Berechnung hinter diesen Ratschlägen stand.
Meine Geschwister sahen eine Möglichkeit, mit mir nach Bogotá
zu gehen, und Carlota schätzte es als die große Chance ein, mich
nun heiraten zu können. Aber ich will niemanden tadeln; wer
weiß ob ich in dieser Lage besser gehandelt hätte!

Es galt zunächst einmal abzuwarten. Ich konnte mir leicht
ausrechnen, wie lange ich von meinen 600 Franken leben
könnte. Allenfalls konnte ich noch hoffen, daß mir Freunde und
Verwandte, jeden Monat 10 Mark schicken würden, was
gesetzlich erlaubt war. Aber es wurde mir klar, daß ich mich
nach einer billigeren Unterkunft umsehen mußte. Ich fand sie
auch bald; ebenfalls in Duchy, Rue Jean Jacques Cart 6. Es war
eine Pension, die einer wohlhabenden Dame gehörte. Sie hatte
ihr Vermögen in Deutschland angelegt, und konnte aber nicht
einmal die Zinsen überwiesen bekommen. So hatte sie sich dazu
entschlossen, in eine kleine Wohnung überzusiedeln, und ihre
große Wohnung in eine Pension zu verwandeln. Die Zimmer
waren schön eingerichtet und preiswert; das Essen, das die
Verwalterin, Frau Hefele, herstellte, war ausgezeichnet. Außerdem gab es einen Bücherschrank mit französischen Büchern, um

mir die Zeit zu vertreiben. Da die Inhaberin der Pension sehr
wählerisch war, wohnten außer mir nur noch ein schweizer
Ehepaar in der großen Wohnung von 14 Zimmern. Ich war mir
darüber im klaren, daß mein Französisch zu einem flüßigen
Vortrag nicht ausreichen würde. So entschloß ich mich, auf das
Französische zu konzentrieren und versuchte zur gleichen Zeit,
mir die Fundamente des Spanischen zu erobern. Was das Französische anging, kam es vor allem darauf an, mir die Zunge zu
lösen. Die Frau des schweizer Ingenieurs, die mit mir in der
gleichen Pension wohnte, war aus Lausanne gebürtig, und ich
fragte sie, ob sie mir französischen Konversationsunterricht erteilen würde. Da sie nicht viel zu tun hatte, war sie dazu bereit.
Sie lehnte aber jede Bezahlung ab und sagte, daß ich ihr aus
Kolumbien einen großen Smaragad schicken sollte. Wir
sprachen jeden Nachmittag über einem Glas Cognac für zwei
Stunden französisch. Auch sonst gab sie mir gute Ratschläge, so
den, so viel als möglich ins Kino zu gehen und dem Radio
zuzuhören. Sie war eine schöne hochgewachsene Frau, mit
schwarzen Haaren und schwarzen Augen. Sie begleitete mich
auf meinen Spaziergängen, und ich begleitete sie, wenn sie auf
die Eisbahn ging, um Schlittschuh zu laufen. Ohne sie wären die
Monate in Lausanne sehr viel schwieriger gewesen. Daneben las
ich so viel französische Bücher, wie ich nur auftreiben konnte.
Ich erwähnte schon den Bücherschrank; er war voll von
Kriminalromanen, und ich lernte die Umgangssprache der französischen Verbrecher. Wichtiger war die Lektüre guter Bücher.
Ich las Paul Bourgets *Le Disciple*, und was sonst noch an Romanen zur Hand war. Dann aber faßte ich den Entschluß, diese Zeit
dafür zu verwenden, die große Literatur des 17. Jahrhunderts zu
studieren. Ich hatte nur einiges im Urtext gelesen, wie Molière
und Bossuet. Nun besorgte ich mir eine Karte zu der Universitätsbibliothek und begann mit der Lektüre von Racine. Ich
fand ihn hinreißend. Ich erkannte erst jetzt, wie sehr die
Deutschen sich von Lessing hatten verführen lassen, die französische Tragödie zu unterschätzen. Mein erster Eindruck war
der einer höchst musikalischen Sprache, der Oper verwandt,
von einer seelischen und sittlichen Delikatesse, die ganz selten
ist. Die Gabe der sprachlichen, und also der psychologischen
Nüanzierung, schien mir einzigartig. Und doch vermißte ich am

Anfang eine Dimension. Racine schien mir Tiefsinn zu haben aber keine Tiefe. Aber dieser Eindruck war trügerisch, und je mehr ich in sein Werk eindrang, um so mehr bewunderteeich es. Andromache, Bérénice, Iphigénie, Phädre, Esther und Athalie wurden mir zu unvergleichlichen Erlebnissen. Auch der Unterschied zu Shakespeare wurde mir bald klar. Es gibt in Racine keine Gestalten wie Horatio, Hamlet, Othello, Cordelia, oder Kent; zu viel Individualität würde Racine indezent erschienen sein. Und doch sind seine Menschen tragische Figuren, wie die Shakespeares, die in einer gegebenen Situation nicht so handeln, wie sie wollen oder sollen, sondern wie sie müssen, so daß am Ende nur der Tod als Lösung bleibt.

Nach Racine las ich La Fontaine, der mir Rabelais nahe zu stehen schien, besonders in den *Contes*. Danach La Rochefoucauld, den ich schon kannte, aber erst jetzt völlig zu schätzen lernte als den ersten Meister des Aphorismus. Logischerweise wandte ich mich dann zu La Bruyère. Ich hatte schon oft versucht *Les Charactères* zu lesen, aber niemals den Schlüßel zu diesem einzigartigen Buche gefunden. Nun öffnete es sich mir, und ich fand in ihm alles, was den großen Schriftsteller ausmacht, Welt und Weltweiheit, Intelligenz und Kraft, Fülle der Beobachtung, und Fülle der Erfahrung. Nirgends fand ich Trivalität, sondern immer das Richtige mit Maß gesagt; La Bruyère läßt sich nicht täuschen, nicht einmal durch sich selbst. Er steht zwischen dem Hofmann La Rochefoucauld und dem Heilgen Pascal, als ein Wesen für sich, Kritiker, Philosoph, Erzieher, und Moralist. André Gide hat einmal gesagt, daß dies das französische Buch sei, daß die Deutschen am schwersten verstehen könnten. In Wirklichkeit ist es ja so, daß wir keine Parallele dazu haben. Er ist ein Linné der Psychologie, er charakterisiert die Typen, die Gattungen, die Kreuzungen. Wir haben bestenfalls Lichtenberg, Goethe, Schopenhauer, und Nietzsche, mit denen er verglichen werden könnte.

Corneille war die einzige Entäuschung in dieser langen Reihe der Entdeckungen. Man fühlt sich, wenn man ihn liest, wie in einer hohen Halle von Marmorsäulen, in der es einen fröstelt. Auch als ich nach Jahren Benedetto Croces' Würdigung Corneilles las, ist er mir nicht näher gekommen. Und von einigen schönen Sätzen abgesehen, fand ich nur wenig, das ich bewundern oder mir aneignen konnte. Die Lektüre Pascals zog sich hingegen länger hin und ist eigentlich nie abgeschlossen. Die *Pensées* sind ein Buch, zu dem man immer zurückkehren muß. Dieser Umgang mit den großen Geistern des 17. Jahrhunderts zusammen mit der schönen Stadt und der herrlichen Landschaft machten mir den Aufenthalt in Lausanne zu einer Art von Rekonvaleszenz. Ich war nicht länger im Gefängnis und fühlte stärker als je die Wahrheit des Goetheschen Spruches: ,,Alles könne man verlieren, wenn man bliebe, was man ist.'' Die Welt ging unterdessen ihren Gang. Mussolini bereitete seinen Feldzug nach Abyssinien vor, und Edward VIII wurde König von England. Ich fuhr fort Brief zu schreiben, die meistens ohne Einfluß auf mein Leben blieben. Ernst Robert Curtius riet mir davon ab, nach Frankreich zu gehen, da das ganze Land einer Xenophobie verfallen sei, und glaubte, daß ich mich in Spanien wohler fühlen würde. Zum Glück bin ich diesem Rat nicht gefolgt, da ich sonst in den spanischen Bürgerkrieg verstrickt worden wäre. Andere Menschen, wie Erich Kaufmann, ermahnten mich, nicht zu weit fortzugehen, da ich doch eines Tages nach Deutschland zurückkehren müßte! Andere versagten sich mir ganz und gar. Ich will keine Namen nennen! Die Emigration machte die meisten Menschen so unsicher, daß sie glaubten, jeden Augenblicke ihre eigene Position verteidigen zu müssen. So schrieb mir einer meiner ,,Freunde'' aus Manchester, ich sollte nach Palestina gehen, was offensichtlich als Hohn gemeint war. Ein anderer schrieb mir, daß ich in England den Ruf eines Faschisten habe, und deswegen keine Stellung finden würde. Es lohnt sich kaum, sich dieser Schmähungen zu erinnern. Sie waren ein Ergebnis des Gemeinen, das der Nationalsozialismus in die Welt gebracht hatte. Am 3. Dezember 1935 schrieb ich in mein Tagebuch: ,,Vielleicht könnte man sich wundern, daß ich mich nicht beklage, daß ich nicht mehr Schmerz empfinde, über die Dinge, von denen ich Abschied genommen habe. Aber es gibt einen Grad der Gemeinheit, eine Tiefe des Undanks, an die man weder Schmerz noch Klage verschwenden darf.''

Trotzdem gab es schlimme Tage, Tage an denen mich der Zweifel quälte, ob ich richtig entschieden hätte. Heute weiß ich, daß ich mich damals an meine Kousine Antonie hätte wenden sollen, um den Übergang in die Vereinigten Staaten zu vollziehen. Aber da war erstens mein Stolz, der mich davon abhielt, sie um Hilfe zu bitten, und zum anderen die Tatsache, daß ich keine Beziehung zu akademischen Kreisen in den Staaten hatte. Auch rieten mir Bekannte, wie Dietrich Gerhard, von den Vereinigten Staaten aus klimatischen Gründen ab. In jedem Falle habe ich es 1935 nicht gewagt, diesen Sprung zu tun.

Ich erinnere mich nicht mehr der einzelnen Tage dieses Winter. Oft stieg ich in das alte Lausanne herauf und besuchte die schöne Kathedrale, deren Architektur mich an Grenoble und Avignon erinnerte. Geistigen Austausch mit Menschen hatte ich nicht, und vermißte ihn auch nicht, da mir doch niemand in meiner Not hätte helfen können. Am 24. Dezember hörte ich einem Klavierkonzert zu, das über das Radio gesendet wurde. ein Pianist spielte die dritte Chopin'sche Étude, die viele Jahre danach berühmt wurde, als sie ein Film als Leitmotiv verwandte [Vgl. S. 346]. An diesem Abend kam sie mir wie eine Offenbaarung vor, und sie brachte mir den Trost, den mir sonst niemand geben konnte. Am nächsten Tage, dem Weihnachstage, kam mit der Post der Vertragsentwurf der kolumbianischen Regierung aus Genf. Er bot mir eine zweijährige Stellung als Berater der Regierung in Erziehungsfragen und eine Professur an. Dazu ein monatliches Gehalt von 250 Pesos, die Demuth zu folge, so viel Kaufkraft hatten wie 800 R.M. Ebenfalls eingeschlossen waren die Reisekosten nach Kolumbien. Die Regierung behielt sich vor, mich nach einem Jahre zu entlassen, wenn ich mich meinen Aufgaben nicht gewachsen zeigen sollte. Wie die Dinge lagen, hatte ich keine Wahl, und mußte in dem Angebot einen Rettungsanker erblicken. Ich sandte den Vertrag am nächsten Tage unterschrieben zurück.

Carlota, die in Berlin eine Stellung bei der Versicherungsgesellschaft *Allianz* angenommen hatte, besuchte mich zu Weihnachten. Aber in der Erinnerung scheint es mir, als hätten wir uns die ganze Zeit gestritten. Trotz aller Mißverständnisse kamen wir überein, daß sie mit mir nach Bogotá gehen würde. Sie begleitete mich auch zu einem schweizer Arzt, der mich untersuchen sollte, da ich mir eingeredet hatte, ein Herzleiden zu haben. Es war natürlich psychosomatisch, und der Professor in der Universitätsklinik sagte mir, „*C'est votre peur qui agrandit votre coeur.*"

Ich mußte mich nun auf die Überfahrt vorbereiten. Demuth hatte mir geraten, das Billet in Berlin bezahlen zu lassen, so daß ich die Reisekosten, die mir die kolumbianische Regierung erstatten würde, dazu benutzen könnte, mich in Kolumbien einzurichten. Ich schrieb dies meiner Mutter, und es entwickelte sich ein höchst unerquicklicher Briefwechsel.

Ich war entschlossen, nicht mit einem deutschen Schiffe zu fahren. Am besten schien mir die französische Linie Compagnie Transatlantique, die ich von Lausanne leicht erreichen konnte. Mein Bruder hatte aber herausgefunden, daß es billiger wäre, wenn ich ein kleines holländisches Frachtschiff benutzen würde. Diese Frachtschiffe hatten nur 6000 Tonnen, und ich konnte mir vorstellen, wie die Überfahrt nach Südamerika verlaufen würde. Meine Geschwister verhielten sich überhaupt seltsam. Meine Schwestern glaubten, daß ich eine von ihnen mitnehmen würde. Mein Bruder, der immer auf mich eifersüchtig gewesen war, hatte sich zum Haupt der Familie gemacht und behielt sich die Disposition über das Vermögen meiner Mutter vor. Dabei war er, wie sich bald herausstellen sollte, dieser Aufgabe in keiner Weise gewachsen. Es kam schließlich so weit, daß ich meiner Mutter schrieb, sie brauchte sich nicht weiter um mich zu bemühen, daß ich die überfahrt selbst bezahlen würde, daß ich aber danach keine Beziehungen zu meiner Familie aufrecht zu halten wünchte. Dieser Brief überzeugte meine Mutter davon, daß es mir ernst war, und sie teilte mir mit, daß alles nach meinen Wünschen arrangiert werden würde. Meine Geschwister — mit Ausnahme von Lotte — waren nur darauf bedacht, sich selber zu schützen, und haben auch später mit großem Egoismus gehandelt.

Kurz nach diesem Briefwechsel kam meine Mutter nach Lausanne, um von mir Abschied zu nehmen. Sie war 65 Jahre alt, und niemand konnte wissen, ob wir uns je wieder sehen würden. Sie wohnte in der selben Pension wie ich, und wir verbrachten zwei ungestörte Wochen. Als sie fortfuhr, kam nach wenigen Tagen Carlota, die ihre Stellung in Berlin aufgegeben hatte.

Erst jetzt begann ich einzusehen, wie schwerig die Stellung eines Emigranten außerhalb Deutschlands geworden war. Zunächst suchten wir die Schweizer Behörden im Rathaus von

Lausanne auf, um uns zu verheiraten. Dort wurde uns mitgeteilt, daß die gleichen Gesetze in der Schweiz wie in Deutschland für deutsche Staatsbürger galten, das heißt, daß wir den Nachweis arischer, bezugsweise nichtarischer, Abstammung zu erbringen hätten, bevor wir uns verheiraten könnten. Da dies unmöglich war, so mußten wir die Heirat bis auf unseren Aufenthalt in Paris verschieben. Es ist mir unbegreiflich, wie eine Demokratie vom Schlage der Schweiz so tief hat sinken können, diese Gesetze für gültig zu erklären, die jeden Menschenrechten zu widerliefen. Danach gingen wir zu dem französischen Konsul, um das Visum zu erhalten. Auch heir stießen wir auf Schwierigkeiten. Er könnte, so sagte er, uns die Visa nicht geben, ohne vorherige Konsultation mit Berlin. Erst als ich ihm unsere Billete und meinen Vertrag mit der Kolumbianischen Regierung zeigte, erklärte er sich nach stundenlangen Verhandlungen dazu bereit, uns ein befristetes Durchreisevisum zu geben. Es war auf sieben Tage beschränkt! Konsular Beamte scheinen sich auf der ganzen Welt ein Vergnügen daraus zu machen, hilflose Menschen zu quälen. Ich habe später mit venezuelanischen Konsuln dieselben Erfahrungen gemacht, gar nicht zu reden von den Konsuln der Vereinigten Staaten, die an Arroganz alles überbieten. Wenn man aber die Gesetze kennt, und sich nicht von subalternen Beamten einschüchtern läßt, so kann man auch diese widerwärtigen Zwerge überwinden.

So kam denn am 17. Februar 1936 die Stunde des Abschiedes von Lausanne, an das ich immer mit Wehmut und Dankbarkeit zurückdenke. Was bewog mich Carlota nach Kolumbien mitzunehmen? Ich war mir bewußt, daß ich sie nicht liebte; ich hatte sie nie geliebt, und daran hatte sich auch in den zehn Jahren, die wir uns gekannt hatten, nichts geändert. Aber einmal hatte ich ihr versprochen, daß ich sie nicht verlassen würde, und zum anderen hatte sie mich davon überzeugt, daß ich ohne sie die Schwierigkeit in einen neuen Erdteil und in ein neues Land überzusiedeln, nicht überleben würde.

Es war ein Akt der Feigheit oder jedenfalls der Furcht, der mich bestimmte: das alte Bedürfnis, mich an einen stärkeren Menschen anzulehnen. Vielleicht auch der Wunsch, denjenigen Menschen, mit dem ich so viel Erinnerungen teilte, bei mir zu haben, um so nicht alle Verbindungen zu meinem früheren

Leben zu verlieren. Meine Motive waren im wesentlichen egoistischer Natur, und ich habe nicht darüber nachgedacht, wie sie auf die Neue Welt reagieren würde. Da sie mir aber immer wieder versicherte, daß ihr der Abschied von ihrer Familie und von Deutschland nichts bedeute, so war ich leicht davon zu überzeugen, daß ihre neue Position und ihr neues Leben besser sein würde, als das, was sie zurückließ. Wenn irgend jemand den Schwierigkeiten, sich ein neues Leben aufzubauen, gewachsen war, so war sie es . . . so jedenfalls dachte ich. Aber wie die meisten egoistischen Berechnungen so war auch diese auf einem Fehlkalkül aufgebaut. Einmal war ich bei weitem nicht so schwächlich, wie sie mir einzureden versuchte, zum anderen aber war auch sie ein Mensch, den es nach seiner eigen–en Er–füllung verlangte. Und der Gedanke, daß diese Erfüllung mit meinen Absichten und Handlungen kollidieren könnte, ist uns· beiden damals nicht aufgestiegen.

Wir fuhren nach Paris und stiegen in einem kleinen Hotel in der Nähe des Gare St. Lazare ab. Am nächsten Tage gingen wir auf die Mairie. Dort wurde uns eröffnet, daß eine Trauung erst nach vier Wochen Aufenthalts in Paris möglich sei. Was tun? Wir hatten ein Durchreisevisum, das auf sieben Tage beschränkt war, und wagten nicht, um eine Verlängerung einzukommen, da immer die Gefahr bestand, daß ich nach Deutschland abgeschoben werden würde, wo ich unter den Gesetzen zum Schutz der Rassenreinheit unter Anklage gestellt werden konnte. Ich schlug Carlota vor, allein nach Berlin zurückzukehren, aber sie lehnte dies ab. Ich schlug ihr vor, daß wir unter unserm eigenen Namen nach Kolumbien fahren sollten, um die Trauung dort vorzunehmen. Aber auch dies wies sie zurück. Statt dessen sagte sie, daß wir uns schlichthin als Mann und Frau erklären sollten. Vielleicht hätten wir in Paris einen Geistlichen getroffen, der die Trauung hätte vornehmenkönnen. Aber wir kannten keinen Menschen, der uns hätte beratten können. Wie solche Dinge in Frankreich behandelt werden, war es um vieles einfacher, als ich gefürchtet hatte. Als wir auf der Compagnie Transatlantique vorsprachen, waren alle Angestellten sehr zuvorkommend und gaben mir sogar 25 Prozent des Überfahrtspreises zurück, da ich als Beamter der kolumbianischen Regierung herüber ginge. Auch auf dem kolumbianischen Konsulat verlief alles ohne Aufenthalt und Schwierigkeiten. Man gab mir eine Scheck, um die Kosten der Reise zu decken. Niemand fragte nach Papieren. Wohl aber erhielt ich eine Empfehlung an den Gouverneur von Cartagena, dem Hafen, in dem wir zu landen beabsichtigten.

Carlota hat mir später immer vorgeworfen, daß ich in Paris aus schlechter Absicht gehandelt hätte. Aber an dem war es nicht, und ich sehe nach so vielen Jahren keine andere Möglichkeit, als die zu der ich durch die Umstände gezwungen war. Wohl hätte ich mich ihrem Vorschlage stärker widersetzen können, um sie und mich davon abzuhalten, uns in diese sinnlose Verstrickung zu verwickeln, unter der wir beide gelitten haben. Ich halte die Entscheidung, die wir in Paris getroffen haben, noch immer für den größten Irrtum meines Lebens.

Denn ich habe mit ihm nicht nur mir geschadet, sondern auch ihr einen tiefen Schmerz zugefügt. Mehr als zwanzig Jahre hat der Schatten dieses Schrittes über meinem Leben gehangen, bis sie schließlich versucht hat auf ihre Weise, mich dafür zahlen zu lassen. Aber das ist ein anderes Kapitel.

Die wenigen Tag, die wir noch in Paris hatten, verbrachten wir damit, uns das Louvre anzusehen. Das Wetter war abscheulich, Schnee, Eis, Regen und Nebel, und der Kohlenschmutz der Pariser Luft. Völlig habe ich die Erinnerung an diese Tage nie aus meiner Seele bannen können, und es mag wohl daran liegen, daß mir Paris nicht so lieb geworden ist wie Wien, London, oder Rom. Dann kam der Tag unserer Abreise, und am 25. Februar fuhren wir nach Le Havre, um uns auf der *Cuba* einzuschiffen. Eine Fahrt von 18 Tagen stand uns bevor, die ich fürchtete, da ich glaubte, ich würde unter Seekrankheit zu leiden haben. Aber ich war seefester, als ich gedacht hatte. Meine Mutter hatte uns eine schöne Azalie an das Schiff geschickt. Und der Steward teilte uns am ersten Tage mit, daß wir in einer Kabine der ersten Klasse untergebracht werden würden, statt in der zweiten, die wir belegt hatten. So endete die erste Hälfte meines Lebens.

ZWEITER TEIL

1936–1960

Wer spricht von Siegen?
Überstehn ist alles.
RILKE

Die Arche 4

Iᴄʜ war 34 Jahre alt, als ich Europa verließ, an der Schranke, die die Bibel und Dante als die Hälfte des Lebens bezeichnen. Die Menschen, die Europa in der Jugend verließen, haben es leichter gehabt, sich in ein neues Leben zu finden; den älteren freilich war es noch um vieles schwieriger, als meiner Generation.

Wie seltsam ist das Tier konstituiert, das wir Mensch nennen. Er hat zwei Gaben, die sich auszuschließen scheinen, und die doch zu seiner Fähigkeit, Gefahren, und Hindernisse zu überwinden, mehr beitragen, als alle anderen. Sie sind das Gedächtnis und die Kraft, das Leben von neuem anzufangen, wenn es scheinbar seinem Ende zu geht. So kann ich mich heute nur mit Erstaunen an die Frische erinnern, mit der ich mich in die Erlebnisse warf, die sich mir nun anboten. Da war zunächst die Seefahrt, die mir zu einer neuen Erfahrung wurde. Die ersten Tage auf dem Schiff waren kalt und ungemütlich. Regen und Wind machten es fast unmöglich, auf das Deck zu gehen. Aus dem Bericht, den ich wenige Wochen nach meiner Ankunft in Kolumbien niederschrieb, darf ich vielleicht hier einige Sätze zitieren. ,,Ich hatte inmitten dieses nicht endenden Wassers ein Gefühl von Meerangst, von Sehnsucht nach Land; und die Unendlichkeit, die mich berauschte, hatte zugleich etwas Trostloses.'' Aber schon nach vier Tagen änderte sich dies Gefühl. Am 29. Februar passierten wir die Azoren. Wir fuhren zwischen zwei Inseln hindurch und waren dem Land so nahe, daß wir einen Eindruck der bestellten Felder und der Weingärten bekamen. Gleichzeitig änderte sich das Wetter. Es wurde warm und man konnte sich der Winterkleider entledigen. Das Meer war von Algen bedeckt, die in der Sonne wie Gold glänzten, und die ersten fliegenden Fische erschienen und begleiteten das Schiff. Jeden Tag gewannen wir eine halbe Stunde, und dies Gefühl der Relativität von Raum und Zeit trug noch dazu bei, die ganze Reise so unwirklich zu machen. Nach einer Woche bemerkten wir auch, wie sich das Gesicht des Himmels wandelte, als die tropischen Sternbilder am Horizont auftauchten.

Am 5. März erreichten wir den ersten Hafen, Pointe à Pitre auf der Insel von Guadeloupe, die zum französischen Kolonialreich gehört. Die Ankunft eines Schiffes stellt in diesen kleinen Häfen ein großes Ereignis vor. Schon nach wenigen Minuten war das Schiff von französischen Negern überlaufen, die sich vor dem Schiffsladen anstellten, um alles mögliche zu kaufen. Der Ort selbst hinterließ mir keinen Eindruck, es war ein ungewöhnlich dreckiger Häfen, und die Bevölkerung bestand ausschließlich aus Mischlingen aller Art und Färbung. Die *Cuba* fuhr gegen zwei Uhr um die Südspitze der Insel nach Basse–Terre, wo der Sitz der Verwaltung ist. Gegen Sonnenuntergang stand über der kleinen Stadt ein doppelter Regenbogen von einer Färbigkeit und Leuchtkraft, wie ich ihn in Europa nie gesehen habe. Am 7. März kamen wir in Martinique an. Wir nahmen nicht an dem Ausflüge teil, der in die berühmten Farnenfelder führte, sondern gingen in die Stadt, ,,Fort de France''. Auf der Mitte des Marktplatzes steht ein Denkmal für Josephine Beauharnais, und wir setzten uns ihm gegenüber und tranken einen Punsch, das kreolische Nationalgetränk, das aus viel Rum, Zucker, Zitrone, und Eis besteht. Ein Besuch des Negerviertels wäre uns beinahe schlecht bekommen, da wir von einer Horde von Kindern begrüßt wurden, von denen jedes wenigstens einen *sous* haben wollte und uns mit Geschrei und Hallo Begleitete. Das Hotel de Ville mit dem Motto *Semper Francia* macht mir aber einen tiefen Eindruck; auch heute, fast vierzig Jahre später, gehört die Insel noch zu Frankreich.

Der nächste Tag brachte uns nach Barbados, das damals britischer Kolonialbesitz war. Der Unterschied zwischen französischen und englischen Regime war sehr spürbar. Da es Sonntag war, waren alle Läden und selbstverständlich auch die Bars geschlossen. Die Häuser sind wie Villen angelegt, von herrlichen Gärten umgeben, eine Mischung von englischem Park und tropischen Urwald. Und doch konnte ich mich des Gefühls nicht erwehren, daß dieser Kolonialbesitz etwas Schmachvolles hatte. Ohne die europäische Profitgier wäre die karibische Urbevölkerung nicht ausgerottet worden, und die Neger wären in ihrem einheimischen Afrika geblieben. Wir gingen zu dem englischen Wassersportklub, wo man tägliches Mitglied werden kann. Es ist eine luxuriöse Angelegenheit mit Kino, Bad, Restaurant, und Läden. Als wir zu der *Cuba* zurückkehrten, setzten wir uns auf die Windseite, da die Tage jetzt schon tropisch heiß waren. Trinidad sahen wir nur aus der Entfernung, da der Aufenthalt so kurz war, daß es sich nicht lohnte die unbequeme Überfahrt im Ruderboot zu unternehmen. Bei der Abfahrt fuhren wir an einer der Leprastationen vorbei, eine furchtbare Erinnerung, wie nahe wir noch den Epochen des Altertumes und des Mittelalters sind, wo der Aussatz als eine selbstverstandliche Erscheinung des täglichen Lebens galt.

Am 10. März erreichten wir den Boden Amerikas, das von diesem Tage an, meine Heimat werden sollte, erst in der südlichen Erdhälfte und zehn Jahre später im Norden. Wir berührten *tierra firme* in Venezuela's Hafen *La Guyara*. Der Ort ist kaum geeignet, einen Fremden zu beeindrucken; es ist ein guter Hafen, aber die Stadt ist schmutzig und von üblen Gerüchen erfüllt. Der Tag, an dem wir ankamen, war der Tag der Präsidentenwahl; die Stadt war mit Fahnen geschmückt, und man hörte Böllerschüße und Musik. Damals wußte ich nichts von der Geschichte Venezuelas und war mir nicht bewußt, daß der Tyrann, der Venezuela so lange beherrscht hatte, Juan Vicente Gomez, kurz vorher gestorben war, und daß der mildere Lopez Contreras sein Amt übernommen hatte. Die Hitze in La Guayra war aber so groß, daß wir schon nach einer halben Stunde auf das Schiff zurückkehrten.

Übernacht fuhren wir nach unserem nächsten Anlegeplatz, Curaçao. Diese Insel ist auch heute noch in holländischem Besitz, und die Hauptstadt, die ein Freihafen ist, hat das Gepräge einer kleinen holländischen Stadt. Wir konnten zwar nicht herausbekommen, ob die Insel nach dem Liqueur oder der Liqueur nach der Insel genannt worden ist, aber wir machten von den billigen Preisen Gebrauch und kauften uns tropische Kleider die in Japan angefertigt und zu Schleuderpreisen verkauft wurden. Der zweite Eindruck, den wir von Curaçao mitnahmen, war der der riesigen Öltanks, in denen das venezulanische Petroleum für den Export eingelagert wird. Der nächste Tag verging mit dem Packen der Koffern in der glutheißen Kabine, und am 13. März betraten wir den Boden Kolumbiens in dem alten Kolonial–Hafen, Cartagena.

Mein Vertrag sicherte mir zu, daß ich meine Habe ohne Zoll nach Kolumbien bringen könnte. Ich habe von den Möglichkeiten, die mir diese Klausel bot, keinen Nutzen gezogen, was mir oft als Naivität ausgelegt worden ist. Jedenfalls gingen die Formalitäten ohne Schwierigkeit vorüber, was angesichts meines mangelhaften Spanisch sehr angenehm war. Ich fuhr in das einzige Hotel, das europäischen Ansprüchen genügt, das Hotel Americano, wo man sein eigenes Bad, Zimmertelephon, und Moskitonetze hat. Da ich eine Empfehlung an den Gouverneur des Departments hatte, ging ich dann in den Regierungspalast. Der Gouverneur, Dr. Obregon, der in Berlin Augenheilkunde studiert hat, war sehr zuvorkommend, und versicherte mir, daß ich mich auf ihn berufen könnte, wenn es notwendig sein sollte. Der Abend brachte uns ein Dinner mit kolumbianischen Menu und schwarzer Bedienung, doch war es angenehm kühl, da eine Brise von Meere her wehte. Man sitzt in dem schönen Hof des Hotels, das mit seinen Arkaden, Palmen, und exotischen Vögeln an die Höfe von Granada erinnert.

Auch die Straßen Cartagena bekunden, warum diese Stadt einmal *Cartagena de las Indias* hieß. Noch heute kann man die Paläste sehen, die von den *Conquistadores* erbaut worden sind, desgleichen den Palast der Inquisition, die in Cartagena ihren

Sitz hatte. Auch die beiden Hauptkirchen der Stadt zeigen, einen Stil, den man als Kolonialbarock bezeichnen könnte. Die Fenster sind auf ein Minimum reduziert, und die Mauern von solcher Dicke, daß sie dem Innenraum Kühlung geben. Das gleiche gilt auch für die Befestigungen, besonders die Mauern und Wälle, die die Stadt umziehen. Sie sind zehn Meter breit, und man kann mit dem Auto auf den Mauern herumfahren und auf ihnen wenden. Man erzählt sich, daß Philipp II. als er die Rechnung für diese Bauten erhielt, gesagt haben soll, er könne die Befestigungen von seinem Fenster im *Escorial* aus sehen. Natürlich waren diese Befestigungen ein notwendiger Schutz gegen holländische und englische Piraten, und sie haben das spanische Weltreich erfolgreich vor Invasionen bewahrt.

Wir mußten uns in Cartagena entscheiden, ob wir das Flugzeug nach Bogotá nehmen wollten, oder das Schiff, das den Magdalenenfluß herauffährt. Das Schiff bringt den Passagier allerdings nicht nach Bogotá; er muß die letzte Strecke von Flußtal bis zu dem Bergplateau, auf dem Bogotá liegt, noch mit der Eisenbahn überwinden. Wir suchten den Agenten der Luftfahrtgesellschaft auf, die Scadta hieß, eine Abkürzung für *Sociedad Colombo-Alemana de Transportes Aereos*. Es ist eine Gesellschaft, die nach dem ersten Weltkriege von deutschen Fliegern ins Leben gerufen wurde und die älteste Fluglinie Südamerikas. Der Agent lud uns auch in sein Haus ein, wo wir das Vernügen hatten unter dem Bilde Adolf Hitlers zu Abend zu essen und die Bekanntschaft eines Herrn Schmidt machten, der sich Kulturattaché der deutschen Botschaft in Bogotá nannte. Ich werde noch von ihm zu sprechen haben. Während wir noch im Unklarem waren, welche Beförderung wir bevorzugen sollten, suchten wir auch den deutschen Konsul auf, um unser Heiratsproblem ins Reine zu bringen. Aber auch hier war die Antwort die Gleiche wie in Lausanne!

Die Bekanntschaft mit der deutsche Kolonie war verheerend und man empfing den ersten Begriff davon, wie leichtfertig sich das Auslandsdeutschtum dem Nationalsozialismus verschrieben hatte. Der Ausschlag fiel schließlich für die Fahrt auf dem Magdalenenfluße: einmal weil sie ein größeres Abenteuer versprach, zum anderen aber weil der Gouverneur sich bereit erklärte, die Reisekosten für das Schiff zu übernehmen. Man versicherte uns, daß die Flußreise nicht mehr als sechs Tage dauern würde. Wir fuhren mit einem Triebwagen der *Tropical Oil* an den Flußhafen von Calamar.

Hier im Lande spicht alles vom „dem Fluß" und meint damit den Magdalenenstrom, der 1936 noch die prinzielle Verkehrsader des Landes darstellte. Der Dampfer, der mit einem großen Wasserrad getrieben wird (wie das auch auf dem Missisipi üblich war), kam gegen Abend in Calamar an, und wir gingen die glittschigen Bohlen zum Flußufer herab, umgeben von Eseln, Kühen, und Schweinen. Sogleich stellte sich heraus, daß unser großes Gepäck nicht auf dem Schiff war, sondern in Cartagena liegen geblieben war. Nachdem ich dreimal an die Schiffahrtsgesellschaft und einmal an den Gouverneur telegraphiert hatte, erfuhr ich am dritten Tage, daß es uns nachgesandt werden würde. Dies war unsere erste Begegnung mit dem Lande des *mañana,* an das sich Europäer und Amerikaner schwer, wenn überhaupt, gewöhnen. Die Kabine, die man uns angewiesen hatte, war jedoch gut, eine *camarote de lujo* mit fließemdem Wasser und einem Ventilator. Das Essen war natürlich kolumbianisch, aber man konnte sich immer an den herrlichen Früchten gütlich tun. Im ganzen war die Reise sehr dazu angetan, unsere europäischen Urteile und Vorurteile in Frage zu stellen. Wir fuhren durch fünf der 14 Provinzen oder *Departementos,* in die Kolumbien eingeteilt ist, und gewannen einen ersten wenn auch oberflächlichen Eindruck von den Wirtschaftsfaktoren, die für das Land entscheidend sind: Petroleum, Kaffee, Kakao, Gold, Silber, und Platin, um nur die wichtigsten zu nennen. Auch wurde uns klar, wie stark das Land auf den amerikanischen Markt angewiesen ist für die Abnahme des Kaffeus so wohl als des Petroleums und des Platin. Es fehlt in Kolumbien nicht nur an Kapital, sondern auch an der technischen Kenntnis und der nötigen Ausdauer, den natürlichen Reichtum auszunutzen. Viele der Schwierkeiten, mit denen Kolumbien zu kämpfen hat, wurden uns klar in Gesprächen mit einem der Passagiere, einem señor Pelaez, der von einer Reise durch Deutschland zurückkehrte und sich unserer annahm. Señor Pelaez war einer der führenden Mitglieder der *federación de los cafeteros* und ließ es sich angelegen sein, uns in die Geheimnisse der kolumbianischen Psychologie einzuführen.

Während der Reise sahen wir auch, wie sehr die Bewegungsfreiheit des Schiffen von dem Wasserstande des *Magdalena* abhängig ist. Die Fahrtrinne des Flusses wechselt mit jeder Jahrezeit, und so bilden sich Sandbänke und Untiefen, die das Schiff aufhalten. Die größte Gefahr kommt aber von den treibenden Baumstämmen, die unter Umständen das flache Boot rammen können. Darum fährt kein vorsichtiger Kapitän bei Nacht. Das Schiff ist wie ein großes Hausboot angelegt, unten sind die Maschinen, die Frachten, und die Tiere, oben sind die Menschen, und die Verbindung zwischen oben und unten wird von den Mosquitos bewerkstelligt, an denen es nicht fehlt. Wie ich schon sagte, hat das Schiff ein großes Schaufelrad im Heck, da Propeller oder Schrauben bei dem geringen Tiefgang all zu leicht versagen würden.

Es ist schwer von der Armut der Siedlungen an den Ufern des Stromes einen Begriff zu geben. Dörfer sind die Ausnahmen, von Städten ganz zu schweigen. In allgemeinen sieht man nur armselige Hütten, durch viele Kilometer von einander getrennt, die auf drei Seiten mit Bananenblättern oder Palmwedeln verkleidet und nach der Flußseite offen sind. Die Menschen leben von den Früchten, die ihnen zuwachsen, Bananen und Ananas, so wie Reiz und Mais, der in Kolumbien, wie in ganz Südamerika, die Grundlage der Ernährung bildet. Der Maisschnaps wird in großen Mengen konsumiert, dazu kommt noch der Fischfang, etwas Viehzucht, und hin und wieder der Verkauf von getrockneten Häuten. Verhungern wird niemand in diesen Lande, denn die Natur ist zu großzügig und wirft dem Menschen au viel in den Schoos, aber die Ernährung entbehrt fast ganz der Vitamine und des Proteins. Ein Gelehrter wie Haldane hat die Indolenz der Indianer so gar auf ihre armselige Ernährung zurückgeführt. Daß unter diesen Umständen Krankheiten wie Typhus und Malaria an der Tagesordnung sind, versteht sich von selbst; ebenso ist bei den ungeheuren Entfernungen an Polizei und Gerichtsbarkeit kaum zu denken. Die Telegraphenämter sind die wichtigsten Vehikel, um diese Teile des Landes mit der Hauptstadt in Verbindung zu halten. Rassisch gesprochen dürfte die Bevölkerung des Magdalenengebietes zu 90 Prozent aus Negern und Mulattos bestehen. Weiße werden dort nur durch Aussicht auf ein hohes Einkommen bei den Petroleumsgesellschaften, oder durch vollkommene Deklassierung festgehalten. Die ursprüngliche indianische Bevölkerung scheint hier ausgestorben zu sein. Es wurde uns zum ersten Male klar, daß dies Land eigentlich von sechs oder sieben Rassen bevölkert war, eine Beobachtung, die ich später in Alexander von Humboldts Büchern wiederfand. Ich belustigte mich mit dem Gedanken, was für eine Aufgabe es sein würde, hier den ,,Arierparagraphen'' einzuführen.

Die spanischen Eroberer machten die Fahrt, für die das Flugzeug 1936 vier Stunden benötigte, in sechs Monaten. Wir kamen nach sechs Tagen in unserem Bestimmungshafen *Puerto Llevano* an. Es ist der Knotenpunkt, an dem die Eisenbahn den Fluß erreicht. Das Wort Knotenpunkt, darf freilich nicht im europäischen Sinne verstanden werden. Es ist ein Kraal von Wellblechhütten und gehört zu den schlimmsten Malariastätten des Flußtales. Die große Frage war, ob der Zug am nächsten Morgen nach Bogotá fahren würde, denn die Vorstellung, daß Züge fahrplanmäßig verkehren, ist eine europäische Illusion, die wir schon aufgegeben hatten. Doch hatten wir Glück und fuhren am 26. März nach Bogotá. Die Entfernung ist nur kurz, ungefähr 189 Kilometer, aber am 124. Kilometer waren die Geleise durchbrochen, und alle Passagiere mußten die Bruchstelle überqueren und in einen zweiten Zug einsteigen, der auf sie wartete. Die Fahrt selbst war herrlich. In Serpentinen arbeitete sich der Zug langsam zu 3000 Meter Höhe herauf, und man hat eine wunderbare Fernsicht über die endlosen Täler. Gegen vier Uhr hatten wir den Kamm der Ost–cordillere erreicht und begannen den Abstieg in das Hochplateau, auf dem Bogotá erbaut worden ist. Um halb sechs kamen wir in Bogotá an. Einen Monat und einen Tag hatten wir gebraucht, um von Europa hierher zu gelangen. Bogotá stellte sich uns zuerst als die Barockstadt vor, die einst Sitz der spanischen Vizekönige gewesen war. Unser Hotel, Regina, lag an einem großen Platz gegenüber der schönen Kirche von San Francisco. Sakral– und Profanbauten bezeugen die Wucht, mit der sich die spanischen Herrscher in Südamerika durchgesetzt haben.

Die ersten Wochen waren natürlich mit vielen Aufgaben angefüllt. Wir wollten nicht lange im Hotel wohnen, einmal der Preise wegen, sodann aber auch weil man in den Hotels nie sicher sein kann, ob die Ernährung nicht Krankheiten mit sich bringt. Wir lernten rasch, daß man nur gekochtes Wasser trinken darf, und daß Salate zu den verbotenen Dingen gehörten. Die meisten Kolumbianer haben von Kindheit an eine natürliche Immunität, aber für Europäer und Nordamerikaner besteht immer die Gefahr der Amöbendysenterie, von schlimmeren Dingen wie Typhus ganz zu schweigen. So begannen wir die Suche nach einem kleinen Hause und fanden es auch bald, wo bei uns eine deutscher Händler, namens Horwitz, behilflich war. Er verkaufte uns auch die Möbel und den Hausrat, den wir nötig hatten, das meiste aus zweiter Hand. Mein Barbestand belief sich auf 600.00 Dollars, das Reisegeld, das wir in Deutschland aus eigener Tasche hatten bezahlen können, und das mir die kolumbianische Regierung ersetzt hatte, Damit mußten wir am Anfang recht vorsichtig umgehen, da man nie wissen konnte, wie lange die Herrlichkeit dauern würde.

Ich machte in den ersten Tagen die Bekanntschaft des Erziehungsministers, Darío Echandía, der sich aber nicht um die täglichen Geschäfte kümmerte. Diese lagen in den Händen eines jungen Mannes, Jorge Zalamea, der heute zu den führenden Marxisten Kolumbiens zählt. Nach und nach kamen wir auch in Kontakt mit den übrigen Refugees, die die Regierung engagiert hatte. Ich kann nicht sagen, daß wir viel Freude an diesen Begegnungen hatten. Meine engeren Kollegen waren Fritz Karsen und ein Herr Tauscher aus Dresden mit einem sächsischen Akzent, den er auch nicht verlor, wenn er spanisch sprach. Karsen, der in Berlin Direktor der *Karl Marx Schule* gewesen war, hatte eine Abneigung gegen Menschen, die etwas mit der Berliner Universität zu tun gehabt hatten. So begrüßte er mich (in Gegenwart des Ministers) mit den Worten: ,,Verstehen Sie denn etwas von Erziehung?'' Er war ein Mann mit einem ausgesprochenen Machtbewußtsein und sah in mir einen möglichen Rivalen. Zusammen mit ihm wurde ich dem Präsidenten Alfonso Lopez vorgestellt, der sich mit uns auf Englisch unterhielt. Er war die stärkste Persönlichkeit unter den kolumbianischen Liberalen, und versuchte eine Art von *New Deal* in Kolumbien einzurichten.

Es würde zu weit führen, wenn ich von all den Deutschen sprechen würde, die zur gleichen Zeit mit uns nach Bogotá

kamen. Die bedeutendste Individualität war der frühere
Finanzminister, Andreas Hermes, den man ins Land gebracht
hatte, um die Kaffeepflanzer in genossenschaftlicher Weise zu
organisieren. Wie so viele wohlgesinnten Versuche ist auch dieser fehlgeschlagen, aber Hermes und seine Frau gehörten zu
den Menschen, an die ich in Dankbarkeit zurückdenke. Hermes
hatte nicht vor, sich in Kolumbien nieder zu lassen, sondern
plante nach Deutschland zurückzukehren. Er ist in die Ver-
schwörung des 20. Juli 1944 verstrickt worden aber, so weit ich
weiß, der Gestapo entkommen. Ansonsten versuchten wir so
viel als möglich mit Kolumbianern zu verkehren.

Was meine Arbeit anging, so war der Radius sehr weit gezogen, und umspannte nicht nur die Universität sondern auch
öffentliche Vorlesungen und Radiovorträge. Ich hielt meine
erste Vorlesung in der *Escuela Normal Superior,* einem Lehrer-
seminar, das seinem großen französischen Vorbilde nur im
Namen glich. Mein Thema war *Philosophie und Politik,* ein
Gegenstand, der mich seit meiner Arbeit an Stahl beschäftigt
hatte. Da ich Französisch sprechen mußte, lehnte ich mich stark
an fransösische Texte an. Obschon diese Vorträge schließlich in
spanischer Übersetzung erschienen sind, kann ich sie kaum als
mein geistiges Eigentum betrachten. Ich hatte eine überraschend
große Zuhörerschaft, da Vorträge in Bogotá, wie auch in den
Vereinigten Staaten, als eine Art von Unterhaltung betrachtet
werden, zu der sich selbst die unteren Schichten hingezogen
fühlen. Da kein Eintritt erhoben wird, darf man sich nicht
darüber wundern, wenn einem am nächsten Tage die Jungen, die
auf der Straße die Stiefe putzen ihre Meinung über den Vortrag
mitteilen. Ich hatte eine Anzahl von Senatoren unter meinen
Zuhörern so wie einige Priester. Auch die deutsche Kolonie war
vertreten, um sich über meine Gesinnung zu unterrichten. Ich
sagte, daß ich nicht über die Philosophie des Nationalsozialismus sprechen wollte, da er keine hätte. Das führte
dazu, daß man mir eine Warnung zukommen ließ, in der man
mich daran erinnerte, daß ich noch Angehörige in Deutschland
hätte. Es war die bekannte Drohung mit der ,,Sippenhaft''.
Allerdings versuchte man mich auch in anderer Weise einzufangen.

Eines Tages traf ich auf der Straße, jenen Herrn Schmidt, den wir in Cartagena kennengelernt hatten. Er lud mich am nächsten Tage zu Frühstück ein und schlug mir einen seltsamen Handel vor. Da er Diplomat war, konnte er jeden Gegenstand zollfrei importieren, so, z.B., Meissner Porzellan oder Englischen Whiskey. Er machte mir den Vorschlag, daß ich diese Gegenstände für ihn in Bogotá verkaufen sollte, selbstverständlich für eine Kommission. Ob er es ernst gemeint hat, kann ich nicht sagen, aber ich lehnte es ohne weitere Diskussion ab. Trotzdem ließ er es sich nicht nehmen, mich in den deutschen Klub einzuführen, mir den deutschen Friedhof zu zeigen, und riet mir, dem deutschen Schulverein beizutreten, der die angesehehe *Escuela Colombo–alemana* unterstützte. All dies machte auf mich nicht den geringsten Eindruck. Doch waren meine Beziehungen zu der deutschen Botschaft nicht ausgesprochen feindlich. Als mein Pass im Jahre 1937 abgelaufen war, stellte mir der Konsul ohne Zögern einen neuen aus. Und, wie ich noch zu berichten haben werde, verhielt sich auch der Botschafter freundlich. Überhaupt war nicht die ganze deutsche Kolonie, die in Bogotá sehr zahlreich und angesehen war, nationalsozialistisch.

Um zu meinen Vorträgen zurückzukommen, so brachten sie mir noch ein anderes und recht erfreuliches Ergebnis. Nach dem ersten Vortrag kam ein junger Student auf mich zu und sprach mich auf Deutsch an. Sein Name war Suarez; er studierte Medizin an der *Universidad Nacional*. Er war ein enragierter Atheist und haßte die Kirche so wohl wie die Priester. Seine geistigen Heroen waren Schopenhauer und Algernon Swinburne, dessen *Garden of Proserpine* er zu zitieren liebte. Er wollte von mir Unterricht im Deutschen haben. Statt dessen schlugen wir ihm vor, daß er jeden Tag bei uns zu Mittagessen sollte. Danach würden wir eine Stunde Deutsch und eine Stunde Spanisch sprechen. Er nahm dies an, und auf diese Weise habe ich es mit einer gewißen Geschwindigkeit dazu gebracht, mich in der fremden Sprache auszudrücken. Als meine erste Vortragsreihe abgeschlossen war, meinte señor Zalamea, daß ich von nun an Spanisch sprechen sollte, da die Studenten Französisch doch nicht verständen. Es bedurfte großen Mutes, um nicht diese, Unverfrorenheit zu widersprechen, um diesen ,,challenge'' zu akzeptieren. Ich habe es aber getan, und fing an, schon nach sechs Wochen an Spanisch zu unterrichten. Ohne die Hilfe meines Studenten–freundes hätte ich es aber niemals fertig bringen können. Diesmal sprach ich in einem Theater, dem *teatro Colón*, und wählte mir die Renaissance zum Thema. Es war ein Nachklang der florentiner Reise. Meine Ansicht der Renaissance war im Wesentlichen, die Jacob Burckhardts, und ich habe mich davon auch in den folgenden Jahrzehnten nur wenig entfernt, obschon ich die Arbeiten von Haskell, Lopez, und Hans Baron studiert habe. Ich schrieb jeden Vortrag nieder und ließ dann das Manuskript von Suarez durchsehen. Die grammatischen Fehler waren leicht herauszufinden; aber die phonetichen, waren schwerer zu korrigieren; ich verwechselte oft die Akzente, was einem spanischen Ohr abscheulich geklungen haben muß. Auch das spanische *R* bereitete mir Schwierigkeiten. Es gibt in jeder Sprache Laute, die ein Fremder niemals ganz kontrollieren lernt. Im Englischen ist es das *W* und das *Th*, die dem Deutschen die größte Mühe machen. Da die Kolumbianer sich rühmen, das reinste Spanisch in Südamerika zu sprechen, kann ich nur mit Dankbarkeit auf die Nachsicht zurücksehen, mit der sie meine ersten Versuche aufgenommen haben. Aber hier, wie in vielen anderen Fällen, fand ich heraus, daß man mir die Bemühung hoch anrechnete, und den guten Willen für die Tat nahm. In die gleiche Richtung wies auch mein erster literarischer Versuch in spanischer Sprache. Eine berühmte spanische Schauspielerin, Marguerita Xirgú, gastierte in Bogotá mit ihrer Truppe und gab, unter anderen, Hofmannsthals *Electra*. Da ich annahm, daß Hofmannsthals Name in Kolumbien kaum bekannt war, so schrieb ich einen Artikel für die liberale Zeitung, *El Tiempo,* der auch zur rechten Zeit herauskam. Es war mein erster journalistischer Versuch in spanischer Sprache; ich habe während meines Aufenthaltes in Kolumbien regelmäßig für die Sonntagsausgabe des *Tiempo* geschrieben.

Hinter all diesen Bemühungen stand eine philosophische Anschauung, in der sich Wunschdenken und Erkenntnis verbanden. ,,Sieht man auf Europa'', so schrieb ich im Mai 1936 an meine Freunde, ,,so kann man sich der Vorstellung nicht erwehren, daß es im Begriff ist, sich zu Grunde zu richten. Die abendländische Kultur aber wird auf dem Kolonialboden weiter leben, hier wo man die Aufgabe der Zeit besser versteht und an Stelle eines destruktiven Chauvinismus einen konstruktiven Nationalismus setzen will." Dies war richtig gesehen, so weit es Europa betraf, aber all zu optimistisch in Bezug auf Südamerika. Schon seit meinem siebzehnten Lebensjahre hatte ich mir die Vorstellung gebildet, daß nach dem Untergang des Abendlandes der ,,Genius des Occidents", (mit Ranke zu sprechen), hier weiterleben würde. Und ich fand es nun eine seltsame Fügung, daß es mir bestimmt war, daran mit zu arbeiten. ,,In Fahr und Fron, wann wir nur überdauern, hat jeder Tag mit einen Sieg sein Ende."

In dieser Stimmung schwang, wie ich sagte, ein guter Teil von *wishful thinking* mit, denn meine wahren Gefühlen waren oft die der Wehmut und der Trauer. Es zog mich nicht nach Deutschland zurück, wohl aber nach Europa und zu den Menschen, mit denen ich gelebt hatte. Nach drei Monaten nahm ich mein Tagebuch wieder auf, daß mir für die folgenden Seiten als Grundlage dienen wird. Ich erinnere mich an einen Kammermusikkonzert, das in einer Schule stattfand, und mich zu Tränen rührte. Ich war mir auch darüber klar, daß all mein Denken einem Trostbedürfnis entsprang und legte mir die Frage vor, ob nicht letzthin alle Philosophie einem Trostbedürfnis entsprungen sei. Auch meine Träume enthüllten mir, wie tief unglücklich ich mich im innersten fühlte: ,,Was nützt es der Kerze, daß sie flackert, bevor sie erlischt?"

Und doch war das Leben in diesem neuen Erdteil und die Aufgaben, die mir zufielen, von solcher Bedeutung, daß man nicht umhinkonnte, darüber zu reflektieren. Man war vor die Alternative gestellt, ob man dies Land in seinem Halbtraum belassen, oder es durch zivilisatorische Erziehung an die Kapitalistisch–sozialistische Welt Europas und Amerikas anketten wollte.

Neben solchen Überlegungen stand freilich der ständige Kampf mit mir selbst. Wie Débussy hätte ich sagen können, ,,Ich brauche viel Geduld, mich zu ertragen." Ich war noch immer eine romantische Natur mit realistischer Selbsterziehung. Ich las viel, Mauriac, Flaubert, und immer wieder La Rochefould. ,,*Il n'y a pas d'accidents si malheureux dont les habiles gens ne tirent quelques avantages, ni de si heureux que les imprudents ne puissent tourner a leur prejudice.*" Daneben las ich auch St. Augustin und Buddha, aus dessen Reden ich mir das Wort herausschrieb: ,,Herrlich ist ein Ding zu schauen, furchtbar ist es zu sein." Aber es war mir nicht mehr erlaubt, nur zu schauen, ich mußte *sein* oder richtiger *leben*. Wovor ich die größte Furcht hatte, war die Gefahr, daß der Lebenskampf den Traum in mir ertöten könnte, und ich wußte schon damals, daß derjenige, in dessen Seele der Traum gestorben ist, so gut wie tot ist. Die größte Schwierigkeit lag aber darin, daß ich mich immer wieder fragen mußte, ob ich auf der Welt sei, gutes Deutsch oder schlechtes Spanisch zu schreiben. Da ich mich später in meinem Leben auch in der englischen Sprache versucht habe, wird man vielleicht nicht glauben, daß dies zum Kardinalproblem meines Lebens geworden ist. Und doch ist es an dem! Was immer an Erfüllung mir noch offen stand, konnte nur durch ein Buch oder durch Bücher geschehen. Aber in einer anderen Sprache findet man nie dieselbe Spontaneität wie in der Muttersprache. Daß es daneben, oder richtiger darüber, noch höhere Werte als die literarischen gibt, dessen war ich mir wohl bewußt, und glaube dies auch bewiesen zu haben, durch meinen Entschluß nach dem Sturz des Nationalsozialismus nicht nach Deutschland zurückzukehren. Aber der Bruch, der so in mein Leben gekommen war, ist nie verheilt.

Über den Nationalsozialismus selbst wurde ich mir im Exil erheblich klarer als dies in Deutschland möglich gewesen war [Vgl. S. 338]. So las ich die in Deutschland verbotene Biographie Hitlers von Konrad Heiden. Wie viel auch Bullock und Bracher dem Bilde Hitlers hinzugefügt haben, Heidens Sicht war doch im tiefsten richtig. Eine wirkliche Lebensdarstellung dieses Menschen ist letzthin unmöglich, da niemand die Abgründe zu erleuchten vermag, aus denen die Entschlüsse dieses Abschaums des Menschengeschlechts entstiegen sind.

Am 19. Juli 1936 brach der spanische Bürgerkrieg aus, und es war mir sogleich klar, daß dies nicht nur ein Vorspiel zu der Katastrophe des zweiten Welt Krieges sein würde, sondern ihr Anfang. Ich schrieb an meine Mutter, daß sie sofort ihre Besitztümer, sei es auch unter Verlust, verkaufen und zu mir nach Kolumbien kommen sollte. Da sie sich damals im italienischen Teile Tirols aufhielt, konnte ich ihr einen detaillierten Plan unterbreiten, wie sie vorgehen sollte, und daß sie auch meine Geschwister davon überzeugen müßte, daß es nun fünf Minuten vor zwölf sei, wenn sie sich in Sicherheit bringen wollten. Leider verschloß sie sich meinen Argumenten, stellte die Bedingung, daß meine Schwester Paula mit ihr kommen sollte, und fragte mich schließlich: „Wozu soll das Geld sein?" Ich war von ihrer Haltung so verstimmt, daß ich es aufgab, sie ferner beeinflußen zu wollen. Erst zwei Jahre später hat sie sich entschieden, diesen Schritt zu tun, aber damals war es zu spät, etwas von dem Familienvermögen zu retten.

Aber ich versuchte auch anderes. Der Gedanke, daß Europa nun unter einem Hagel von Bomben verbrennen würde, ließ mir keine Ruhe. So suchte ich den Präsidenten Alfonso Lopez auf und unterbreitete ihm einen Plan. Kolumbien solle beim Völkerbund (der noch bestand) einen Antrag einbringen, alle Kunstschätze unter den Schutz des roten Kreuzes zu stellen. Ich nannte es ein *Rotes Kreuz der Kunst*. Museen, Kirchen, und Paläste sollten auf den Dächern das Emblem des roten Kreuzes tragen. Der Präsident hörte sich alles gelassen an, und versprach mir, mit dem Außenminster darüber zu konferieren. Natürlich ist nichts daraus geworden, und es war wohl auch naiv zu glauben, daß Hitler und die Männer des totalen Krieges ein solches Abkommen respektiert haben würden.

Im August schlug mir der Präsident und señor Zalamea vor, eine Reise in den kolumbianischen Westen zu unternehmen, um mir über die kulturellen Bedürfnisse des Landes Klarheit zu verschaffen. Bevor ich abfahren konnte, erkrankte ich an Gelbsucht, was dies Projekt um drei Wochen hinausschob. Aber am 13. August flogen wir um sieben Uhr morgens in einer dreimotorigen Machine nach Medellín. Es war der erste Flug meines Lebens, und ich war darauf vorbereitet, luftkrank zu werden. Aber nichts geschah. Das Wetter war sehr gut, kein Wind und kaum Nebel. So konnten wir die Schneegipfel der Zentralcordillere, den *Tolima* und den *Ruiz,* in ihrer ganzen Herrlichkeit in uns auf nehmen, bevor wir nach einer Flugstunde in Medellín ankamen. Vor zehn Jahren hätte man für diese Reise vierzehn Tage gebraucht, und man versteht, warum die Kolumbianer sagen, sie seien vom Baume ins Flugzeug gefallen.

Medellín liegt in der *tierra templada,* dem Kaffeeklima, unfähr 1200 Meter hoch und ist erheblich wärmer als Bogotá. Es ist die Hauptstadt der Provinz Antioquia, aus der die energischsten und unternehmendsten Männer und Frauen Kolumbiens kommen. Ich machte schon am ersten Tage Kontakt mit den führenden Persönlichkeiten der Regierung: dem Gouverneur, dem jungen Direktor der Erziehungsabteilung und dem Rektor der Universität. Der Gouverneur ließ es sich nicht nehmen, mir einen Vortrag über die Geschichte der Provinz zu geben, den ich hier wiederhole, ohne mich für die Tatsachen zu verbürgen. Moderne demographische Untersuchungen würden vielleicht zu anderen Ergebnissen kommen. Aber dies ist die Legende oder, wenn man will, der Mythos, mit dem die Antioquenier leben.

Montañoso ist das Wort, das die Einheimischen selbst für ihr Gebiet bevorzugen, also gebirgig–waldig. Die Menschen sind, dem Gouverneur zufolge, eine Mischung zwischen den eingeborenen Indianern und den Spaniern. Unter den Spaniern kann man wieder zwei rassische Einflüsse unterscheiden: den baskischen und den jüdischen. Das baskische Element hat den Antioqueniern die physische und psychologische Zähigkeit und Härte gegeben; das jüdische den Sinn für Geld, Handel, und Sparsamkeit. Es ist ein Menschenschlag, den man mit den nordamerikanischen Pionieren vergleichen darf. Er hat es vorgezogen, sich in den Bergen anzusiedeln, und dann schrittweise in das Land herunterzusteigen. Die Nahrung beruht zum größten Teil auf Maiz und den großen, weißen Bohnen, *frijoles* genannt, die auch in Mexiko zum Hauptbestandteil der Nahrung gehören. Die Familien sind meistens sehr groß: 25 Kinder sind nicht selten. Wie die sephardischen Juden hier ins Land gekommen sind, ist eine andere Frage. Wahrscheinlich gehören sie zu jenem Teile das jüdischen Volkes, der sich taufen ließ, um den spanischen Verfolgungen zu entgehen. Vielleicht sind auch einige durch das Netz der Inquisition geschlüpft. In jedem Falle sind sie heute gute Katholiken, und nur die Vornamen sprechen noch von ihrer Abkunft. Viele der produktiven Menschen Kolumbiens sind hier geboren worden, und Medellín wird oft als die kommerzielle Hauptstadt des Landes bezeichnet.

Nachdem ich in dieser Weise auf die vor mir liegende Arbeit vorbereitet war, begann die Besichtigung der verschiedenen Anstalten. Mein Führer war der Erziehungsdirektor Duque, ein 28 jähriger Arzt, der sich seinen Aufgaben mit großer Hingabe widmete. Ich war in keiner Weise dafür geschult, diese zu beurteilen oder zu sagen, ob sie ihre Funktionen erfüllen konnten. Auf der Rückfahrt machten wir in dem schönen *Club Campestre,* dem *country club* von Medellín halt, und Dr. Duque erzählte uns etwas von seinen Träumen; es waren die romantischen Hoffnungen eines liberalen Idealisten, und was davon in Erfüllung gehen würde, war schwer vorauszusehen.

Am nächsten Tage wurden wir auch den ,,Stützen der Gesellschaft'' vorgestellt, besonders der Familie des ehemaligen Präsidenten der Republik, Carlos E. Restrepo. Er war ein alter Herr, der ganz in dem Abglanz seiner Vergangenheit lebte und alle Orden und Ehrenzeichen seiner Laufbahn in einer Vitrine aufgebahrt hatte. Das hatte natürlich etwas komisches, aber trotz aller Vorbehalte mußte ich dankbar sein, daß mir diese Gelegenheit die Gesellschaft kennenzulernen geboten wurde. Auch hatte es manche angenehme Seitenerscheinungen. Wir wurden jeden Tag im Auto abgeholt und zu den Stätten gebracht, die die hiesigen Menschen für sehenswert hielten. Daß mein Geschmack nicht immer mit dem ihrigen übereinstimmte, brauche ich kaum zu sagen. Aber für einen Fremden, der erst vier Monate in Kolumbien gelebt hatte, war es eine Auszeichnung, in dieser Weise aufgenommen zu werden und Zugang zu den ersten Familien des Landes zu bekommen. Am Ende meines Aufenthaltes fanden dann meine Vorträge statt. In der Rückschau kann ich nur sagen, daß sie wenig mit den eigentlichen Problemen Kolumbiens zu tun hatten, aber sie wurden freundlich aufgenommen.

Nach einer Woche flog ich nach Cali, der Hauptstadt des zweiten Departments, das ich besuchen sollte. Es heißt nach dem großen Fluße, der es durchfließt, *Valle del Cauca.* Cali liegt ,,nur'' 1000 Meter hoch, ist also wärmer als Medellín, und der kommerzielle Mittelpunkt des kolumbianischen Westens, der Umschlagplatz für Einfuhr und Ausfuhr, die über den pazifischen Ozean gehen. Es hat ungefähr hunderttausend Einwohner und das Leben scheint dem Besucher tropisch und heiter. Die Durchschnittstemperatur liegt zwischen 35 und 38 Grad Celsius, im Schatten versteht sich. Da mein Besuch in die Zeit der Schulferien fiel, war in Cali nicht viel zu tun. Ich hielt meine Vorträge, die einen erstaunlichen Widerhall fanden. Die Begegnung, die mir den stärksten Eindruck machte, war die mit dem

Besitzer und Redakteur der größten Zeitung Calis, Don Jorge Zawadsky. Wie schon sein Name bezeugt, war er polnischer Abstammung, gehörte aber zu den leitenden Figuren der liberalen Partei im *Valle del Cauca*. In seinem Hause traf ich auch Dr. Alberto Pumarejo, einen Verwandten des Präsidenten Lopez, und sein Stellvertreter, da er Vorsitzender des Staatsrates war. Die Bekanntschaft mit diesen Menschen ist von so großer Wichtigkeit, weil Kolumbien trotz des liberalen Firnis von einer kleinen Anzahl von reichen, alteingesessenen Familien regiert wird. In diesem ,,*charmed circle*'' kennt jeder jeden, und jeder ist mit jedem verwandt. Die großen Familien, die kaum 200 übersteigen dürften, sind gespalten, je nachdem, ob sie sich zu der liberalen oder der konservativen Partei bekennen. Die Zugehörigkeit zu einer der beiden Parteien vererbt sich vom Vater auf den Sohn und geht in den meisten Fällen bis in die Zeit des Unabhängigkeitskrieges zurück. Gewisse weltschauliche Differenzen trennen die beiden Parteien, besonders in ihrer Haltung zu der katholischen Kirche. Aber es wäre ein Irrtum zu glauben, daß die Liberalen Atheisten seien. Im allgemeinen sorgen schon die Frauen dafür, daß ihre Männer nicht antiklerikal sind. In Bogotá kann man oft hören, daß die Konservativen am Sonntag nicht zur Messe gehen, weil sie nicht die Liberalen zu treffen wünschen.

Von Cali fuhren wir mit der Eisenbahn nach Popayán. Popayán liegt im Kaffee–klima, also höher als Cali, ungefähr 1800 Meter hoch. Auch dieses Städtchen ist die Hauptstadt eines Departments, aber es ist um vieles ärmer und kleiner als Cali. Hier gibt es keine Industrie, sondern nur ein ausgedehntes Handwerktum, und die Hauptattraktion der Stadt ist die Universität. Es ist die einzige Stadt Kolumbiens, die diesen Stempel trägt, wie denn auch die dominierende Figur Popayáns ein Intellektueller war: Guillermo Valencia. Ihm wurden wir achon am ersten Tage vorgestellt. Er war ein Mann von ungefähr 60 Jahren und lebte mit seiner großen Familie auf einer *hacienda*, die nach dem conquistador *Belalcazar* genannt war. Das Haus ist im Kolonialstil gebaut, zweistöckig, mit umlaufender Veranda und überhängendem Dach; es ist ein Herrenhaus, an das sich die weit ausgedehnten Stallungen anschließen. Und ein *Grandseigneur* ist der ,,maestro Valencia'', wie ihn hier jeder nennt, im

wahrsten Sinne des Wortes. Er empfing uns in einem fleckigen
Anzug, den er auch an allen anderen Tagen trug; das tat aber
seiner Würde keinen Abtrag. In seinem Arbeitszimmer unter den
Bildern von Goethe, Napoléon, und Nietzsche zeigte er gleich in
unserm ersten Gespräch seinen großen persönlichen Charme. Er
erzählte uns, wie er am Ende des 19. Jahrhunderts nach Weimar
gefahren sei, um Nietzsche zu sehen, daß ihn aber die Schwester
Nietzsches nicht habe empfangen wollen. Er ließ ihr sagen, er
sei ein armer Indianer, der 3000 Meilen gereist sei, um
Zarathustra zu sehen. Dem konnte sie sich nicht entziehen, und
so wurde er vorgelassen. Valencia hat Gedichte Georges und
Hofmannsthals ins Spanische übersetzt, und seine eigene Produktion ist gleichfalls *fin du siècle*. ,,*Sacrificar un mundo para
pulir un verso*'', ist einer der berühmten Sätze aus seinem
schmalen Gedichtband. Er gehört zu der Generation Rubén
Daríos, war aber wohl kaum so begabt wie Rubén Darío. Außerdem war er zu stark von der Politik angezogen, um sich ganz
der Dichtung zu widmen. Er war zweimal Kandidat für die
Präsidentschaft als Vertreter der konservativen Partei, aber er
hat sein Ziel aber nie erreicht; erst sein ältester Sohn, León, hat
es dazu gebracht. Er ist auch als Diplomat seines Landes tätig
gewesen. All das hat eine seltsame Mischung von Bescheidenheit und Eitelkeit hervorgebracht, der man sich kaum
entziehen konnte. Ich zähle es zu den Geschenken meines Lebens, daß er mich als Freund betrachtet hat, und mir auch bei
der Fertigstellung eines Buches über Goethe geholfen hat. Der
letzte Abend dieses Besuches im Hause Valencia in einem
heiter–ernsten Gespräch über ,,Gott und die Welt'' wird mir
stets im Gedächtnis bleiben.

Popayán bewahrt in vielem den Charakter einer kolonialen
Barockstadt; die Monotonie der einstöckigen kleinen Häuser
wird durch große Barockkirchen unterbrochen, von denen mir
San Francisco, San Domingo, und Belén unvergeßlich geblieben
sind [Vgl. S. 339]. Die Familienhäuser, durch die man mich
führte, sind desgleichen wahre Schatzkammern kolonialen Sil-
bers. Ich machte auch die Bekanntschaft eines österreichischen
Geologen, der 18 Monate im Urwalde an der Freilegung alter
Grabstätten gearbeitet hatte. Es wurde mir immer klarer, daß
man dieses Land und diesen Erdteil nur verstehen kann, wenn

man sich von den europäischen Kategorien befreit, und die Entwicklung dieser Völker von der Steinzeit bis in die Moderne als eine Einheit betrachtet.

In gewisser Weise war der Aufenthalt in Popayán der Höhepunkt der Reise. Auf der Rückfahrt besuchten wir noch einmal Cali, wo ich wieder vor ungefähr 500 Menschen sprach. Es würde langweilig werden, wollte ich alle die Städte erwähnen, in denen ich sprach. In der Provinz, die nach dem Naturforscher *Caldas* genannt worden ist, lernte ich auch ein wenig über den Kaffeeanbau, der hier zu Lande von so großer Bedeutung ist. Der beste Kaffee wächst auf den Abhängen der Berge, wo die Büsche im Schatten größer Bäume angepflanzt werden. Der Schatten schützt die Pflanzen vor der tropischen Sonne und bewahrt so die natürliche Milde und Süßigkeit der Kaffeebohne. Der brasilianische Kaffee, der in den Ebenen angepflanzt wird, ist bitterer und erzielt daher nur geringere Preise als der kolumbianische. Die meisten Sorten, die im Handel sind, mischen die beiden Arten.

Als ich nach drei Wochen nach Bogotá zurückkehrte hatte ich begreifen gelernt, daß dies Land nicht nur aus der Hauptstadt besteht, ja, daß zwischen der Kultur der Hauptstadt und den Bedürfnissen des Landes eine große Kluft besteht. Wie weit das Ansatzpunkte für eine konstruktive Arbeit bieten konnte, blieb problematisch. Ich wollte später auch den Osten und die Küste besuchen, aber zunächst galt es die Ergebnisse der Reise zu verarbeiten, und das konnte nur in Bogotá geschehen.

Daß es mich immer wieder verlangte, nach Europa zurückzukehren, will ich nicht leugnen. Und doch schien es mir sinnvoller, mich in Kolumbien in den Dienst einer neuen Menschheit zu stellen, als in Europa am Rande eines Geschichtprozesses zu vegetieren, den ich nicht beeinflussen konnte. So verging mein Leben in einer Art von Gabelung. Ich versuchte die südamerikanischen Kulturen zu verstehen und zur gleichen Zeit, ihnen etwas von dem alten Europa zu vermitteln. Meine Existenz war die eines Menschen, der in der Arche lebt und darauf wartet, daß sich die Wasser verlaufen.

Mein erster Plan war, eine Anzahl von Vorträgen über Goethe zu halten. Zalamea ermunterte mich, und so entwarfen wir ein anspruchsvolles Program. Die Vorträge sollten von Musik eingerahmt werden. Die Regierung hatte damals eine Gruppe deutscher Musiker herübergebracht, die im Sinfonieorchester spielen sollte aber auch hoffte, Kammermusik–Konzerte zu geben. Sie waren bereit, mit mir zusammen zu arbeiten, und schlugen mir vor, die Vorträge mit Quartetten Beethovens anfangen und ausklingen zu lassen. Dies geschah auch, und die Veranstaltung, die wieder im *teatro Colón* stattfand, war recht erfolgreich. Der deutsche Botschafter ließ es sich nicht nehmen, an allen Vorträgen teilzunehmen und mich hinter her persönlich zu beglückwünschen. Auch lud er mich zu einem Empfang in der deutschen Botschaft ein, dem ich beiwohnte. Dies haben uns viele der Refugees übel genommen, und vielleicht war es unklug. Aber der Botschafter kannte meine Kousine Antonie Strassmann sehr gut, und 1937 schien es noch möglich, daß sich der Nationalsozialismus tot laufen würde.

Zalamea war von dem Erfolg der Vorträge so beeindruckt, daß er mir vorschlug, diese in Buchform zu veröffentlichen. Ich war Feuer und Flamme für einen solchen Gedanken und ging sogleich daran, die Vorträge zu erweitern. Die größte Schwierigkeit bestand darin, gute Übersetzungen goethischer Gedichte aufzutreiben. Ein kolumbianischer Dichter, den ich kennengelernt hatte, Otto de Greiff, bot mir an, einige der Gedichte zu übertragen. Dann verfiel ich auf den Gedanken, Guillermo Valencia zu fragen, ob er mir nicht helfen wollte, und er sagte es mir zu. Ich sandte ihm die deutsche Originale und eine wörtlich Prosaübertragung ins Spanische, und Valencia übersetzte dergestalt eine Reihe Goeth'scher Gedichte, die so zum ersten Males in spanischer Sprache erschienen. Auch wenn ich sie heute überlese, schienen sie mir noch immer ausgezeichnet.

Mein eigenes Manuskript klang dagegen sehr hölzern. Ich hatte noch nicht gelernt, das man deutsche Sätze nicht schlechthin ins Spanische übertragen kann. Eine ganze Anzahl von Menschen, Kolumbianer so wohl wie Spanier, haben mir geholfen, dies Manuskript zu verbessern. Einer von ihnen sagte mir einmal, daß es ihm Vergnügen mache. ,,Sie schreiben als ein Mensch des 20. Jahrhunderts; aber die spanishe Sprache ist letzthin eine Sprache des Barock und des 17. Jahrhunderts. Und so ergibt sich ein seltsames Amalgam.'' Als das Buch fertig war, ging ich mit großen Erwartungen zu Zalamea. Er sah mich sehr

erstaunt an, und sagte: ,,Was für ein Buch?'' Er hatte das ganze
Projekt vergessen und war nicht bereit, sich dafür einzusetzen,
daß die Regierung, die Druckkosten übernähme. Es war das
erste Mal, daß ich mir der Verantwortungslosigkeit der Kolumbianer bewußt werden mußte, freilich nicht das Letzte Mal.
Südamerikaner halten sich im allgemeinen nicht an ihr Wort
gebunden und wenn man ihnen glaubt, so tut man es auf seine
Gefahr. Mündliche Versprechen werden selten gehalten, und
selbst schriftliche müssen auf dem offiziellen Papier, dem *papel
sellado,* geschrieben sein, um Gültigkeit zu erhalten. Dies alles
sind Dinge des Umganges und des Verhaltens, an die man sich
erst gewöhnen muß. Viel mehr als in Europa ist das Leben auf
dem aufgebaut, was *nicht* ausgesprochen wird, und wovon der
Südamerikaner erwartet, das es ohne Worte verstanden wird.
Daher sind die persönlichen Beziehungen von so großer
Wichtigkeit besonders zu denjenigen Menschen, die politischen
oder finanziellen Einfluß haben. Es ist ein völlig anderes Verhalten zur Welt, das seinen stärksten Ausdruck in dem mangelndem
Zeitgefühl hat. Verabredungen werden gehalten oder nicht gehalten, je nachdem die Menschen dazu aufgelegt sind. Ein oder
zwei Stunden auf eine Begegnung zu warten, ist nichts au-
ßergewöhnliches, auch das ist eine Charakteristik von jungen
Völkern, die noch nicht von dem faustischen Dämon des
Zeitgefühles erfaßt worden sind. Desgleichen ist es verpönt mit
einer Anforderung oder einer Bitte ins Haus zu fallen. Man
beginnt am besten mit persönlichen Fragen nach dem Befinden
und nach der Familie, bevor man sich behutsam zu der
eigentlichen Sache vortastet. Das wußte schon Gratian, als er
sagte, ,,Nimm Dich in Acht vor der zweiten Bitte.'' Natürlich
darf man auch hier nicht verallgemeinern. Es gibt sehr zuverlässige und großzügige Menschen, denen ihr Wort heilig ist, und die
in der Pünktlichkeit ,,die Höflichkeit der Könige'' sehen. Aber
im großen und ganzen muß man in Südamerika zuerst einmal
umlernen. Und ich habe oft gesehen, wie die lateinische Art
Geschäfte hinauszuzögern, Deutsche, Engländer, und Nordamerikaner zur Verzweiflung treibt. Dabei geschieht es dann,
daß die Südamerikaner um so störrischer werden, je mehr man
sie zwingen will, etwas zu tun. Gewöhnlich antworten sie mit
dem Versprechen, daß es morgen getan würde, aber dies *mañ-*

ana dämmert niemals herauf. Natürlich durfte ich mir die Enttäuschung über des Verhalten Zalameas nicht anmerken lassen. Das Buch blieb zunächst in meinem Schreibtisch liegen, bis es Germán Arciniégas in seiner *Biblioteca de Las Indias*, 1939, veröffentlicht hat.

Meine eigene Arbeit war weiter auf die Erwachsenenerziehung abgestellt, oder wie man es in Kolumbien nannte, *extensión cultural y universitaria*. Ich organsierte im Frühjahr 1937 einen Kursus, der die Monate Februar und März umfaßte. Jeder konnte sich für diese Vorlesungen einschreiben; die Zulassung war gebührenfrei. Die Absicht dieses Kurses war ,,das Prestige und das kulturelle Bewußtsein der kolumbianischen Nation aufrecht zu erhalten, und zur gleichen Zeit die Ergebnisse der Wissenschaft einem weiteren Kreise zugänglich zu machen.'' Es entsprach dies dem Wunsche des Präsidenten, der die öffentliche Erziehung als eine seiner Hauptaufgaben betrachtete. Demgemäß wurde der Kursus in fünf große Kategorien gegliedert. Die Geisteswissenschaften, oder wie die Spanier es nennen, *ciencias morales*, die Naturwissenschaften, die Medizin, die Wirtschaftswissenschaften, und die künstlerischen Tendenzen der Gegenwart. Ich besitze noch das kleine Heft, das jedem Teilnehmer in die Hand gedrückt wurde, in dem die einzelnen Vorträge, so wie der Gesamtplan, und ein Stundenplan enthalten sind.

Zalamea sprach über *Idea y Realidad de nuestro tiempo*, also über die Gründzüge des gegenwärtigen Zeitalters, um mit Fichte zu sprechen; ich sprache selbst über die Morphologie der Kultur und über Geschichte und ihre Methoden. Lopez de Mesa redete über die Aufgaben einer nationalen Wissenschaft, was eigentlich ein Widerspruch in sich ist, wobei er aber die Aufgaben einer kolumbianischen Anthropologie vor Augen hatte. Es verlohnt sich kaum, die einzelnen Vorträge hier aufzuführen. Ich war wahrscheinlich derjenige, der am meisten von dieser Vortragsreihe gelernt hat. Nicht dadurch, daß ich den Vorträgen zuhören mußte, was zu meinen Aufgaben gehörte, sondern dadurch, daß es mir Gelegenheit bot, die Redner persönlich kennenzulernen. Denn ich hatte jeden der Sprecher aufsuchen müssen, um ihn um seine Mitarbeit zu bitten. In der Hauptsache ist mir dies auch geglückt. Und so kam ich in Berührung mit der intellektuellen Elite der Haupstadt. Von den Menschen, die ich dergestalt kennenlernte, machten mir einige einen nachhaltigen Eindruck. Lopez de Mesa war ein Arzt, der sich ganz seinen philosophischen Studien widmete—wenn er nicht Außenminster war. Er war sehr belesen, so vielleicht in einer dilettantischen Weise. Was ihn am meisten interessierte, war die Psychologie seiner Landsleute, die er als faul, verlogen, unentschlossen, und neidisch charakterisierte. Nach seiner Auffassung folgten sie immer der Linie des geringsten Widerstandes, d.h., sie wandten sich der Politik oder der Literatur zu oder beides zur gleichen Zeit. So ist Südamerika der ,,*Kontinent des Wortes*'' geworden. Neben Lopez de Mesa waren es besonders zwei literarische Figuren, die mich anzogen. Der alte Sanín Cano, damals schon hoch in den siebziger Jahren, und der sehr viel jüngere German Arciniegas. Sanín Cano, der aus Antioquia stammte, hatte sein Leben als Journalist für eine der großen Zeitungen von Buenos Aires begonnen und lange in London und Madrid gelebt. Auch er war erstaunlich belesen und polyglot. Er wohnte in kleinem Haus in unserer Nähe, und ich habe ihn oft besucht, wie er auch zu den regelmäßigen Gästen unseres Hauses gehörte. Arciniegas war damals noch im Aufstieg; er wurde bald darauf Direktor des *El Tiempo* und wenig später Erziehungsminister. Neben seinen literarischen Arbeiten, die sich auf der Linie von Emil Ludwig, Stefan Zweig, und André Maurois bewegten, war es vor allem sein Humor, der mir gefiel. Er hatte eine sehr schöne, stolze Frau, Gabriela, die des gleichen oft zu uns kam.

Der charismatischste Mann unter den Rednern war zweifellos der junge Jorge Eliecer Gaitán. Seine indianische Abstammung war ihm ins Gesicht geschrieben. Er war *alcalde* von Bogotá gewesen aber schon nach kurzer Zeit vom Amt zurückgetreten. Auch er war tief an dem Schicksal seiner Landsleute interessiert, besonders an den Massen der Arbeiter in Stadt und Land, auf die er seine Karriere aufbauen wollte. Im öffentlichen Leben trat er oft wie ein Demagoge auf. Er hatte in Rom Kriminalistik studiert, und seine Beredsamkeit behielt immer etwas forensisches. Aber im vertrauten Gespräch erschloß er sich leicht. Er hatte keine hohe Meinung von der Kultur oder der Intelligenz der Südamerikaner und sagte, daß sie hinter Europa um viele Lichtjahre zurück seien. Deswegen kämen die geistigen Moden

Europas erst nach Lateinamerika, wenn sie in Europa schon erloschen seien. Als wir ihnen kennenlernten, war er noch unverheiratet. Wenig später heiratete er eines der schönsten Mädchen von Medellín. Auch sie wurde eine Freundin unseres Hauses. Gaitáns tragischen Ende—er wurde 1948 erschossen, und sein Tod rief den berühmten Aufstand, *El Bogotazo*, hervor—war damals nicht vorauszusehen. Wohl aber, daß er das Zeug dazu hatte, zum Präsidenten aufzusteigen, und daß es ihm nicht an Ehrgeiz fehlte, selbst wenn der *Jockey Club* ihn seiner indianischen Abstammung wegen, nicht aufnahm.

Im ganzen darf ich sagen, daß der Kurs ein Erfolg war, und als Belohnung wurde ich im März–April 1937 an die Küste gesandt, um dort eine ähnliche Bewegung in Gang zu bringen. Über diese Reise, die ganz im Flugzeug vor sich ging, besitze ich einen detaillierten Bericht von 20 Seiten. Mein erstes Ziel war Baranquilla, der Haupthafen Kolumbiens an der atlantischen Küste. Es ist die amerikanischste Stadt Kolumbiens, was das Leben um vieles leichter macht. Da wir in Bogotá eine Besucherzahl von 1500 Hören gehabt hatten und einen Durchschnitt von 200 Hörern in jedem einzelnen Vortrag, sollte ich versuchen, an der Küste etwas gleichartiges einzuleiten. Das war aber nicht einfach, da es an Gebäuden und an Geld mangelte. Das Budget der Provinz ist fast ganz auf die technische Verbesserung der Stadt zugeschnitten, so daß nur wenig Geld für die Bezahlung der Lehrer übrig bleibt. Andrerseits ist eine Industrialisierung nur möglich, wenn die Arbeiter, seien es Männer oder Frauen, wenigstens Lesen und Schreiben können. Und diese fundamentalen Fragen schienen den meistens Mensche wichtiger als die Verbreitung einer höheren intellektuellen Kultur. Dazu kam noch ein andres Problem, dem ich hier zum ersten Mal begegnete. Es ist die Rassenfrage, die kaum anderswo so stark empfunden wird, wie an der Küste, wo die ganze Bevölkerung aus Negern und Mulatten besteht. Fast alle Menschen haben das krause Haar, *el pelo comprometido*, wie es hier genannt wird. Über die Intelligenz und die Befähigung der Neger bestehen verschiedene Theorien. Einige Anthropologen glauben, daß sie den Weißen in keiner Weise nachstehen und berufen sich dafür auf Puschkin, Dumas, und Simón Bolívar. Dies sind aber natürlich Verallgemeinerungen. Auch heute, 30 Jahre später, gibt es

keine zuverlässigen Untersuchungen über die genetische Disposition der Neger. Ich selbst erlaube mir kein Urteil. Die Bevöl-
kerung der Küste zeigt große Lebhaftigkeit, Schnelligkeit der
Aufnahme, und eine erstaunliche Musikalität, die sich aber vollständig auf die populäre Tanzmusik beschränkt. Moralische
Schranken bestehen kaum, und es gibt weniger Tabus als im
Hochland. Diese Teile Kolumbiens sind die unkirchlichsten: der
Gottesdienst ist reines Schauspiel oder wird als primitive Magie
aufgefaßt. Die Kriminalität ist hoch, und zwar weniger Mord und
Totschlag als Diebstahl und Schwindel. Ich selber bin solchen
Versuchen nur durch mein angeborenes Mißtrauen entkommen. Die Menschen, die davon leben, gehören dem Lumpen-
proletariat an, und es gibt genug Glieder der Mittelklasse, die
nichts mit solchen Kniffen zu tun haben wollen. Über eines
wurde ich mir jedoch bald klar. Man kann diese Menschen nur
erfassen, wenn man sie davon überseugt, daß es ihrem
wirtschaflichen Vorteile entsprechen würde, kulturelle Bestrebungen zu fördern. Ich mußte also an ihre utilitaristischen
Instinkte appellieren, wenn ich etwas erreichen wollte. Ob mir
das gelungen ist, scheint mir in der Rückschau sehr fraglich. Von
Baranquilla flog ich mit einer einmotorigen kleinen Machine
nach Santa Marta. Wir überquerten im Morgennebel das Delta
del Magdalenenstrommes, auf dem wir landeten, denn die Brise
des Ozeans ist zu stark, um eine Landung an der Küste zu
erlauben. Mit der Bahn fährt man dann nach Santa Marta. Das
Gebiet, das wir durch-querten, heißt *Zona Bananera* und ist
ausschließlich der Pflanzung und Ernte von Bananen gewidmet,
die unter der Kontrolle der *United Fruit Company* stehen.

Wie man weiß, gehörte die *United Fruit Company* zu den best
gehaßten amerikanischen Gesellschaften in Lateinamerica, und
daran sind nicht nur kommunistische Intellektuelle wie Pablo
Neruda schuld, sondern vor allem die *Company* selbst. Sie hat
es verstanden, das ganze Gebiet von sich abhängig zu machen,
einmal durch die Kredite, die sie den Pflanzern gewährt, zum
anderen aber auch durch die Arbeitsmöglichkeit, die sie den
unteren Bevölkerungsschichten garantiert. Die Banane braucht
im Unterschied von Baumvolle oder Kaffee keine besonders
Pflege. Der Pflanzer, der sein Land auf die Produktion von
Bananen einstellt, verdient sein Geld mit größter Leichtigkeit.

Mit den ersten 10 000 Pesos, fährt er nach Bogotá oder Europa und kommt gewöhnlich verschuldet zurück. Um leben zu können, verpfändet er die nächste Ernte zu wucherischen Bedingungen; es ist eine Schraube ohne Ende. Die Leichtigkeit der Produktion führt auch dazu, daß man sich ganz auf die Anpflanzung von Bananen beschränkt. So entsteht das, was man in Lateinamerika *monocultura* nennt, die Einstellung der Gesamtwirtschaft auf ein einziges Produkt, wobei die Ökonomie von Preisschwankungen und Mißernten ständbedroht ist. Heute weiß das jeder Kenner der Entwicklungsländer. Aber 1937 war es ein kaum verstandenes Phänomen. So wurden mir die Augen geöffnet für eines der größten Übel Südamerikas, das auch jetzt noch nicht überwunden worden ist. Eine weitere Folge der *monocultura* ist, daß sie keine stätige Landarbeiterschaft erlaubt, sondern nur ein flottierendes menschliches Element, des von *hacienda* zu *hacienda* zieht und überall uneheliche Kinder erzeugt. Auf diese Weise wird die Familie, wenigstens in den unteren Schichten, fast völlig zerstört. Eine Frau hat oft vier oder fünf Kinder von verschiedenen Vätern, und muß selber arbeiten, um sie zu ernähren. Dabei sind die Löhne der Hafenarbeiter, die die Bananenbündel auf die Schiffe laden, nicht gering. Sie können in einer Woche 100 Pesos verdienen, wozu ich vielleicht bemerken sollte, daß ich selbst 250 Pesos im Monate verdiente. Niemand kann hier Hungers sterben, da die Inspektoren der *Company* jede nicht erstklassige Frucht zurückweisen, die dann an die Armen verteilt werden. Trotzdem ist die *Company* verhaßt. Die amerikanischen Angestellten leben ohne Verbindung mit der einheimischen Bevölkerung in einer Art von Luxuskonzentrationslager, das von Stacheldraht geschützt ist, wo sie ihre eigenen Schulen, Kirchen, und Golfplätze haben. Sie verfügen sogar über eine eigene Radiostation, die nicht einmal die kolumbianische Regierung benutzen darf. Jeder Versuch, die Bananenpflanzer genossenschaftlich zu organisieren, ist bisher gescheitert. Die Arroganz der United Fruit Company war außerordentlich, und man kann verstehen, warum die Kolumbianer und andere Völker von einem ,,kapitalistischen Imperialismus'' sprechen.

Santa Marta war der Mittelpunkt der *Zona Bananera*, da es einen natürlichen Hafen hat, den Frachtschiffe anlaufen können.

Die Stadt selbst gehört zu den schönsten Plätzen auf dieser
Erde. Eine kleine Bucht, rechts und links von Felsen einge-
schlossen, auf denen man noch die Forts der Kolonialzeit sehen
kann, die See von unvergleichlichem Blau, weißer Strand und
Palmen–straßen entlang der Bucht. Der Hintergrund bildet die
Sierra Nevada mit ihrem braunvioletten Gestein und den
Schneekuppen, die zuweilen durch die Wolken leuchten. Die
Stadt selbst hat nur 28 000 Einwohner und ist eigentlich ein
großes Dorf. Es gibt nur eine asphaltierte Straße, die um die
Gelände der *United Fruit Company herumläuft* und von dieser
gebaut worden ist. Alles übrige sind Lehm–oder Sandstraßen,
mit schmutzigen kleinen Häusern. Der Markt ist für europäische
Geruchsnerven unerträglich, und ich entschied mich dafür in
dem Hotel, das kaum diesen Namen verdiente, von Eiern, Kaffee, und Bier zu leben. Zu diesen Unannehmlichkeiten kam noch
eine andere. Der starke Wind von der See wirbelte den Sand und
Staub in den Straßen auf, und man hatte das Gefühl in der Wüste
zu sein. Läßt man des Nachts die Fenster auf, so ist das Bett
schon nach wenigen Minuten mit einer dicken Sandschicht bedeckt.

Die Arbeit in dieser Atmosphäre war nicht leicht! Der Erziehungsdirektor und der Inspektor des Erziehungswesens hol-
ten mich vom Bahnhof ab. Sie waren beide sehr jung und von
starker motorischer Unruhe erfüllt. Sie haben versucht allerhand
Reformen einzuführen; wie viel von dem Bestand haben wird, ist
schwer zu sagen. Auf der anderen Seite üben sie eine Art von
Sultanat über das weibliche Erziehungspersonal aus, besonders
die jungen Lehrerinnen, das an sexuelle Korruption grenzt. Das
wird auch offen zugegeben, und als eine der erfreulichen
Nebenerscheinungen der politischen Stellung angesehen. Wie so
vieles andere an Fehlern und Unterlassungen wird auch dies mit
der Redensart begründet, es liege eben in den Umständen der
Tropen. In Wirklichkeit dient der ,,Tropikalismus'' aber nur
dazu Sinnlichkeit und Faulheit zu tarnen. Das Ganze war nicht
dazu angetan, mich in meiner Arbeit ermutigen, und so entschloß ich mich dazu, auf den Besuch von Cartagena, das ich
ohne dies kannte, zu verzichten und gleich nach Medellín zu
fliegen.

Es war seltsam, wie anders sich mir die Stadt diesmal vorstellte als vor einem Jahre. Der Zauber des Neuen war geschwunden, und so schien mir die Stadt wie Kleinkleckersdorf mit Größenwahnsinn. Die Osterwoche, die *semana santa*, in die mein zweiter Besuch fiel, gab mir auch eine Idee von der primitiven Magie, mit der die Kirche, die Menschen hier in ihrem Bann hält. Die Prozessionen am Gründonnerstag waren nichts als Jahrmarkt und Theater und stießen mich ab. Aber das Gleiche müßte ich freilich von der *semana santa* in Sevilla sagen. Ob ich in Medellín mehr ausrichten konnte als an der Küste war problematisch. Mein Programm wurde zwar akzeptiert, aber im Grunde bedeutet dies wenig. Mein Gefühl war das eines gedämpften Optimismus, aber selbst dieser war nicht am Platze, wie ich bald erfahren mußte.

Sehe ich heute auf die pädagogischen Probleme zurück, die in Kolumbien zu lösen waren, so scheint es mir nur all zu begreiflich, daß so wenig bei meiner Arbeit, und bei der, der anderen Menschen herauskam. Die allgemeine politische Haltung der Kolumbianer, die ich nicht durchschauen konnte, war die einer ausgesprochenen Opposition gegen Fremde, seien sie Europäer oder Nordamerikaner. Dem zu folge, hatte man Unrecht, was immer man tat. Wenn man Reformen einzuführen versuchte, so wurde man beschuldigt, daß man sich in Dinge mischte, die einen nichts angingen; tat man nichts, so bekam man zu hören, ,,Wozu bezahlen wir diesen Kerl eigentlich.'' Wie die Engländer es ausdrücken: *Damned if you do, and damned if you don't.* Was die engeren Erziehungsaufgaben anging, so war die wichtigste: der Kampf gegen den Analphabetismus. Aber dies war eine Aufgabe, die Jahrzehnte erforderte, und ohne eine Reform der Lehrerausbildung und der Lehrerbesoldung nicht zu lösen war. Im Zentrum der meisten Debatten stand die Reform der Universität. In Kolumbien, wie in ganz Südamerika, gab es keinen akademischen Lehrkörper. Der Unterricht wurde von Medizinern oder Anwälten gegen ein geringes Honorar erteilt; daneben übten sie ihren Beruf auf, und da die Besoldung kümmerlich war, machte es ihnen nichts aus, oft nicht zu ihrer Vorlesung zu kommen. Das hatte einen schlechten Einfluß auf die Studenten, die des gleichen die Vorlesungen nur besuchten, wenn sie nichts besseres zu tun hatten.

Einen akademischen Lehrkörper kann man aber nicht aus den

Boden stampfen, und die kolumbianischen Behörden sahen dies auch keineswegs als das Zentralproblem an. Stattdessen hatte sich der Präsident in den Gedanken verliebt, am Rande der Haupstadt nach spanischem Muster eine *ciudad universitaria* zu errichten. Vielleicht hätte ich bei dem Aufbau einerer solchen nationalen Universität nützlich sein können, jedenfalls in den Geisteswissenschaften, in denen ich mich auskannte. Aber hier hatte sich Herr Karsen eingeschoben, und die verantwortlichen Menschen davon überzeugt, daß er der Mann sei, diesen Neubau durchzuführen. Ich will mich nicht darüber beklagen, da seine Pläne so wenig Bestand gehabt haben wie die Dinge, die ich versuchte, und da Karsen Kolumbien schon 1938 verließ, als ein Studentenstreike gegen seine Pläne ausbrach. Er ging in die Vereinigten Staaten und hat es aber dort niemals zu einer fruchtbaren Tätigkeit gebracht. Tauscher verließ Kolumbien des gleichen schon nach zwei Jahren und kehrte nach Deutschland zurück; ebenso Hermes. Andere Mitglieder der deutschen Mission versuchten ihr Glück in der kolumbianischen Wirtschaft, wo sie ebenfalls auf Schwierigkeiten stießen. Im großen und ganzen muß man sagen, daß die deutsche Mission ein Fehlschlag war, daß aber jede andere, sei sie amerikanisch oder europäisch, ebenso zum scheitern verurteilt war. Das wurde besonders deutlich als die spanischen Emigranten nach Kolumbien zu fliehen begannen. Die Xenophobie kehrte sich ebenso gegen sie wie jeden anderen Einfluß von außen.

Der erste spanische Intellektuelle, der in Kolumbien eintraf, war Luis de Zulueta, den jeder Mann in Bogatá bald ,,Don Luis'' nannte. Er war spanischer Gesandter bein Vatikan gewesen, eine Stellung, die unhaltbar wurde, als es sich zeigte, wie stark der Vatikan zu Franco hinneigte. Vorher war er spanischer Gesandter in Berlin gewesen, und wir sprachen oft davon, daß wir nur wenige Schritte von einander gelebt hatten, ohne uns je zu begegnen. 1931 war er Außenminister der jungen Republik gewesen, aber von seinem Posten zurückgetreten, da er sich nicht dazu bringen konnte, ein Todesurteil, das von dem Gesamtkabinet bestätigt werden mußte, zu unterzeichnen! Bevor er seine politische Laufbahn begann, war er Professor der Pädagogik und Philosophie an der Universität Madrid gewesen. Er hatte in Berlin studiert und sprach fließend Deutsch und

Französisch. Er war ein persönlicher Freund Eduardo Santos', dem Besitzer der Zeitung *El Tiempo*, und Kandidat für die Präsidentschaft. Zulueta wurde in Bogotá freundlich aufgenommen, da die meisten Intellektuellen für die Republik und gegen Franco eingestellt waren. Er kam zuerst allein, bald aber folgte ihm seine zahlreiche Familie, doña Amparo, eine Schwester des berühmten spanischen Sozialisten Besteiro, so wie seine Kinder, zwei Söhne, und drei Töchter.

Don Luis wurde rasch ein Freund unseres Hauses, wie er überhaupt das Genie der Freundschaft in hohem Maße besaß. Er begann für die Zeitungen zu schreiben und öffentliche Vorträge zu halten, die außerordentlichen Anklang fanden. Es waren eigentlich Predigten, und wie Predigten aufgebaut, und appellierten mehr an das Ohr und das Gefühl als an den Verstand. Aber er hatte die Gabe des Wortes in hohem Maße und war ein Redner, wie ich ihn dieser Form niemals vorher oder später getroffen habe. Außer Don Luis kamen dann, in dem Maße in dem sich die militärische Situation der spanischen Republik verschlechterte, noch eine Reihe anderer spanischer Gelehrter und Politiker.

Ich will nur diejenigen nennen, die mir nahe gestanden haben. An erster Stelle der Chirurg Antonio Trias, der aus Barcelona stammte, und der in seinem Hause Katalanisch sprach. Don Antonio war nicht nur ein großer Arzt; er besaß auch die Gabe der Heilkraft, die vielen Ärzten unserer Zeit verloren gegangen ist. Er hat mich und unser ganzes Haus behandelt und es hartnäckig abgelehnt, uns je eine Rechung zu schicken. ,,Ich behandle Sie'', so sagte er, ,,Wie das, was ich selbst bin, als einen Flüchtling.'' Jahre hindurch wohnte er in dem Hause, das an das unsere grenzte, und wir sahen ihn beinahe täglich. Auch ihm hat man versucht, das Leben schwer zu machen. Als er sich erbot, das medizinische Examen vor der Fakultät von Bogotá noch einmal abzulegen, wurde ihm die Antwort gegeben: ,,Und wenn Pasteur erschiene, würden wir ihn durchfallen lassen.'' Es bedurfte eines Machtwortes des Präsidenten, um Trias die Erlaubnis zur Ausübung seines Berufes zu verschaffen.

Neben ihm standen der Chemiker García Banus, der Rechtshistoriker J.M. Ots Cap de Qui, der Botaniker Quatre Casas, der Literarhistoriker Francisco Cirre, der Sanskritist Pedro Urbano de la Calle, und manche andere. Von allen habe ich unendlich viel gelernt; sie waren es eigentlich, die mich an die spanische Literatur herangeführt haben. Ich begann die Werke des *siglo de oro* zu lesen. Zuerst *Don Quichote*, eine Aufgabe, die mich sechs Wochen in Anspruch nahm. Danach die *Novelas ejemplares*, sodann Lope de Vega und schließlich Calderón, der mir am meisten zusagte. Ich las auch die großen Mystiker, San Juan de la Cruz, Santa Teresa de Avila, Fray Luis de León, und Fray Luis de Granada, so wie Gratian und Quevedo. Eigentlich hat sich die spanische Literatur mit dem 17. Jahrhundert erschöpft. Die des 18. Jahrhunderts ist ein schwacher Widerhall der französischen, und auch die des 19. scheint mir nicht ersten Ranges. Die *Generation von 1898* hingegen ist eine bedeutende Erscheinung und sowohl Unamuno wie Ortega y Gasset machten mir einen bleibenden Eindruck.

All dies war eine Bereicherung meines Horizontes und eine Erweiterung, die ich so wohl nirgends hätte erfahren können. Die Scheuklappen, mit denen die meisten deutschen Gelehrten durch das Leben gehen, fielen von mir ab. Vielleicht war es ein hoher Preis, den ich für diese Auflockerung meines Blickfeldes zu bezahlen hatte, aber mit den meisten meiner deutschen Kollegen verglichen, wurde ich um vieles kosmopolitischer. Ich besitze in meine Tagebüchern einige Aufzeichnungen über die Gespräche, die ich mit Zulueta führte. Die meisten galten dem spanischen Volkscharakter, und sie scheinen mir heute zeitbedingter als damals. Aber er hatte auch die tiefen Einsichten eines wahrhaftigen Idealisten. So sagte er mir einmal, daß die geistigen Güter, im Unterschied von materiellen, dadurch nichts verlören, daß sie an viele Menschen verteilt würden. Im Gegenteil, je mehr sie verbreitet würden, um so größer würde ihre Auswirkung. Dies schien mir wie eine Bestätigung meiner eigenen Bestrebungen.

Und doch hat sich auch der spanische Einfluß in Kolumbien nicht durchsetzen können und, so weit ich weiß, ist von den Europäern, Deutschen, Franzosen, Spaniern, und Engländern, heute niemand mehr in Kolumbien tätig. Die Haltung der Kolumbianer ist genau die umgekehrte wie die der Nordamerikaner, die von der europäischen, besonders der jüdischen Immigration, so großen Vorteil gezogen haben. Die Idee des *meltingpot* existiert in Kolumbien nicht, und jede Kritik an dem

Lande wird mit der Bemerkung quittiert, daß Kolumbien ja sieben Häfen habe, aus denen man abfahren könne.

Mit alledem konnte ich mich der Erkenntnis nicht verschließen, daß meine Tätigkeit für Kolumbien eigentlich unerheblich war. Im Jahre 1937 kam auch die Frage auf, wer im Lande bleiben könnte, in anderen Worten, wessen Vertrag von der Regierung verlängert werden würde. Ich suchte den Präsidenten Lopez auf, aber er antwortete mir ausweichend. Er könne seinem Nachfolger nicht vorschreiben, wer in der nächsten Amtszeit in den Ministerien tätig sein würde. Die Präsidentenwahl fiel in das Jahr 1938, also in die Zeit, in der mein Vertrag ablief. So war ich vor die Frage gestellt, ob ich mich trotz allem für Kolumbien entscheiden sollte. Ich unternahm kleinere Hilfsaktionen und unterrichtete während der Ferienmonate in Popayán, in der Hoffung in der kleinen Universität unterzuschlüpfen. Aber es führte zu nichts, außer daß ich dort mein erstes Erdbeben erlebte. Ich begann Briefe an meine „Freunde" in den U.S. zu schreiben, aber alle versicherten mir, daß die Lage dort aussichtslos sei. Ich habe später erfahren, daß die meisten Emigranten eine panische Angst davor hatten, daß Nachzügler ihnen Konkurrenz bereiten könnten. Jedenfalls hat mich niemand ermutigt, diesen Schritt zu tun. Und doch hätte ich es vielleicht wagen sollen, da mir die Anpassung an die amerikanischen Welt um vieles leichter gefallen ist, als die an die Lateinamerikanischen Kulturen. An eine Tätigkeit in der Wirtschaft war nicht zu denken, da mir dafür jede Vorbereitung fehlte. Zulueta gab mir den Rat, mich mit dem neuen Kandidaten der Liberalen Partei in Verbindung zu setzen. Er war sein Freund, Eduardo Santos, und er unternahm es, eine solche Unterredung zu arrangieren. Sie verlief nicht unbefriedigend. Santos sagte mir offen, daß er die Tätigkeit von Ausländern in der Verwaltung nicht billige. Er schien entschlossen, die Politik seines Vorgängers Alfonso Lopez zu revidieren. Auf der anderen Seite war er nicht abgeneigt, Fremde als Lehrer und Universitätsprofessoren zu belassen, aber mit keinen anderen Verpflichtungen oder Rechten, als sie die Kolumbianer genossen; an Stelle eines Vertrages würde eine Ernennung durch die Regierung treten. Was das bedeutet, kann nur der verstehen, der die südamerikanischen Verhältnisse kennt, wo jede Ernennung von einem Tag auf den anderen aufgehoben werden kann und wird, wenn ein Ministerwechsel stattfindet. In jedem Falle konnte Santos mir eine solche Ernennung nur versprechen, da er selbst noch nicht im Amt war, und auch nicht wußte, wer sein Erziehungsminister sein würde. Auf meine Frage, ob ich meine Tätigkeit fortsetzen sollte, antwortete er bejahend mit der Zusicherung, daß ich retroaktiv bezahlt werden würde. Es war ein mündliches Versprechen, an das er sich erinnern mochte, oder nicht, je nach dem es ihm gefiel. Und doch war dies alles, was unter den Umständen zu erreichen war. Daß es mich nicht glücklich gemacht hat brauche ich kaum zu sagen, denn ich wußte zu gut, wie kurz das Gedächtnis der Kolumbianer in solchen Dingen war.

So fuhr ich fort zu arbeiten, in der Hoffnung, daß einer unserer Freunde die Dinge in die Hand nehmen würde. Dies ist auch geschehen. Es war Don Fabio Lozano y Lozano, ein Diplomat, der zu den angesehensten Familien des Landes gehörte. Schon seine Vorfahren hatten sich in dem Kampf für die Unabhängigkeit Kolumbiens von Spanien hervorgetan. Zu meiner Zeit standen drei Brüder der Familie auf der politischen Bühne. Fabio, Juan, der eine liberale Zeitung herausgab, und Carlos, der zu dem führenden Männern der Partei gehörte. Fabio trat nicht nur offen für mich ein, sondern bot mir auch finanzielle Hilfe an, die ich, (Gott sei Dank) nicht anzunehmen brauchte. Aber meine Ernennung zog sich weit über die Amtsübernahme von Santos heraus, weil alles in Kolumbien nur langsam von Staate geht. Der Erziehungsminister wurde ein Schwager von Fabio Lozano, Araujo, und ohne Fabios Fürsprache wäre es wohl nie zu etwas gekommen. Aber im Oktober 1938 wurde ich zum Leiter der humanistischen und sprachlichen Abteilung der *Escuela Normal Superior* ernannt. Die Nachzahlung freilich wurde auf die Stunden beschränkt, die ich unterrichtet hatte, so daß ich doch wieder das Gefühl hatte, der Betrogene zu sein. In Dezember 1938 schrieb ich in meine Tagebuch: ,,Was bin ich geworden; ein geistiger Söldner, der dahin geht, wohin man ihn ruft und bezahlt, ich, der ich einstmals dachte zum Feldherrn geboren zu sein." Und ein paar Tage später, ,,Im Grunde ist für Menschen in meiner Lage nur ein Problem [wichtig]: die Gestaltung des

Lebens; daß das Leben wieder sinnvoll wird, das ist meine Aufgabe."

Es waren zwei Dinge, die dazu beitrugen, meinem Leben in Bogotá Sinn zu geben. Seit meinem Aufenthalt in Genf hatte ich daran gedacht, eine Biographie Simón Bolívars zu schreiben. 1938 hatte ich genügend Kenntnis des vorhandenen Materials, um zu wissen, daß es eine befriedigende Biographie des „Befreiers" nicht gab. Auch war meine Kenntnis der Sprache nun hinreichend, um mir das Studium der Quellen zu erlauben. Und so begann ich die Durcharbeitung des ungeheuren Stoffes. Hätte ich damals gewußt, in was ich mich hinein ließ, so wäre ich vielleicht vor der Aufgabe zurückgeschreckt. Aber ich hatte keine Vorstellung davon. Als ich mein Buch geschrieben hatte, wußte ich, daß die Bolívar–Bibliographie schon im Jahre 1946, 1258 Bücher umfaßte, von denen manche zehn oder vierzehn Bände zählten. Aber es war eine große Aufgabe, die mir über die Verdüsterung des Exils und der Kriegsjahre hinweg half, und das Buch hat sich als eine der objektiven Darstellungen Bolívars bewährt.

Die andere Erfahrung betraf meine Mutter. Im November 1938 hatten die Nazis mit der *Reichskristallnacht* ihr wahres Gesicht gezeigt, daß nun schon deutlich auf Belsen, Buchenwald, und Auschwitz hinwies. Mein Bruder entging der Verhaftung dadurch, daß er vier Tage lang auf der Untergrundbahn herumfuhr. Meine Mutter und meine Geschwister erkannten, daß ich 1936 richtig gesehen hatte, und baten mich um Hilfe. Zuerst kam es darauf an, meine Mutter aus Deutschland herauszubringen. Am selben Tage, an dem ich ihren Brief erhielt, ging ich zu dem Außenminister, Roberto García Peña, der mir von seiner Arbeit als Direktor des *Tiempo* bekannt war. Er empfing mich, und als ich ihn um ein Visum für meine Mutter bat, sagte er es mir sofort zu, „Wollen Sie ein Kabel oder genügt ein Luftpostbrief an den kolumbianischen Konsul in Berlin?" Ich sagte daß ein Brief genügte, und er diktierte ihn in meiner Anwesenheit. Die Kaution, die von den meisten Emigranten gefordert wurde, ließ er unter den Tisch fallen, da ich Staatsbeamter sei. So ist meine Mutter noch im letzten Augenblick aus Deutschland geflohen; sie fuhr auf einem italienischen Schiff von Genua nach

Buenaventura, wo ich sie im Mai 1939 in Empfang nehmen konnte.

Auch meine Schwester Paula konnte ich helfen. Im Jahre 1938 beging Bogotá sein vierhundert jähriges Jubiläum. Bei den Festlichkeiten hatte ich den Erziehungsminister Costa Ricas kennengelernt, der seine Republik bei den Feierlichkeiten vertrat. Ich schrieb an ihn, und er verschaffte Paula das Einreisevisum in kurzer Zeit. Auch für Heinrich war es mir gelungen, ihm die Einreise nach Santo Domingo zu verschaffen; er zog es aber vor, nach La Paz zu gehen, was seinem angegriffenen Herzen nicht gut getan hat. Paula hat sich leider in Costa Rica nicht durchsetzen können. Sie blieb von dem Gebrauch von Schlafmitteln abhängig und mußte verschiedene Male zu Entziehungskuren ins Krankenhaus gehen. Ich habe meine Mutter auf dem Sterbebette versprochen, daß ich mich immer um sie kümmern würde, und habe Paula bis zu ihrem Tode, 1965, unterstützt.

Es waren recht eigentlich diese Dinge, zusammen mit der Arbeit an dem Bolívar, die mein Verbleiben in Bogotá rechtfertigen können. Ich war im Jahre 1938 Kolumbianer geworden, da die Regierung Menschen, die sich Verdienste um die Republik erworben haben, die Staatsangehörigkeit schon nach zwei Jahren verleihen kann. Ohne undankbar sein zu wollen, muß ich bekennen, daß dieser Schritt keiner inneren Überzeugung entsprach. Da ich voraus sah, daß Hitler mir, wie allen anderen Flüchtlingen, die Staatsangehörigkeit aberkennen würde, wollte ich dem zuvor kommen, und mir gleichzeitig durch einen gültigen Paß die Bewegungsfreiheit sichern. Ob man dies Verhalten als opportunistisch verurteilen soll, lasse ich dahin gestellt. Ich bin 1953 Bürger der Vereinigten Staaten geworden: dies allerdings aus Überzeugung.

Und so ging das Leben seinen Gang. Jeden Tag fühlte ich die Angst, mein Dasein zu verlieren ohne eine kleine Probe meiner Bemühungen hinterlassen zu können.

> „Juventud, divino tesoro,
> ya te vas para no volver.
> Quando quiero llorar no lloro,
> y a veces lloro sin querer.“

Wie oft habe ich mir diese Verse Rubén Daríos vorgesagt, aber alles schien vergeblich. Warum mir Kolumbien nie zu einer zweiten Heimat geworden ist, ist schwer in Worte zu fassen [Vgl. S. 341]. Immer klangen mir Dantes Worte im Ohr:

> „Du mußt erfahren, wie sehr schmeckt nach Galle
> das Brot der Fremde, und wie schwere Gänge
> Aufstieg und Abstieg sind in fremder Halle."

Wahrscheinlich lag die Antwort zu dieser Frage in den ungelösten Problemen meines persönlichen Lebens, genau gesagt, in meinem Verhältnis zu Carlota. Sie hatte sich überraschend schnell in die neue Existenz gefunden; sie war fleißig, sparsam, und erfindungsreich in allem, was sie mit ihrer großen Handfertigkeit zu stande bringen konnte. Sie hatte auch rasch begriffen, daß meine Tätigkeit im weiten Umfang von dem guten Willen einflußreicher Freunde abhing, und versuchte so viele sie konnte, in unser Haus zu ziehen. Bei meinem kleinen Einkommen war das eine nicht unerhebliche Belastung des häuslichen Budgets. Trotzdem kamen Minister und Botschafter, Journalisten und Schrifsteller regelmäßig zu uns. Sie sah darin eine Art von Rückversicherung, und ich kann nur sagen, daß ihre Diplomatie im großen und ganzen erfolgreich war. Ich war ihr treu, wenn auch nicht in Gedanken, und sie muß empfunden haben, daß ich sie nicht liebte. Sie las meine Tagebücher und machte mir Szenen, wenn sich meine Gedanken in Bahnen bewegten, von denen sie sich ausgeschlossen fühlte. In den Augen der Gesellschaft aber schienen wir ein mustergültiges Paar [Vgl. S. 340].

Es waren vorallen zwei Dinge, die uns immer wieder voneinander entfernten. Ich will zunächst von dem Unmittelbaren und Konkreten sprechen, da das andere schwerer in Worte zu fassen ist. Nach einem halben Jahr in Bogotá sagte sie, daß unser Haus zu klein sei, obschon es unserm Einkommen angepaßt war, und unsern Ansprüchen genügt haben sollte. Im Dezember 1936 fand sie ein größeres Haus mit einem schönen Garten, aber die Miete würde ein Drittel meines Einkommen verzehrt haben. Sie verfiel dann auf den Gedanken, einen Teil des Hauses zu vermieten und fand auch ein Ehepaar, das dazu bereit war. Um

die finanzielle Seite anziehender zu machen, erbot sie sich ihnen
volle Pension zu gewähren. Der Plan war aber nicht erfolgreich,
und dies aus zwei Gründen. Einmal hatte sie ihre eigen Kosten
zu tief an gesetzt, und sah sich bald in der Notwendigkeit, aus
eigener Tasche einen Zuschuß zu den Pensionskosten zu bezahlen. Wichtiger aber war, daß es ihr an Gleichmut und Sen-
sibiltät gebrach, und daß sie sich mit allen Menschen, die in
unserem Hause gewohnt haben, überwarf. Das führte zu unerquicklichen Auftritten und zu einem ständigen Wechsel der *pay-
ing guests*, was mich jedesmal vor das Problem stellte, die hohe
Miete zu bezahlen. Sie war überhaupt geneigt, ihren Unmut in
hysterischen Ausbrüchen abzureagieren, wobei ganz unwichtige
Dinge ihr Anlaß bieten konnten. Sie hatte einmal einen unbe-
schreiblichen Ausbruch des Zornes, weil ein Dienstmädchen sich
um eine halbe Stunde verspätete. Ich selbst lag mich einer
Halsentzündung und hohem Fieber im Bett und konnte sie nicht
zur Ruhe bringen. Sie schrie und tobte, bis ein Polizist erschien
und fragte, ob jemand in diesem Hause geschlagen würde. Mir
war die Situation im tiefsten zuwider, und ich habe immer von
neuem versucht, sie dafür zu gewinnen, diesen Plan aufzugeben.
Aber alle meine Einwände fielen auf taube Ohren. Was sie dazu
bewog, an dem Gedanken festzuhalten, ist mir noch heute unbegreiflich, es sei denn der Gedanke, daß sie nun in einem
größeren Hause wohnte und zwei oder drei Dienstmädchen
hatte. Der Verlust an persönlicher Freiheit und Unabhängigkeit
bedeutete ihr nichts, während mir das Bewußtsein ständig von
Fremden umgeben zu sein, unerträglich war. Ich habe schon
davon gesprochen, daß sie einen sozialen Minderwertig-
keitskomplex hatte, der sich in unserm Leben nun immer mehr
geltend machte. Es wurde mir bald klar, wie wahr der Ausspruch
ist, daß man nicht außerhalb seiner Klasse heiraten soll.

Das Zusammenleben von zwei Menschen ist niemals einfach.
Oft sind es die kleinen Differenzen, die das Band zerstören, das
eine Ehe bewahren sollte. Wie einfach wäre es, wenn man sagen
könnte, daß nur einer der beiden Partner daran die Schuld trüge.
Aber dies ist fast nie der Fall. Gewiß hat es mir oft an Verständnis gefehlt für das, was Carlota das Dasein leichter hätte
machen können. Ich war intolerant in kleinen und allzu
nachgiebig in den großen Dingen des Lebens. Die wirkliche

Schwierigkeit unsrer Existenz lag aber darin, daß ich sie nie geliebt hatte und wußte, daß ich sie nie lieben würde. Daß unsere Ehe nicht sanktioniert war, hat den Abgrund, der uns trennte, vielleicht noch vergrößert, jedenfalls in ihren Augen. Sie sah in diesem legalen Defekt einen Ausdruck von schlechtem Willen; dies war jedenfalls ihr ständig wiederholtes Argument in den Zerwürfnissen zwischen uns. Und doch entsprach dies nicht der Wahrheit, und ich habe unter diesen Umständen ebenso gelitten wie sie. Ich besprach unsere Lage mit einem der höchsten Richter des Landes, der das Problem ganz leicht nahm, und mir versicherte, daß ich die Ehe einfach bei der öffentlichen Registratur eintragen lassen könnte. Ich scheute aber vor der Publizität eines solchen Schrittes zurück, und im Einverständnis mit Carlota wählte ich einen anderen Weg.

In einer der Vortragszyklen, die ich organisiert hatte, hatten wir einen hohen katholischen Geistlichen kennengelernt, zu dem sie sich augenblicklich hingezogen fühlte. Sie lud ihn in unser Haus ein und bat mich oft, sie für eine Stunde mit ihm allein zu lassen, da sie ihre eigenen Probleme mit ihm besprechen wollte. Ich habe ihr diesen Wunsch auch erfüllt, obschon es mir sonderbar erschien. Wir beschlossen dann beide zur katholischen Kirche überzutreten, und den Übertritt mit einer Eheremonie zu verbinden. Wir wurden in den fundamentalen Prinzipien des Katholizismus unterrichtet und wohnten regelmäßig dem Gottesdienst bei. Ich kann nicht sagen, daß dies Heuchelei gewesen sei, denn in dem ersten Kriegsjahr war ich so verzweifelt, daß ich die Notwendigkeit einer metaphysischen Stütze sehr stark empfand. Auch gingen meine Sympathien für die Kirche bis in meine Studentenzeit zurück, wo ich schon einmal versucht gewesen war, diesen Schritt zu vollziehen.

Die Messe, besonders die hohe Messe, ist mir immer als eine der schönsten Schöpfungen des menschlichen Bedürfnis der Verehrung eines höheren Wesens erschienen. Jedesmal, wenn der Priester den Satz sagte: „*et incarnatus est*", fühlte ich mich mit dem göttlichen Grunde verbunden. Das hieß freilich nicht, daß meine Zweifel nicht wiederkehrten, wenn ich die Kirche verließ.

Ich glaube noch immer an ein höheres Wesen, das uns allerdings unerkennbar bleibt. Ich bete jede Nacht zu ihm, aber alles

was ich sagen kann, ist: ,,Dein Wille geschehe'', wobei ich mir
bewußt bin, daß dies auch ohne meine Zustimmung geschehen
würde. Vielleicht wäre es aufrichtiger zu sagen, daß ich bete:
,,In Deine Hände befehle ich meiner Geist.'' Meine heutige
Position ist die des Agnostizismus. Das Wenige, was wir über
den Menschen und das Universum wissen, macht es mir unmöglich, die Existenz Gottes zu leugnen, des gleichen freilich zu
behaupten, daß er Liebe sei oder an unseren Existenz Anteil
nähme. Schon in Bogotá schrieb ich eines Tages, daß der
Mensch ,,wesentlich unerlösbar'' sei.

Solche Vorbehalte, die ich unserm Freunde nicht verbarg,
verhinderten aber nicht, daß wir in die Kirche aufgenommen
wurden. Es geschah wenige Tage vor dem Weihnachtsfest 1940
in der Privatkapelle des Erzbischofs von Bogotá, und unser
Freund und Berater war Zeuge dieser Zeremonie. Dagegen
wurde keine Trauung vorgenommen, was mir noch heute unbegreiflich ist. Carlota hatte in der Konfession, die wir von dem
übertritt ablegen mußten, unserm geistlichen Direktor eine volle
Darlegung unseres Verhältnisses gegeben, und es wäre seine
Pflicht gewesen, diesen Mangel zu überkommen. Warum er dies
nicht getan, und auch später nie darauf gedrungen hat, kann ich
nur vermuten. In das Kirchenbuch wurden wir als *señor y señora* eingetragen, aber wie ich nach Jahren erfuhr, hatte diese
Eintragung keine rechtliche Gültigkeit. Da 1940 aber weder sie
noch ich daran dachten, daß unsere Ehe je gelöst werden würde,
so nahmen wir dies Problem nicht all zu schwer. Erst später, als
ich in U. S. lebte, und sie sich weigerte, mir dahin zu folgen,
wurde es ein Gegenstand der Diskussion. Als ich 1954 einen
Rechtsanwalt in New York aufsuchte und ihn bat, meine
eheliche Situation zu klären, stellte er fest, daß wir nach kolumbianischen Recht nicht verheiratet wären. Paradoxerweise wäre
unsere Ehe in vielen Staaten der U.S. anerkannt worden. Aber
zu jener Zeit war sie nicht mehr an mir interessiert sondern nur
noch an meinem Bankkonto.

Die Verwandlung, die in Carlota nach ihrem Ubertritt zur
katholischen Kirche vor sich ging, war erstaunlich, jedoch
weder unvorbereitet noch zufällig. Sie ging nun jeden Tag zur
neun Uhr Messe und stellte sich an einer Säule auf, von der sie
ihren ,,Freund'' beobachten konnte. Sie wurde wirklich zu einer

„Säulenheiligen" und die einfachen Leute, die sie jeden Tag sahen, sagten, „*La Señora Carlota es una santa.*" Aber ihre Motive waren alles andere als heilig. Um mich dafür zu gewinnen, daß sie das Frühstück nicht mehr mit mir einnehmen konnte, ließ sie es mir im Bett servieren. Sie begann sich Kleider zu machen, die sie nach den Soutanen des Papstes zuschnitt. Ihren geistlichen Freund sah sie wenigstens zweimal im Monat in unserem Hause. Die Dienstmädchen wurden fortgeschickt, meiner Mutter wurde es verboten, ihr Zimmer zu verlassen, und ich selbst mußte versprechen, das Haus für drei oder vier Stunden nicht zu betreten. Für diese Nachmittage fertigte sie sich besonders Kleider an, eine Mischung von Ballkleid und Negligé mit einem tiefen Decolleté. Daß ich dies alles hinnahm, scheint schwer verständlich. Einmal wohl, weil wir uns schon so weit von einander entfremdet hatten, daß ich keine sexuelle Eifersucht für sie aufbringen konnte, und mir in Wahrheit auch nicht den Kopf zerbrach, was sie mit ihrem Freunde tat oder tun mochte. Als ich einmal auf ihrem Schreibtisch einen Kalender fand, an dem gewiße Sonntage mit einem roten Kreuz gekennzeichnet waren, sagte sie mir auf meine Frage, dies seien die Sonntage, an denen sie ihm gebeichtet hätte. Nun weiß aber jederman, daß Priester die Beichte nur dann im Angesicht des Beichtenden anhören dürfen, wenn dieser „*in extremis*" liegt. Um ihr Verhältnis vor der Welt und vor Klatsch zu schützen, befreundete sie bald einen anderen Kanoniker, mit dem sie jeden Sonnabend auf sein kleines Landgut fuhr, das in der Nähe von Bogotá gelegen war. In diesem Falle fuhr aber immer eine Nichte des Priesters als Begleiterin mit. Die ganze Angelegenheit klingt, als wäre sie aus einem Roman Balzacs abgeschrieben, aber alles, was ich berichtet habe, ist die Wahrheit.

Die Jahre 1940/41 waren die Jahre des Triumphes der Nazis und Hitlers, und ich, wie jeder anständige Mensch, war oft der Verzweiflung nahe. Ich saß stundenlang am Radio, um die Berichte der *British Broadcasting Corporation* zu hören. Ostern 1941 nahm Carlota dies zum Vorwand, um mich auf eine Woche fortzuschicken. Die Radiosendungen, so sagte sie, erlaubten ihr nicht, sich auf die religiösen Fragen zu konzentrieren. Sie wußte auch schon, wohin ich gehen sollte.

Seit dem Jahre 1939 war eine meiner Kolleginnen in der *Es-*

cuela Normal Superior in unser Haus gekommen und hatte sich Carlotas Vertrauen erworben. Sie war halb englischer, halb kolumbianischer Abstammung. Ihr Name war Amelia. Ihr Vater war Mediziner gewesen, hatte aber sein Vermögen dazu benutzt, in der Schweiz zu leben. Amelia und ihre Geschwister waren in Fribourg erzogen worden. Sie hatte zwei Brüder und eine Schwester. In Fribourg hatte sie die höhere Schule und die Universität besucht, ohne ein Examen abzulegen. Ich hatte sie im Jahre 1939 engagiert, um in der *Escuela Normal Superior* den Unterricht des Französischen zu übernehmen. Zu jener Zeit war ihr Vater schon gestorben, die Mutter, die ich nie kennengelernt habe, lebte im heißen Klima auf der Meereshöhe, da sie herzkrank war und ein schweres Nieren leiden hatte. Das Vermögen war bis auf einen geringen Teil in Spekulationen ihrer Brüder verschleudert worden. Amelia hatte einen englischen Offizier geheiratet, der im *secret service* als Kourier tätig war. Er hatte den Dienst quittiert, um auf den den Gütern seiner Frau zu leben. Der englische Offizier war aber den Launen dieses tropischen Pucks in keiner Weise gewachsen und ergab sich dem Trunk. Da er außerdem an Zuckerkrankheit litt, war sein Schicksal, trotz Insulin, bald besiegelt. Er starb und ließ Amelia als Witwe mit einer kleinen Tochter zurück, die 1939 sechs Jahre alt war.

Amelias Schwester, Elena, hatte in Lausanne Musik studiert und wurde dort zu einer Morphinistin. Nachdem man sie von dieser Sucht geheilt hatte, wurde sie eine Alkoholikerin. Der eine Bruder war Ingenieur, der andere Mediziner; von ihnen wird noch sprechen sein. Anscheinend brauchte Amelia im Jahre 1939 Geld und so entschloß sie sich, die Stellung anzunehmen, die ihr die Schule anbot. Sie war höchst liebenswürdig und zuvorkommend sowohl gegen Carlota wie auch gegen meine Mutter und mich. Wenn ich, wie es oft geschah, an Grippe erkrankte, so brachte sie mir Handkoffer voll mit englischen und französischen Büchern und Zeitschriften. Auch fuhr sie uns spazieren, so lange sie einen Wagen und einen Chauffeur hatte, und sie korrigierte die Zeitungsartikel, die ich für das *Tiempo* schrieb. Sie war in allem ein Kind der kolumbianischen Aristokratie und sah auf Neger und Indianer mit Gelassenheit herab.

Hingegen hatte sie eine uneingeschränkte Bewunderung für

Europäer: die Engländer standen an der Spitze, aber auch Deutschen, Schweizern, und Franzosen gab sie den Vorzug vor ihren Landsleuten. Dabei war sie stolz darauf, zu der kolumbianischen Oberschicht zugehören und mit den führenden Familien verwandt zu sein. Daß Carlota sich grade diesen Menschen zur Freundin machte, ist eines der Paradoxe, an denen mein Leben so reich ist.

Amelia besaß gemeinsam mit ihren Geschwistern zwei Güter; das eine war im Süden gelegegen, etwa acht Bahnstunden von Bogotá und hieß, nach dem nahe gelegenen Fluß, Saldaña. Es war das Grab des Familien vermögens geworden. Ihr Brüder, der Ingenieur, hatte den großen Besitz gekauft, in der Hoffnung dort Reis zu bauen. Aber die Aussichten hatten sich nicht verwirklicht, und das Gut mußte mit Hypotheken belastet werden. Das führte dazu, daß das zweite Landgut stückweise verkauft werden mußte. Dieses war in der nähe von Bogotá gelegen, und schon deshalb viel wertvoller. Es hatte zum Anbau von Weizen und zur Viehzucht gedient. Als ich Amelia kenenlernte, besaß die Familie nur noch das Haus. Es war ein altes kolumbianisches Farmhaus, das zwar moderne Badezimmer hatte aber keine Elektrizität. Auch war es unmöglich, das Haus durch einen Kamin zu heizen, da es ein Strohdach hatte, und die Gefahr bestand, daß ein Funken das Haus in Brand setzen würde. Das Gut hieß Subachoke und lag auf der Höhe von Bogotá.

Ostern 1941 hatte Carlota Amelia dazu gebracht, mich nach Subachoke einzuladen, obschon dies Amelia selbst nicht gelegen war. Nach kolumbianischer Sitte lädt man Ehegatten nur zusammen ein! So hatte Amelia noch andere Menschen nach Subachoke gebeten. Ich selber haßte den Gedanken, vom Radio abgeschnitten zu sein. Es war die Zeit, in der Hitler Griechenland und Yugoslavien angriff, während der Blitzkrieg gegen England fortgeführt wurde. Ich verzögerte meine Abreise so lange wie möglich und fuhr erst am Mittwoch der Osterwoche mit dem Autobus nach Subachoke. Amelia nahm mich freundlich aber zurückhaltend auf. Bis zu diesem Moment hatte Carlota darauf bestanden, mich auf jeder meiner Reise zu begleiten, und dies unter den größten Schwierigkeiten durchzusetzen verstanden. Ob ich mir darüber Rechenschaft ablegte oder nicht, ich fühlte mich nun von je der moralischen Verpflichtung gegen Carlota entbunden. Amelia war jedoch keineswegs geneigt, sich in ein Abenteuer mit mir einzulassen und wieß mich freundlich aber entschieden zurück. Am nächsten Morgen ritten wir aus, und ich machte keinen Versuch, sie umzustimmen. Die letzten Tage der Osterwoche vergingen mit Besuchen von Nachbarn, bei denen stets der Krieg der Hauptgegenstand der Unterhaltung war. Wir kehrten am Ostersonntag nach Bogotá zurück.

Je mehr ich Amelia sah, um so stärker fühlte ich mich von ihr angezogen. Ich hatte in einem emotiomellen Vakuum gelebt, das wohl jede weibliche Wesen hätte füllen können. Sie selbst hat mir später gestanden, daß sie Frau genug war, sich durch Carlotes Vertrauen verletzt zu fühlen. In ihren Augen bedeutete dies nichts anderes, als daß Carlota sie für ungefährlich oder nicht für anziehend hielt, um mich fesseln zu können. Aber wenn Carlota so kalkuliert hatte, so hatte sie noch getäuscht. Denn mir, und nicht nur mir, schien Amelia ungewöhnlich anziehend. Sie hatte die blauen Augen und die blonden Haare ihrer englischen Vorfahren. Vielleicht hätte ich mich schon in den ersten Wochen an Kleists Worte erinnern sollen: ,,So kann man blond sein und blaue Augen haben und dennoch falsch sein wie ein Punier.'' Aber ich war auch diesmal so blind wie zuvor in meinem Leben.

Der April ging zu Ende, ohne daß etwas Entscheidendes geschehen wäre. Aber im Mai arrangierte Carlota zum zweiten Male, daß ich das Wochenende in Subachoke verbringen sollte. Und dieses Mal gab sich mir Amelia hin, so nicht in dem Sinne, in dem dies Wort im allgemeinen verstanden wird. Sie kam in mein Schlafzimmer (ihre Schwester Elena, war betrunken), und legte sich zu mir ins Bett. Ich hatte ihr versprochen, daß ich sie nicht berühren würde. Dies war vielleicht ihre Art, sich an den Gedanken zu gewöhnen, daß sie nun meine Geliebte werden würde. Am Morgen zeigte sie sich abweisend, und ich begann mich an ihre Launen, oder, was ich dafür hielt, zu gewöhnen [Vgl. S. 344]. Im allgemeinen entsprangen ihre Entschlüsse und Empfindungen Motiven, deren Tiefe ich nicht ahnte. So hatte sie Carlota, als wir zur katholischen Kirche übertraten, ein Messbuch geschenkt mit der Widmung: ,,*Rappelle toi de moi, lorsque les destinées, à tous jamais nous aurons separés, rapelle toi.*'' Was kann sie bewogen haben, diese Verse Lamartines in dies Buch zu schreiben, und kann sie damals schon vorausgesehen haben, was später geschehen sollte?

Sie hatte vielleicht auch Gewissensbisse mit dem Mann ihrer besten Freundin eine Liaison zu haben, aber sie war ja nicht allein in diesem Spiel. Ich selber wünschte sie nun jeden Tag zu sehen, und Carlota fuhr fort, sie immer dann als Köder zu benutzen, wenn sie das Haus verlassen wollte, ohne mich zu verstimmen. Am Tage des *Corpus Christi*, fand in Bogotá eine Prozession statt, an der auch Carlotas Freund teilnahm. Sie war entschlossen, ihr beizuwohnen. So lud Amelia zum Mittagessen ein und ließ mich den Nachmittag mit ihr allein. Bisher hatte Amelia mich immer mit den Worten zurückgehalten: ,,*Ça va deja si mal sans ça.*''

Nun saß sie mir gegenüber und sagte, ,,*Embrassez moi enfin.*''

Nach dem Juni folgten die Ferienmonate, und Amelia lud uns ein, sie auf ihrem Gute im Süden zu verbringen. Carlota konnte die tropische Hitze nicht vertragen und war auch abgeneigt, sich lange von ihren Freunde zu trennen. So fuhr ich mit Amelia, ihrer Schwester, einer Freundin, und einem schweizer Ehepaar nach Saldaña.

Es ist schwer von dem Gutshaus eine Schilderung zu geben. Es war das typische Kolonialhaus, einstöckig, mit umlaufender Veranda und sehr geräumig. Aber jeder, auch der primitivste Komfort fehlte. Es gab kein elektrisches Licht, da der Motor versagt hatte und nie repariert worden war. Die Fenster und Türen hatten keine Drahtgitter, und die Mosquitos flogen aus und ein. Nach wenigen Tagen war ich so zerstochen, daß ich aussah wie der heilige Sebastian. Und doch ertrug ich dies, ohne viel Wesens davon zu machen und ohne darunter zu leiden. Wie seltsam ist doch der Mensch konstituiert! Die Begierde, die wir Liebe nennen, macht ihn Gefahren und Umstände ertragen, von denen er sonst zurückscheuen würde.

Wir kamen gegen Abend in Saldaña an und wurden von dem Verwalter des Gutes empfangen. Wir nahmen das Abendbrot ein und spielten Schallplatten: fast immer Mozart, für den ich eine Passion entwickelt hatte. Das Gespräch war voll von sexuellen Anspielungen und ging zuweilen ganz in obszöne Witze über. Die beiden Schwestern standen sich dabei in nichts nach. Amelia hatte eine Vorliebe für das, was man im Englischen ,,*four letter*

words'' nennt. Die spanische Sprache ist ja reich an Flüchen, die
aus der Sexual–sphäre stammen. Aber sie kannte auch die ent-
sprechenden Ausdrücke aus dem Französischen, und wenige
Dinge amüsierten sie so, wie eine zweideutige oder, um die
Wahrheit zu sagen, eine eindeutige Geschichte. Auch dies hätte
ich mich abstoßen sollen, da ich selber niemals Geschmack an
pornographischen Geschichten gefunden habe. Simone de
Beauvoir sieht in dieser Neigung zur Freiheit des sexuellen
Ausdrucks eine Kompensation für unterdrückte Empfindungen,
und es könnte sein, daß sich Amelia dieser Ausflucht bediente.
In dieser Nacht gab sie sich mir zum ersten Male hin. Wie so oft
in meinem Leben, war diese Hingabe nur das Siegel auf eine
Vereinigung, die schon vorher von den Liebenden vollzogen
worden war. Heißt es nicht im *Hohen Lied* ,,Setze Dich wie ein
Siegel auf mein Herz?'' Amelia war in Unterschied zu Carlota
sehr einfach in ihrer Hingabe; auch setzte sie sich Schranken,
die nur durchbrach, wenn sie mehr Wein getrunken hatte, als sie
es gewöhnt war. Aber ich kann nur von meinen eigenen Erfahrungen sprechen, und es mag sein daß sie auf andere
Menschen anders reagiert hat. Ich glaube daß unsere Beziehung
obschon wir alles taten um sie zu verbergen, für niemanden in
Saldaña ein Geheimnis war. Carlota hatte eines unserer
Dienstmädchen nach Saldaña geschickt unter dem Vorwande,
daß ich auf diese Weise alle Dienstleistungen haben würde, an
die ich gewohnt war. Es war ein simpler Versuch, von allem
unterrichtet zu werden, was in Saldaña vorging. Das Mädchen,
Isabella genannt, erfüllte auch ihre Pflicht und kam, wenn immer
sie konnte, in mein Schlafzimmer, um sich davon zu unterrichten, was dort vorging. Daß dies Amelia gegen Carlota einnehmen mußte, scheint ihr entgangen zu sein. Aber Carlota hatte
ihre eigene seelische Buchführung, und was sie bei anderen
Menschen verwarf, schien ihr gerechtfertigt, wenn es selber tat.
Ich habe nur wenige Menschen in meinem Leben gekannt, denen
die Hypokrisie so zur zweiten Natur geworden war. Amelia war
mir weit überlegen, in dem Verständnis dessen, was vorging. Da
sie katholisch erzogen war, hatte sie für die Kirche einen instink-
tiven Respekt, der durch nichts zu erschüttern war. Sie spottete
über die Priester und sagte oft, daß es keinen besseren Weg zum
Wohlstand gäbe, als das Gelübde der Armut. Aber die Sa-

kramente bedeuteten ihr, wie den meisten Katholiken, den selbstverständlichen Weg zur Erlösung.

Wie alle intelligenten Katholiken wußte sie, daß man die Kirche nicht mit ihren irdischen Vertretern gleichsetzen darf. Die Kirche mag unfehlbar sein, die Priester als Menschen sind sündhaft und Versuchungen unterworfen. In den vielen Gesprächen, die wir über unsere Beziehungen gehabt haben, versicherte sie mir, daß es für das Verhaltens Carlotas nur eine Erklärung gäbe: daß sie eine Beziehung zu ihrem Freunde unterhielt, der sie alles zu opfern bereit war. Auch die Tatsache, daß er 20 Jahre älter als sie war, stieß Carlota nicht ab. In der Rückschau muß ich mir eingestehen, daß dies die einzig schlüssige Enträselung von Carlotas Verhalten war. Was damals in ihr vorgegangen ist, kann ich nur ahnen. Daß es ihr nicht leicht gefallen ist, mich einer anderen Frau zu überlassen, halte ich für gewiß. Auch hat sie in jenen Wochen vielleicht nicht vorausgesehen, daß dies nur mit einem Bruch enden könnte. Wie so viele Menschen, ,,*she wanted to have her cake and eat it too.*''

Die Wochen, die wir in Saldaña verbrachten, waren die einzigen, in denen ich in dieser Liebe so etwas wie Glück erfahren habe. Von kleinen Mißverständnissen abgesehen, bestand eine vollkommene Harmonie zwischen Amelia und mir. Am Morgen gingen wir hinunter zum Fluß, der nur wenige Minuten von dem Hause entfernt war. Es war ein breiter, schnell fließender Strom mit klarem, eiskalten Wasser, das uns die einzige Erfrischung gab, die man in der äquatorialen Hitze haben konnte. Am Nachmittag ritten wir aus, um den Mosquitos zu entgegen. Essen und Trinken waren uns unwichtig geworden. Amelia war nicht nur liebenswürdig, sie war auch intelligent und witzig und hielt mich in ihrem Bann, selbst als ich begann ihr Repertoir zu kennen.

Aber nach drei Wochen ging dies Idyll zu Ende, und wir mußten nach Bogotá zurückkehren. Carlota wird geahnt haben, was geschehen war, aber trotz allem fuhr sie fort, Amelia in unser Haus einzuladen, und Amelia gab vor, daß sie Carlotas Spiel nicht durchschaute. Wir sahen uns nun jeden Tag, fast immer nach den Vorlesungen, in einem kleinen Teesalon. Zuweilen nur für wenige Minuten, zuweilen für eine Stunde. An den Wochenden, an denen Carlota allein zu sein wünschte,

fuhren wir nach Subachoke. Und doch war mir bei diesem stän-
digen Versteckspiel nicht wohl. Carlota war nicht die einzige
Schwierigkeit, mit der wir zu rechnen hatten. Amelias Tochter,
Monica, war alt genug, um auf mich eifersüchtig zu sein.
Schwerer wog die Feindschaft, die mir einer ihrer Brüder bezeugte. Nach spanischer Sitte hielt er sich für den *pater familias*.
Er war mit einer Amerikanerin verheiratet gewesen, hatte sich
aber von ihr scheiden lassen. Und während er für sich keinerlei
Schranken anerkannte, mißbilligte er das Leben seiner Schwestern. Besonders verwarf er meine Anwesenheit in Subachoke und
sagte daß Amelia das Haus seiner Eltern zu einem *maison de
rendez–vous* gemacht habe. Schließlich wurde das Haus verkauft, um das zweite Gut Saldaña zu entlasten. Ich muß aber
gestehen, daß mir die finanziellen Arrangements der Geschwister immer ein Buch mit sieben Siegeln gewesen ist.

Amelia war großzügig und gastfreundlich, aber wie viele groß-
zügige Menschen hatte sie keine Bedenken, ihr nahe stehende
Menschen um Geld zu bitten. Da Carlota freien Zugang zu
meinem Schreibtisch hatte, und sich in Augenblick über den
Stand meines Bankkontos unterrichten konnte, war dies eine
Quelle ständiger Verlegenheit für mich.

Aber die Beziehungen dieser vier Geschwister waren auch in
anderer Beziehung schwer zu durchschauen. Sie betrachteten
jeden Außenstehenden als einen Fremdling, und obgleich sie
sich ständig kritisierten, bestand zwischen ihnen ein so enges
Band, daß man nicht umhin konnte, an Inzest zu denken. Besonders hatten die Schwestern eine fanatische Eifersucht auf
jede Frau, die ihren Brüdern nahe stand. Als sich einer der
Brüder 1942 mit einer Kousine verheiratete, die Amelia selber
sehr hoch schätzte, war sie monatelang deprimiert. Inwiefern
diese Ehe auch Amelia finanzielle Position beeinflußt hat, vermag ich nicht zu sagen. Aber nach der Ehe bezogen die
Schwestern eine eigene Wohnung im Innern der Stadt.

Sie alle waren ungewöhnliche Menschen, die kein Gesetz
anerkannten, als das, das sie sich selber vorschrieben. Der
zweite Bruder, der in der Schweiz mit den Gerichten in Konflikt
gekommen war, hatte dann sein medizinisches Examen
abgelegt, und war in dem *Rockefeller* Institut zur Bekämpfung
des gelben Fiebers tätig. Er hatte sich in Europa mit einer Russin

verheiratet, aber die Ehe war aufgelöst worden, und Amelia tat ihr Äußerstes, um zu verhindern, daß diese Frau je nach Kolumbien kommen könnte.

Ich könnte dem noch vieles hinzufügen. So glaube ich, daß ihr Dienstmädchen eines Tages den Versuch machte, mich zu vergiften. Ich erbrach mich unmittelbar, nachdem ich eine Tasse schwarzen Kaffees in ihrem Hause getrunken hatte und konnte kaum meinen Weg nach Hause finden. Als ich wenige Tage später Trias darüber um Rat fragte, sagte er, daß man das nur beweisen könnte, wenn ich gestorben wäre. Aber nichts war genug, das Band zu zerschneiden, das mich an Amelia fesselte.

Oft habe ich mir die Frage vorgelegt, ob sie mich liebte. Vielleicht hat sie mich in den ersten Monaten unsrer Freundschaft geliebt, aber je länger es anhielt, um so beschwerlicher wurden ihr unsere Beziehungen. Wie die meisten Verliebten, machte ich den Fehler, sie oft zu fragen, ob sie mich liebte. Sie antwortete mir, daß dies schon dadurch bewiesen wäre, daß sie nicht mehr zur Beichte und zur Kommunion gehen könnte, aber dies Argument überseugte mich nicht.

Weihnachten 1941 erhielt ich den ersten Beweis, wie wenig ihr an mir gelegen war. Carlota hatte sie eingeladen, den Weihnachtsabend in unserem Hause zu verbringen. Amelia hatte dies abgelehnt mit der Begründung, daß sie diesen Abend im Andenken an ihren Gatten verbringen wollte. Sie kam statt dessen am Weihnachtstage gegen ein Uhr Mittags in unser Haus und war vollständig betrunken. Sie behauptete, daß sie keine Erinnerung daran hätte, wie sie den vorigen Tag verbracht hätte. Dies war ganz offensichtlich eine Lüge. Nach einigen Tagen erfuhr ich, daß sie den Weihnachtsabend mit englischen Freunden auf einer *hacienda* zugebracht hatte, wo sich alle sinnlos betranken. Was mich an diesem Ereignis abstieß, war nicht so sehr der Gedanke, daß sie sich jemand anderem hingegeben haben könnte, obschon ich auch das für möglich hielt, es war vielmehr die Überzeugung, daß es ihr so leicht fiel zu lügen, und daß man jeden Moment daran zweifeln mußte, ob sie die Wahrheit sagte. Daß sie sich zu andern Männern hingezogen fühlte, wußte ich, und so erlitt ich zum ersten Male in meinem Leben die Qualen der Eifersucht. Bis zu diesem Jahre hatte ich immer geglaubt, mich aus jeder Verstrickung ohne Kampf befreien zu können. Aber ob ich mich von ihr fern hielt, oder sie sah: es war immer das Gleiche: ich war ihr untertan, und akzeptierte ihre Lügen, selbst wenn ich wußte, daß sie log. Trotzdem versuchte ich immer wieder herauszufinden, wann und wie sie mich betrog; sie war mir auch darin überlegen, und erst am Ende entdeckte ich, daß sie neben mir Beziehungen zu anderen Männern unterhielt. Aus welchen Gründen? Eitelkeit mag eine Rolle gespielt haben, der Wunsch, sich von neuem zu verheiraten, und gewiß auch Geld! Ich erfuhr so, was Swan, in seiner sinnlosen Liebe für Odette erlitt. Und wie Swan hatte auch ich keinerlei Anspruch auf Amelias Treue oder Beständigkeit. Denn ich war selbst an eine andere Frau gebunden, und wie die Dinge im den Kriegsjahren standen, war an eine Veränderung meiner Umstände nicht zu denken. Wie die meisten Männer verstand ich Amelias Motive kaum. Ich hatte mir eine Freud'sche Theorie ausgedacht, daß sie an einem Vater–respektive Mutterkomplex litt, und daß ich in ihren Augen, die Rolle des Vaters, den sie angebetet hatte, übernommen habe. Aber wer kann sagen, ob dies mehr als Ausgeburten meiner Phantasie waren? Seltsamerweise habe ich nie daran gedacht, sie zu heiraten, oder sie auch nur zu fragen, da sie mir immer versicherte, daß sie frei sein wollte, wie der Wind. Zuweilen zeigte sie Mitleid für das Gefühl, das mich beherrschte, und sagte mir, daß ich von ihr erwarte, was nur Gott den Menschen geben könnte. ,,Es ist ein Mystiker an Dir verloren gegangen.'' Und doch muß es sie verletzt haben, daß ich diese Frage nicht einmal stellte. Aber inmitten meiner Besessenheit wußte ich nur zu gut, daß eine Ehe mit ihr keinen Bestand haben könnte, einmal weil sie kein Verantwortungsgefühl besaß, und zum anderen, weil niemand stark genug war, die Nabelschnur zu zerschneiden, die diese Geschwister an einander kettete.

Daß unsere häusliche Situation von diesem *marriage à quatre* nicht unbeeinflußt bleiben konnte, versteht sich von selbst. Unseren Freunden gegenüber gab Carlota sich als das schuldlose Opfer meiner Untreue aus; wenn sie damit getäuscht hat, ist schwer zu sagen. Meine Mutter behandelte sie so schlecht, wie meine Mutter sie einst in Berlin behandelt hatte, und ich bin überzeugt, daß es ihr eine Genugtuung war, meiner Mutter auf diese Weise heimzahlen zu können, was sie einst an De-

mütigungen hatte hinnehmen müssen. Wenn ich versuchte, sie
zu einer milderen Handlungsweise zu bestimmem, so verschlimmerte ich die Lage nur. Trotz allem glaube ich, daß sich
meine Mutter in Bogotá wohl gefühlt hat. Einmal ist ein schönes
Haus und ein großer Garten besser als ein Konzentrationslager
mit Gasöfen. Zu dem lernte meine Mutter bald so viel spanisch,
daß sie die Zeitungen lesen konnte. Daneben gab es Radio und
Kino. Was aber am meisten zur Zufriedenheit meiner Mutter
beitrug, war ein Hund, *Lucky* genannt, den wir von einer
deutschen Familie übernommen hatten. Er war ziemlich alt und
auf einem Auge blind, und sah wie der Kaiser Franz Joseph aus.
Er attachierte sich so an meine Mutter, daß er sie auf ihren
kleinen Spaziergängen begleitete, und nachts in ihrem Zimmer
schlief. Zum anderen hatten wir ein Dienstmädchen, Odilia
genannt, die meiner Mutter mit rührender Treue anhing, und ihr
jede nur erdenkliche Dienstleistung tat. Sie war im Kloster erzogen worden, und es war leicht zu sehen, wie sehr die Idee der
Caritas von ihr Besitz genommen hatte. Auch Amelia und Elena
versuchten, wenn immer sie konnten, meiner Mutter kleine Auf-
merksamkeiten zu erweisen. Dazu kam noch, daß sie alle ihre
Kinder in Sicherheit wußte, wenn sie auch der Gedanke an
Paulas Schicksal niemals zur Ruhe kommen ließ.

Um sich zu beschäftigen, fragte sie mich eines Tages, ob sie
mir nicht bei meinen Arbeiten behilflich sein könnte. Und
obschon ich skeptisch war, lernte sie bald, spanische Texte mit
Exaktheit zu kopieren. Im Frühjahr 1941 hatte ich mit der
Niederschrift des *Bolívar* begonnen. Der unmittelbare Anlaß
dazu war meine Begegnung mit Thornton Wilder. Ich hatte kurz
zuvor einen Artikel über *The Bridge of San Luis Rey* im *Tiempo*
veröffentlicht, als ich eines Tages in der Zeitung las, daß Wilder
in Bogotá eingetroffen war. Ich suchte ihn noch am selben Tage
in seinem Hotel auf, und wir unterhielten uns ungefähr eine
Stunde.

Wilder war auf einer kulturellen Mission, die vom *Department
of State* arrangiert worden war. Er sollte Vorträge halten, und
den Film seines Dramas *Our Town* in Bogotá vorführen. Er
sprach sehr gut Deutsch und Französisch, aber sein Spanisch ließ
zu wünschen übrig. Die Texte seine Vorträge wurden in der
amerikanischen Botschaft übersetzt. Aber es lag ihm daran,

auch die Aussprache zu korrigieren. So kam er beinahe jeden Tag in unser Haus, las uns seine Vorträge vor, und wir verbesserten seine Aussprache, so gut wir konnten. Wilder war ein außerordentlicher Mensch, von einer psychologishen Intuition, wie ich sie so niemals wieder getroffen habe. Wir sahen seinen Film *Our Town*, und er schenkte uns ein Exemplar seines letzten Stückes *The Merchant of Yonkers*, das unter dem Titel *Hello Dolly* der ganzen Welt bekannt geworden ist. Die Widmung, die er in das Buch hineinschrieb, war in zwei Kolonnen, für den Fall ,,daß wir uns einmal scheiden lassen sollten!'' Einmal fragte er mich beim Abendessen: wer wird *das* Buch über Bolívar schreiben? Ich zögerte keinen Augenblick mit der Antwort: Ich! Und wirklich fing ich am nächsten Tage mit der Niederschrift an.

Ich habe Wilder nie wieder gesehen aber alle seine Arbeiten gelesen und hin und wieder haben wir Briefe ausgetauscht. Die Arbeit an dem *Bolívar* füllte mich bald ganz aus, und die seltsame Tatsache, daß ich mich inmitten eines emotionellen Strudels befand, hat mich auch dieses Mal nicht davon abgehalten, jeden Tag einige Seiten zu schreiben. Aber die Arbeit an diesem Buch entwickelte sich mehr und mehr zu dem Hauptproblem meines Lebens, das alle anderen überschattete. Meine Lehrverpflichtungen in der *Escuela Normal Superior* stiegen auf 19 Wochenstunden an, wie konnte ich daneben noch eine großangelegte Biographie vollenden?

Man hatte mir die Abteilung für Sprachen und Literatur übertragen. Meine erste Aufgabe war, einen gediegenen und kompetenten Lehrkörper aufzubauen. Ich selbst unterrichtete Geschichte der Philosophie, der Kunst, und vergleichende Literaturgeschichte. Viele meiner Vorlesungen mögen dilettantisch gewesen sein, aber sie blieben immer im Rahmen der Geistesgeschichte, und ich habe dabei unendlich viel gelernt. Amelia wäre gut im Unterricht des Französischen gewesen, wenn sie es damit ernster genommen hätte. Aber sie war darin ganz kolumbianisch und blieb von den Vorlesungen fort, ,,*cuando no tenía la gana*'', in anderen Worten, wenn sie keine Lust hatte.

Bei der Besetzung der übrigen Lehrstühle kam mir der Krieg zu Hilfe, da sowohl die Nordamerikaner wie die Engländer, um die Gunst der südamerikanischen Nationen warben. Die Engländer hatten nach Kriegsausbruch ein kulturelles Institut in Bogotá eingerichtet, das eine Leihbibliothek hatte, Vorlesungen veranstaltete, und englischen Sprachunterricht erteilte. Die englische Regierung war auch bereit, zwei Professoren an die *Escuela Normal Superior* zu schicken, die englische Literatur und Sprache unterrichten sollten. Einer dieser Professoren war eine Schottin, die sich mit einem Amerikaner verheiratet hatte. Sie hatte ihre Studien in Edinburgh und Strassburg abgelegt und sprach fließend Deutsch und Französisch. Ich habe mich sehr gut mit ihr verstanden, obschon ihre Lehrtätigkeit von zwei Schwangerschaften und einer Krebsoperation unterbrochen war. Der andere war ein Doktor der Psychologie von der Londoner Universität; auch er war ein ausgezeichneter Lehrer. Nach dem Eintritt der Vereinigten Staaten in den Krieg schaltete sich der amerikanische Kulturattaché, Herschell Brickell, in unsere Tätigkeit ein. Die Amerikaner eröffneten das *America House* und waren sehr großzügig in der Beschaffung amerikanischer Literatur. Herschell Brickell interssierte sich auch für meine Bolívarbiographie, hat es aber nie über unverbindliche Anfragen hinausgebracht.

Der einflußreichste Lehrer aus dem angelsäsischen Sprachbereich, war Hugh Walpole, der obschon er denselben Namen trug, kein Verwandter des Romanschriftstellers war. Er war gebürtiger Engländer, war aber nach Kanada ausgewandert und schließlich in Harvard gelandet. Dort stieg er rasch zum *Assistant Director* von I. A. Richard auf, der das populäre Program *Basic English* propagierte. Der Gedanke war, daß man mit der Kenntnis von 800 englischen Worten die Sprache leicht geherrschen könnte. Auch wurde der Nachdruck auf den lebendigen Ausdruck gelegt, und die Grammatik hinten angestellt. Walpole war ein begabter Lehrer, der sich seiner Aufgabe mit Begeisterung widmete. Aber er war Alkoholiker, und betrank sich wenigstens einmal in der Woche und kam dann mit blutunterlaufenen Augen in die Schule, oder er kam nicht. Zum anderen hatte er sich grade von seiner Frau scheiden lassen, und es fiel ihm schwer über diese Erfahrung hinwegzukommen. Er schilderte seine Frau als eine Primadonna, die ihn tyranisierte. Als ich sie später in New York kennenlernte, sah ich, daß sie ihn noch immer liebte, aber nicht mit ihm leben konnte, was keine

seltener Fall ist. Sie erhielt sich damit, Kinderbücher zu
schreiben, und war ein sehr anziehendes Wesen, aber ebenso
neurotisch wie Walpole selbst. Walpole hatte es sich in den Kopf
gesetzt, sich mit einer kolumbianischen Gans zu verheiraten,
aber in Wirklichkeit war es ihm nicht ernst damit, und er war
froh, daß die Verschiedenheit der Religion die Verbindung unmöglich machte.

Für die spanische Literatur fand ich in Francisco Cirre einen
ausgezeichneten Lehrer, der nicht nur an der klassichen Poesie
seines Landes interessiert war, sondern auch an der spanischen
Lyrik des 20. Jahrhunderts. Don Pedro Urbano de la Calle
übernahm den Unterricht des Griechischen. Ich hatte natürlich
bei der Auswahl dieser Menschen keine freie Hand, sondern
mußte meine Entscheidung dem Rektor unterbreiten, der das
letzte Wort sprach. Er war ein junger Mulatto, der Medizin
studiert hatte, sich aber dann für einige Jahre den Erziehungsfragen seines Landes widmen wollte. In den acht Jahren
meines wirkens an der *Escuela Normal Superior* ist es niemals
zu einem Mißverständnis zwischen uns gekommen. Aus
meinem Tagebuch ersehe ich wie viel mir der Umgang mit Walpole und den anderen englischen Lehren gegeben hat. Sie haben
mich in die moderne englische und amerikanische Literatur
eingeführt, und auch meinem sprachlichen Ausdruckvermögen
durch freundliche Korrektur geholfen. Ich las mehr denn je; die
Romane seitgenößischer Schriftsteller oder Biographieen von
Chesterton und Shaw. Amelia führte mich zu Proust, ohne daß
es mir damals gelungen wäre, meine Abneigung gegen ihn zu
überkommen.

Vielleicht sollte ich noch ein Wort über die Fakultät selbst
sagen, da sie die Einzige war, die man in Kolumbien eine
philosophische Fakultät nennen konnte. Sie war geschaffen
worden, um Lehrer für die höheren Schulen auszubilden. Die
Studenten, Männer und Frauen, erhielten ein Stipendium, das
zwar bescheiden war, ihnen aber erlaubte, sich die vier Jahre bis
zum Abschluß des Studiums in Bogotá durchzuschlagen. Sie
waren nicht gezwungen, in den öffentlichen Unterricht einzutreten, aber es wurde von ihnen erwartet. Es war mir möglich durch
gute Beziehungen zu dem *Institute for International Education*
in New York eine Reihe von Studenten zur weiteren Ausbildung

in die Vereinigten Staaten zu schicken. Die Studenten waren, wie das natürlich ist, ziemlich radikal und drohten mir mehr als einmal mit einem Studentenstreik, da ich ihnen zu autoritär war. Er fiel aber immer in sich zusammen, da ich ihnen ganz klar heraussagte, daß sie sofort ihr Stipendium verlieren wurden. Zu revolutionären Aktionen, wie ich sie später in Caracas und Berkeley beobachten konnte, ist es nie gekommen. Trotzdem ist die Schule nach meinem Rücktritt (ohne daß dieser kausal etwas damit zu tun hätte) in die Provinz verlegt worden, und die gute Fakultät, die sich mit jeder amerikanischen oder europäischen hätte vergleichen können, ist in alle Winde verstreut worden.

Man hätte sich denken können, daß diese Arbeit mir einen gewissen Ersatz für das hätte geben können, was ich in Deutschland verlassen hatte. Aber leider war es nicht an dem. Noch 1943 schrieb ich in mein Tagebuch: ,,Und es gewöhnt sich nicht mein Geist hierher. Nach acht Jahren bin ich so einsam oder vielleicht noch einsamer als ich zu Angang war.'' [Vgl. S. 345]

Warum ich dies Gefühl nicht überwinden konnte, ist schwer zu sagen. Letztlich war es wohl die Überzeugung, daß Kolumbien eine kulturelle Sackgasse darstellte, und daß ich mich aus den ,,Irrungen und Wirrungen'', in die ich verstrickt war, um jeden Preis herausziehen mußte. [Vgl. S. 346]

1943 litt ich an einer chronischen Mandelentzündung, die bald auch rheumatische Symptome hervorrief, und Trias riet mir, mich der schmerzhaften Operation zu unterziehen, und die Mandeln herausschälen zu lassen. In den gleichen Wochen erhielt ich von Amelia Beweise, daß ihr im Grunde nichts an mir gelegen war. Sie hatte einen englischen Angestellten der *Shell Company* kennengelernt und hoffte, daß er sie heiraten würde. Als ich davon durch ,,wohlwollende'' Freundinnen unterichtet wurde, versuchte ich, mit ihr zu brechen, und an meinem Geburtstag, 17. September 1943, sagte ich ihr, daß es besser wäre, wenn wir uns nicht mehr sehen würden. Ich ging dann in die Klinik und habe diesen Entschluß zwei Monate hindurch eingehalten. Als ich sie in der Fakultät wieder sah, fielen meine Vorsätze in sich zusammen, und ich nahm die Beziehungen zu ihr wieder auf. Aber ich konnte mich nicht länger belügen und wußte, daß auch diese Liebe, wie alle andern, zum Scheitern verdammt war. Mein Lieblingsbuch war in diesen Monaten

Molières *Misanthrope*. Ich schrieb in meine Tagebuch: ,,Wir allen fühlen wie Othello und handeln wie Alceste.''

Aber wenn ich nicht von ihr fortkam, so schien auch sie abgeneigt, mich gehen zu lassen, vielleicht aus Gewohnheit, vielleicht aus Eitelkeit, wer könnte es sagen? Und doch wußte sie, daß ich sie meinem wirklichen Schicksal, d.h., meiner Erfüllung im Beruf aufgeopfert haben würde. Eines Tages saßen wir in dem Amtzimmer der *Escuela Normal Superior*, und sie fragte mich, warum, ich so verzweifelt wäre. Es war das Jahr 1943. Ich antwortete, ,,Weil mein Leben mir unter den Händen zerrinnt.'' Es spricht für sie, daß sie mir antwortete, ,,Wenn ich daran schuld bin, will ich mich aus Deinem Leben entfernen.'' Aber es war nicht sie allein; es war vor allem, das Bewußtsein, mit meiner Lebensarbeit nicht voran zu kommen. Und hier muß ich bekennen, daß sie dafür größeres Verständnis hatte als Carlota.

Carlota hatte sich davon überzeugt, daß sie mir intellektuell ebenbürtig sei, und sie versuchte, sich das zu beweisen, indem sie eine Privatschule organisierte, die sie *colegio superior de cultura feminina* nannte. Der Unterricht fand in unserm Hause statt und bestand aus Kochen, Nähen, Literatur, und Musik, und richtete sich an junge Mädchen aus wohlhabenden Häusern. Für die Musik engagierte sie einen Emigranten; für die Literatur sprang ich ein, wenn mein Studienplan es erlaubte, oder sie benutzte meine Vorlesungsmanuskripte. Später hat sie mir versichert, daß sie dies getan hätte, um sich von mir wirtschaftlich unabhängig zu machen. Aber wie die meisten ihrer Pläne versagte auch dieser: die Schule war immer in Schulden und hat sich nie bezahlt gemacht.

Wie dem auch sei, in jedem Falle war sie vollständig davon in Anspruch genommen und hatte keine Zeit für meine Arbeit an dem *Bolívar*, an dem ich unverdrossen, so langsam, weiter schrieb. Ich sah, daß mir nur ein Stipendium einer amerikanischen *foundation* helfen könnte, aber wie ich dazu kommen könnte, war schwer zu erkennen. Und hier hat mir Amelia noch einmal eine Stütze geboten. Durch ihren Bruder wußte sie, was in der *Rockefeller Foundation* vor sich ging und was geplant wurde. Das Institut in Bogotá beschäftigte sich ausschließlich mit medizinischen Fragen. Amelia stellte mir den Leiter des Instituts vor, und von ihm erfuhr ich, daß ein Vertreter der

Geisteswissenschaften oder *humanities*, wie es in Amerika heißt, nach Bogota reisen würde. Er kam 1943. Sein Name war William Berrien; er war Professor für Spanisch und Portugiesich in Harvard. Er hatte diesen Auftrag von der *Rockefeller Foundation* überkommen als einen Beitrag zu der Kulturpropaganda während des Krieges. Nelson Rockefeller war damals *Coordinator for Interamerican Affairs*, und er hatte die *Foundation* für seine Arbeit eingespannt. Berrien bereiste den Kontinent, um zu sehen, wo und wie die *Foundation* die kulturellen Interessen der *good neighbor policy* fördern konnte. Ich suchte ihn in seinem Hotel auf, aber er schien sich nicht für den Plan einer Bolívar–biographie zu erwärmen. Auch mußte ich ihm gestehen, daß ich das Werk auf Deutsch schrieb. Angesichts der Tatsache, daß die Vereinigten Staaten damals im Kriege mit Deutschland waren, und daß ich nicht gebürtiger Kolumbianer war, kann ich ihm seinen Mangel an Interesse kaum verdenken. Aber im Februar 1944 kam er noch einmal nach Bogotá, und bestellte mich in sein Hotel. Dieses Mal schrieb er sich, die Dinge, die ich ihm auseinandersetzte, auf einen Briefumschlag und ermunterte mich, ihm einen ausführlichen Plan nach New York zu schicken. Ich tat dies auch, da ich den Aufbau des Buches klar vor mir sah.

Die Fertigstellung eines großen Buches, so dachte ich damals, gleicht der Anlage eines Gartens. Zuerst beschaut man das Gelände, danach macht man einen Entwurf und beginnt Wege zu legen, Hecken zu pflanzen, und Brunnen zu graben. Ist das Ganze fertig, so sieht man wieviel noch fehlt. . . Das Ziel ist, daß der Leser sich in dem Buche ergehen kann, wie der Besucher in einem Garten, ohne die Anstrengung zu fühlen, die es den Architekten gekostet hat. Ob mir das in einem meiner Bücher gelungen ist, wage ich nicht zu sagen.

Aber zurück zu meiner Begegnung mit William Berrien. Mein Entwurf wurde von meinen englischen Kollegen durchgesehen, und ging 1944 nach New York ab. Das die *Rockefeller Foundation* selten Stipendien an Individuen gibt, so mußte der Entwurf von dem Rektor der *Escuela Normal Superior* unterschrieben, und so formuliert werden, als ob es eine Petition der Schule sei. Um ganz sicher zu sein, bewog ich den mir befreundeten Erziehungsminister, Dr. Rocha, dazu, das Gesuch mit einem persönlichen Brief zu unterstützen. Ohne diese Hülfsstellung wäre ich kaum mit meinem Anliegen in New York durchgedrungen. Da die *Rockefeller Foundation* niemals Referenzen verlangt, sondern vorzieht, sich diese selber zu verschaffen, konnte ich nun nichts weiter tun, als abzuwarten. Aber ich setzte meine Arbeit fort, obschon ich es noch unternahm, an der katholischen Universität der Jesuiten des Nachts zu unterrichten. Mein Kontakt mit den ,,klugen und gewandten Vätern'' war sehr freundlich, und sie haben nie versucht, mir in historische Fragen mit dogmatischen Einwänden hereinzureden. Als ich in Bogotá verließ, drückten sie ihr Bedauern aus, mich nicht mehr in ihrer Fakultät zu wissen. Obschon es häßlich klingen mag, muß ich gestehen, daß ich diese Arbeit nur aus finanziellen Gründen unternommen habe. Es zeigt wie sehr meine Arbeit in Kolumbien Fronarbeit war, und daß eine Verbesserung nur eintreten könnte, wenn ich die Fesseln abstreifte, die mich an das Land und an mein dortiges Leben banden.

Das Jahr 1945 brachte dann den Umschwung; es war ein Wendepunkt, vielleicht nicht so einschneidend wie 1935, doch in menschlicher und beruflicher Beziehung von größter Bedeutung für mich. Anfang Januar erhielt ich einen Brief, in dem die *Rockefeller* Stiftung, dem Erziehungsminister, Rocha, mitteilte, daß sie mir ein Stipendium für 18 Monate gewährt hatte. Es belief sich auf 200 Dollars. im Monat, wozu noch die Reisekosten nach Caracas und in die Vereinigten Staaten kamen. Es war ein großzügiges Geschenk, das mit keiner anderen Bedingung verknüpft war, als daß der kolumbianische Staat seinerseits etwas zu meiner Forschung beitragen sollte. Das konnte aber nur in der Form geschehen, daß ich selbst in diesem Jahr noch eine Vorlesung übernahm. Es hat mich nicht daran gehindert, meine Aufgabe zu vollbringen. Ich hatte zu jener Zeit schon 17 Kapitel meines Buches geschrieben: ungefähr die Hälfte, da das Buch auf 34 Kapitel angelegt war, die in zwei Bänden erscheinen sollten. In einem Jahre habe ich dann den Rest geschrieben.

Carlota war von dem Stipendium und der Möglichkeit, die es mir eröffnete nicht erbaut. Sie hätte es vorgezogen, wenn ich weiterhin in Kolumbien geblieben wäre, und sich meine Rolle in unserem Hause auf eine dekorative Funktion beschränkt hätte, so wie die russischen Großfürstem, die in einer Generaluniform vor dem Nachtlokalen stehen und die Türen der Autos öffnen.

Sie sagte es mir, und jedem der es hören wollte, daß sie keine
Absicht hätte, nach den Vereinigten Staaten zu gehen. Sie gab
verschiedene Gründe an. Einmal, daß es uns in Kolumbien sehr
gut gegangen sei, was im besten Falle auf sie zutraf. Sie fürchtete
sich auch, eine neue Sprache zu erlernen. Ein anderes Mal gab
sie vor, daß sie nicht nach U.S. gehen wollte, da sie keine
Wunsch hätte, Teller zu waschen. Wie weit all dies Vorwand
war, ist schwer zu sagen. Der wirkliche Grund war wohl, daß
sie sich nicht von ihrem Freunde trennen wollte. An mir hatte sie
nur noch ein finanzielles Interesse und war klug genug zu sehen,
daß der Bolívar vielleicht ein Erfolg werden könnte. So ließ sie
mich ihr alles mögliche versprechen, falls ich das Buch an eine
Filmgesellschaft verkaufen sollte. Sie hatte von den Vereinigten
Staaten eine Märchenbuch–Vorstellung, eine Kombination von
Schlaraffenland und Hölle, wo das Geld auf der Straße liegt, und
jeder es aufheben kann, der willens ist, seine Seele dem Teufel
zu verkaufen. Diese Idee hat sie niemals aufgegeben, und sie mir
viele Jahre später noch wiederholt. Von dem, was das Buch für
mich bedeutete, hatte sie keine Ahnung, oder wollte es nicht
wissen. Sie hielt mich für einen kompletten Egotisten, der sich
als den Mittelpunkt des Universums betrachtete, und seinem
Ziele alles aufzuopfern bereit war. Daß das Gleiche auf sie zu
traf, ist ihr nicht aufgegangen. Ich hatte in diesem Jahre, 1945-46,
viele Gelegenheiten zu beobachten, wie rücksichtslos, sie ihre
eigenen Pläne verfolgte, und daß es nutzlos war, ihr mit Ver-
nunftgründen zu widersprechen. Sie gab einen vorgefaßten Plan
erst auf, wenn sie auf Widerstände traf, die sie mit keiner Lüge
aus der Welt schaffen konnte.

Aber dies bestärkte mich nur dem Entschluß, daß dies meine
letzte Gelegenheit war, wieder Sinn in mein Leben zu bringen,
und daß ich es allein tun mußte! Wollte sie mir in ein neues
Dasein folgen, so hätte ich es noch einmal mit ihr versucht. Aber
ich wußte, so weit ein Mensch solche Dinge wissen kann, daß sie
dies niemals tun würde.

Der zweite Umstand, der dazu beitrug, meinen geistigen
Horizont zu erhellen, war die Wendung in den politischen-
militärischen Begebenheiten. Ich hatte den Krieg von Anfang an
leidenschaftlich verfolgt. Vielleicht hätte ich mich auch freiwillig
melden sollen, aber, außer der Verantwortung für meine Mutter,

lag so viel Krankheit auf mir, daß ich glaubte, nichts zu dem militärischen Geschehen beitragen zu können. Ich schrieb in den Zeitungen gegen Hitler und seine Kohorten und tat das meine dazu, daß die deutsche Schule und die Naziorganisationen in Kolumbien geschlossen wurden. Seit Pearl Harbor war ich davon überzeugt, daß die Axenmächte den Krieg verloren hatten, und daß alles weitere eine Frage der Zeit war. Den 20. Juli 1944 begrüßte ich als das erste Symptom einer Umkehr im deutschen Volke, obschon ich nur zu gut wußte, daß Hitler lieber die ganze Nation mit sich in den Abgrund reißen würde, als sich zu opfern. Ich hatte dies von einem ihm nahestehenden Beamten noch in Berlin gehört, und schrieb darüber auch in kolumbianischen Tageszeitungen. Aber als am 30. April 1945 der Rundfunk die Nachricht von dem Selbstmord Hitlers bekannt gab und dem am 7. Mai die bedingungslose Übergabe folgte, konnte ich ein Gefühl der Genugtuung nicht unterdrücken. Es war nicht nur das berühmte: ,,*nous avons vécu*'', sondern ein Gefühl des Sieges über diesen Rückfall in die Barbarei. Dabei wußte weder ich, noch sonst jemand zu jener Zeit, wie tief das deutsche Volk in die Abgründe der Unmenschlichkeit hineingerissen worden war. Erst allmählig sickerten die Nachrichten von Belsen und Auschwitz durch. Aber ich hatte schon damals das Bewußtsein, daß die Trennung von Deutschland niemals aufzuheben sein würde, und dies Bewußtsein ist mit den Jahren nur stärker geworden. Ob man an eine Gesamtschuld des deutschen Volkes glauben will, ob man es für möglich hält, daß diese ungeheuren Verbrechen je gesühnt werden können, will ich nicht diskutieren.

Die dritte Wandlung, die sich in meinem Leben vollzog, betraf Amelia. Ich würde lügen, wollte ich sagen, daß ich sie nicht mehr liebte. Aber mit jedem Tage, der verging, spürte ich, daß sie ein Leben führte, von dem ich ausgeschlossen war. Dabei war sie höchst erfinderisch, ,,haarscharf an der Wahrheit vorbei zu lügen'', und für jede auch die verdächtigste Handlung, eine Erklärung zu erfinden, oft in demselben Augenblick, in dem sie mit den Tatsachen konfrontiert wurde. Meine Lage glich mit jedem Tage mehr dem unseligen Zustande, in dem sich Proust befand, als er versuchte, die Wahrheit über Albertine zu erfahren. Eines Abends, als ich unerwartet in ihr Haus kam, fand ich dort den Mitbesitzer der konservativen Zeitung in Bogotá. Am nächsten Tage erklärte sie mir, daß er sie aufgesucht habe, um ihr eine Stellung als Übersetzerin der Kabel anzubieten. Er kam seitdem regelmäßig in ihr Haus, so immer nur auf wenige Minuten. Gewöhnlich schützte sie danach eine dringende Verabredung vor, um sich von mir zu trennen. Ich könnte noch andere Ereignisse anführen, aber sie würden nur beweisen, daß der Verdacht in mir immer stärker wurde. Auch wußte ich aus ihrem Munde, daß ihre eigene Situation ihr unerträglich war. Sie gab vor, daß sie die Trunksucht ihrer Schwester nicht länger dulden könnte und daß diese einen schlechten Einfluß auf ihr Kind haben mußte. In Wirklichkeit war sie tief verschuldet und suchte verzweifelt nach einem Ausweg. Sie hatte einen Onkel, der in Los Angeles lebte und kinderlos, aber sehr begütert war. Sie schrieb ihm, ob sie zu ihm kommen könnte. Und obschon der alte Herr damals im Sterben lag, lud er sie und ihr Kind zu sich ein. Wenige Tage vor ihrer Abreise fand ich dann endlich die Antwort. Sie besuchte mich und nahm den Tee in unserem Hause. Als sie sich für einige Minuten aus dem Zimmer entfernte, fiel aus ihrer Handtasche ein kleiner Kalender, den sie als ein Tagebuch benutzte. Ich hatte keine Skrupel, darin zu blättern, und fand eine Reihe von Eintragungen, die mir unerklärlich waren. Sie waren mit einer Chiffre versehen: 2812. Da hieß es entweder ,,28 12", oder ,,Kabel von 28 12". Die anderen Eintragungen, die ebenfalls eine Chiffre darstellten lauteten, *San Diego*. Ich brachte sie an diesem Abend an die Straßenbahn und glaube nicht, daß sie gewußt hat, was in mir vorging. Was konnte 28 12 bedeuten? Eine Telephonnumer: Ich fand bald heraus, daß dies nicht der Fall war. Ein Postfach? Auch hier war die Antwort negativ, das Postfach mit dieser Nummer gehörte einem Laden. So blieb eigentlich nur die Autonummer als eine Antwort auf das Rätsel übrig. Aber die Polizei war nicht geneigt, mich darüber zu informieren, wer einen Wagen mit dieser Nummer fuhr.

Und San Diego? In der Mitte von Bogotá lag ein großer Platz, der den Namen San Diego trug. An diesem Platz stand ein Hochhaus mit vielen Wohnungen. San Diego konnte nur bedeuten, daß Amelia jemanden in diesem Haus besuchte. So ging ich eines Tages in das Haus und fragte den Portier, ob jener Herr, der Amelia zu gewissen Zeiten besuchte, dort eine

Wohnung habe. Er bejahte es und zeigte mir die Tür der Wohnung, die zu ebener Erde lag. Die Franzosen nennen dies eine *garconnière,* die Kolumbianer sind weniger höflich und heißen es *putadero.* Zum Überfluß fand ich wenige Schritte von dem Hause entfernt einen grauen Cadillac, mit der Nummer 28 12. Da dieser Herr verheiratet war und eine hohe politische Stellung bekleidete, konnte er seine Affaire mit Amelia nur unter Wahrung aller äußeren Umstände durchführen.

Am nächsten Tage hatte ich eine Verabredung mit Amelia, konnte mich aber nicht dazu bringen, sie einzuhalten. Sie rief mich an und muß geahnt haben, was ich entdeckt hatte, denn sie sagte (auf französisch), ,,Du hälst mich für eine Hure?'' Worauf ich ihr die Antwort schuldig blieb. Nach vielem Hin und Her bestand sie darauf, mich nur wiederzusehen, wenn ich ihr versprechen würde, ihr keine Szene zu machen. Wir haben diese Komödie noch eine Woche lang fort gespielt, da wir beide wußten, daß ihre Abreise nach Los Angeles bevorstand. Am 15. September kam sie noch einmal in mein Haus; am 16. ist sie über Panama nach Los Angeles geflogen. Ich habe sie nicht zum Flughafen begleitet. Aber an diesem Tage schrieb ich in meine Tagebuch: ,,Endlich ein Ende.''

Wir fuhren fort Briefe auszutauschen. Doch wurde es mir bald klar, daß sich ihre Hoffnungen nicht verwirklichen würden. Sie lebte zwar mit ihrer Tochter in dem Hause ihres Onkels, aber er starb, ohne sein Testament zu ändern. Er hatte sein Vermögen einem Neffen vermacht, dessen Pate er war. Danach müssen andere Menschen in ihr Leben getreten sein. Am Anfang hatten wir die Fiktion aufrecht erhalten, daß ich sie in Los Angeles besuchen würde. Aber als ich im April 1946 in Caracas war, erhielt ich einen Brief von ihr, in dem es hieß: ,,Die Frauen von Caracas sind leicht zu haben, schlafe mit so vielen wie Du willst.'' Sie gebrauchte in diesem Brief, der auf einem Fetzen Papier geschrieben war, die vulgärsten Ausdrücke; selbst heute kann ich mich nicht dazu bringen, sie auf deutsch zu wiederholen. Aber es gab für diesen Brief nur eine Erklärung, daß sie meiner so überdrüssig geworden war, daß sie jedes Band mit mir zerschneiden wollte. Es wäre sinnlos gewesen auf diesen Brief zu antworten, und so schloß sich auch über dieser Episode meines Lebens die Falltür der Zeit.

Ich maße mir nicht an, ihre Motive erkannt zu haben. Gewiß
fand sie mich seit langer Zeit beschwerlich und widersetzte sich
der Idee, daß jemand ihr Leben kontrollieren könnte. Auch
konnte sie mir nicht vergeben, daß ich schließlich herausgefunden hatte, wie sie lebte. Andere Gründe mögen eine Rolle gespielt haben. Vorallem, daß sie Geld brauchte, und mehr als ich
ihr geben konnte. Vielleicht fand sie andere Männer anziehender als mich. Sie sagte mir einmal, daß der ideale Ehemann, den
jede Frau sich wünsche: *a stupid gentleman,* sei. Ich habe nie
erfahren, wie ihr Leben weiter gegangen ist. Als ich in die
Vereinigten Staaten kam, machte ich keinen Versuch, die Beziehungen zu ihr aufzunehmen.

Und doch hat dieses Erlebnis seine Narben hinterlassen. Wie
oft habe ich mir gesagt, daß alles nur ein Spuk und eine Täu-
schung der Sinne gewesen sei, der ich zum Opfer gefallen war.
Solche Gedanken konnten mich nicht von meiner Besessenheit
heilen oder verhindern, daß ich später noch einmal derselben
Verblendung verfiel. In Sigried Undset fand ich das tiefe Wort:
,,Manche empfangen, was ihnen nicht zu kommt, aber niemand
empfängt eines anderen Schicksal.'' ,,*Le bonheur,*'' sagt Chamfort, ,,*n'est pas chose aisée; il est difficile de le trouver en nous, et
impossible de le trouver ailleurs.*''

Noch einen anderen Menschen verlor ich in diesen Wochen.
Meine Mutter hatte zuerst die klimatischen Bedingungen
Bogotás leichter hingenomen als ich es erwartet hatte. Die
seelischen Belastungen, in ihrem Alter ein Leben in der Fremde
zu führen und von ihren Kindern abhängig zu sein, ertrug sie
ohne zu murren. Im Jahre 1943 war sie an einer Lungenentzündung erkrankt, genas aber dank der neuen Medikamente wie
Penizillin und der Sulfadrogen. 1945 stellte sich bei ihr ein
Brustgeschwür ein, das sie uns verheimlichte, und von dem wir
erst durch das Dienstmädchen erfuhren, das ihr bei ihrem Bade
behilflich war. Trias untersuchte sie und glaubte, daß es
Brustkrebs war; ja er nahm an, daß der Krebs sich schon ausgedehnt hatte. Trotzdem war er bereit, sie zu operieren, wenn
meine Mutter in die Operation einwilligen würde. Sie war 76
Jahre alt, und in der Höhe von Bogotá ist jede Operation mit
einem Risiko verbunden. Aber meine Mutter widersetzte sich
der Operation, sie hatte sich davon überzeugt, daß ihr Leben

seinem Ende zu ging, und war, wie die Bibel es nennt, lebenssatt.

Unter diesen Umständen konnte man ihr nur Erleichterung durch Morphium geben, das sie aber spärlich gebrauchte. Im Monat August war sie noch im stande aufzustehen und ging sogar mit mir ins Kino, obschon ein langer Film, wie *Gone With The Wind,* sie ermüdete. Dann wurde sie bettlägrig und an meinem Geburtstag, dem 17. September, nahm sie Abschied von mir. Sie sagte, daß sie den *Bolívar* nicht mehr erleben würde, daß sie ihn aber begleitet, überwacht und gefördert hatte, wo immer sie dazu in Stande gewesen sei. Religiösen Trostes bedurfte sie nicht, und es war ihr gleichgültig, wo sie begraben werden würde. Ich war zu tiefst erschüttert, besonders da ich mir sagen mußte, daß ich ihr nicht so viel Zeit gewidmet hatte, wie sie es erwarten durfte. Langverfiel sie dann. Unbewußt war sie wohl davon durchdrungen, daß sie Krebs hatte, hat es aber nie ausgesprochen. In den ersten Tagen des Oktobers begannen die Nieren zu versagen. Als wir dies Trias mitteilten, sagte er, daß wir diese zweite Krankheit, die zu Uremie führen mußte, nicht bekämpfen würden. So glitt sie allmählig in einen Dämmerzustand, aus dem sie nur für Augenblicke erwachte. Ich habe immer geglaubt, daß Trias' Entscheidung die Einzig–Menschliche war. In den Vereinigten Staaten werden Menschen künstlich am Leben erhalten, von den die Ärzte wissen, daß es für sie keine Hoffnung gibt. In der Nacht des 13. Oktobers ist meine Mutter in ein Koma gesunken, aus dem sie nur für Augenblicke zurückkehrte. Man konnte deutlich sehen, wie die Seele sich langsam von dem Körper löste. Wohin sie ging, wer vermag das zu sagen? Sie starb in den Morgenstunden des nächsten Tages.

Gegen meine Willen bestand Carlota darauf, daß sie ein katholisches Begräbnis erhielt. Das Betragen der Priester bei dieser Gelegenheit war nicht dazu angetan, meine Verachtung für die menschliche Seite der Kirche zu vermindern.

> Eurer Priester summende Gesänge
> Und ihr Segen haben kein Gewicht.

Auch, daß Carlota die letzte Wünche meiner Mutter, so weit

es die Verteilung ihrer kleinen Habe anging, außer Acht ließ, und sich selber vorbehielt, was meine Mutter Paula zugedacht hatte, verletzte mich. Aber wir waren schon so weit von einander entfernt, daß es mir nicht würdig erschien, für diese Dinge zu kämpfen. Für einige Wochen war ich wie im Traum und erst an den Geburtstag meiner Mutter, dem 6. November, half mir ein Ausbruch von Tränen aus meiner Umnachtung. Ich kehrte zu meiner Aufgabe zurück und beendete das Buch in den letzten Tagen des Jahres 1945. Ich diktierte die 750 Seiten des Manuskriptes Carlota, die in den Ferien war, und es sich nicht nehmen ließ, es zu schreiben.

Sonst aber kamen wir uns in dieser Zeit nicht näher; Sie bestand noch immer darauf, ihren Freund in unserem Hause zu sehen. Sie litt damals an Gallensteinen, und ich erinnere mich eines Anfalls, an dem ich um 12 Uhr nachts aus dem Hause ging, um einen deutschen Doktor zu finden, der ohne Lizenz in Bogotá praktizierte. Er gab ihr eine Morphiuminjektion, und trotzdem sie am nächsten Tage krank war, bestand sie darauf, daß ich das Haus verließ, so daß sie ihren Besucher empfangen könnte. Zuweilen arrangierte sie auch ein Luncheon, an dem ich teilnehmen mußte, um ihr in den Augen der Dienstmädchen ein Alibi zu geben. Bei dem letzten, an dem ich teilnahm, erzählte ihr Freund von einer Weltreise, die er gemacht haben wollte. Es war ein Lügengewebe, das jedes Kind als solches erkannt haben würde. Carlota gab es mir auch zu, aber es störte sie nicht. Ja, ich glaube sogar, es zog sie an, da sie es selber mit der Wahrheit nicht genau nahm.

Es kam die Zeit, in der ich voraussehen konnte, daß meine Arbeit in Bogotá abgeschlossen sein würde. Nach dem Plan der *Rockefeller* Foundation sollte ich zuerst nach Venezuela und dann nach Washington und New York gehen. Als ich bei dem Vertreter der Foundation in Bogotá vorsprach, sagte er mir, daß Venezuela ein wunderbares Land wäre, besonders für einen Jäger, denn man könnte auf alles schießen, Kaninchen oder Menschen, mache keinen Unterschied. Er stellte mir einen Scheck für die Reisekosten aus und wünschte mir ,,*God speed.*''

Mein kleines Vermögen war durch die Krankheit meiner Mutter zusammen geschmolzen, dennoch gab ich Carlota die Hälfte von allem, was ich besaß. Ich war entschlossen, mich in den

Vereinigten Staaten durchzusetzen, so daß sich Carlota mit mir vereinigen konnte, wenn sie es wollte. Aber sie sprach nur mit Verachtung von den ,,*Yankees*'' und versicherte allen unseren Freunden, daß sie keine Angst hätte; ich würde schon ,,zu den Fleischtöpfen Ägyptens zurückkehren.'' Ein anderes Mal sagte sie mir, daß sie mich als einen Bigamisten verhaften lassen würde, wenn ich mich in den U.S.A. verheiraten würde. Als ich mich 1960 verheiratete, und sie zwei Jahre später davon erfuhr, hat sie diese Drohung noch einmal wiederholt, allerdings mit dem Versprechen, sich von mir scheiden zu lassen, wenn ich ihr 40 000 Dollars überweisen würde. Da ich aber die Rechtslage vorher hatte klären lassen, ist sie mit diesem Erpressungsversuch nicht durchgedrungen. Auch ihr Unternehmen, meine berufliche Stellung au untergraben, ist gescheitert.

Trotzdem kann ich mir nicht verhehlen, daß ich nicht ohne Schuld daran war, daß sie so tief sinken konnte. Wie mag sich unser Verhältnis in ihrem Kopfe gespiegelt haben? Ich kann das nur aus den Briefen rekonstruieren, die sie mir zwischen 1946 und 1957 geschrieben hat. Sie bekannte, daß sie froh war, von mir befreit zu sein, und hatte keinen Wunsch, daß ich zu ihr zurückkehren solle. Als ich es ihr 1950 anbot, teilte sie mir mit, daß sie ihre gesamte Familie aus Deutschland nach Kolumbien hatte kommen lassen, und daß diese nun mit ihr lebte. Sie wußte, daß mir eine solche Existenz unerträglich sein würde. Sie weigerte sich auch mir, den kleinsten Teil meines Besitzes, selbst den, der aus meiner Familie stammte, nach den Vereingten Staaten zu schicken. Als die Grabstätte meiner Mutter erneuert werden mußte, und ich an die Friedhofsverwaltung schrieb, daß ich die Überführung in die Vereinigten Staaten einleiten wollte, verhinderte sie dies, und sandte mir in einem eingeschriebenen Brief ein wenig Staub und ein paar Haare zu mit der Überschrift, ,,die Überreste Deiner Mutter grüßen Dich''. Nach dieser Grabschändung war an eine Wiedervereinigung nicht zu denken.

Von ihr selbst erfuhr ich, daß sie die Schule aufgegeben habe, weil sie sich nicht rentiere. Von dritten hörte ich, daß sie zusammen mit einem Priester einen kleinen Besitz in Bogotá bewirtschafte. Durch Bekannte hat sie auch nach ihren Erpressung versucht, die Verbindung mit mir wieder aufzunehmen, aber ich habe ihr niemals geantwortet. Es bleibt der größte Fehler, den ich in meinem Leben begangen habe und letzthin auch die größte Verschuldung.

Als ich auf dem Flughafen von Bogotá von ihr Abschied nahm, und das Flugzeug aufzusteigen begann, stand sie auf dem leeren Felde mit einem Ausdruck des Erstaunens, als ob sie nicht glauben könne, daß ihr das passieren könnte. Daß ich selbst unter diesem ungeklärten Verhältnis unsagbar gelitten habe, ist die volle Wahrheit. Auch an mir hat sich das Gesetz des Lebens erfüllt, daß man für alles einen Preis bezahlt, und daß nur Kinder oder Schurken glauben, diesem Gesetz entlaufen zu können. So war ich frei und doch durch eine Lebenslüge gebunden als ich am 19. März 1946 in ein neues Dasein ging. Es waren genau zehn Jahre seit ich in Cartagena angekommen war. Ich mußte nun beweisen, daß ich sie nicht vergeudet hatte. ,,Denn jeder sehnt sich freies Land zu sehen und haßt, was ihn mit Wirrnissen umwob.''

Der Weg ins Freie 5

Der direkte Flug von Bogotá nach Caracas, den ich gewählt hatte, führt über die gewaltigen Flußtäler Venezuelas und über die undurchdringlichen Urwälder, die sie umschließen. Wenn man hier abstürzt, besteht keine Hoffnung, daß man je gefunden werden könnte. Die zweimotorige Maschine, die von einem kolumbianischen Piloten gesteuert wurde, machte keine sehr guten Eindruck und war natürlich auch ohne die Luftdruckanlagen, an die wir jetzt gewöhnt sind. Aber nach einer vierstündigen Reise setzte das Fluzeug wohlbehalten auf dem Hafen von Macuto nieder, der unmittelbar an der See gelegen ist. Die Amerikaner haben ihn während des Krieges gebaut: eines der vielen Geschenke, die sie den Südamerikanern gemacht haben.

Gegen den Rat seines Konsuls hatte mir der venezuelanische Botschafter ein Vorzugsvisum gegeben *(visa de cortesía)*, so daß die Zollkontrolle rasch vorüber ging. Dann fuhr ich auf der Autostraße nach Caracas und war gegen zwei Uhr in meinem Hotel. Ich fand bald heraus, daß Caracas seinen Ruf als die teuerste Stadt der Welt verdient. So sah ich mich schon am nächsten Tage nach einem billigeren Zimmer um, und fand es auch rasch am Rande der Stadt. Ich mußte nun mit meinem Stipendium auskommen, und dies erlaubte mir nur die Existenz eines Studenten.

Die Teurung in Venezuela, besonders in der Hauptstadt, ist das Ergebnis der Erschließung der Petroleumfelder, zuerst in Maracaibo, sodann aber auch im Osten des Landes. Die amerikanischen, englischen, und holländischen Gesellschaften mußten der Regierung eine für damalige Verhältnisse ziemlich hohe Abgabe bezahlen: ich glaube, es waren 25 Prozent der Bruttoproduktion. 1946 war dies genug, das gesamte Staatsbudget davon zu bezahlen. Trotzdem war es ein Danaergeschenk, denn es brachte so viel Geld in Umlauf, daß man von einer Dollarinflation sprechen darf. Da alle leute Geld in der Tasche hatten, gab es aber nicht genug Waren, so gingen die Preise steil herauf. Außerdem führte es dazu, daß andere Wirtschaftszweige vernachläßigt wurden, besonders die Landwirtschaft, da die Bauern die Felder verließen, um bei den Petroleumgesellschaften höhere Löhne zu verdienen. Lebensmittel wie Fleisch, Eier, Butter, und sogar Mehl mußten in das Land Gebracht werden, was weiterhin zu der Verteurung beitrug. All dies wurde mir erst allmählig klar. Aber der Preise für Zimmer und Speisen wurde ich mir sofort peinlich bewußt.

Venezuela ging 1946 durch eine friedliche Revolution. Der General Medina, der Nachfolger von Lopez Contreras, war von einer Junta gestürzt worden, deren Führer und leitender Geist Rómulo Betancóurt war. Ich wußte nichts von ihm und habe es leider auch versäumt, ihn kennenzulernen. Trotzdem wurde ich mir bewußt, worum es der Junta ging. Die Revolutionäre wollten ein demokratisches, vielleicht sogar ein sozialstisches Venezuela aus dem Boden stampfen und die Überreste der kolonialen Abhängigkeit an die kapitalistischen Weltmächte beseitigen. Dazu kam, daß Venezuela von 1908 bis 1935 von einem brutalen Tyrannen, Juan Vicente Gomez, beherrscht worden war, und daß viele seiner Untaten noch ungesühnt waren. Es war daher begreiflich, daß die Junta und Betancóurt eine Reihe überstürzter Maßnahmen trafen, die am Ende wieder eine Militärdiktatur herbeiführten. Das lag aber 1946 noch in weiter Ferne. Trotz der revolutionären Stimmung war die wirtschaftliche Lage des Landes ausgezeichnet. Die Währung war stabil, und es gab keine Arbeitslosigkeit. Die Kluft zwichen Armen und Reichen war jedoch unvorstellbar groß. Neben ganz modernen Hochhäusern standen noch die „slum quarters'' der Enterbten.

Wie in den meisten tropischen Ländern macht das Klima die Armut weniger hart, als sie in Europa oder Russland empfunden würde. Caracas liegt 1500 Meter über dem Meeresspiegel und genießt einen ewigen Sommer. Die Stadt ist von schönen Gärten durchzogen, und man trägt nur leichte Kleider.

Was mich anbetrifft, so kann ich nur sagen, daß ich die drei Monate, die ich in Caracas verbringen durfte, sehr genossen habe. Man sieht darüber hinweg, daß das Wasser schlecht ist, und daß die meisten Europäer und Nordamerikaner an Dysenterie leiden. Die Menschen kamen mir freundlich entgegen. Der Hauptgrund dafür lag wohl in meiner Beschäftigung mit Simón Bolívar, der in Venezuela wie ein Gott verehrt wird. Sehr bald wurde ich Ehrenmitglied des „Klubs Venezuela'', was viele Annehmlichkeiten mit sich brachte. Ich konnte meine Mahlzeiten in dem Klub einnehmen, durfte auch Freunde und Gäste dort empfangen und hatte den Garten und die Bibliothek zu meiner Verfügung. Ein weiterer Umstand, der dazu beitrug, mir das Leben leichter zu machen, war die Tatsache, daß mein Freund Fabio Lozano kolumbianischer Botschafter in Caracas war, und ich auf diese Weise Zutritt zu der Gesellschaft Venezuelas erhielt. Sie glich in vielem der von Bogotá: es war eine Elite, die in vielen Familien bis in die Kolonialzeit zurückreichte; sie verband Tradition und Reichtum. Das Land war dank seiner Ölquellen stärker an die Vereinigten Staaten gebunden, was jedoch nicht von allen als ein Segen empfunden wurde. Als ich einem Studenten einmal davon sprach, wie viel die *Rockefeller* Foundation dazu beigetragen hatte, das Land von dem gelben Fieber zu befreien, sagte er mir: „Ja, für jeden Mosquito, den sie töten, nehmen sie sich eine Ölquelle.'' Diese Haltung war besonders spürbar in der unteren Mittelklasse, mit der ich allerdings nur hier und da in Berührung kam. Aber das Gefühl, daß das „schwarze Gold'' eher ein Fluch als ein Segen sei, machte sich in vielen Menschen, besonders den Intellektuellen bemerkbar. Heute, 1973, hat Venezuela seine Ölgesetzgebung revidiert, so daß ein weit größerer Prozentsatz des Petroleum–ertrages der Nation zu Gute kommt. Auch dies liegt im Zuge der Zeit und wird wahrscheinlich dazu führen, daß die Öl– und Gasfelder vollkommen nationalisiert werden, wie dies schon in Mexico geschehen ist.

Meine Arbeit in Caracas wurde durch den Stand meines Buches bestimmt. Ein wissenschaftliches Werk ist eigentlich nie abgeschlossen, es kann immer stilistisch verbessert werden, von der Korrektur von Irrtümern ganz zu schweigen. So weit es mich betraf, war das Buch im großen und ganzen fertig, aber ich war mir der Tatsache bewußt, daß es manche Einzelheiten gab, über die ich nicht sicher war, und und daß ich auch die Literatur über Bolívar noch nicht völlig durchgearbeitet hatte. Für beide Aufgaben hätte ich mir keine bessere Stätte aussuchen können als Caracas.

Ich arbeitete in drei verschiedenen Instituten, die nahe beieinander gelegen waren. Da war zuerst die *Nationalbibliothek,* deren Direktor mir so viel half, als es seine Zeit erlaubte. Sodann das *Geburtshaus Bolívars,* das restauriert worden war und gleichzeitig als Archiv diente, und in dem seine Papiere aufbewahrt wurden. Der wichtigste Arbeitsplatz aber war die *Historische Akademie,* in der ein großer Raum der Literatur über Bolívar gewidmet war. Wie ich schon erwähnte, belief sich die Bolívarbibliographie damals auf 1250 Bände, zu denen 20 Bände in Schreibmaschinenschrift kamen, die Papiere aus dem Nachlaß Bolívars darstellten. Dort saß ich nun jeden Morgen und jeden Nachmittag und versuchte mir der Lücken und Fehler bewußt zu werden, die in meinem Manuskripte waren. Da ich das Buch auf Deutsch geschrieben hatte, und ich nienmanden in Caracas fand, der fliessend Deutsch lesen konnte, gab es keinen Menschen, der mich auf meine Fehler hätte aufmerksam machen können. Bisher war ich gewohnt gewesen, jede Arbeit so in den Druck zu geben, wie sie mir aus der Feder geflossen war, Erst in den Vereinigten Staaten habe ich eingesehen, daß dies nicht die beste Methode ist, und eigentlich der Selbstüberhebung des Gelehrten entspringt. Seitdem habe ich versucht, Freunde und gleichgesinnte Historiker dafür zu gewinnen, meine Bücher im Manuskript zu lesen, und mich auf Irrtümer und stilistische Mängel aufmerksam zu machen. In

Caracas gab es aber niemand, der mir diesen Dienst hätte erweisen können. So war ich darauf angewiesen, mir in Gesprächen Rat zu holen. Viele Menschen haben mir geholfen, vorallem: Vicente Lecuna. Er war mir als Herausgeber der Briefe und Reden Bolívars bekannt, und ich hatte auch die Aufsätze und Bücher gelesen, die er dem Befreier gewidmet hatte. Aber er stand in dem Rufe fremden Besuchern wenig zugänglich zu sein, so daß ich mir eines Tages ein Herz fassen mußte, bevor ich ihn aufsuchte. Lecuna war damals schon hoch in den 70iger Jahren, stand aber noch als Präsident der *Bank von Venezuela* vor. Dort fand ich ihn auch, und als ich mich entschuldigte, ihn mit meinen Fragen zu belästigen, antwortete er mir: ,,für Bolívar habe ich immer Zeit.'' Danach habe ich ihn oft gesehen, zuerst in der Bank in seinem Arbeitszimmer und später auch in seinem Hause. Ich legte mir eine Liste der Probleme an, die ich mit ihm durchgehen wollte, und fand ihn so unterrichtet über das Leben Bolívars wie keinen anderen Menschen. Er hatte für den ,,Befreier'' eine Passion, die an Idolatrie grenzte, und die keinerlei Kritik an seinem Halbgott zuließ. Auf der anderen Seite erklärte er mir viele Einzelheiten der Feldzüge Bolívars so wie topographische und geographische Details, die für ein Verständnis der Unabhängigkeitsbewegung unerläßlich sind. Er erlaubte mir auch die Karten zu verwenden, die er von den Feldzügen Bolívars entworfen hatte. Lecuna war kein zünftiger Historiker; ich glaube nicht, daß er je Geschichte methodisch studiert hatte. Der alte Wilhelm Oncken, dessen *Weltgeschichte* er besaß, stellte ein Orakel für ihn dar, auf das er sich gern berief. So war es wohl unvermeidlich, daß wir uns in Fragen der historischen Kritik am weitesten von einander entfernten. Lecuna war nicht unkritisch in der Bewertung von Dokumenten, die für den Ruhm seines Halbgottes unwichtig waren. Dagegen wies er jede Kritik zurück, die dessen Uneigennützigkeit in Frage stellte. Für mich kam es aber grade darauf an, unter der dicken Patina, die den öffentlichen Monumenten aufliegt, den Menschen mit all seinem Großen aber auch mit all seinen Schwächen zu erspüren. Die Frage, über die wir uns nicht einig werden konnten, betraf Bolívars Verhalten gegenüber San Martín, dem argentinischen General und Befreier des Südens der westlichen Hemisphäre.

Lecuna erklärte schlechthin alle Quellen, die nicht mit Bolívars Selbstdarstellung dieses Vorganges übereinstimmten, für Fälschungen. Auch war er nie geneigt, den Kern von Egozentrismus in Bolívar zu sehen, und jeder psychologischen Erklärung abhold, die ein kaltes Licht auf Bolívars Motive warf. Trotz seiner Argumente konnte ich mich nicht dazu bringen, seine Auffassung der Begegnung Bolívars mit San Martín zu der meinigen zu machen, und ließ meine Schilderung der Begegnung von Guayaquil so stehen, wie ich sie geschrieben hatte. Dies hat er mir nie vergeben, und es hat auch dazu geführt, daß mein Buch in Venezuela weniger geschätzt worden ist als in Europa oder den Vereinigten Staaten. Aber Lecuna war nur fanatisch, so weit es seinen Abgott betraf, und ließ mich sonst die Verschiedenheit der Meinungen nicht entgelten. Er lud mich in sein Haus ein und fragte mich eines Tages, ob ich nicht ein Wochenende mit ihm an der See verbringen wolte. Wir fuhren am nächsten Sonnabend an das Meer. Mit uns fuhren der Chauffeur und die Köchin, da Lecunas Tochter glaubte, das Personal des Landhauses würde meinen Ansprüchen nicht genügen. In Macuto, wo das Haus gelegen war, fanden sich dann der Beschließer und seine Frau, ein Dienstmädchen und ein junger Mann, der als Laufbursche verwendet wurde. Im ganzen waren es sieben Bediente für zwei Männer, die sich über historische Fragen unterhalten wollten. Als ich mich Ende Mai von Lecuna verabschiedete, gab er mir Empfehlungsbriefe an Freunde in die Vereinigten Staaten mit, die mir sehr geholfen haben. In seiner Verhaltenen Art nahm er von mir Abschied mit den Worten: ,,*se nos va un amigo!*''

Nach drei Monaten glaubte ich in Caracas alles getan zu haben, was ich mir vorgesetzt hatte. Ich wollte mit einem Schiff in die Vereinigten Staaten fahren, daran war aber ein Jahr nach dem Ende des Kriegs nicht zu denken, und ich mußte mich *nolens volens* für das Flugzeug entscheiden. Als des *Clipper* am 31. Mai aufstieg, mußte ich an die Verse Hofmannsthal's denken:

> ,,Der geht jetzt fort
> der aus des Lebens Hand,
> hier keinen Schmerz empfangen und kein Glück
> und lässt auch hier, weil er nicht anders kann,
> von seiner Seele einen Teil zurück.''

Die Flugreise war lang und beschwerlich, da die Maschine fast in jedem Hafen des Karibischenmeeres landete. Erst gegen elf Uhr nachts kamen wir in einem furchtbaren Gewitter in Miami an. Ich war sehr amüsiert, daß ich offiziell als Gast der Vereinigten Staaten empfangen wurde, und daß man mir sogar einen Dolmetscher zur Verfügung stellte, der mich in mein Hotel brachte. Dessen bedurfte es aber kaum. Ich war nicht an Florida oder Miami interessiert. Schon am nächsten Morgen nahm ich den Zug, der mich 24 Stunden später nach Washington brachte. Wie André Gide in den *Caves du Vatican* sagt: ,,*Ici commence un nouveau livre.*''

Ich glaube, daß es einen großen Unterschied macht, von welchem Punkte man die Vereinigten Staaten betritt. Da der erste Eindruck oft tiefer ist, als jene, die ihm folgen, ist es bedeutsam, ob man in New York landet, oder ob man von Kanada oder von Südamerika kommt, und wo man eintrifft. Für mich war es in mehr als einer Beziehung entscheidend, daß ich mein Leben in den U.S.A. in der Hauptstadt begann. Ich kam am 1. Juni 1946 um sechs Uhr morgens in Washington an. Ein Verwandter, Ernst Posner, hatte mir ein Zimmer in dem *International House* verschafft. Da es aber noch so früh war, trank ich eine Tasse Kaffee und aß einen *doughnut* am Bahnhof. Dann fuhr ich mit der Taxe nach dem *International House,* das in der *New Hampshire Avenue* gelegen war, einer schönen, weiten Straße, die von Ulmen überdacht ist. Das Haus selbst war eine Schöpfung der Quäker, mit denen ich hier zum ersten Mal in Berührung kam. Es war billig und primitiv. Es gab nur ein Badezimmer, an dem man sich des Morgens anstellen mußte, um seine Toilette zu machen. Die Direktorin war eine junge, energische Emigrantin, die später einen Amerikaner heiratete und heute in Mexico lebt. Sie nahm kein Blatt vor den Mund, wenn ich sie am Anfang mit dummen Fragen belästigte. Meine erste Reaktion auf die Sitten und Gebräuche der U.S.A. war durch meinen langen Aufenthalt in Südamerika bedingt, wo die meisten Leistungen von Bedienten gemacht werden. In den Vereinigten Staaten hat aber die Maschine den Menschen so weitgehend ersetzt, daß das, was die Maschine nicht leisten kann, von jedem selbst getan werden muß. So bekam ich auf meine Fragen, wer putzt meine Schuhe, oder wer trägt meine Wäsche in die Waschanstalt; immer die gleiche Antwort, ,,Sie tun das selbst.'' Dies war der Anfang eines Anpassungsprozesses, der sich durch viele Jahre hinzog. Ich reagierte auf solche amerikanischen Einrichtungen wie den „drugstore" mit instinktiver Abneigung. Alles kam mir mechanisiert und vermaßt vor, wobei ich wohl bemerken sollte, daß meine geringen Mittel es mir unmöglich machten, die anziehenderen Seiten des amerikanischen Lebens kennenzulernen. Meine Erziehung zum Amerikaner ist mir nicht leicht gefallen. Die Direktorin des Hauses ließ es sich aber nicht nehmen, mich noch am ersten Abend meines Washingtoner Aufenthaltes vor eines der schönsten Denkmäler der U.S.A. zu führen: das *Lincoln Memorial*.

Die Gäste, die in dem Hause wohnten, stellten ein seltsames Gemisch vor; da waren Chinesen, Kubaner, Philippiner, Dänen, Engländer, und auch einige Amerikaner. Das Haus war eigentlich für Ausländer bestimmt, wie schon sein Name sagt, aber die Quäker sind von jeher weitherzig in der Auslegung solcher Vorschriften gewesen und nahmen jeden Menschen unter ihre Fittiche, der in ihren Augen des Schutzes bedurfte. So lebte dort auch eine amerikanische Dame, die in den 30iger Jahren bei mir in Berlin Geschichte studiert hatte. Sie erkannte mich sofort wieder und half mir, Washington und seine Menschen kennenzulernen. So führte sie mich in das *House of Representatives* ein, und ich hörte einer Sitzung zu, bei der die Frage der Preiskontrolle diskutiert wurde. Ich kann nicht sagen, daß das Schauspiel mich sehr beeindruckt hat. Aber vom ersten Tage an hatte ich das Gefühl, nicht verlassen zu sein, sondern mit Freunden zu leben. Sie korrigierten auch mein Englisch, sagten mir welche Worte man gebrauchen könnte und welche nicht, daß das Fluchen in Amerika als ein Erziehungsmangel angesehen wird, und was der Dinge mehr waren. Ich nahm auch von Zeit zu Zeit an dem Quäkergottesdienst teil, ohne daß er meine Seele in tiefsten berührt hätte.

Washington war in diesem Sommer eine seltsame Stadt. Trotz der Demobilisierung, oder vielleicht infolge der Demobilisierung, wimmelte die Stadt von Soldaten aller Waffengattungen. Die meisten Menschen waren froh, daß der Krieg zu Ende war und einem Gefühl der Überheblichkeit und der Siegsgeschwollenheit bin ich kaum begegnet. Die offiziellen Gebäude waren überfüllt. In einigen traf ich Freunde und Bekannte, die während des Krieges in Bogotá gearbeitet hatten. Im Ministerium des Innern lernte ich Eugene Anderson kennen, der mich zum Frühstück in den Speisesaal des Ministeriums einlud, wo tausende von Menschen zur gleichen Zeit die gleichen Speisen verschlangen. Es gab mir ein Vorgefühl des kommenden Zeitalters der Massen, das uns nun alle aufzuschlucken sucht. Und doch, während ich gegen viele Erscheinungen des amerikanischen Lebens kämpfte oder mich gegen sie auflehnte, hatte ich die Überzeugung, daß ich mich in diesem Lande durchzusetzen hatte, und daß ich bleiben wollte. Den Gedanken, nach Deutschland zurückzukehren, habe ich nie ernsthaft erwogen, und die Rückkehr nach Bogotá wäre ein Eingeständnis meines Versagens gewesen, zu dem ich nicht bereit war. So hieß es, ,,allen Gewalten zum Trotz sich erhalten, rufet die Arme der Götter herbei.''

Meine Arbeit konzentrierte sich auf die zweite Revision meines Buches. Schon nach wenigen Tagen machte ich die Bekanntschaft Lewis Hankees in der *Library of Congress*. Lecuna hatte mir eine Empfehlung an ihn gegeben, da er Direktor der *Hispanic Foundation* war. Er nahm mich recht freundlich auf, obschon sein ersten Kommentar war: ,,wozu noch ein Buch über Bolivar?'' Jedoch sah er dazu, daß ich ein *study room* erhielt, der zwar unter dem Dach gelegen und dem entsprechend heiß war, aber mir Freiheit und Ruhe gewährte. Auch wurden mir alle Bücher, die ich anforderte, in dies kleine Zimmer gebracht. Ich hatte mir vorgenommen, noch einmal alle Zeitschriften durchzuarbeiten, in denen ich Material über Bolívar finden könnte, vorallem die *Hispanic American Historical Review*. Daneben arbeitete ich auch in der Bibliothek der *Pan American Union*, wo ich des gleichen sehr freundlich aufgenommen wurde. Große Bibliotheken haben immer etwas Berauschendes für mich gehabt, sei es nun die *Library of Congress* oder *The Britisch Museum,* die *Bibliothèque Nationale* oder die *Widener Library* in Harvard.

Bald fand ich auch Anschluß an die Gelehrten, die in Washington untergeschlüpft waren, Ernst Posner, Sergius Yakobson, Veit Valentin, und andere, deren Namen mir entfallen sind. Sie bestanden darauf, daß ich die führenden Männer der *American Historical Association* und des *American Council of Learned*

Society kennenlernte. Ich fing an zu begreifen, daß die Veröf-
fentlichung eines großen Buch, das noch dazu in einer fremden
Sprache geschrieben, war, mehr Zeit in Anspruch nehmen
würde, als ich mir vorgestellt hatte. Wie viel mehr wußte ich
freilich nicht!

Man konnte bei all diesen Begegnungen nie wissen, wohin sie
führen würden. Es war eine Art Wettlauf mit dem Zufall, und
mir eigentlich zuwider, da ich immer geglaubt hatte, daß
,,Schnellsein nicht zum Laufen hilft''. Im *International House*
war ein neuer Direktor eingetroffen, ein Schotte, der sich für
meine Person und meine Arbeit interessierte, und bald auch
darauf Einfluß nahm. Hankee war zwar skeptisch hinsichtlich
meiner Chancen, das Buch herauszubringen, oder gar eine
Anstellung in der Vereinigten Staaten zu finden, aber er gab mir
Ratschläge, die mir weiter geholfen haben.

Dies Land ist ja Fremden gegenüber so großherzig, das man
oft vergißt, nach den Gesetzen zu fragen, die die Arbeitsmög-
lichkeiten in den Vereinigten Staaten regeln. Da ich nur ein
visitor visum hatte, durfte ich keine bezahlte Stellung annehmen.
Ich erfuhr von dieser Lage durch einen anderen Freund
Lecunas: Constantine Mc Guire. Er war ein älterer Herr, der als
finanzieller Berater südamerikanischer Regierungen, besonders
Venezuelas, arbeitete und in dem berühmten *Cosmos Club*
lebte, wo er mich empfing.

Ich blieb zwei Monate in Washington, und inmitten von so viel
Arbeit blieb Zeit genug, um am Sonntag in die *National Gallery*
zu gehen. Zehn Jahre hatte ich ohne den Anblick großer
Kunstwerke gelebt, num stand mir eines der reichsten Museen
der Welt offen. Es scheint töricht zu sagen, welches der vielen
Kunstwerke mich am tiefsten beeindruckt hat, aber ohne Frage
war es Rembrandts ,,*Lady with the Fan*'', zu der ich immer
wieder zurückgekehrt bin. Und daneben gab es in Washington
auch kleine Freuden, die mir halfen, mich wieder zu finden. In
den Obstgeschäften lagen Kirschen aus, die ich seit zehn Jahren
nicht gesehen hatte. Alles führte dazu, daß inmitten von so viel
Ungewißheit sich ein Gefühl der Beständigkeit und der Kontinuität anzubahnen begann. Am ersten Tage meines Aufenthaltes hatte ich ein Konto auf der *Riggs National Bank* eröffnet:
ich habe es noch heute nach 26 Jahren.

Anfang Juli beschloß ich nach New York zu gehen, da New York das Zentrum der Verlagsindustrie ist. Ich ließ mein schweres Gepäck in Washington zurück und fuhr mit der Bahn nach New York. Auch hier konnte ich nach einigen Schwierigkeiten im *International House* unterkommen. Am Abend ging ich in den nahegelegenen Park und setzte mich auf eine Bank. Neben mir saß ein alter Mann, der mit mir zu plaudern begann. Er stammte aus Griechenland und hatte in New York ein Restaurant eröffnet. Während der *prohibition* hatten ihn Gangster aus seinem Eigentum verdrängt, und er lebte jetzt als Kellner. ,,Dies ist ein wunderbares Land, so seufte er, aber es gibt zu viele Verbrecher *(Too many crooks).*''

Am nächsten Morgen machte ich zwei Telephongespräche. Ich rief die *Rockefeller Foundation* an, wo man mir sagte, daß ich um elf Uhr vorsprechen sollte. Der zweite Anruf galt meiner Kousine Antonie Strassmann, die in New York lebte. Mit dem zweibändigen Schreibmaschinenmanuskript des *Bolívar* unter dem Arm begab ich mich sodann in das *Rockefeller Center,* wo die Foundation ihr Hauptquartier hatte. Meine Korrespondenz mit den Vertretern der Foundation war spärlich gewesen. Ich hoffte Professor Berrien zu treffen, da er mich kannte und die Bewilligung des Stipendiums eingeleitet hatte. Aber Berrien war nach Harvard zurückgekehrt, und ich wurde von John Marshall empfangen.

Die Räume der Foundation lagen im 56. Stockwerk und ich fuhr mit einem der Expresslifts herauf, bei denem einem buchstäblich Hören und Sehen vergeht. Herr Marshall wußte wenig von meiner Arbeit, und noch weniger von meiner Person und empfing mich frostig. In jedem Falle konnte ich bald sehen, daß sich meine Erwartungen nicht erfüllen würden. Ich hatte mir gedacht, daß die Foundation sich befriedigt zeigen würde, daß ich das Buch in 18 Monaten fertig gestellt hatte. Es wurde mir aber bald klar, daß Männer, die ein so ungeheures Vermögen verwalten, und jeden Tag von Menschen umgeben sind, die sie um Geld ansuchen, eine besondere Gleichgültigkeit und Kaltschnäuzigkeit gegen die Intellektuellen entwickeln, mit denen sie zu tun haben. Dazu kommt noch, daß es in der Vereinigten Staaten einen Typ gibt, den man dort ,,*grant hunter*'' nennt, Gelehrte, die sich von einem Stipendium zum anderen durchfristen. Seltsamerweise sind die Chancen, daß sie diese erhalten, um so besser, je größer die Anforderungen sind, da die Foundations es oft vorziehen, größere Summen zu bewilligen, weil die Buchhaltung dadurch vereinfacht wird. Auch sind die Verwalter der Stiftungen daran gewohnt, daß jeder Gelehrte seine Arbeit für die wichtigste hält, und sie dem entsprechend anpreist.

Meine Hoffnungen waren eigentlich bescheiden. Ich bat um eine Verlängerung von sechs Monaten, um in dieser Zeit die Übersetzung ins Englische einzuleiten. Marshall zeigte sich dem aber keineswegs geneigt. Da er selbst wenig über das Stipendium wußte, rief er Berrien in Harvard an, der sich desgleichen gegen eine Verlängerung aussprach. Berrien schrieb mir bald darauf einen langen Brief, in dem er mir erklärte, warum er eine Ausdehnung des Stipendiums nicht befürworten könnte. Er riet mir nach Bogotá zurückzukehren und dort selbst die Übersetzung in die Hand zu nehmen. Beides erschien mir unmöglich und unannehmbar. Ich muß gestehen, daß dies der letzte Moment in meinem Leben war, in dem ich eine tiefe Angst gefühlt habe, da ich fürchten mußte, daß alle meine Erwartungen fehl schlagen würden. Da ich noch einen Monat des Stipendiums vor mir hatte beschloß ich diese Tage dazu zu benutzen, einen Verleger für mein Buch zu interessieren. Ich möchte diese Episode meines Lebens aber nicht abschließen, ohne zu erwähnen, daß Marshall seine Meinung später revidiert hat, und daß wir schließlich gute Freunde geworden sind.

Ich begann die Runde der Verleger zu machen. Ich war noch immer von dem Wert meines Buches überzeugt, aber in einer unbegreiflichen Naivität hatte ich mir eingeredet, daß die Verleger mir das Buch aus den Händen reißen würden. Das stellte sich bald als eine Illusion heraus. Das Verlagsgeschäft ist in den Vereinigten Staaten, ebenso wie irgendwo sonst, ,,*big business*''; und die Antwort, die man immer wieder zu hören bekommt, ist: ,,*we are not in business for love.*''

Ich ging zunächst zu *Morrow,* wo man mir sagte, daß dieser Verlag 1941 eine Biographie Bolívars veröffentlicht hatte und sich nicht selbst Konkurrenz machen könnte, was mir einleuchtete. Dann besuchte ich *Macmillan,* wo man mir mitteilte, sie hätten schon eine Biographie Bolívars in Auftrag gegeben.

Wahrscheinlich war es die von Salvador de Madariaga, die 1952 erschienen ist. Danach ging ich zu *Viking*. Hier sahen die Dinge besser aus. Herr Covici, der inzwischen verstorben ist, zeigte sich an meinem Buch interessiert und versprach mir, das Manuskript zu lesen. Nach einigen Wochen rief er mich an, wiederholte sein Interesse und fragte, ob ich dem Verlage einen Gelehrten empfehlen könnte, der ein kompetentes Gutachten abgehen könnte. Das war aber nicht so einfach wie es klingt, einmal weil ich nicht genug amerikanische Professoren kannte, die in diesem Gebiet zu Hause waren; zum anderen aber, weil nur die wenigsten in der Lage waren ein deutsches Manuskript zu beurteilen. (Die Situation ist auch heute nach 27 Jahren nicht viel besser geworden). Ich verfiel schließlich auf Veit Valentin, der ein universalhistorisches Interesse hatte und in Washington lebte. *Viking* erklärte sich damit einverstanden, und das Buch ging an ihn ab. Es war mir inzwischen schon aufgegangen, daß all dies viel mehr Zeit in Anspruch nehmen würde, als ich mir gedacht hatte. So begann ich bei Institutionen vorzusprechen, die Universitätslehrer plazierten. Ich begann auch wieder Briefe zu schreiben an meine ,,Freunde'', aber ihre Antworten waren so negativ wie Jahre zuvor in Lausanne und Bogotá. Jedoch war die allgemeine Situation günstiger als ich selbst wußte. Der amerikanische Kongress hatte die sogenannte *G. I. Bill* bewilligt, der zu folge jeder Soldat, der am Kriege teilgenommen und zu studieren wünschte, von der Regierung ein kleines Stipendium erhielt. Dies war nicht nur als eine großzügige Hilfsaktion zugunsten der Soldaten gedacht, sondern auch als ein Mittel, eine mögliche Arbeitslosigkeitskrise zu verhindern, und hat sich auch als solches bewährt. Infolgedessen waren die Universtäten überfüllt, und es bestand eine große Nachfrage nach qualifizierten Lehrern. Dazu kam noch, daß der Krieg die Ausbildung von Lehrern unmöglich gemacht hatte. Ich suchte die kommerziellen Agenturen auf, die mir bald Angebote machten, von denen mir aber keines zusagte. So trat ich mit dem *Institute for International Education* in Verbindung, mit dem ich schon in Bogotá zusammen gearbeitet hatte. Ein weiterer Kontakt, der sich als nützlich erwies, war das *Committée für Refugee Scholars*.

Während ich diese ersten Schritte tat, hörte ich auch von den Quäkern. ,,Ein Freund'', den ich in Washington getroffen hatte, schrieb mir, daß ich in einem Quäkercollege in der Nähe von Philadelphia unterkommen könnte. Ich fuhr nach Philadelphia und suchte zuerst einmal das Hauptquartier der Quäker auf. Der Berater war ein Herr Miller, der mir sagte, daß er eine Dame kenne, die mein Manuskript übersetzen könnte. Er rief sie auch sogleich an, und in einer halben Stunde war ich in ihrer Wohnung in Germantown. Mrs. Winokur war nicht entmutigt, als ich ihr sagte, daß das Manuskript 750 Seiten lang sei. Sie schien sehr gut Deutsch zu sprechen und die Aussicht, daß das Buch von der *Viking Press* herausgebracht werden könnte, zog sie an.

Dann fuhr ich mit der Vorortbahn nach Wallingford, wo das Quäkercollege lag. Es hieß Pendle Hill und bestand aus einer Reihe von alten Farmgebäuden, die umgebaut worden waren, um Professoren, Studenten, und Gäste zu beherbergen. Es ist schwer zu sagen, was Pendle Hill war. Es war eine theologische Anstalt für fortgeschrittene Studenten, es war ein Platz wo sich die ,,Freunde'' und die ,,Freunde der Freunde'' zu religiöser Kontemplation zurückziehen konnten, und es war sub rosa ein Asyl für Verfolgte. Denn die Quäker nahmen eine ganze Anzahl von Menschen unter ihre Flügel, die der herrschenden Clique aus politischen oder religiösen Gründen unangenehm waren. Außerdem wurden hier auch die Freiwilligen ausgebildet, die sich erboten hatten, in die vom Krieg verwüsteten Gebiete zu gehen, sei es Deutschland, China, Ungarn, oder Russland. Jedes Mitglied der Gemeinschaft sollte etwas zum Bestande von Pendle Hill in der Form von Dienstleistungen beitragen, sei es durch Arbeiten auf den Feldern, die zu Pendle Hill gehörten, sei es im Hause oder in der Küche.

Als ich meine Dienste anbot, wurde mir die Reinigung der Baderäume übertragen!

Damit habe ich schon ausgesprochen, daß ich mich entschieden hatte, in Pendle Hill zu bleiben. Der Grund war im wesentlichen ein finanzieller. Ich konnte dort für eine geringe Summer, zwei Dollars am Tage leben und abwarten, wie die Dinge laufen würden. Das Essen war zwar miserabel, aber die Landschaft war schön, wie die ganze Umgebung von Philadelphia, und ich suchte mir einzureden, daß Menschen in meiner Lage nicht wählerisch sein dürften. *Beggars can't be choosers.*

Doch mußte ich mir bald eingestehen, daß ich mit der religiösen Philosophie, die in Pendle Hill herrschte, nichts zu tun hatte. Ich ging getreulich in die religiösen Andachten, *the silent worship*, wo sich die Gemeinde im Schweigen versammelt, und es weder Predigten noch Choralgesang gibt. Nur hin und wieder erhebt sich ein Mitglied der Gemeinde, wenn der heilige Geist ihn überkommt, und sagt etwas. Gewöhnlich war es so banal, daß es mir schwer fiel, an die religiöse Inspiration zu glauben. Das Komischste aber waren die Inschriften an den Wänden des Treppenhauses, wo alle Mitglieder gebeten wurden, während der Morgenandacht die Toiletten nicht zu benutzen *(Please do not flush the toilet during silent worship.)* Ein anderes, das mich störte, war die Heuchelei, die wohl unvermeidlicherweise mit einer solchen religiösen Institution verbunden ist. Jeder mußte vorgeben, den Geist und die Regeln, die in Pendle Hill herrschten, zu beobachten.

Das Zimmer neben mir hatte eine junge Frau, die im Verdacht stand, Kommunistin zu sein. Da sie nur ein Besuchsvisum hatte, war sie immer in Gefahr, von den Behörden ausgewiesen zu werden. Auch durfte sie kein Geld verdienen, was sie aber nicht abhielt, in Pendle Hill deutschen Unterricht zu geben für diejenigen Quäker, die als Freiwillige nach Deutschland gehen wollten. Ruth Domino war eine begabte Schriftstllerin, deren Novellen im *New Yorker* erschienen. Aber sie hatte eine Schwäche, die ich heute besser verstehe als damals. Sie konnte nicht zu Bett gehen, bevor sie eine Flasche Wein getrunken hatte. Alkohol war aber in Pendle Hill ebenso verpönt wie das Rauchen. So ging ich denn jeden Abend mit ihr durch die Felder in das nahe gelegene *Media*, wo sie eine Flasche billigen Weines trank. Ich selbst war damals vom Alkohol völlig unabhängig und trank Coca Cola. Auf dem Heimweg mußte die arme Ruth *Chewinggum* kauen, damit niemand den Geruch des Weines an ihrem Atem spüren konnte. Mir ist diese Form der Intoleranz gegen Tabak und Alkohol später noch oft begegnet, aber damals war es eine neue Erfahrung, die mich abstieß.

In Pendle Hill wurde ich auch aufgefordert, einen Vortrag über die deutsch-französischen Beziehungen zwischen 1871 und 1939 zu halten. Es war das erste Mal, daß ich öffentlich auf Englisch sprechen mußte, und ich hatte große Zweifel, wie es ausgehen würde. Aber es verlief besser, als ich gedacht hatte, und ich konnte meine Ansichten sogar in der Diskussion verteidigen. Dem Vortrag wohnte auch der frühere Reichsinnenminister Sollmann bei. Er war ein ständiger Gast in Pendle Hill, und man hatte ihm und seiner Frau sogar ein kleines cottage zur Verfügung gestellt. Er erhielt sich mit Vorträgen, die er in den sogenannten *service clubs* hielt und versuchte auch mich mit diesen Organisationen in Verbindung zu bringen. Aber mir wäre eine solche Form der Existenz kaum erträglich gewesen, obschon ich später auch meinen Freund Gerhart Seger in der gleichen Lebensform angetroffen habe. Einmal fragte mich Sollmann, ob ich einen Smoking hätte, und als ich dies bejahte, sagte er: ,,Warum versuchen Sie es nicht als Butler? Sie könnten damit viel mehr Geld verdienen als als Lehrer.'' Mitte August erhielt ich eine Anfrage, ob ich in Dayton, Ohio, unterrichten wollte. Es war eine katholische Universität, aber dies schreckte mich nicht ab, da ich in Bogotá mit den Jesuiten so gut ausgekommen war. Ich fuhr nach Dayton und besprach mich mit den Vätern, die die Universität leiteten.

Ich sollte Spanisch unterrichten, was ich zu jener Zeit leicht hätte tun können und Wirtschaftsgeschichte, was mir schwerer gefallen wäre. Die Bezahlung war gut, und man sagte mir, daß ich in Dayton so lange bleiben könnte, wie ich wollte. Es war als eine Daueranstellung gedacht. Aber hier lag der Haase im Pfeffer. Ich wollte nicht in Dayton bleiben, da mir die Stadt, eine typische amerikanische Industriestadt, nicht zusagte. Ich kehrte nach Pendle Hill zurück mit einem Vertrage in der Tasche, dem zufolge ich meine Lehrtätigkeit schon im September hätte aufnehmen müssen. Jederman beglückwünschte mich und riet mir den vertrag anzunehmen. Aber ich war meiner nicht so sicher. Wenige Tage später erhielt ich von dem *Institute for International Education* eine Anfrage, ob ich eine Position in einem College in Virginia annehmen würde: allerdings war diese auf ein halbes Jahr beschränkt. Trotzdem war ich entschlossen, auch diese Gelegenheit nicht vorübergehen zu lassen. Ich fuhr nach New York und traf die Vertreterin des College in dem Hotel *Waldorf Astoria*. Es war eine ältere Dame, die *chairman* der Geschichtsabteilung war. Sie setzte mir auseinander, daß sie auf ein halbes Jahr in Urlaub gehen wollte, um ein Buch zu

schreiben und daß sie sich nach einem Vertreter umsähe. Sie
fügte hinzu, daß die Anstellung möglicherweise verlängert werden könnte, daß aber vorerst nur ein Semester, von Februar bis
zum Juni 1947, vorgesehen sei, Da mich dies nicht abzuschrek-
ken schien, rief sie sogleich die Präsiedentin in Sweet Briar an
und teilte mir auch mit, wie hoch mein Gehalt sein würde. Es lag
erheblich über dem, was man mir in Dayton angeboten hatte.
Wir verabredeten, daß ich mit ihr nach Virginia fahren sollte, um
die Bekanntschaft der Verwaltung des College zu machen. So
hatte ich nun zwei Angebote und mußte mich entscheiden, welchem ich den Vorzug geben wollte. Was mich von vornherein
nach Sweet Briar zog, war die Tatsache, daß ich dort weniger
Wochenstunden zu unterrichten hatte und mich auf die
europäische Geschichte konzentrieren konnte. Dazu kam, daß
ich meine Lehrtätigkeit erst im Februar zu beginnen hatte, mir
also Zeit blieb, den Verlag meines Buches zu befördern, was
immer noch mein Hauptanliegen war. Dagegen sprach, daß es
nur eine kurzfristige Anstellung war, während man mir in Dayton eine Dauerstellung in Aussicht gestellt hatte. In Pendle Hill
sprach man mit ziemlicher Herablassung von Sweet Briar College als einer eleganten Schule für reiche Mädchen. Aber dies
war eine Art von umgekehrten Snobismus, der keinen großen
Eindruck auf mich machte. Den Ausschlag gab schließlich der
Rat, den mir Antonie Strassmann erteilte.

Ich hatte sie schon im Juli aufgesucht, und obschon wir uns
fast 20 Jahre nicht gesehen hatten, bestand zwischen uns ein so
herzlicher Kontakt wie in den Jahren unsrer Jugend. Ich fuhr mit
ihr in ihr schönes Haus im Hudsontal und blieb über Nacht bei
ihr und ihrer Mutter. Gleichsam von selbst wurden Erinnerungen wach, die in den Jahren meines Exils in Bogotá ge-
schlummert hatten. Danach sah ich sie des öfteren in ihrem Büro
in dem Empire State Building, und immer waren ihre Ratschläge
vernünftig und sachlich und auf ihre langjährigen Erfahrungen in
den Vereinigten Staaten gegründet. Als ich ihr von Pendle Hill
schrieb, wie sich meine beruflichen Aussichten gestaltet hatten,
sandte sie mir ein Telegram, daß ich bei ihr so lange wohnen
könnte, wie ich wollte. Da ich mich in Pendle Hill wie ein Fisch
auf dem Trockenen fühlte und auch wenig Sympathie bei dem
Direktor und seiner Frau verspürten, nahm ich Antonies

Angebot dankbar an. Anfang September siedelte ich in ihr Haus in Peekskill über, das ungefähr 45 Meilen von New York entfernt war. Ich konnte jeden Wochentag mit ihr in die Stadt fahren, wenn es meine Angelegenheiten erforderten. Es war einer der Glücksfälle in meinem Leben ohne den der Übergang in die Welt Nordamerikas unendlich schwerer gewesen wäre. Was die Wahl zwischen Dayton und Sweet Briar anging, so sagte Antonie nur: ,,Tue das, was Du tun willst.''

Anfang September fuhr ich dann in Gesellschaft von Mrs. Dora Neill Raymond nach Sweet Briar. Damals verkehrten die Züge noch regelmäßig, und wir kamen gegen sieben Uhr abends an. Die Taxe fuhr uns durch eine schöne Allee, die den Eingang zu dem College bildet, und wenigstens einen Kilometer lang ist. Ich stieg in dem ,,*Inn*'' des College ab. Der nächste Tag brachte die offiziellen Empfänge: zuerst wurde ich der Präsidentin vorgestellt, die damals Miss Martha Lukas war. Sie war eine junge Frau, deren Selbstsicherheit großen Eindruck auf mich machte. Dann wurde ich von der Dekanin empfangem, einer Theologin von Ruf, die diese Stellung angenommen hatte, damit ihr Gatte, Dr. Lymann, ein friedliches Leben führen könnte. Dr. Lymann, der selbst auch Theologe war, gab mir einen langen Aufsatz über Troeltsch, den er vor einigen Jahren geschrieben hatte. So wurden Verbindungen geknüpft, die es mir leicht machten, an eine sinnvolle Arbeit zu denken. Aber dies war kaum das Entscheidende. Ich kann dafür keinen anderen Ausdruck finden, als daß es Liebe auf den ersten Blick war. Sie beruhte wie so oft in meinem Leben auf der Verbindung von Natur und Kultur. Sweet Briar war im 19. Jahrhundert eine Plantage gewesen, und von den Besitzern nach dem Tode ihrer einzigen Tochter in ein College umgewandelt worden. Es war langsam gewachsen aber sein größter Reichtum bestand noch immer in dem Land, ungefähr 3 000 Hektar, die einst bewirtschaftet worden waren. Ein kleiner Teil dieses Besitzes war in einen großen Park verwandelt worden, in dem verstreut die akademischen Gebäude und die Wohnhäuser der Professoren und der Studenten lagen. In jenen Septembertagen war der *Campus* fast ganz verlassen, da die Studenten noch in den Ferien waren, und ich konnte mich ungestört des herrlichen Baumbestandes erfreuen, der Ulmen, Eichen, und der Magnolienbäume mit ihren glänzenden Blättern.

Das Haus der Präsidentin, Sweet Briar House, war von hohen Buchsbäumen umgeben, die in ganz Virginia berühmt sind. Die Architektur war die klassizistische, die ich schon von Washington kannte, keine sehr originelle Schöpfung, aber doch mit der europäischen Tradition in Stil und Ornament verbunden. Sie erstreckt sich, wie ich später lernte, durch den ganzen Staat und findet sich auch in Charlottesville, Lexington, und Richmond. Das Ganze schien mir wie eine Synthese von Potzdam und Baden–Baden. Die Menschen, denen ich begegnet war, der Ton des Umgangs und die Höflichkeit und Feinheit der Formen, alles gemahnte mich an das Europa, das ich vor 1933 bekannt hatte. Hier, so fühlte ich, konnte ich mich ausruhen von den Erschütterungen und Stürmen, die mich umhergeworfen hatten; hier, so glaubte ich, würde ich endlich den Frieden finden, nach dem es mich verlangte. Brauche ich dem hinzuzufügen, daß auch dies sich als eine Illusion erwies? Aber Illusion oder nicht, es war der erste Eindruck, der sich mir tief in die Seele gesenkt hat, und der das seine dazu beigetragen hat, daß ich damals nicht unterging oder das Rennen aufgab.

Ich kehrte nach New York zurück und empfing bald, was man hier zu Lande einen *contract letter* nennt. In Dayton entschuldigte ich mich mit der Halbwahrheit, daß ich in New York bleiben wollte, um den Fortschritt meines Buches zu beschleunigen. Die Väter haben mir das nicht übelgenommen, und mir im nächsten Jahr noch einmal eine Anstellung angeboten. Überhaupt an Angeboten mangelte es nicht, aber sie waren entweder im fernen Westen, wie Idaho, oder mehr an spanischem und deutschem Unterricht interessiert.

Ich lebte vom September bis zum Ende Januar 1947 in Antonies Haus. Es war eine seltsame Zeit. Ich nahm mein Tagebuch wieder auf und sehe daraus, wie sehr mich damals das Leben in den Vereinigten Staaten noch abgestoßen hat. Ich versuchte mir immer wieder, die Entwicklung dieses Landes zu erklären und kam doch nie ganz damit zu Rande. Manche meiner Beobachtungen waren richtig und sind von der Zeit bestätigt worden. So fand ich, daß dies Land von der Idee, Geld zu verdienen besessen war, besessen des gleichen von dem Moloch der Maschine, und ich schrieb eines Tages: ,,die Amerikaner würden Ihre Seele verkaufen, wenn sie nur eine hätten.'' Ein anderes Mal fand ich, daß dies Land zwar viel Herz aber keine Seele hätte, viel Verstand aber keinen Geist, daß es dem Prinzip des Schöpferischen feindlich gegenüber stünde, weshalb es wahrscheinlich einen solchen Mißbrauch mit dem Wort *creative* trieb. Ich kann nicht bestreiten, daß vieles, von dem was ich schrieb, dem Ressentiment eines Menschen entsprang, dem bisher der Erfolg versagt gewesen war. Aber schon damals war ich mir bewußt, daß die großen amerikanischen Städte einer Krise entgegen trieben, und daß ich in keiner Metropolis leben wollte. New York schien mir wie eine Krätze auf dem Antlitz der Erde. Ich haßte die Wolkenkratzer ebenso wie das überstürzte Tempo des Lebens. Selbst Stätten wie das *Metropolitan Museum* oder das *Museum of Modern Art* konnten mich nicht mit der Stadt versöhnen. Ich habe diese Ablehnung New Yorks nie ganz überwunden. Die wenigen Tage, an denen ich mich dort zu Hause fühlte, waren diejenigen, in denen ich in Konzerte gehen konnte. Antonie schenkte mir eine Subskription zu einem Zyklus deutscher Lieder, den Lotte Lehmann in der *Townhall* gab. Wie ich später erfuhr, war es ihr Abschied von der Öffentlichkeit. Davon war aber an diesen sieben Nachmittagen nichts zu spüren; sie sang die Lieder vom Mozart über Beethoven, Schubert, und Brahms bis zu Richard Strauss und Hugo Wolff mit einer Meisterschaft, wie ich sie nie vorher und nie später gehört habe.

Dies waren Momente des Trostes, dessen ich damals sehr bedurfte. Denn obschon ich eine Stellung gefunden hatte und mit Menschen lebte, die mir mit Verständnis und Liebe entgegen kamen, schien mein Hauptproblem noch ungelöst. Die *Viking Press* behielt mein Manuskript ungefähr acht Wochen, teilte mir aber schließlich mit, das Buch sollte von einer *University Press* veröffentlich werden. Herr Covici, mit dem ich verhandelte, gab mir zwei Gründe für seine Entscheidungan. Zum ersten, sei die Übersetzung, von der ich ihm Proben vorgelegt hatte, *pedestrian;* wir würden sagen, ohne Schwung und Stil. Eine wirklich gute Übersetzung würde aber 2 000 Dollars kosten. Nach Ansicht des Verlages könnte man nur auf den Verkauf von 3 500 Exemplaren rechnen, so daß es sich nicht lohnen würde, das Experiment zu machen. Was den ersten Grund anlangt, so hatte er gewiß recht; alle Menschen, denen ich die Übersetzung vorlegte, sagten mir das Gleiche. Nicht nur war die Sprache schwunglos, sie wies auch viele Fehler auf, da Frau Winokur jedes Wort genau ins Englische übertrug, ohne sich bewußt zu sein, daß dies zu komischen Mißverständnissen führen mußte. Was die Absatzchancen des Buches anlangt, so hatte sich Herr Covici, glaube ich, geirrt, aber natürlich konnte ich ihn nicht von seiner Meinung abbringen.

Als Trostpreis gab er mir zum Abschied das Gutachten, das Veit Valentin über mein Buch geschrieben hatte. Es hätte nicht besser ausfallen können, wenn ich es selbst geschrieben hätte. Ja, es schien mir fast zu überschwänglich, da er das Buch mit Beethovens *Eroica* verglich. Ich war entmutigt aber nicht geschlagen. Niemals wie in jenen Wochen habe ich verstanden, daß man an seinen Stern glauben muß und an den Wert seines eigenen Schaffens, wenn man etwas vollbringen will.

Aber es wurde mir auch klar, daß es nicht genug ist, an sich zu glauben, man muß die Kraft haben, Hindernisse zu überwinden. In meinem Falle war die größte Schwierigkeit, das Problem der Übersetzung. Oft habe ich mich seitdem gefragt, ob ich nicht besser getan hätte, mich auf die deutsche Sprache zu beschränken, und die Übersetzung Gott anheim zustellen. Seit 1947 habe ich versucht in zwei Sprachen zu schreiben, in der deutschen und der englischen, in der letzteren freilich mit all den Handikaps, die einem Menschen entgegen stehen, der nicht im englischen Sprachraum geboren worden ist. Daß ein Schreiben in zwei Sprachen möglich ist, beweisen die älteren Meister wie Eckehart und Luther und von den Modernen ein Mann wie Josepf Conrad. Unter meinen Zeit– und Schicksalsgenossen hat jeder dies Problem auf seine Weise zu lösen versucht, und einige haben es nie bewältigt. Die Übersetzung ist eine Kunst, so vielleicht eine der untergeordeeten Künste, aber in unserer Welt, die auf ständigen internationalen Austausch eingestellt ist, darf man sie nicht unterschätzen.

Da ich keine 2 000 Dollars hatte, um mir einen guten Übersetzer zu wählen, ließ ich Frau Winokur vorerst in ihrer Arbeit fortfahren, und sah mich nach erneuter finanzieller Hilfe um. Wie ich schon erwähnte, hatte ich durch die Quäker Kontakt mit dem *Kommittée für emigré Scholars* aufgenommen. Der Mann, der mit der Beratung schriftstellerischer Fragen betraut worden

war, war Otto Zoff. Ich kannte nur einige seiner Arbeiten, aber
er hatte Verständnis für die Hürden, die auf meinem Wege lagen.
Er versprach mir eine Beihilfe, die allerdings nur klein sein
konnte, da das Kommittée über ein geringes Budget verfügte.
Wichtiger war, daß er mir anbot, mich mit seinem deutschen
Verleger in Kontakt zu bringen. Als ich ihm Valentins Gutachten
vorlegte, war er sofort von dem Wert meines Buches überzeugt
und schrieb an den *Südverlag* in Konstanz. Der Verleger zeigte
Interesse, da 1947 ein Mangel an guten deutschen Büchern bestand. Er akzeptierte das Buch auch nach wenigen Wochen, und
so war ich meinen Ziel wenigstens einen Schritt näher gekommen. Ich blieb aber dabei, nach einem englischen Verleger Aus-
schau zu halten. Lecuna, mit dem ich in ständigem Briefwechsel stand, riet mir, mich mit der *Bolívargesellschaft* in New
York in Verbindung zu setzen. Er gab mir auch die Anschrift des
Präsidenten der Gesellschaft, eines älteren Herren, der in der
Park Avenue wohnte. Als ich ihn aufsuchte, war er sofort bereit
500 Dollars zu der Übersetzung beizutragen. Er war ein
Nachkomme von Antonio Paez, einem der Führer der
südamerikanischen Unabhängigkeitsbewegung, und offenbar an
einer Biographie Bolívars interessiert, Er sandte mich zu dem
Vizepräsidenten der Bolívargesellschaft, einem Bankdirektor
südamerikanischer Herkunft, der sich gleichfalls für die Idee zu
erwärmen schien. Aber er stellte eine Bedingung. Da das Manuskript auf Deutsch geschrieben war, wollte er das Urteil eines
Sachverständigen einholen. Der Sekretär der Bolívargesellschaft
war deutscher Abstammung und stand in dem Ruf, Deutsch zu
verstehen. Sein Name war Victor Schroeter, und auch er arbeitete in einer Bank in Wall Street. Er versprach das Manuskript zu
lesen. Wir sahen uns einige Male zum Lunch, und er verkündigte
mir schießlich sein Urteil, das vollkommen negativ war. Er
könnte, so sagte er mir, der Gesellschaft nicht raten, ein solches
Buch zu unterstützen. Es wurde mir sofort klar, daß er erstens
wenig Deutsch verstand und ganze Abschnitte meines Buches
mißverstanden hatte, zum anderen aber, daß er selber hoffte,
eine Biographie Bolívars zu schreiben. Er litt, wie wir in Berlin
sagten, an einem ,,verklemmten Buch''. Daher gab er mir den
Rat, das Buch beiseite zu stellen, und mich auf meine kommenden Vorlesungen in Sweet Briar zu konzentrieren. Es war leicht,

seine Motive zu durchschauen, aber ich konnte nicht hoffen, die anderen Mitglieder der Gesellschaft davon zu überzeugen.

Ich zog mein Manuskript zurück und begann wieder die Runde bei den Verlegern zu machen. Ich glaube nicht, daß ich eines der großen Verlagshäuser ausgelassen habe. Von einem bin ich auch heute noch überzeugt; Verleger können sehr dumm sein, ganz zu schweigen von der Unwissenheit der Lektoren, die die Manuskripte lesen. So schrieb mir der Verlag *Scribner*, daß sie meine Biographie Samuel Bolívars (sic) nicht annehmen könnten.

Im Dezember ereigneten sich dann zwei Dinge, die mir erlaubten, wenigstens meinen Fuß in die Tür zu stellen. Ich erstattete der *Rockefeller Foundation* einen abschließenden Bericht über meine Tätigkeit. Da ich nicht nach Bogotá zurückgekehrt war, sandte ich der Foundation eine kleine Summe zurück, die von meinen Reisekosten übrig geblieben war. Darauf erhielt ich einen Brief von dem Direktor der *Humanities Abteilung,* in dem er mich einlud, bei ihm vorzusprechen. Es war Dr. Stevens, den ich bisher noch nicht kennengelernt hatte, und er war voller Sympathie für die Klemme, in der ich mich befand. Als er mich fragte, ob die Foundation noch etwas für mich tun könnte, sagte ich ihm, daß ich wenigstens 1 000 Dollars für die Übersetzung des Buches benötigte. Er sah dies auch ein, und überließ die weiteren Verhandlungen John Marshall, der sich diesmal weniger verschlossen zeigte. Um es kurz zu machen, erhielt ich schließlich 750 Dollars. In der Zwischenzeit hatte ich mich dafür entschieden Frau Winokurs Manuskript überarbeiten zu lassen, so daß es lesbar und fehlerfrei sein würde. Ich fand auch eine junge Dame (die Tochter der Übersetzerin von Thomas Mann), die bereit war, dies für ein bescheidenes Honorar zu tun.

Der zweite Glücksfall ereignete sich nach Weihnachten. Der Sekretär der *American Historical Association,* Guy Stanton Ford, hatte mich eingeladen, an der jährlichen Tagung in New York teilzunehmen. Dort fand ich auch einige meiner früheren Kollegen, wie Hajo Holborn, Dietrich Gerhard, Hans Baron, und Hans Rosenberg. Der einzige, der ein Interesse an meiner Person bekundete, war Hans Rosenberg, der zu jener Zeit am Brooklyn College unterrichtete und glaubte, daß ich dort unterkommen könnte. Er schrieb mir eine Empfehlung an den *chairman* seiner Abteilung, ohne zu wissen, wie verhaßt mir die Stadt

New York war. So steckte ich sie in die Tasche, ohne den betreffenden Herren auch nur aufzuschen. Dies war aber nicht die Hauptsache. Während der Tagung nahm ich auch an den Sitzungen der lateinamerikanischen Historiker teil. In einer hielt Richard Behrendt einen ausgezeichneten Vortrag. Nach dem Vortrag, zu dem ich ihn beglückwünschte, tranken wir eine Tasse Kaffee, und er fragte mich nach meinen Plänen. Als ich ihm von dem Schicksal meines Buches erzählte, wurde er nachdenklich und antwortete: ,,Das sollte doch nicht so schwierig sein.'' Behrendt lehrte damals Soziologie an der Universität von New Mexico, in Albuquerque. Sein Schicksal glich in vielem dem meinen, nur daß er sieben Jahre Jünger war als ich. Ohne eine weiteres Wort hat er es dann unternommen, die *University Press of New Mexico* für mein Buch zu interessieren, und sie hat das Werk angenommen, ohne das Manuskript gelesen zu haben. Dies geschah freilich erst ein Jahr später, und ich bin den Ereignissen wieder einmal vorausgeeilt.

Denke ich an jene fünf Monate zurück, so scheint es mir, als wären sie ein zweiter, oder vielleicht sollte ich sagen, ein dritter Erziehungsprozess gewesen, in dem ich zum Manne heran reifte. Wie vielen Menschen bin ich in diesen Wochen begegnet, wie vielen Situationen mußte ich mich anpassen, wie oft habe ich mir Mephistos Worte vorsagen müssen: ,,Wo solch ein Köpfchen keinen Ausweg sieht, stellt es sich gleich das Ende vor.'' Ich hatte gelernt, daß ich weder physisch noch geistig so schwach war und so anlehnungsbedürftig war, wie es Carlota mir in 20 Jahren einzureden versucht hatte.

Auch die Vorstelllung, daß ich mit niemandem in Frieden leben könnte, wurde durch diese Monate widerlegt. Denn zwischen Antonie, ihrer Mutter, und mir bestand ein so gutes Einvernehmen, daß Antonie am Heiligen Abend sagte: ,,Ich könnte mir gut denken, daß ich meine alten Tage mit Gerhard verbringen könnte.'' Sie hätte mir kein größeres Kompliment erweisen können. Aber Gott, oder das Leben, entschieden in anderer Weise, und sie ist 1952 gestorben. Dennoch empfinde ich noch heute nach zwanzig Jahren ein Gefühl tiefer Dankbarkeit für sie, das mir bleiben wird, bis ich selbst dahin gehe.

Am 27. Januar 1947 machte ich mich auf nach Sweet Briar zu gehen. Ich kam in meinem alten Pelzmantel an, ein Erbstück von

meinem Onkel Ferdinand Strassmann, und muß auf die Be-
wohner von Sweet Briar seltsam gewirkt haben, da hierzulands
kein Mann einen Pelzmantel trägt. Wahrscheinlich hielten sie
mich für einen typischen Mittel–Europäer, der nach Virginia
verpflanzt worden war, Da man mir ein Haus zur Verfügung
gestellt hatte, hatte ich Carlota gebeten, sich mit mir zu vereinigen. Aber sie lehnte es mit der Begründung ab, daß meine
Anstellung zu kurzfristig sei, um einen so einschneidenden
Schritt zu tun.

So war ich zunächst allein, aber an Gesellschaft fehlte es
nicht. Als ein neues Mitglied der Fakultät war ich sowohl meinen
Kollegen wie den Studenten ein Gegenstand der Neugierde,
wenn nicht des Interesses. Eine meiner Kolleginnen, Lysbeth
Muncy, hatte bei mir in Berlin gehört und kannte auch meine
Freunde, Hans Rothfels und Hajo Holborn. Ich wurde mit Einladungen überschüttet und dachte in meiner Naivität, daß sie
meiner Person galten. Erst später habe ich eingesehen, wie
veil Bosheit, Neid, und Verleumdung sich hinter der gesellschaftlichen Fassade verbarg. Aber es gibt nun einmal kein
Paradies ohne eine Schlange im Grase.

Als eine Art von Eden habe ich Sweet Briar in jenem ersten
Semester empfunden. Als ich ankam, war es so warm, daß man
ohne Mantel, geschweige denn einen Pelzmantel, spazieren-
gehen konte. Es war einer jener Vorfrühlingstage, die in Virginia
nicht selten sind, und der Winterjasmin stand in der Blüte. Die
Begegnung mit den Studenten, über die ich mir so wie so keine
Sorgen gemacht hatte, verlief besser, als ich es hätte erhoffen
können.

Das amerikanische Universitätswesen ist von dem deutschen
ja tief verschieden. Es stellt eine künstlich verlängerte Kindheit
dar, die darauf abgestellt ist, jungen Menschen ein Minimum von
Kultur und Bildung zu vermitteln, sie mit anderen jungen
Menschen bekannt zu und vertraut zu machen, und ihnen vielleicht auch eine Grundlage für ihren künftigen Beruf zu geben.
Von diesen drei Zielen steht das dritte in jenen Institutionen, die
junge Männer ausbilden, im Vordergrund, es sind im Osten die
sogenannten *Ivy League Colleges,* wie Harvard, Yale, Princeton,
Williams, usw. In den meisten dieser Anstalten ist die *graduate
school,* derjenige Teil, auf dem sich der wissenschaftliche Ruf

der Universitäten aufbaut. In den Anstalten, die ausschließlich oder vorwiegend von Frauen besucht werden, sind die beiden ersten Ziele wichtiger, da bis vor kurzer Zeit das Hauptgewicht auf die Heirat gelegt wurde.

In Sweet Briar überwogen junge Mädchen des amerikanischen Südens aus einer aristokratischen Gesellschaftsschicht. Man könnte sie als die obere Mittelklasse bezeichnen. Es ist ein Mythos, daß dies Land von dem ,,Volke'' regiert wird, in Wirklichkeit ist es eine Plutokratie, in der der Reichtum an erster Stelle steht, wozu daneben noch Tradition und Beziehungen treten. So hat sich seit dem 18. Jahrhundert eine Elite gebildet, die allerdings nicht kastenmäßig abgeschlossen ist, und den Aufstieg von neuen Talenten erlaubt und gutheißt. Zu dieser Elite gehörten vor dem Bürgerkriege natürlich auch die Pflanzerklasse des Südens. Im Kriege wurde sie zwar ihrer wirtschaftlichen Vormachtstellung durch die Emanzipation der Sklaven beraubt, aber sie behielt doch so viel politischen und sozialen Einfluß, daß sie das Lebens des Südens, und nicht nur des Südens, dominierte. Aus den Südstaaten stammen viele der leitenden Politiker und Offiziere so wie auch die meisten Dichter und Schriftsteller der Vereinigten Staaten. Es ist ein Paradox ersten Ranges, mit dem ich mich anderswo beschäftigt habe.

In Sweet Briar waren zwar nicht alle, aber doch mehr als die Hälfte der Studentinnen aus dem Süden gebürtig, und sie teilten sowohl die Vorzüge wie die Vorurteile dieser Region. Sie waren gut erzogen, überaus höflich, und sehr anziehend. Es mag sentimental klingen, dies nieder zu schreiben, aber fast alle Besucher, die nach Sweet Briar kamen, haben dies empfunden und ausgesprochen. Dabei waren sie weder faul noch unintelligent, nur daß für sie die Intelligenz nicht den höchsten Lebenswert darstellte. Sie zu erziehen oder ihnen Bildung zu vermitteln, war leicht, so bald man einsah, daß sie auf menschliche Teilnahme besser reagierten denn auf Tadel oder Sarkasmus. In meinem ganzen Leben habe ich mich niemals dafür erwärmen können, junge Menschen die Superiorität des akademischen Lehrers fühlen zu lassen, die all zu oft nur auf Einbildung beruht. In Sweet Briar überwog, was ich den Sonnenblumentypus nennen möchte: junge Menschen, die sich in der Wärme besser entfalten und entwickeln als in der Kalten Luft steriler Intelligenz.

Daß dies Gefahren mit sich bringen kann, ist selbstverständlich. Es kann dazu führen, das akademische Leben als einen kulturellen Kindergarten anzusehen, wo den Menschen die geistige Nahrung löffelweise eingegeben wird. Es kann auch zu einer Verkümmerung der geistigen Ansprüche führen. Beide Mängel waren in Sweet Briar offenbar, besonders in der Fakultät, der es an intellektueller Initiative and Schöpfungskraft mangelte. Die Studenten wußten wohl zu unterscheiden, wer ihnen etwas zu geben hatte, und wer nicht. Aber der akademische Teil ihres Lebens war nur ein Fragment ihrer Existenz, und für die meisten nicht das wichtigste. Dennoch sind sie mir vom ersten Tage mit unbedingter Treue gefolgt, und es verging kaum eine Stunde, in der ich mich ihrer Zustimmung und Anteilnahme nicht sicher wußte. In der Rückschau muß ich sagen, daß es die Vereinigung des sozialen und des intellektuellen Elementes war, das mich in Sweet Briar festgehalten hat. Aber ich würde unaufrichtig sein, wenn ich nicht eingestehen würde, daß der ständige Anblick so vieler schöner junger Menschen das Seinige dazu beigetragen hat, daß ich zwanzig Jahre in Sweet Briar blieb. Im letzten war es ein Leben, a ,,*L'Ombre des Jeunes Filles en Fleur.*'' Soll ich mich dessen schämen? So ist es auch gekommen, daß ich noch heute Virginia als meine Wahlheimat betrachte, nachdem mich die erste so schmälich verraten hat.

Es fiel mir nicht schwer, die Technik zu lernen, die in den amerikanischen Universitäten Gang und Gebe ist. Vieles war mir unsympathisch, wie die ständigen Examen, die meistens nur beweisen, wer das beste Gedächtnis hat, und die Studenten dazu erziehen, die Konkurrenz miteinander für wichtiger zu halten als das Lernen. Auch mit der Überschätzung der Handbücher und gar mit dem ,,*credit system*'' kannte ich mich nicht befreunden. Aber nach einigem Widerstreben fand ich mich darein, wie ich mich auch an die Arbeit in den Kommittes gewöhnte. Für die meisten Europäer sind die Kommittes eine Zeitvergeudung, da die Arbeit, die zu leisten ist, schneller und besser vollbracht werden könnte, wenn man dem Wortschwall der Mitglieder eines Kommittes einen Damm setzen könnte. Das würde aber als undemokratisch empfunden werden. Ich arbeitete zunächst in dem Kommitte für Konzerte und Vorlesungen und übernahm später die Leitung des Kommittes für außerordentliche Studenten *(honor students)* und schließlich das Kommitte für die Unterstützung wissenschaflicher Arbeiten. Eine besondere Anfechtung für mich waren die monatlichen Fakultätssitzungen, die sich über viele Stunden erstreckten und im allgemeinen fruchtlos waren. Aber in diese Dinge mußte man sich fügen, sie gehörten zu dem System, und es wäre sinnlos gewesen, wider den Stachel zu löcken. Leichter fand ich mich darin, öffentliche Vorträge zu halten, die man hier zu Lande *convocations* nennt. Mein erster Vortrag, im Mai 1947, war Dante gewidmet, dessen heroische Gestalt mir mehr und mehr zum Vorbild geworden war in mitten der Härten und Ungerechtigkeiten, die mir zu tragen auferlegt war.

Im März 1947, also schon nach sechs Wochen, hatte mir die Präsidentin einen neuen Vertrag angeboten: eine Verlängerung für ein weiteres Jahr. Dies war nicht nur eine persönliche Genugtuung, es gab mir auch Zeit mein Buch in die Öffentlichkeit zu bringen. Ich habe davon gesprochen, daß der *Südverlag,* die deutsche Ausgabe angenommen hatte, und daß sich die *University Press of New Mexico* bereit erklärte, die englische Form herauszugeben. Der englische Text war aber noch nicht fertig. Die junge Dame, die Frau Winokurs Text überarbeiten sollte, ermüdete oder wurde krank, in jedem Falle gab sie die Arbeit auf, nachdem sie 250 Seiten redigiert hatte. Frau Winokur selbst wurde durch ein Augenleiden gezwungen, die Übersetzung abzubrechen, nachdem sie zwei Drittel des deutschen Textes übertragen hatte. Da sich mein Englisch in der Zwischenzeit gebessert hatte, glaubte ich, daß ich selbst eine wörtliche Übertragung zu stande bringen könnte. Es kam nun darauf an, einen Menschen zu finden, der das gesamte Buch für den Druck fertig stellen konnte. Schon in den ersten Wochen war ich einer Dame begegnet, die englische Literatur unterichtete. Ihr Mann war ,,*Director of Buildings and Grounds*'', d. h., er war mit der Verwaltung der Gebäude und Anlagen betraut. Sie lud mich in ihr Haus ein, und bald kam sie von ihrer ältesten Tochter begleitet in mein Haus, gewöhnlich am Abend, wenn ihr Mann zu Bett gegangen war. Sie blieb bis spät in die Nacht oder bis in die Stunden des frühen Morgens. Es ist schwer zu sagen, wer dabei die Initiative hatte: gewiß ist, daß ich glücklich war, wieder einen Menschen zu haben, dem ich mich anvertrauen konnte. Sie hatte zwei Töchter, Patricia, die vor dem Abschluß ihrer Studien in Sweet Briar stand, und Hilary, die allerdings noch ein Kind war. Helens Problem bestand darin, daß ihr Mann ein Alkoholiker war und daß er wußte, daß seine Entlassung unmittelbar bevor stand. Helen (die heute meine Frau ist) war sich der Lage wohl bewußte, aber sie unterschätzte die Gefahr, die ihrer Familie drohte. Sie war ein starker und mutiger Mensch und hatte ähnliche Situation in vergangenen Jahren durchzufechten gehabt. Ich glaube nicht, daß meine Anwesenheit in Sweet Briar eine Komplikation hervorgerufen haben kann, da das Problem schon seit Jahren existiert hatte, und ihr Gatte gewarnt worden war, daß er nicht länger im Amt belassen werden würde.

Zuweilen haben wir uns später darüber gestritten, wer die Verantwortung daran trägt, daß ihre Ehe zerbrochen ist. Wie es nur all zu natürlich ist, gaben die Kinder mir die Schuld. Aber ohne jede Heuchelei darf ich sagen, daß dies nicht der Wahrheit entspricht. Ich hätte mich 1947 damit abgefunden, wenn Helen ihrem Manne gefolgt wäre, und alles daran gesetzt hätte, ihre Ehe aufrecht zu erhalten (Schon deswegen, weil ich mich noch für vide Jahre an Carlota gebunden empfand). Aber Helen lag 1947 mehr daran in meiner Nähe zu bleiben, als ihrem Manne zu folgen. Vielleicht dachte sie auch, daß sie beides tun könnte: ihre Familie bewahren und mir nahe zu bleiben. Wie so oft im Leben scheiterte der Kompromiß: ihre Ehe zerbrach, und wir fanden zueinander nach langen Jahren des Wartens. Was mich zu ihr zog, waren die Eigenschaften, die ich so oft in anderen Menschen gesucht hatte: Optimismus, Stärke, Mut, und Loyalität. Außerdem ist sie eine praktische Natur, die vor keiner Arbeit oder Schwierigkeit zurückscheut. Trotzdem ich mir vorgenommen hatte, mich in keine neue Verstrickung einzulassen, fand ich mich schon nach wenigen Wochen wieder gebunden. ,,Das Wild rennt dahin, wo der Jäger steht'', sagt ein russsisches Sprichwort. Brauche ich dem hinzuzufügen, daß sie es unternahm, nun das Manuskript des *Bolívar* zu redigieren? Sie hat ein feines Gefühl für Sprache und Stil, und die Arbeit war ihr willkommen. Gewiß wird es manchem Menschen erscheinen, als hätte ich auch hier nur mein eigenes Problem und meine eigenen Aufgaben vor Augen gehabt, und ich würde es schwer finden, diesen Vorwurf zu entkräften.

Bevor ich fortfahre, von meinem Leben in Sweet Briar zu

sprechen, muß ich erwähnen, daß ich nun gezwungen war, offiziell in die Vereinigten Staaten einzuwandern. Das Gesetz erlaubt es niemand, der nur ein *visitor visum* hat, einen bezahlten Beruf auszuüben. Man muß das Land verlassen, um es als Einwanderer wieder zu betreten. Ich war mir dieser Schwierigkeit bewußt und hatte die Verwaltung in Sweet Briar gebeten, mir mein Gehalt nicht auszuzahlen. Ich lebte bescheiden von meinen geringen Reserven. Antonie hatte mir angeboten, die Kaution zu stellen, die das Gesetz von Einwanderern erfordert. Aber ich hielt dies für unnötig. Ich hatte die einschlägigen Gesetze studiert und herausgefunden, daß Pastoren und Professoren in eine besondere Kategorie gehörten. Sie waren nicht an das ,,*quota system*'' gebunden, dem zufolge nur eine begrenzte Anzahl von Menschen von jedem Land in einem Jahr in die Vereinigten Staaten einwandern dürfen. Ich bat die Präsidentin um einen Brief, in dem sie bestätigte, daß ich 1947/48 in Sweet Briar College unterrichten würde. Ich hatte zuerst daran gedacht nach Kanada zu gehen, da es uns näher liegt, aber auch hier machte das Konsulat solche Schwierigkeiten, daß ich mich für Mexiko entschied. Konstantine McGuire gab mir eine Empfehlung an den amerikanischen Generalkonsual in Monterey, und im Juni fuhr ich vier lange Tage mit dem Zug nach Monterey.

Manche Menschen fanden es seltsam, daß ich nicht nach Bogotá ging. Aber, die Wahrheit zu sagen, hatte sich die Kluft zwischen mir und Carlota nur erweitert. Wochenlang ließ sie mich ohne jede Nachricht von ihr. Als ich ihr schrieb, daß ich nun auf ein weiteres Jahr in Virginia angestellt war und sie bat, sich mit mir zu vereinigen, schrieb sie mir: ,,Wer würde die Rückreise bezahlen, falls es mir nicht gefallen sollte?'' Als ich ihr mitteilte, daß mein Buch von einem deutschen Verleger angenommen worden sei, glaubte sie mir nicht, daß ich mich mit den üblichen 10 prozent als Tantième begnügt hätte und bezichtigte mich der Lüge: ,,Du bist nicht so dumm, das Buch für ein Butterbrot zu verkaufen.'' Als ich ihr den Originalvertrag zusandte, blieb sie mir die Antwort schuldig. Alles wies darauf hin, daß sie nicht mehr an mir interessiert war. Da sie sich auch weigerte, mir meine Bücher und jene Besitztümer, die aus meiner Familie stammten, zu senden, rang ich mich zu der

Überzeugung durch, diese preiszugeben. Die innere Freiheit war mir wichtiger als der äußere Besitz.

Ich kam in Monterey in einem Zustand äußerster Ermüdung an, da ich die vier Tage im Zuge sitzend verbracht hatte. Trotzdem ging ich sogleich auf das amerikanische Konsulat und machte hier noch einmal die Erfahrung, wie arrogant die Konsularbehörden sein können. Als ich dem Konsul meinen Empfehlungsbrief überreichte, sagte er mir: ,,Und wenn Präsident Trumann Sie persönlich an mich empfohlen hätte, würde ich Ihnen das Einreisevisum nicht geben.''

Er war der Ansicht, daß ich als Einwanderer auf die deutsche Quote gesetzt werden müßte. Als ich ihm bewies, daß dies nicht der Fall sei und daß ich unter einer Sonderbestimmung des Gesetzes für Lehrer (4 D) einwandern könnte, gab er zwar nach, erklärte aber, daß ich nach Bogotá als meinem letzten gesetzlichen Wohnsitz zurückkehren müsse, damit die dortigen amerikanischen Behörden über mich Bericht erstatten könnten. Er nannte dies ,,to get your clearance.'' Ich entgegnete ihm, daß ein Kabel schneller und billiger sein würde. Er willigte ein, wenn ich das Kabel selbst bezahlen würde, wozu ich natürlich bereit war, und das Telegram ging nach Bogotá ab. Ich mußte nun in meinem Hotel auf die Antwort warten, die allerdings nur positiv ausfallen konnte, da ich niemals in subversive Aktivitäten verstrickt gewesen war [Vgl. S. 347]. Das Kabel kam nach sechs Tagen, und das offizielle Dokument, das meine Einwanderung autorisierte wurde niedergeschrieben. Da ich damals noch einen kolumbianischen Paß hatte, wurde ich zum ,,Bürger der westlichen Hemisphäre'' erklärt. Als es mir der Sekretär überreichte, machte er einen letzten Versuch mich einzuschüchtern: ,,Mit diesem Visum, so sagte er, können Sie niemals Bürger der Vereinigten Staaten werden.'' Ich antwortete ihm, daß ich es darauf ankommen lassen würde. Natürlich war auch dies eine Lüge. Ich bin 1953 Bürger geworden. Wenn ich daran denke, wie viele verbrecherische Elemente aus China und Italien jedes Jahr in die Vereinigten Staaten kommen, ist mir die Haltung der Konsulatsbeamten unbegreiflich. Wahrescheinlich sind die meisten Männer, die in ihrer Laufbahn nicht vorangekommen sind und schließlich in einem Konsulat landen. Sie lassen dann die unschuldigen Bittsteller entgelten, was ihnen das Leben schuldig geblieben ist. Ich kehre auf demselben Wege nach Sweet Briar zurück; und war totmüde aber glücklich auch diese Hürde genommen zu haben.

Der Sommer, der nun folgte, war ganz der Übersetzung meines Buches gewidmet, das ich mal *que bien* ins Englische übersetzte.

Wider meinen Willen wurde ich dann in eine neue Krise hineingezogen. Helens Gatte hatte im Juni seine Stellung verloren. Obschon er von der drohenden Entlassung seit geraumer Zeit unterichtet war, hatte er nichts unternommen und begegnete der Schwierigkeit mit vollkommener Passivität. So sah sie sich gezwungen sich nach einer Lehrstelle umzusehen und fand sie auch bald in Lynchburg in *Randoph Macon Woman's College,* an dem sie für die nachsten 17 Jahre blieb. Sie überstand auch diese Krise mit großem Mut und einer Furchtlosigkeit, die mich immer wieder in Erstaunen setzte. Vielleicht sollte ich hinzusetzen, daß Lynchburg, in dem ich jetzt residiere, 14 Meilen von Sweet Briar entfernt liegt.

Im November 1947 bot mir die Präsidentin einen neuen zweijährigen Vertrag an, diesmal mit dem Range eines Ordinarius. Zur gleichen Zeit konnte ich auch die englische Übersetzung abschließen und nach New Mexico senden. Vielleicht, nein gewiß, hätte ich mir mehr Zeit lassen sollen und das Manuskript nochmals einer genauen Durchsicht unterziehen und Fehler und stilistische Mängel ausmerzen sollen. Aber dafür war ich 1947 noch zu ungeduldig. Als ich dann im November mein erstes *Thanksgiving*–Fest beging, erfüllte mich eine tiefe Dankbarkeit. Ich glaubte meinen Zielen nahe gekommen zu sein und war mir bewußt, daß es der Mühe wert gewesen war, den Kampf zu kämpfen.

Noch einmal mußte ich freilich erkennen, daß ich mich auch dieses Mal wie das berühmte Milchmädchen benahm. Denn wenn ich auch mit meiner Lehrtätigkeit Erfolg gehabt hatte, und die Studenten mir ergeben waren, so lag grade darin ein Keim von Gefahr. Sweet Briar ist eine kleine isolierte Gemeinschaft, in der Professoren und Studenten völlig aufeinander angewiesen sind. Dies führt zu einer Art von emotioneller und intellektueller Inzucht, die die Ereignisse des Tages aufbauscht und wo der Klatsch ein Element des Daseins ist. Daß die meisten Professoren zu jener Zeit unverheiratete Frauen waren, verschärfte die Lage nur noch mehr. Ich war nicht der einzige, der zum Gegenstand von Lüge und Verleumdung wurde, aber ich glaube, ich habe mehr darunter gelitten als andere, da ich mich nicht dazu bringen konnte, dieselben Waffen zu verwenden.

Zuerst hörte ich von den Gerüchten, die über mich in Umlauf gesetzt wurden, nur durch Zufall. So sagte einer meiner Kollegen, der Spanisch unterrichtete, daß ich Spanisch sprechen könnte. Es schien mir so lächerlich, daß ich es nicht für nötig hielt, das Gegenteil zu beweisen. Aber dies war nur der Anfang einer systematischen Verleumdungscampagne, die darauf beruhte, daß man mich so schnell zum Ordinarius gemacht hatte. ,,*De la calumnia algo queda*'', sagen die Spanier. Die nächste Lüge, die als Flüstergerücht verbreitet wurde, war die, daß ich keinen akademischen Titel hätte. Es brauchte eine gewiße Zeit, bevor mir diese Unterstellung zu Ohren kam. Nach drei oder vier Monaten teilte mir eine meiner Kolleginnen mit, sie habe gehört, daß ich nie ein Doktorexamen abgelegt hätte. Sie war allerdings nicht bereit, mir den Namen des Mannes oder der Frau zu nennen, die ihr das gesagt hatte. Es war mir leicht, diese Erfindung zu entkräften. Bei meiner Bewerbung hatte ich bei der *Rockefeller* Foundation eine Kopie meines Doktordiploms hinterlegt. Ich schrieb an John Marshall in New York, und er sandte mir das Dokument umgehend zurück. Ich legte es meiner Kollegin auf den Schreibtisch, und sie gab sich damit zufrieden. Aber ich konnte die Lügenmaschine nicht abstoppen. Eine weitere Erfindung die mir erst nach Jahren bekannt wurde, war die, daß ich ein falsches Alter angegeben hätte, um auf diese Weise leichter eine Anstellung zu bekommen. Dies kann nur im Kopfe einer Frau entstanden sein, denn ich bin nie einem Manne begegnet, der nicht willens gewesen wäre sein Alter zu bekennen. Auch wäre es ein leichtes gewesen, die Wahrheit zu finden, da der Katalog der *Library of Congress* alle Bücher mit dem Geburtsdatum des Autors aufführt. Aber um die Wahrheit war es niemand zu tun. Sodann verbreitete man das Gerücht, ich hätte überhaupt keine Veröffentlichungen aufzuweisen. Als ich davon erfuhr, legte ich meine Bücher und meine Aufsätze vor. Da ich damals auch anfing, Buchbesprechungen für *The American Historical Review* zu schreiben, war es schwer, diese Behauptung aufrecht zu erhalten. Aber ich hatte meine Gegner unterschätzt. Nun sagten sie, daß die Biographie Bolívars nur in meiner Phantasie existiere. Als ich davon erfuhr, und das Manuskript sowie die Verlagsverträge zeigte, antwortete man mir, ,,Sie glauben doch nicht, daß ein Mensch dies Buch je lesen wird.'' Als dann die *New York Times* es als die beste Biographie Bolívars bezeichnete, wurde mir die Antwort zu teil: ,,Das hat wohl ein Freund von Ihnen geschrieben?'' Und so ging es Tag aus Tag ein. Einer meiner Kollegen sprach davon, daß ich einen ,,Harem'' unter den Studentinnen hätte. Ich glaubte mich über all dies hinwegsetzen zu können, da ich meines Erfolges so sicher war. Schon dies beweist, daß ich nicht unschuldig war, an dem was geschah, und daß meine Arroganz meine Umgebung herausgefordert haben muß. Jedoch schien alles einen weiteren Aufstieg zu versprechen. Jede Vorlesung, die ich übernahm, hatte die doppelte oder gar die dreifache Hörerzahl wie vorher. Die Vorlesungen, die ich einführte, waren so überfüllt, daß ich sie in zwei getrennten Sektionen halten mußte. 1948/1949 unterrichtete ich 125 Studenten, ungefähr ein Viertel der gesamten Studentenschaft des College. Dazu kam noch, daß ich aufgefordert worden war, im Sommer an der *University of Virginia* zu lehren, eine Universität, die mir bald lieb wurde, und wo ich unter den männlichen Studenten die gleiche Sympathie und Anteilnahme fand.

Aber ich hatte vergessen, daß ich eine Achillesferse hatte, und als 1949 mein Vertrag erneuert werden mußte, griff man mich hier an, wo ich verwundbar war. Man nahm mein Verhältnis zu Helen zum Gegenstande der Kritik. Helen wohnte in Lynchburg mit ihrer jüngeren Tochter (ihr Gatte war nach Kalifornien übersiedelt); sie besuchte mich aber oft und wir telephonierten jeden Tag. Die Telephonistin am Schaltbrett hörte unseren Gesprächen natürlich zu, und trug das Ihre zu dem Klatsch bei, der ohne dies im Umlauf war. Wie dem auch sei, im November 1949 stellte mir die Präsidentin ein Ultimatum. Helen dürfte mich nicht mehr in meiner Wohnung besuchen, wenn ich meine Stellung behalten wollte. Ich war so wenig auf diese Vorwürfe vorbereitet, daß ich zuerst nur ausweichend antwortete. Nachdem ich die Situation mit Helen durchgesprochen hatte, schrieb ich der Präsidentin einen Kurzen Brief, in dem ich ihre Bedingungen akzeptierte. Bei den Angriffen, denen ich bisher ausgesetzt worden war, hatte es sich mehr oder weniger um sachliche Probleme gehandelt, die ich ohne Schwierigkeiten lösen konnte. Dies hingegen war eine Angelegenheit, die nicht nur meine Integrität als Mensch sondern auch die Freiheit meiner Persönlichkeit in Frage stellte. Und dies in Amerika „*the land of the free and the home of the brave.*" Helen meiner Karriere aufzuopfern, wäre mir als ein vollkommener Mangel, an Charakter erschienen. Und wenn die Menschen in Sweet Briar, uns enger aneinander knüpfen wollten, so hätten sie kein besseres Mittel finden können. Praktisch gesehen hatte auch dieser Versuch, mich zu sabotieren, keinerlei Wirkung. Die Studenten waren mir nach wie vor aufs treuste ergeben, und interpretierten was ihnen als Gerücht zu Ohren kam, als eine Reaktion der Mißgunst und des Neides meiner Kollegen, und die Präsidentin, die sich viel auf ihre liberale Gesinnung zu gute tat, mag sich in ihrem Herzen ihrer Handlung geschämt haben.

Aber dies war noch nicht das Ende. Die Leitung der historischen Abteilung kam 1950 durch einen Zufall in die Hände, einer Frau, die einer der schlechtesten Menschen gewesen ist, denen ich je begegnet bin. Sie lehrte amerikanische Geschichte, hatte aber nur ein oberflächliches Wissen, dessen Lücken sie durch einen nie endenden Wortschwall auszufüllen versuchte. Durch eine seltsame Verkettung von Umständen, Krankheit einer meiner Kolleginnen und der Rücktritt der bisherigen Präsidentin, fiel ihr die Leitung der geschichtlichen Abteilung zu. Sie gehörte zu den Menschen, zu denen die Macht zu spät gekommen war, und die sich daher vor keinem Mißbrauch scheuen. Daß sie daneben der neuen Präsidentin aufs schamloseste schmeichelte, brauche ich kaum zu sagen. Ich war nicht das einzige Opfer ihrer Intrigen, aber disjenige, das sie am ungefährdetsten attackieren konnte.

Als 1951 mein Vertrag aufs neue zur Diskussion stand, machte sie mir das Angebot einer lebenslänglichen Anstellung (was wir hier „*tenure*" nennen) wenn ich meine Beziehungen zu Helen abbrechen würde. Da ich auf eine so schamlose Erpressung nicht vorbereitet war, fragte ich sie, ob sie mir dies Versprechen schriftlich geben würde. Davor scheute sie jedoch zurück, und so wurde meine Anstellung noch einmal verlängert wiederum auf zwei Jahre. Hätte ich damals die Regeln gekannt, nach denen die amerikanischen Universitäten verfahren müssen, und wäre ich zu jener Zeit schon Bürger des Landes gewesen, so hätte ich vielleicht den Spieß umkehren können. Statt dessen beschloß ich, sie zu überlisten. Ich wußte, daß sie in zwei Jahren pensioniert werden würde, und daß ich selbst nach zwei Jahren Anspruch auf einen langen Urlaub hatte, the sabbatical year. Ich machte also gute Miene zum bösen Spiel und war entschlossen, sie mit ihren eigenen Waffen zu schlagen. Wie tief mich diese unwürdige Komödie aber getroffen hat, geht aus der Tatsache hervor, daß ich den ganzen Winter an einer Infektion litt, die ich nicht abschütteln konnte.

Man wird sich vielleicht wundern, daß ich es in Sweet Briar überhaupt ausgehalten habe. Ich brauche kaum zu beteuern, daß ich oft versucht habe, eine Position an einer größeren Universität zu finden, und daß sich auch einige meiner Freunde bemüht haben, mir dabei zu helfen. Aber obschon ich meinem Ziele oft nahe war, hat es nie geklappt. In der Rückschau sind mir die Gründe dafür klarer geworden, als sie es mir zu jener Zeit waren. Einmal war ich damals schon fünfzig Jahre alt, was in einem Lande, in dem der Kult der Jugend eine so große Rolle spielt, ein Hindernis war. Zum zweiten gehörte ich keiner Partei an und hatte wenig Menschen, die sich aus Parteiloyalität für mich eingesetzt hätten. Zum dritten war ich Ordinarius, wenn auch nur an einem kleinen College, und es schien schwierig, mir eine niedere Rangstufe anzubieten. Der Hauptgrund lag aber darin, daß ich mir mit dem *Bolívar* einen Namen in dem Gebiet der lateinamerikanischen Geschichte gemacht hatte, und daß das Interesse an Latinamerika damals im Absinken war. Europa, Asien, und später Afrika traten an die Stelle, die Südamerika während des zweiten Weltkrieges eingenommen hatte. Das hatte zur Folge, daß viele Universitäten freigewordene Stellen nicht wieder besetzten, oder nur mit jungen Lehrern von untergeordnetem Range. Erst die Kuba–Krise hat dann einen erneuten Umschwung herbeigeführt. In meiner Meinung ist dies Nachgeben der Mode und der öffentlichen Meinung mit all ihren Schwankungen eine der größten Schwächen des amerkanischen Universitätswesens. Vielleicht war ich auch selber nicht unschuldig daran, daß alle meine Versuche fehlschlugen. Ich konnte mich nie dazu bringen, den Männern, die Einfluß hatten, zu schmeicheln: es ist eine Art von falschem Stolz, den ich nicht habe überwinden können, und für den ich schließlich den Preis habe zahlen müssen.

Zum anderen hatte ich mich 1951 nach langen inneren Kämpfen zu der Überzeugung durchgerungen, daß ich in das Gebiet der europäischen Geistesgeschichte zurückkehren wollte. Der *Bolívar* war 1948 Englisch, 1949 auf Deutsch und wenig später auch auf Spanisch erschienen. Er hatte eine gute Aufnahme gefunden. Ich schrieb Besprechungen und Aufsätze über Latein Amerika: ,,Manuela Saenz'', ,,Francisco de Miranda'', ,,die Konferenz von Guayaquil'', ,,die politischen Perspektiven Lateinamerikas'', die alle angenommen wurden. Auch las ich regelmäßige Vorlesungen über Lateinamerika in Sweet Briar, an der University of Virginia, und an der University of New Mexico. Aber in meinem Innersten war ich mir darüber klar geworden, daß Latein Amerika in unserer Welt nur eine untergeordnete Bedeutung hatte. Oft wurde ich aufgefordert, eine Biographie San Martíns oder Sucres zu schreiben, aber es verlockte mich nicht. Ich wollte kein Spezialist werden: *,,more and more, about less and less.''*

So entschied ich mich denn eines Tages dafür zu meinem Lieblingsprojekt, einer europäischen Geistegeschichte zurückzukehren. Ich begann mir Notizen für einen solchen Plan zu machen und kam zu der Einsicht, daß ich zu alt war, diese Idee von den mittelalterlichen Anfängen bis in die Gegenwart durchzuführen. Um die Wahrheit zu sagen, verlockte es mich auch nicht, mich in das 10. oder 11. Jahrhundert zu vergraben, es lag mir mehr daran, die geistige Situation der Gegenwart zu klären. Im Sommer 1952 hatte ich mich entschlossen, alles an die Durchführung meines Vorhabens zu setzen. Wie ich erwähnte, hatte ich ein *sabbatical year* in Aussicht, das in das Jahr 1953 fallen mußte. So nahm ich mir vor, eine der großen Foundation um Hilfe zu bitten.

Ich verbrachte den Monat Juli in New York und sprach zunächst bei der *Guggenheim Foundation* vor, wo mich der Sekretär ermutigte, meine Bewerbung einzureichen. Dann ging ich einer momentanen Eingebung folgend in das nahegelegene *Rockefeller Center* und besuchte John Marshall, den ich seit

1947 nicht gesehen hatte. Er fragte mich nach meinen Plänen, und als ich ihm mein Vorhaben unterbreitete, schien er daran interessiert und sagte: ,,Schicken Sie uns Ihr Program.'' Ich fuhr nach New England, wo Helen die Ferien mit ihren Töchtern verbrachte, und schrieb den ganzen Plan in zwei Wochen nieder. Es war ein anspruchsvolles Unternehmen. Ich hatte die Absicht, die europäische Geistesgeschichte von den Anfängen des 19. Jahrhunderts bis zum Ausbruch des zweiten Weltkrieges darzustellen. Ich sandte den Plan nach New York und nun begann abermals eine lange Periode des Wartens. Im Februar 1953 erhielt ich ein Brief von John Marshall, aus dem ich entsehen konnte, daß meine Aussichten gut waren. Trozt einer schweren Erkältung fuhr ich nach New York, wo mir Marshall mitteilte, daß die Foundation bereit sei, mein Gehalt für ein Jahr zu übernehmen, so daß ich mich ganz meinem Projekte widmen könnte. Ich kehrte krank aber glücklich nach Virginia zurück.

Noch einmal hat dann jene Frau, die mir schon so viel Kummer gemacht hatte, versucht meine Chancen zu torpedieren. Zuerst setzte sie es durch, daß mein sabbatical year in das Jahr 1954 verlegt wurde. Damit hat sie mir freilich mehr geholfen als geschadet, da ich nach den Regeln der *American Association of University Professors,* dadurch eine dauernde Anstellung erhielt. (Jeder Professor, der mehr als sechs Jahre an einem College oder einer Universität unterrichtet, muß lebenslänglich angestellt werden, es sei denn er bräche den Vertrag oder beginge ein Verbrechen). Als sie von dem *Rockefeller* Stipendium erfuhr, bewog sie die Präsidentin dazu, bei der Rockefeller Foundation anzufragen, ob ich dies Stipendium zur gleichen Zeit mit meinem sabbatical year empfangen sollte. Die Foundation schrieb zurück, daß dies nicht ihre Absicht gewesen sei. Aber auch dieser Schritt schadete mir nicht; im Gegenteil, er führte dazu, daß die Zeit meines Urlaubes von der Lehrtätigkiet auf zwei Jahr ausgedehnt wurde. Im März 1953 rief mich die *Guggenheim Foundation* aus New York an und arrangierte eine Begegnung mit ihrem Generalsekretär. Ich verbrachte eine fruchtbringende Stunde mit dem warmherzigen Henri Moe in Harrisburg, Pennsylvania. Als ich ihm sagte, daß ich schon ein *Rockefeller* Stipendium für das kommende Jahr in Aussicht hatte, stellte er mir ein *Guggenheim Fellowship* für 1955 in Aussicht. So hatte ich zwei Trumpfkarten in meiner Hand als ich nach Sweet Briar zurückkehrte.

1953 wurde so für mich ein Jahr erneuter Sicherheit. Im Juni wurde ich amerikanischer Bürger und im November erhielt ich entgegen den Wünschen aller meiner Feinde die lebenslängliche Anstellung in Sweet Briar. Gleichzeitig ließ mir die Präsidentin sagen, daß sie mir einen zweijährigen Urlaub gewähren würde, falls ich es wünschen sollte. Ich nahm dies dankbar an and konnte so im Juni 1954 mit der Arbeit an meinem neuen Buche beginnen. Ich siedelte nach Lynchburg über, wo ich eine kleine Wohnung über einer Garage fand (eigentlich nur ein großes Zimmer mit Bad und Küche). Die Menschen, die mich sahen, glaubten, daß ich das Leben eines Hermiten führte. Erich Kaufmann besuchte mich dort im Frühjahr 1956 und hielt mich für einen Einsiedler. Aber dieser Eindruck war irreführend, da ich Helen fast jeden Tag sah. Den Sommer 1954 verbrachten wir in Cambridge, Massachusetts, wo ich in der Widener Library zu arbeiten begann. Bald schrieb ich auch die ersten Seiten meines Buches nieder. Als ich daran verzweifelte, ein so großes Vorhaben zum Abschluß zu bringen, gab mir Helen den Rat, es in zwei Teilen zu veröffentlichen. Mir leuchtete dies auch sofort ein. Ich habe den ersten Teil 1961 herausbringen können (*Prophets of Yesterday*); der zweite Teil ist noch immer nicht geschrieben, und Gott weiß, ob er je geschrieben werden wird. 1954 lebte ich im Winter und Frühjahr in Lynchburg und erhielt 1955 das mir in Aussicht gestellte Stipendium der *Guggenheim Foundation*.

Ich war in diesen zwei Jahren vollkommen frei zu tun oder lassen, was ich wollte. Zuweilen fuhr ich nach New York, Washington, oder Charlottesville, um mir Bücher zu verschaffen, aber der größte Teil der Arbeit wurde in meinem Zimmer in Lynchburg bewältigt. Die *Rockefeller Foundation* hatte es für gut befunden, daß ich mich für dieses Buch auch in Europa umsehen wollte und mir einen Reisefond bewilligt. Die *Guggenheim Foundation* kümmert sich überhaupt nicht darum, wo und wie man das Stipendium verbraucht. So machte ich im Frühjahr 1955 die ersten Vorbereitungen nach Europa zu gehen. Ich hatte es 20 Jahre lang nicht gesehen.

Seit dem Ende des Krieges hatte ich die Beziehungen zu meinen Lehrern und Freunden wieder aufgenommen: im besonderen zu Meinecke, E. R. Curtius, und Wildgrube. Meine Schüler traten mit mir in Verbindung, als der *Bolívar* auf Deutsch erschien. Einige meiner Freunde wie Hans Herzfeld und Fritz Fischer besuchten mich in Sweet Briar. Und immer wieder kamen Anfragen, ob ich nicht nach Deutschland zurückkehren wollte. Im Sommer 1955 hatte ich eine Einladung an der *Freien Universität* in Berlin zu lesen. Ich hatte mir vorgenommen auf einem Frachtschiff zu fahren, da dies die Seereise verlängern würde und fuhr auf der *Hannover*, die für die überfahrt von New York nach Rotterdam 13 Tage brauchte. Die meisten Passagiere waren Deutsche, und ich bekam einen Einblick in die Psychologie, die die Deutschen noch immer praktizierten. So setzte mir ein Direktor der Hamburg Amerika Linie, an dessen Tisch ich saß, auseinander, daß der Krieg von England angezettelt worden sei, um sich die deutsche Konkurrenz vom Halse zu schaffen. Als ich ihn fragte, ob er jemals Dokumente, wie das berühmte *Hossbach Protokoll* gelesen habe, erwiderte er mir lächelnd: ,,Jederman weiß, daß dies Fälschungen sind.'' Ich fühlte, daß ich nicht in einem Lande leben könnte, in dem die *Flucht in die Lüge* zur Lebensnotwendigkeit geworden war. Aber ich genoß die Seefahrt wie immer und sah mir auch Antwerpen an, als wir die Schelde herauffuhren. Dann flog ich nach London, wo ich Lotte wieder sah. Ich habe davon in dem ersten Teil dieser Erinnerungen gesprochen.

Um nicht zu lange von Helen getrennt zu sein, hatten wir verabredet, daß wir uns in London treffen würden. Sie wollte zuerst mit einer Freundin reisen, entschied sich aber später dafür, die Reise mit ihrer Tochter Patricia zu machen. Sie kam im Juli in London an, und wir arbeiteten einige Wochen in dem *British Museum*. Erst als ihre Tochter eintraf, begann eine Entfremdung.

Es ist schwer über einen Menschen zu schreiben, mit dem man seit 26 Jahren lebt. Eigentlich hatten wir alles, was eine vollkommene Harmonie versprach. Wir hatten verwandte Interessen, und sie ergänzte mich in all jenen Dinge, die mir schwer fielen, oder vor denen ich versagte. Sie war und ist ein großmütiger und großzügiger Mensch. Von kleinen Mißverständnissen abgesehen, hatten wir nur eine Quelle des Streites, und dies betraf ihre Familie. Obgleich sie selbst eifersüchtig war, und mir keinerlei Beziehungen zu anderen Frauen erlauben wollte (eine Haltung, die ich respektierte und befolgte), hielt sie sich selbst für frei, mit ihrem Manne in Kalifornien zu korrespondieren. Auf meine Einwürfe antwortete sie mir immer wieder: ,,Er ist der Vater meiner Kinder.'' Das falsche Tremolo, mit dem sie diesen Satz aussprach, überzeugte mich nicht. Aber es war nicht nur ihr Gatte, der zwischen uns trat; verhängnisvoller waren ihre Kinder und ihr jüngerer Bruder. Ich habe schon erwähnt, daß ihre Kinder mich, bewußt oder unbewußt, dafür verantwortlich machten, daß die Ehe ihrer Eltern zerbrochen war, was in keiner Weise der Wahrheit entspricht. Dies führte dazu, daß sie mich für einen Eindringling hielten, den sie gerne ins Pfefferland gewünscht hätten. Dies war auch die Haltung von Helens Bruder, einem ,,Künstler'', der für einige Firmen in New York Zeichnungen entwarf. Er hatte sein Lebensziel nicht erreicht und versuchte daher, sich und anderen einzureden, daß es niemand zu etwas gebracht hätte. Helen war bei weitem die stärkste Persönlichkeit in ihrer Familie, und es war begreiflich, daß die Kinder und ihr Bruder sich an sie anzulehnen wünschten, und es mir verdachten, daß ich ihnen anscheinend die Liebe ihrer Mutter und Schwester entzog. Mir war dies 1952 klar geworden, und ich hatte mich entschlossen, nie wieder mit Helen und ihren Kindern zu reisen. Aber in der seltsamen Dialektik der Liebe geht es immer anders, als man es sich vorsetzt. Wenn ein Partner zurück weicht, so avanziert der andere. Als ich aus diesem Grunde 1953 nach Albuquerque ging, um dort im Sommer Vorlesungen zu halten, weil mir der Gedanke meine Ferien mit ihren Kindern zu verbringen, unerträglich schien, bestand sie darauf, nach meiner Tätigkeit drei Wochen mit mir an der See zu sein—begleitet von ihrer jüngeren Tochter.

Die Feiertage, besonders das Weihnachtsfest, waren ständig von Zerwürfnissen getrübt. Ich hätte die Kraft haben müssen, sie während dieser Tage nicht zu sehen, aber einmal wünschte sie dies selbst nicht, und zum anderen war auch ich eifersüchtig und verteidigte, was ich für mein Recht hielt. Es gab aber noch eine tiefere Schicht der Mißverständnisse, die uns trennte.

Helen stammte aus einer kleinen Stadt in Massachusetts, Beverley, und hatte für diese Stadt, für die Menschen, die in ihr lebten, und für ihre eigene Familie eine Überschätzung, die mir absurd erschien. Alles, was ihre Familie betraf, ob die Menschen noch am Leben waren oder tot, sah sie wie in einem Hohlspiegel, in dem alles vergrößert erschien. Das Haus, das sich ihr Vater gebaut hatte, und das er während der Depression verkaufen mußte, wurde zu einem ,,Palast''. Jedes Mal, wenn wir nach Beverley kamen, fuhren wir um das Haus herum, und es wurde mir wieder und wieder erklärt, daß dort nun ein ,,nichtswürdiger Italiener'' lebe. Für einen Menschen wie mich, der in einer Großstadt aufgewachsen ist, ist es schwer daran zu glauben, daß der Bäcker zu der ,,besten Gesellschaft'' gehört, oder daß dieser oder jener aus irgend welchen Gründen nicht dazu gerechnet werden kann. Alle Mitglieder ihrer Familie waren verkannte Genies, denen nur die Ungunst des Schicksals oder die Tyrannei ihrers Vaters, (für den sie eine Art von Haß–Liebe hatte) den Erfolg versagt hatten. Jedes Urteil, das ihre Kinder oder einer ihrer Verwandten aussprachen, wurde zu einem Dogma, das befolgt werden mußte. Vielleicht hätte ich mich mit alledem abfinden sollen, wie ich es in den zwolf Jahren unserer Ehe zu lernen versucht habe, aber vor zwanzig Jahren schien mir dies nicht nur lächerlich sondern widersinnig.

Was die Situation noch verschlimmerte, war der Umstand, daß ich selbst keine Familie hatte, auf die ich mich zurückziehen konnte und daher für ihre Familienidolatrie empfindlicher war, als es ein Mensch mit einer normalen Familie gewesen wäre. Wie so oft im Leben, häuften sich eine Fülle kleiner menschlicher Begebenheiten, die schließlich den Charakter wesentlicher Differenzen annehmen. Gewöhnlich erkennt man sie erst, wenn es zu spät ist, sie zu korrigieren, oder dies nur unter schmerzlichen Eingriffen geschehen kann. Wenn ich mich nicht täusche, so hielt Helen in jenen Jahren noch immer an mir fest, nahm mich aber für einen Teil ihrer Existenz, den sie für selbstverständlich hielt. Ob ich ihr gleichgültig geworden war, vermag ich nicht zu sagen, aber so viel ist gewiß, sie entzog sich mir unter wechselnden Vorwänden besonders dann, wenn meine Wünsche mit denen ihrer Familie kollidieren könnten.

So wurde die Reise mit ihrer Tochter, die von London über Brüssel, Heidelberg, Florenz, und Rom führte, zu einer unerquicklichen Erfahrung. Helen gab mir die Schuld und sagte, daß ich unverträglich sei. In meiner Auffasung war es die Eifersucht ihrer Tochter, die zu ständigen Zerwürfnissen führte, die auch dann nicht aufhörten, als diese nach drei Wochen von Paris in die Vereinigten Staaten zurückflog. Denn nun kam das post mortem, das oft bitter war. Dennoch blieben wir noch 6 Wochen in Paris, wo ich in der Bibliothèque Nationale an dem Kapitel über den französischen Impressionismus arbeitete. Dann fuhr Helen nach Lynchburg, und ich ging noch einmal nach London, um Lotte zu sehen, der ich versprochen hatte, noch zwei Wochen mit ihr zu verbringen. Inmitten dieser Mißverständnisse war ich ihr treu, obschon es an Versuchungen nicht gefehlt hat. Auch konnte ich mir nicht verhehlen, daß ich in dem Grade, in dem sie sich von mir zurückzog, anderen Frauen gegenüber aufgeschlossener wurde. Aber die Bande, die uns aneinander knüpften, schienen zu fest, um unter der ersten Belastungsprobe zu zerreissen. 1956 plante ich wieder nach Europa zu gehen, und Helen unternahm es, eine Gruppe von Studenten durch die alte Welt zuführen. Wir kamen überein, uns im Juli in Frankfurt am Main zu treffen.

Ich fuhr zuerst nach Bonn, wo ich hoffte, meine Pensionsansprüche in die Wege zu leiten. Ich war auch erfolgriech und konnte schon nach wenigen Tagen die Bearbeitung meines Antrages durchsetzen. Während dieser Tage lebte ich in einem Hotel in Köln und dort erlitt ich einen seltsamen Anfall. Seit 1953 wußte ich daß ich an einer Arythmie des Herzens litt. Mein Doktor hielt dies jedoch für ungefährlich. In Köln verfiel ich in einen Zustand nervöser Spannung, der mich vollständig des Schlafs beraubte. Ich suchte einen Arzt auf, der mir Beruhigungsmittel verschrieb und mir riet, mich in eine Klinik zu begeben. Ich habe dies aber nicht getan, sondern hielt das Ganze für eine psychosomatische Reaktion auf meine bevorstehende Reise nach Berlin. Der Arzt sagte mir auf meine Frage, daß ich vielleicht noch 15 oder 20 Jahre zu leben hätte. 16 Jahre sind seitdem schon vergangen, und es ist nicht schwer sich auszurechnen, wie viel mir noch übrig bleibt. Wie dem auch sei, da ich nicht fliegen wollte, fuhr ich mit dem amerikanischen Militärzug nach Berlin. Ich lehrte sechs Wochen an dem *Friedrich Meinecke Institut*. Frau Meinecke, die damals schon 80 Jahre alt war, ließ es sich nicht nehmen, jeder meiner Vorlesungen beizuwohnen, auch war ich jeden Sonntag bei ihr zum

Abendbrot. Ich sah Herzfeld wieder und Fritz Hartung und machte die Bekanntschaft jüngerer Historiker wie Bussmann und Bracher. Ich fand die Studentenschaft aufgeschlossen und war im ganzen bereit, mit der Vergangenheit abzuschließen. Die Zerstörung Berlins war ungeheuer, besonders in dem kommunistischen Sektor, ja sie war so groß, daß sie kein Heimweh aufkommen ließ.

Wie wir es verabredet hatten, traf ich Helen und ihre Studentengruppe in Frankfurt und fuhr mit ihnen nach Heidelberg. Ich wollte in Heidelberg bleiben, bis mein Antrag in Bonn entschieden war. Man hatte mir geraten, mir einen Anwalt zu nehmen, aber ich vertraute auf meine eigne Geschicklichkeit. Ich blieb drei Wochen in Heidelberg, wo ich in der unzerstörten Universitätsbiliothek gut arbeiten konnte. Ich machte einen kurzen Abstecher nach Frankfurt am Main, wo man daran gedacht hatte, mir eine Professur anzubieten. Aber der Kontakt mit den deutschen Historiker war wenig ermutigend, und ich ließ die Angelegenheit einschlafen. Jedoch litt ich in der ganzen Zeit an einer pathologischen Furcht vor Einsamkeit und kann nur mit Schrecken an diese Wochen zurückdenken. Jedoch haben sie ihre Frucht getragen. Am 30. Juli erhielt ich den Bescheid, daß der deutsche Innenminister mir die Pension eines emiritierten Professors zuerkannt hatte. Seitdem war mein Leben finanziell gesichert, und eine der Ängste, die mich seit 1935 geplagt hatten, fiel von mir ab.

Ich traf Helen in Luzern wieder; sie wohnte in einem der großen Hotels am See, während ich in einem kleinen Gasthof am Bahnhof abgestiegen war. Aber auch hier konnte es mir nicht entgehen, daß sie jeder Vereinigung auszuweichen suchte. *Dans l'amour il y a toujours un qui baise et un qui tend la joue.* Nach einem kurzen Aufenthalt in Paris fuhren wir nach London. Es war die Woche, in der Lotte ihrem tötlichen Unfall erlag. Die Tage, die folgten, waren der Abwicklung der legalen Formalitäten gewidmet, und Helen hat mir darin so beigestanden, wie in jeder schwierigen Lage meines Lebens.

Auch wäre es *unfair* zu verschweigen, daß etwas in meinem Verhalten sie enttäuscht haben muß. Ich hatte sie 1956 gebeten, sich scheiden zu lassen, widerrief aber meine Bitte, aus Furcht vor dem was Carlota tun würde, wenn sie von meiner Heirat mit

Helen erfahren würde. Daß diese Furcht nicht grundlos war, erwies sich später. Da ich aber dieser Drohung doch einmal entgegen treten mußte, hätte ich es 1956 ebenso gut tun können wie 1960. Helen war nicht davon zu überzeugen, daß ich aus Furcht gehandel hätte, und hielt sich nun frei zu handeln, wie sie wollte. Furcht ist ein schlechter Ratgeber.

Als sie im Herbst 1956 nach Virginia zurückkehrte, hatte ich meine Lehrtätigkeit in Sweet Briar nach zweijährigem Urlaub wieder aufgenommen. Da ich nun in Lynchburg wohnte, war ich darauf angewiesen mit dem Autobus jeden Morgen nach Sweet Briar zu fahren. Leider verkehrten aber so wenige Autobusse, daß ich mich bald in einer schwierigen Lage befand. Helen nahm dies mit Gelasenheit zur Kenntnis. Ich fand schließlich eine Sekretärin, mit der ich am Morgen herausfahren konnte. Aber all dies war unerquicklich und schuf Verstimmungen. Wir beide glaubten, das Unsrige getan zu haben, und doch fühlte jeder, daß der andere ihm etwas schuldig geblieben war. Im Frühjahr 1957 verheiratete sich Helens Tochter Hilary (gegen ihren Wunsch) mit einem jungen Mann, über den ich beim besten Willen nichts gutes sagen kann. Helen hatte mich gebeten, nach Washington zu kommen, und an der religiösen Zeremonie teilzunehmen: ,,*to give her daughter away,*'' wie der englische Ausdruck lautet. Ich tat dies, so mit einigem Widerstreben, und sie sagte mir, daß sie mir dies nie vergessen würde. Aber das Gedächtnis für erwiesene Guttaten ist immer kurz.

So komme ich zu dem kritischen Entschluß, der uns weiter von einander entfernte, als alles vorhergegangene. Helen war wieder aufgefordert worden, eine Gruppe von Studenten durch Europa zu führen und hatte dies Angebot angenommen. Ich konnte nicht nach Europa gehen, da ich noch zwei Kapital meines Buches zu schreiben hatte, gar nicht zu reden von der Überarbeitung. Ich wollte wieder nach Cambridge gehen, wo die Arbeitsbedingungen gut waren. Ich bat Helen ihre Pläne aufzugeben, aber sie war nicht dazu bereit und erklärte, daß sie ihr Versprechen nicht brechen könnte. Ich hatte im Frühjahr 1957 dieselbe panische Angst vor dem Alleinsein wie in dem vorangegangenen Jahre in Heidelberg und beschwor sie, mich nicht allein zu lassen. Aber meine Worte machten keinen Eindruck auf sie. So fühlte ich mich zurückgewiesen und öffnete mich dem

Werben eines anderen Menschen. Zum letzten Male erlitt ich die Qualen, für die wir kein anderes Wort haben, als das der Liebe, das doch so viel– und so zweideutig ist, daß es im Grunde nichts besagt. Es ist nicht anders mit den großen Worten wie Freiheit oder Recht.

1956 hatte ich die Betreuung derjenigen Studenten übernommen, die sich auf das Gebiet der internationalen Beziehungen spezialisierten. Es waren vier Mädchen, von denen drei in Frankreich und eines in Italien studiert hatten.

Das Mädchen, das in Florenz studiert hatte, machte mir am Anfang die größten Schwierigkeiten. Sie wollte weiterhin in Italien studieren und hatte sich nur dem Machtspruch ihrer Eltern gefügt, als sie nach Sweet Briar zurückkehrte. Es war leicht zu durchschauen, daß sie eine Liebesaffaire in Florenz gehabt hatte und deswegen nach Italien zurückkehren wollte. Als ich ihr zum ersten Mal begegnete, saß ich beim Lunch in dem *College Inn*. Als ich sie aufforderte, sich an meinen Tisch zu setzen, fühlte ich, wie sich ein Schatten drohenden Unheils über mein Leben ausbreitete. Sie besuchte zwei meiner Vorlesungen, aber ich war mir ihrer Gegenwart kaum bewußt. Zu Weihnachten erlitt sie einen Autounfall, in dem sie zwar keine schwere Verletzung erlitt, aber die meisten ihrer Zähne verlor. Als sie in das College zurückkehrte, war sie sich dessen so bewußt, daß sie stets ein seidenes Halstuch trug und sich über den Mund zog, um diesen Makel zu verschleiern. Wie seltsam sind doch die Dinge, die einen Menschen rühren: es war diese hilflose Geste, die mich zuerst für sie einnahm. Danach jedoch war sie es, die die Initiative ergriff. Ich unterichtete in jenem Jahre zwei ,,honor students'', d. h., ich gab ihnen ,,*tutorials*.'' Sie fragte, ob sie diesen Stunden beiwohnen könnte und versprach weder zu sprechen noch zu fragen. Ich sah keinen Grund, ihr diesen Wunsch zu verweigern. Auch kam sie nun regelmäßig in den Inn, um ihr Mittagbrot einzunehmen, obschon die Studenten meistens in den großen Speisesälen essen. Danach nahm sie oft denselben Autobus, der mich in die Stadt zurückbrachte. Sie setzte sich neben mich und erzählte mir ein wenig von ihrem Leben, jedoch nie genug um mir ein klares Bild zu geben. Es war unmöglich, nicht zu sehen, daß sie eine besondere Vorliebe für mich gefaßt hatte.

Als meine Beziehungen zu Helen in eine kritische Phase tra-

ten, fand ich in ihrer Zuneigung Trost. Aber in Wirklichkeit war
es doch mehr. Sie stand vor mir wie ein Symbol der Jugend, die
mir zu entschwinden drohte. Und war es nicht auch ein letztes
Aufflackern der Begierde? Konnte es mehr sein als ein zum
Scheitern verdammter Wunsch, den Flug der Zeit aufzuhalten?
Ich habe keine Antwort auf diese Fragen, aber ich glaube, daß
ich dieser Versuchung nicht erlegen wäre, wenn ich gewußt
hätte, daß Helen den Sommer mit mir verbringen würde. Jedoch
ist dies keine Entschuldigung für mein Verhalten und für das,
was geschah.

Im Mai wurde ich mir zum ersten Mal bewußt, daß ich Eifersucht für sie verspürte. Es geschah ganz zufällig, als ich erfuhr,
daß sie mit einem meiner Kollegen zweideutige Geschichten
austauschte. (Sie hatte in der Tat eine Vorliebe für porno-
graphische Anekdoten und beharrte darauf, mir diese zu
erzählen, selbst als ich ihr sagte, daß sie mir zuwider wären).

Am 19. Mai fuhren wir wieder gemeinsam in die Stadt. Sie
wollte einen Schuhmacher aufsuchen und fragte mich, ob ich sie
zum Lunch begleiten würde. Als wir das kleine Restaurant verließen, sagte ich ihr, daß ich sie liebte. Es war eine unbegreifliche Torheit, da ich wußte, daß dies nur in Kummer und
Herzeleid enden konnte. Aber sie hat dies nicht empfunden und
sah mich an, als wäre ihr ein Wunder geschehen: wie sie es
selbst ausdrückte, hätte man ihr den heiligen Graal geschenkt.

Geraldine, denn dies war ihr Name, war ein Kind der
Südstaaten und gehörte der aristokratischen Oberschicht an,
deren Vorurteile und Privilegien sie für selbstverständlich hielt
und teilte. Sie war 20 Jahre alt, also 34 Jahre jünger als ich, oder
sollte ich sagen, ich war 34 Jahre älter als sie.

Eigentlich wußte ich sehr wenig von ihr, nur daß sie ihre
Mutter haßte und ihren Vater anbetete: wie sie es selbst ausdrückte, hatte sie einen ,,Elektrakomplex.‘‘ Sie fühlte sich zu
älteren Menschen hingezogen, und dies erklärt vielleicht, warum
sie um mich warb. Ich wußte aber nur zu gut, daß eine solche
Beziehung keinen Bestand haben kann, und daß ich unendlich
leiden würde, wenn ich mir gestattete, mich in ihr zu verlieren.
Ich sagte ihr dies auch, und sie war sich des Altersunterschiedes
nicht weniger bewußt als ich.

Sie kam nun jeden Tag für eine Stunde in mein Sprechzimmer

und rauchte Zigaretten. Hätte man einen Film von diesen Begegnungen gemacht, so hätte er in jedem Kindergarten gezeigt werden können. Einmal kam sie des Morgens in meine Wohnung, um mir eine Seminararbeit zu bringen; aber auch bei dieser Gelegenheit wahrten wir den Abstand. Während der akademischen Abschlußfeierlichkeiten lernte ich dann ihre Familie kennen, und mit jedem Tage wurde ich mir mehr bewußt, daß die einzig mögliche Lösung dieser Verwirrung Entsagung sein mußte. Nach der letzten akademischen Veranstaltung nahmen wir voneinander Abschied.

Helen war gemäß ihrem Plane nach Europa gefahren, und ich bereitete mich daruf vor, nach Cambridge zu gehen. Dann begann sie mich aus ihrer Heimatsstadt anzurufen: zuerst am Sonntag, bevor sie in die Kirche ging, und schließlich regelmäßig, wenn immer sie das Verlangen ankam, mit mir zu sprechen.

In Cambridge hatte ich eine kleine Wohnung gemietet, und als ich dort eintraf, ließ ich das Telephon entfernen, da ich ihr keine Gelegenheit bieten wollte, mit mir in Verbindung zu bleiben. Aber ihre Entschlossenheit siegte über meine Vorsicht. Sie begann mir zu schreiben und fragte schließlich, ob ich sie in Cambridge empfangen würde. Das Seltsame war, daß ich in diesen Wochen ein Kapitel über Freud schrieb und täglich entweder seine Schriften oder Bücher über ihn las. Im Grunde war es eine vollkommene Bestätigung seiner Ansicht, daß das Unbewußte sein eigenes Dasein lebt, auf das bewußte Entscheidungen kaum einen Einfluß haben.

Sie kam eines Morgens in Cambridge an. Sie hatte an einer Hochzeit teilgenommen und ihrer Familie gesagt, sie wollte eine Freundin in Maine besuchen. Als ich sie traf, war sie verlegen und suchte ihre Befangenheit hinter einem Wortschwall zu verbergen. Wir gingen in ein Restaurant zum Lunch und danach in meine Wohnung. Es war zwei Uhr nachmittags, als wir eintraten, und als ich sie in ihr Hotel zurückbrachte, war es drei Uhr nachts. Wir waren beide verzaubert, und die Zeit hatte ihre Macht verloren. Ich konnte bald erkennen, daß sie nicht unerfahren war. Sie war so leidenschaftlich wie ich selbst, obschon sie versuchte, mir Schranken zu setzen. Sie war bereit alles zu tun, wovon sie glaubte, es würde zu meiner Befriedigung beitra-

gen, oder den Rausch erhöhen, der über uns hinwegzog. Aber
sie war nicht bereit, sich selbst hinzugeben. Am Ende des
zweiten Tages rief dies eine Verstimmung zwischen uns hervor,
da mir demi–vierges immer verhaßt gewesen sind. Aber ich weiß
nicht, ob sie von dieser Verstimmung angerührt war, denn sie
blieb wieder bis drei Uhr nachts, und bat mich noch vor dem
Hotel, bei ihr zu bleiben und mit ihr zu sprechen. Am Morgen
sah sie dann wieder wie ein kleines Mädchen aus: frisch gewa-
schen und voller Unschuld stieg sie in das Auto, das sie zu dem
Flughafen bringen sollte. Ich wußte nicht, ob ich sie je wiedersehen würde. Aber schon am nächsten Tage empfing ich ein Telegram, daß ihre Rückkehr für den Anfang der kommenden Woche
in Aussicht stellte. ich kann nur vermuten, was in diesen Tagen
in ihr vorgegangen ist, denn als wir wieder beieinander waren,
war ihre Hingabe vollkommen.

Zuweilen während wir sprachen, ließ sie mich empfinden, daß
all dies ihre bewußte Lebenshaltung nicht verändern könnte. Ich
hatte ihr gesagt, daß ich eine Freundin hatte, eine Tatsache, die
sie ohne dies schon von meinen Kollegen erfahren hatte. Aber
dies bedeutete ihr wenig, da sie eine beständige Verbindung
zwischen uns für unmöglich hielt. Es war nicht nur der Altersunterschied, der sie abschreckte, sondern der Spott ihrer
Altersgenossen, „*my contemporaries*", vor dem sie zurück-
scheute. Der Gedanke, daß ich sie je in ihrer Heimatsstadt besuchen könnte, schien ihr unvorstellbar. Vielleicht war sie zu jung, um über die Konsequenz ihres Verhaltens
nachzudenken, vielleicht genügte ihr die Trunkenheit, die uns
überkommen hatte, und ließ sie die Hindernisse vergessen, die
vor uns lagen. Aber als ich sie am nächsten Morgen zum
Flughafen brachte, nahm sie von mir Abschied mit den einfachen Worten, „*I shall see you again.*"

Und dies war kein Versprechen, es war ein Entschluß. Sie
kam nach Sweet Briar, so oft sie einen Vorwand finden konnte;
zuweilen ließ sie es mich vorher wissen, zuweilen kam sie völlig
unerwartet, wie in jener Nacht im Februar als der Schnee einen
Meter hoch lag, und es bitter kalt war. Sie wollte die Nacht bei
mir verbringen, aber ich bestand darauf, daß sie in ein Hotel
ging. Immer waren es nur wenige Stunden, die wir miteinander
verbrachten, manchmal in einem gemieteten Automobil, manch-

mal in einem Restaurant. Immer wieder sagte ich ihr und mir, daß ich zu alt für ein solches Abenteuer sei, und sie war sich der Jahre, die uns trennten, nicht weniger bewußt, ja sie spottete darüber nicht ohne Grausamkeit. Aber nichts hielt sie davon ab, das zu verlangen, was sie begehrte. Und daneben kamen Briefe und Ferngespräche ohne Ende.

Im Februar war sie nach New York übersiedelt, um ihre Studien fortzusetzen. Aber auch dies machte der Liaison kein Ende—jedenfalls nicht unmittelbar. Während der Frühjahrsferien sah ich sie in Washington und danach kam sie nach Sweet Briar, begleitet von einem schwedischen Studenten. Aber nichts hielt sie davon zurück, mich zu allen möglichen und unmöglichen Stunden zu besuchen: so am Ostersonntag um sieben Uhr morgens!

Natürlich war es unmöglich, diese Beziehung vor Helen zu verbergen, und es begann eine Zeit der Reue und der Qual für alle. Helens Haltung, von dem ersten Ausbruch des Zornes und des Abscheus abgesehen, war sehr einfach. Ich sei nicht frei und hätte ihr versprochen, sie zu heiraten. Auch sei sie mir stets treu gewesen. Ob dies der Wahrheit entspricht, vermag ich nicht zu sagen, da sie ihren Gatten wenigstens zweimal besucht hatte. Aber sexuelle Treue ist nicht die einzige, und vielleicht nicht einmal die höchste Form, in der ein Mensch seine Loyalität bekunden kann. Sie sah nicht, oder wollte nicht sehen, daß ihr Verhalten zu ihrer Familie und ihrer Vergangenheit uns von einander entfernt hatte, obschon sie grade in diesen Tagen mir einen neuen Beweis gab, wie stark sie sich noch durch die alten Bande gefesselt hielt. Als sie erfuhr, daß ihr Mann in Kalifornien mit *D. T.* im Krankenhaus lag, flug sie unverzüglich zu ihm. Aber vielleicht hätte ich mich fragen sollen, ob ich eine andere Haltung hätte erwarten können, ob nicht alles Vorangegangene in diese Richtung wies? Und wenn sie nicht bereit war, mich frei zu geben und auf mich zu verzichten, so war auch ich keineswegs entschlossen, sie gehen zu lassen.

Zuweilen fragte mich Helen, was mich zu diesem Mädchen zöge, das in ihren Augen nichts als ein „*college tramp*" war. Meine Antwort wird sie kaum befriedigt haben, denn ich konnte ihr nur sagen, daß sie hübsch, elegant, und unterhaltend sei. Mir selbst aber konnte ich nicht verbergen, daß es im tiefsten ein

Aufflackern der Sinnlichkeit war, in das sich ein gut Teil männlicher Eitelkeit mischte. Und mußte ich mir nicht auch eingestehen, daß ich ein Talent dafür hatte, mich immer in diejenigen Frauen zu verlieben, mit denen ich unter keinen Umständen leben konnte? Vier Mal in meinem Leben war ich dieser Versuchung erlegen.

Ein Psychologe würde daraus wahrscheinlich den Schluß ziehen, daß ich mir unbewußt immer jene Frauen ausgesucht hätte, von denen ich wußte, daß ich sie nicht heiraten könnte oder wollte. Mir scheint, dies weniger bedeutsam, als daß diese Frauen einen bestimmten Typus repräsentierten, der jene Gaben hatte, an denen es mir gebrach, und die meine Unrast vorübergehend stillen konnten: Schönheit, Eleganz, Unverantwortlichkeit, und Leichtigkeit der Seele. Daß diese Gaben eine dauernde Verbindung unmöglich machen, wollte ich mir nicht eingestehen, so lange ich unter dem Einfluß dieser Menschen stand. Und doch will ich nicht den Eindruck geben, daß eines dieser Erlebnisse meine ganze Existenz verzaubern konnte, mein Werk war mir immer wichtiger als jede, auch diese letzte Verbindung.

Schon im Frühjahr 1958 war es mir in einem Gespräch mit Geraldine aufgegangen, daß ich letzthin keine Macht über ihr Leben hatte, und daß ihr Wesen seinen Halt von einer stählernen Feder erhielt, die ich weder biegen noch brechen konnte. Während der Sommermonate verspürte ich immer stärker, daß sie sich anderen Menschen zugewandt hatte, aber wer diese Menschen waren, das verbarg sie mir. Letzthin war es ja unvermeidlich. Hatte ich ihr nicht selbst die Geschichte der Marschallin aus dem *Rosenkavalier* erzählt, und ihre Worte zitiert: ,,Nun werd ich den Bub noch dafür trösten müssen, daß er mir eines Tages untreu sein wird." Sie war *rerum novarum cupida,* und keine Macht der Welt hätte sie davon zurückhalten können, sich die Erlebnisse zu suchen, die sie begehrte. Als ich sie im Juli 1958 in New York wiedersah, verstärkte sich dieser Eindruck in einer unheimlichen Weise. Verliebte sind oft hellsichtig; jedenfalls haben sie *la clairvoyance de la jalousie.* Ob wir in meinem Hotelzimmer waren, oder auf einer Bank im Park saßen, immer hatte ich das Gefühl, daß mich die Schatten von anderen Menschen umgaben. Zuweilen sagte sie, daß sie mich heiraten

wollte, aber stets in einer Form, die ihr den Rückzug in jedem
Augenblick erlaubte. Als ich von New York nach Cambridge
fuhr, hatte ich mich entschlossen, mit ihr zu brechen. Ich konnte
mir nicht verhehlen, daß das, was uns trennte, mit jedem Tage
wachsen mußte. Ich war kein Faust und sie war kein Gretchen.
Die Erfahrenheit und Leichtigkeit, mit der sie auf jede meiner
Begierden antwortete, machte mich nachdenklich. Denn wie
konnte ich glauben, daß ich allein es war, der ihre Wünsche
befriedigte. Erst viel später habe ich verstanden, daß dies nicht
nur eine Differenz zwischen ihr und mir war, sondern daß sie
auch darin ihre Generation repräsentierte, die sexuelle Erfahrungen als etwas selbstverständliches hinnimmt, und sie
früher erwirbt, als meine Generation das getan hat. Bürgerliche
Vorurteile, die mich und meine Altersgenossen zurückhielten
und uns Hemmungen auferlegten, die wir nur durchbrechen
konnten, wenn ein leidenschaftlicher Impuls uns dazu trieb,
existierten für sie nicht mehr. Auch andere Züge ihres Wesens
begannen mich abzuschrecken. Sie hatte sich in New York
daran gewohnt, Menschen nach dem Maß des Geldes zu beurteilen, das sie für sie auszugeben bereit waren, und gab dies
offen zu. So begann ich einen langen Absagebrief an sie zu
schreiben, dessen Komposition sich über Wochen erstreckte.
Ich schrieb ihn schließlich an meinem Schreibtisch in der Widener Library nieder. Daß sie meinen Entschluß nicht ohne Kampf
akzeptieren würde, hätte ich voraussehen können. Sie bestand
darauf, mich noch einmal zu sehen. Sie gab zu, Beziehungen zu
anderen Männern zu unterhalten, verklausulierte dieses Bekenntnis aber in einer Weise, daß es alles oder nichts bedeuten
konnte. Schließlich drohte sie nach Cambridge zu kommen und
auf mich auf den Stufen der Widener Library zu warten. Ich gab
nach und antwortete, daß ich sie Ende August erwarten würde.
Sie traf an einem Morgen ein, und mit der Hemmungslosigkeit,
die ihr zur zweiten Natur geworden war, sagte sie mir, daß sie
mit mir schlafen wollte. Aber der physische Akt konnte die
Zweifel und das Mißtrauen, die mich beherrschten, nicht
einschläfern. Wir gingen in meine Wohnung, und als ein heftiger
Regen begann, wünschte sie, die Nacht mit mir zu verbringen.
Am nächsten Tage fragte ich sie, ob sie mit anderen Männern
schliefe, und nach einigem Zögern gab sie es zu. Ich hatte Mühe,

meine Fassung zu bewahren und ihr keine Vorwürfe zu machen, die unter den Umständen ja lächerlich gewesen wären. So gingen die drei Tage hin, mit vergeblichen Versuchen, die Scherben des heiligen Graales zu kitten. Es waren Stunden voller Bitterkeit, aber vielleicht waren sie notwendig, um mich von jener Illusion zu heilen, die mich durch mein ganzes Leben verfolgt hatte.

> „Wer von der Schönen zu scheiden verdammt ist,
> fliehe mit abgewendetem Blick.
> Wie er sie schauend im tiefsten entflammt ist
> Zieht sie, ach, reißt sie, ihn ewig zurück."

Sie war auch jetzt noch nicht bereit, das Spiel für verloren zu halten, selbst als ich ihr sagte, daß ich mich nun endgültig dafür entschieden hatte, mit Helen zu leben. (Helen war mit ihrer Tochter und ihrem Bruder nach Kanada gereist.) Vielleicht war es sogar dieser Entschluß, der sie dazu trieb, mich zurück zu gewinnen. Als ich sie an den Flughafen brachte, sprach sie von unserer Hochziet als einer selbstverständlichen Tatsache.

Und so wiederholte sich die Komödie nur mit umgekehrtem Vorzeichen. Sie war es nun, die um mich warb und auf jeden meiner Briefe mit einem leidenschaftlichen Telephongespräch antwortete. Mit der ihr eigenen Beredsamkeit warf sie mir vor, daß ich von Helen wie von der heiligen Jungfrau spräche, und sie selbst als eine Art von Maria Magdalena betrachte. In Wahrheit war es ja die Entscheidung zwischen Martha und Maria Magdalena, und niemand konnte zweifeln, was ich tun mußte. Sie versicherte mir, daß sie ihrer Familie mitteilen würde, daß sie sich entschlossen hätte, mich zu heiraten. Im tiefsten war auch dies wohl der Ausfluß verletzter Eitelkeit. Als ich im Herbst an einer Lungenentzündung erkrankte, nahm sie dies mit Gelassenheit zur Kenntnis und fuhr fort mich anzurufen, gleichgültig, ob ich in hohem Fieber lag oder ob der Arzt bei mir war, um mir eine Injektion zu geben. Als ich schließlich das Haus verlassen konnte, schrieb ich ihr noch einmal, daß ich sie unter keinen Umständen heiraten würde.

Andere Dinge und andere Menschen müssen dann in ihr Leben getreten sein, denn sie entschloß sich plötzlich, ihre Studien abzubrechen und in ihre Heimatstadt zurückzukehren. Und

dies war das Ende. Zuweilen schrieb sie noch und fuhr fort mich
anzurufen. Aber wir wußten beide, daß die Wasser nicht bergauf
fließen. 1959 kam sie nach Sweet Briar und ich sah sie auf eine
kurze Stunde. Noch immer schlug mir das Herz im Halse, wenn
ich sie ansah, aber ich konnte nun ihren Beteurungen leichter
widerstehen. Im Herbst des gleichen Jahres versuchte sie,
wiederum mich zu sehen, aber ich ließ ihren Brief unbeantwor-
tet, und als sie mich anrief, fand ich schließlich den Mut ihr zu
sagen, ich wollte sie nicht mehr sehen. Zu Weihnachten rief sie
mich von einem Bahnhof an, um mir mitzuteilen, sie hätte sich
verlobt. Sie wollte mir aber den Namen ihres Verlobten nicht
sagen. Ich war mehr als aufrichtig, wenn ich ihr Glück wünschte,
einmal weil mir damit die Verantwortung für ihr Schicksal
abgenommen war, zum anderen aber weil ich selbst in den
Augenblicken des größten Kummers, nie ein Gefühl der
Feindschaft oder des Hasses gegen sie verspürt habe. Noch hat
einer von uns je ein häßliches oder hartes Wort über den anderen
gesprochen. Sie war, wie sie war, aufrichtig selbst dann, wenn
sie verlogen war, denn auch dies gehörte zu ihrem Charakter,
und wenn irgend jemand schuldig war, so war ich es, der so viel
älter war als sie und weiser hätte sein sollen. Hin und wieder hat
sie mir dann noch geschrieben, und ihre Briefe hörten erst auf,
als ich mich 1960 mit Helen verheiratete. Helen war nicht
geneigt, ein neues Leben unter dieser Bedrohung zu beginnen
und führte eine Begegnung mit Geraldine herbei, in der sie ihr
verboten haben muß, mit mir in Verbindung zu treten. Ich weiß
davon nur wenig, da Helen sich geweigert hat, mir über den
Gang des Gespräches etwas mitzuteilen, Nur so viel ist gewiß,
sie erfuhr von ihrer Rivalin mehr als ich ihr je gesagt hatte.

Es war leichter die Amputation zu vollziehen, als von der
Krankheit geheilt zu werden, die sie notwenig gemacht hatte. Es
ist ein biologisches Gesetz, daß die Heilkräfte des Körpers und
der Seele mit zunehmendem Alter abnehmen, bis sie eines Tages
ganz verschwinden und wir sterben. Ich erfuhr dieses Gesetz
nun auch an mir. Es war in jenen Wochen, daß ich begann, mehr
zu trinken als für mich gut ist, und in einer seltsamen Ver-
kehrung der Tatsachen bildete ich mir ein, daß dies ein Ritual
war für die Liebe, die ich geopfert hatte. Und doch wußte ich
damals wie heute, daß es keine andere Lösung gab, als die, die

das Leben mir schließlich auferlegt hatte. Mein Verhältnis zu Helen stellte sich langsam wieder her, obschon auch sie Narben davon in ihrer Seele trug. Ich weiß nicht, ob sie je begriffen hat, daß sie, bewußt oder unbewußt, das Ihrige dazu getan hat, daß diese Verstrickung ein solches Ausmaß angenommen hat. Sie hat es nie zugestanden, und natürlich war ihre Schuld, wenn sie überhaupt bestand, nur eine passive, während die meine aktive war.

Und ohne das dies je ausgesprochen worden ist, war ein Element aus unseren Beziehungen unwiederbringlich geschwunden. Es ist schwer, darüber zu sprechen, aber nach dem die Episode abgeklungen war, ging eine Wandlung in mir vor. Ich fand Frauen noch immer schön, aber die physische Vereinigung wurde mir mehr und mehr gleichgültig. Selbst wenn ich Frauen begegnete, die mich wissen ließen, daß sie zu jedem Schritte bereit waren, berührte mich dies nicht mehr. Es wäre eitel davon zu sprechen und Beispiele zu geben, aber es war nicht so, wie La Rochefoucauld sagt, daß, wenn die Laster uns verlassen, wir uns einbilden, wir hätten sie überwunden. Das Einzige was ich über diesen Wandel mit Gewißheit sagen kann, ist, daß er sich langsam vollzog, und daß ich ein Gefühl der Erleichterung verspürte, dieser Tyrannei entgangen zu sein. Ich erinnerte mich der Worte des Sophokles, der auf die Frage, ob er noch von dem Verlangen der Liebe geplagt werde, geantwortet haben soll: ,,ich bin froh, diesem wilden und unbarmherzigen Herren entkommen zu sein.'' Ich bin noch immer für den Zauber eines schönen Gesichts empfänglich und bin nicht frei von erotischen Begierden. Manchmal sind es Vorstellungen, die mich am hellerlichten Tage überfallen, aber meistens sprechen meine Träume eine Sprache, die ich mir selbst deuten kann. Aber diese Bilder haben keine Macht mehr über mich, und ich weiß, daß sie mein Dasein nicht mehr erschüttern können. Auch hier ringt man sich am Ende zu der Einsicht durch, daß dies ein biologischer Prozess ist. Neben dem Schwinden der Begierde, steht die Einsicht, daß die *libido* nur eine List der Natur ist, wie Schopenhauer es nannte, daß ihr Ziel die Fortpflanzung der Gattung ist, an der ich nie interessiert war. Daß die Schönheit des Leibes zur Suche nach der Schönheit der Seele führen müsse, ist ein platonischer Irrtum, dem man sich all zu gerne ergibt, so lange die Schönheit des Leibes noch Gewalt hat, uns zu blenden. So ist es auch mir gegangen. Und das Ende war schließlich *ein adieu au grand air,* aus dem ich mit dem Bewußtsein hervorging, daß es an der Zeit war: der Lust des vielen Möglichen zu entsagen, ,,verlobt an sein Geschick und Weg.''

Ich ging im Sommer 1959 noch einmal auf eine lange Reise nach Europa. Ich sah Holland weider, das ich seit meiner Kindheit nicht gesehen hatte, Venedig, Florenz, Rom, Pisa, Madrid und dann den spanischen Süden. Zum ersten Mal ging mir die überirdische Schönheit Granadas auf, als ich auf der Terrasse vor meinem Zimmer saß und auf die Altstadt im Mondlicht herabsah. Die großen Museen, Der Prado, Das Rijcksmuseum in Amsterdam, und das Louvre brachen wie ein großes Licht in mich. Ich fühlte, daß ich schließlich die Reintegration in die europäische Kultur, die ich 1936 verlassen hatte, erreicht hatte. Es war eine Art von *reconquista,* eine Wiedereroberung und Bestätigung dessen, was ich stets gesucht hatte, und also, dessen, was ich war. Ich fand mich auf dieser Reise auch in meiner Berufswahl bestätigt, denn für einen Menschen von beschränktem Talent, wie ich es bin, ist der Beruf des Historikers angemessen. So sah ich mich nun als den, der ich in 58 Jahren geworden war, einen Euro–Amerikaner.

Ich hatte diese Reise aus sehr persönlichen Gründen unternommen, da Helen abermals eine Studentengruppe durch Europa führte. Diesmal nahm sie ihre Tochter mit, und ihre Anwesenheit führte zu den gleichen Spannungen wie vor vier Jahren. Aber obschon wir auf demselben Schiffe fuhren, hatte ich inzwischen gelernt, mich in das Unvermeidliche zu fügen. So ging ich meinen eigenen Weg, und wir sahen uns in Europa nur hier und dort. Auch auf der Rückfahrt konzentrierte sie ihre Aufmerksamkeit auf ihre Tochter, und als wir in New York ankamen, blieb sie zwei Wochen bei ihrem Bruder. Aber ich hatte mir vorgesetzt, daß mich diese geteilte Loyalität nicht noch einmal irritieren würde, und wartete in Lynchburg auf ihre Ankunft.

Das Jahr, das nun vor mir lag, mußte den Abschluß meines Buches (*Prophets of Yesterday*) bringen. Das *Department of State* hatte mich gefragt, ob ich bereit wäre ein Jahr an der *Freien Universität* in Berlin zu unterrichten. Ich entschied mich dafür ein halbes Jahr in Berlin zu lesen und den Rest der Zeit dafür zu verwenden, mein Manuskript zum Abschluß zu bringen. Der Urlaub wurde mir in Sweet Briar bewilligt: ich las nur eine Vorlesung über politische Theorien, die mir immer leicht gefallen ist, und verwandte meine Freizeit, darauf, daß eine Kapitel zu schreiben, das noch ausstand. Im Winter 1959/60 war es vollendet; nach der Revision ließ ich es kopieren und sandte es an vier Verlagshäuser in New York. Es war der 4. April, und ich wußte, daß wieder eine lange Zeit des Wartens vor mir lag. Aber im tiefstem war ich davon durchdrungen, daß es ein gutes Buch war und seinen Weg machen würde. Macmillan hat es dann am 17. September, meinem Geburtstage, akzeptiert.

Im April fuhr ich nach New York, um die Überfahrt auf der *Rotterdam*, zu machen. Es war ein ganz neues Schiff, und ich genoß die acht Tage auf hoher See, wie ich jede Seefahrt genossen habe. Ich blieb ein paar Tage in Rotterdam, genug um wieder den Haag zu besuchen und um mir noch einmal die Museen in Amsterdam anzuschauen. Das Schönste war aber eine Blumenausstellung in Rotterdam, wo ich an einem kalten Maientage durch ein Meer von Tulpenfeldern ging und in den Treibhäusern Fresias in allen Farben in der Blüte fand. Der Aufenthalt in Berlin war fruchtbar und erfolgreich. Die Universität machte mir ein Angebot, dauernd in die Fakultät einzutreten, und auch aus Tübingen erhielt ich eine verbindliche Anfrage, ob ich die Nachfolge von Hans Rothfels übernehmen wollte. Aber ich hatte mich dafür entschieden, meiner amerikanischen Wahlheimat treu zu bleiben. Einmal war der Blutgraben, der Deutschland seit 1933 umzog, zu weit und zu tief, um ihn zu überspringen. Sodann hatte mich Amerika so großherzig aufgenommen und mir so viel Hilfe gewährt, daß es mir als der Gipfel der Undankbarkeit erschienen wäre, dies wie eine Schlangenhaut abzustreifen. Zum letzten aber hatten Helen und ich uns entschlossen, uns nun endlich zu verheiraten. Mehr und mehr war mir die Anonymität unserer Beziehungen beschwerlich geworden, und ihr war sie seit langem zuwider. Ich glaube nicht, daß sie sich auf die Dauer in einer deutschen Universitätsstadt wohl gefühlt haben würde.

Da sie auch in jenem Jahre eine Studentengruppe durch Europa führte, hatten wir beschlossen, uns in Heidelberg zu treffen. In den Pfingstferien fuhr ich nach Wien, wo ich zehn Tage höchsten Genusses in Museen und in der Oper hatte, und dort kaufte ich in einem Juweliergeschäft hinter dem Stefansdom den Verlobungsring. Wir trafen uns Ende Juli in Heidelberg und fuhren gemeinsam mit den Studenten über Straßburg und Nancy nach Paris.

Ursprünglich hatten wir daran gedacht, uns in der Schweiz trauen zu lassen; aber ich wollte nicht noch einmal ein Fiasko wie das von 1936 erleben und entschied mich schließlich für London. Nachdem Helen ihre kleine Studentengruppe im Flugzeug in die Vereinigten Staaten zurückgeschickt hatte, übersiedelten wir in ein Kleines Hotel in Hampstead, wo ich schon vorher gewohnt hatte. Dort warteten wir bis unsere Zeit herankam, und am 29. August wurden wir in der Registratur in einer herzlosen Zeremonie getraut. Am Abend gingen wir in eine Aufführung des *Don Giovanni*.

So waren wir schließlich doch vereinigt, allen Hindernissen, die uns entgegen gestanden hatten, und die wir selbst geschaffen hatten, zum trotz. Unser Leben ist nicht ohne Stürme und Irrsale verlaufen, aber wir wissen beide, daß es für uns nichts schlimmeres geben könnte, als ohne einander zu leben. Wir tun fast alle Dinge miteinander und teilen unsere Erlebnisse, so weit ein Mensch sich überhaupt einem anderen mitteilen kann. Eine letzte, existentielle Einsamkeit bleibt ja unaufhebbar, was alle Dichter von Goethe bis Balzac und Proust gewußt haben, und diese Einsamkeit kann auch durch keine Zweisamkeit überbrückt werden. Aber es ist ein Ding einsam zu sein, wozu jeder Mensch verurteilt ist, und ein anderes, allein zu sein. Allein zu leben ist ein schweres Schicksal. Die Ehe ist, wie Wilhelm von Humboldt es ausdrückte, eine ,,Art von individueller Weltschöpfung'', aber es sind nur wenige Menschen, denen es vergönnt ist, ihre Begierden, ihre Sympathien, und ihre Interessen auf einen Menschen zu konzentrieren, und nicht nur ein Echo in dem andern Menschen zu finden, sondern diese harmonie zwischen Ich und Du durch die Stürme der Zeit und die wechselnden Umstände des Lebens zu retten.

In meiner Ehe habe ich gelernt, daß es festere Bande gibt, als sie die Sexualität oder die Anbetung des Schönen, das immer vergänglich ist, zu knüpfen vermag. Eine Ehe nur auf die Magie der Sinne zu gründen, ist von vornherein zum Scheitern verurteilt: es ist als ob man eine Brücke auf einen Regenbogen gründen wollte. Ein zweites, das mich mein Leben gelehrt hat, ist, daß viel Toleranz dazu gehört, das Dasein mit einem anderen Menschen erträglich zu machen: Toleranz und die Gabe, die Dinge in ihren richtigen Proportionen zu sehen, das Kleine als nichtig und nur das Große als wichtig zu behandeln. Dazu gehört auch die Fähigkeit im rechten Augenblicke schweigen zu können. Jeder Mensch muß diese Problem in seiner eigenen Weise zu lösen versuchen, um über die Enttäuschung hinwegzukommen, daß es eine vollkommene Gemeinschaft auf dieser Erde nicht gibt.

> ,,Kann wohl ein Mensch des andern auf der Erde
> so wie er möchte sein
> in tiefer Nacht bedacht' ichs mir
> und mußte sagen: Nein''

Wie oft habe ich Männer und Frauen getroffen, die anscheinend glücklich miteinender waren, und die sich wenige Wochen nach dem Tode ihrer Gefährten schon anderen Menschen zuwandten, oder die erlöst schienen, daß diese Last von ihnen abgefallen war. Das Absolute in einer menschlichen Gemeinschaft suchen zu wollen, ist ein gefährliches, und recht besehen ein törichtes Unternehmen: ,,es ist wie der, der ohne Flügel fliegen wollte.''

Ich will diese Erinnerungen mit dem Jahre 1960 abschließen. Die 13 Jahre, die seitdem vegangen sind, haben mir noch vieles gebracht, an das ich in Dankbarkeit zurückdenke, Produktion in meinem eigensten Gebiet, Lehrerfahrungen an anderen Universitäten wie Berkeley, Berlin, und San Diego, Reisen durch Sizilien, Griechenland, die Türkei, und Russland und natürlich auch schwere Krankheiten. All dies hat mein Leben unendlich bereichert, aber es war nicht mehr in Gefahr aus der Bahn geworfen zu werden. Selbst der Gedanke an der Tod, der mich durch mein ganzes Leben begleitet hat, ist für mich nun zu dem geworden, was er jedem reifen Mensch sein sollte, das Ende, dem alles Lebendige entgegenstrebt.

Meine bewußte Existenz war der Ergründung des

menschlichen Geistes in der kurzen Spanne, die wir Geschichte nennen, gewidmet. Ich glaubte ein Gefühl für die Dimension der Zeit zu haben und ein Verstehen für die Variationen des menschlichen Geistes durch die Zeitalter. Auch als die vielen Erfahrungen, in die mich mein Leben verstrickte, versanken, und die Zeit über ihnen zusammenschlug, wußte ich doch, daß sie in einer oder der anderen Form überdauern würden. Dies Buch, wenn es ein Buch ist, ist nicht geschrieben worden: *à la recherche du temps perdu*. Noch weniger kann es sich rühmen, die verlorene Zeit wiedergefunden zu haben.

Zeit ist ein so vieldeutiges Wort wie Liebe. Vielleicht verstehen wir die Jahreszeiten, und die menschliche Zeit, der wir untertan sind. Aber schon vor der biologischen Zeit im makrokosmischen Sinne, der Entstehung und Entwicklung der Arten versagt unser Geist. Geht er darüber hinaus in die geologische Zeit, so werden unsere Konstruktionen zu einer Art von intellektuellem Gesellschaftsspiel, bei der es auf eine Million von Jahren nicht mehr ankommt. Und wenn wir die astronomische Zeit zu begreifen versuchen, so sprechen wir von den Lichtjahren wie der Blinde von den Farben.

Ich sehe in dieser Beschränkheit des menschlichen Geistes keinen Grund zur Verzweifelung wohl aber zur Bescheidenheit. Alles, was wir vermögen sind die glühenden Seufzer, wie Baudelaire sie nannte, die hinrollen von Zeiten zu Zeiten, und die am Rande von Gottes Ewigkeit verschallen. Sehe ich auf meine Bücher, auf die ich einst so stolz war, so weiß ich, daß sie vergessen werden, wie auch ich in wenigen Monaten vergessen werden werde. Und doch war es besser, den kampf aufzunehmen und zu beweisen, daß ein Zerstörer wie Hitler und die Unbill der Zeit uns nicht zur Kapitulation zwingen konnte, und das man getan hat, was man konnte, wie wenig dies immer sein mag.

Großes zu schaffen, war mir nicht gegeben, einmal und vorallem, weil ich nicht genug Talent hatte. Zum anderen, weil der Kreis der Menschen, in dem ich mich bewegte, zu klein und zu sehr auf das akademische Leben eingestellt war. Fast vier Jahrzehnte habe ich geglaubt, daß meine Existenz, die des Lehrers sei. Und doch als sie zu Ende ging, konnte ich sie ohne Bedauern zurücklassen, ja um die Wahrheit zu sagen, überkam mich ein Gefühl der Befreiung. In dieser Epoche des Traditionsschwundes und des Traditionsabbruches scheint es mir fraglich, ob die Institutionen und die Formen, an denen ich so lange festgehalten habe, überdauern werden. Im besten Falle werden andere an ihre Stelle treten. Aber ich halte es nicht für unmöglich, daß wir einem Eiszeitalter der Kultur entgegen gehen. Glücklich sind die, die es nicht mehr erleben werden. Zum letzten muß ich auch bekennen, daß was immer ich zu schaffen versuchte, keinen Rückhalt an einer Gemeinschaft hatte. Wann konnte ich je das Wort ,,wir'' gebrauchen, nicht in Deutschland, nicht in Kolumbien, und nicht einmal in Amerika. Aber auch ist das Schicksal.

In Bogotá habe ich vor vielen Jahren einige Gedichte Byrons übersetzt. Eines scheint mir auszudrücken, was ich in diesen Seiten habe sagen wollen:

> So wie zu einem Kalten Grab zurück
> Ein Name die Vorübergehnden zieht,
> So hafte Dein gedankenvoller Blick
> Auf meinem, wenn Du diese Seiten liest.

> Und meinen Namen Sieh, wie einen Boten
> Vielleicht nach vieler künftiger Jahre Flut,
> Gedenke meiner dann als eines Toten
> Und wisse, daß mein Herz hier ruht.

18. März 1973

GEDICHTE

1919–1947

Oktober

Sie ist ganz tief in mir die süße Stille
Levkoyen duften Rosen sanft vermählt.
Das Blau ist wesenlos und tief als stille
Ein später Herbst, was uns so lang gequält.

,,Wir werden Kränze um die Stirnen schwingen
Und Lieder suchen, ist das nicht genug?"
Allein mir ist, als könnt es nicht gelingen,
Den Sang zu finden, der uns einmal trug.

Du kannst nicht jubeln, und doch brach Dein Kerker
Du zitterst noch, Du leidest vielerlei?
,,Weiß ich es denn, ob meine Sehnsucht stärker
Zu Sternen sprach als ein verzagter Schrei?

,,Wie bist Du bleich Du Armer und wie müde
Bist Du des Opfers ohne Ziel und Rest."
Ich warte stets des Morgens, der mich lüde
Ihr reines Opfer auf ihr reines Fest.

[Der weiße Hirsch]

Die weißen Hirsche schreiten
Rund um den See, doch draußen
Blühn Büsche voller Rosen
Wohl einem ums Geweih.

Oh nimm vom Helm worin Du
Die Fülle bargst Dein Antlitz
Vieleicht es möchte einer
Vor so viel Pracht erbleichen.

Behüt vor Sommerfäden
Die Stirn, dem trunken Herrn
Des Herbstes sind verschwistert
Schlaf und sein Bruder: Tod.

[Geliebte]

Geliebte, mein Herz ist wie ein Vogel,
Mein Herz ist ganz frei Geliebte,
Über uns ist ein Stückchen blauen Himmels
Und seidene Wolken. Waren wir glücklicher je?

Geliebte, die Sonne scheint ein wenig,
Von den Weiden zwitschern verschüchtert die Vögel,
Blumen sind wohl noch nicht
Aber die Wellen des Sees murmeln leise,
Und es ist die Stunde der Tränen.

Geliebte, der Wind singt von der Heimat des Frühlings,
Zwischen den hohen Bäumen singt der Wind,
Einer nur weiß um die Heimat meiner Seele,
Immer der Wind, Immer der Wind.

[Das Mondlicht]

Oh Mondlicht über meiner Hand, oh Flug
Und Stimme der berauschten Vögel, Winde,
Ich gab mich preis an Euch, wenn von der Münde
Der sommerliche Fluß zum Meer mich trug.

Jahr aufgebaut aus Glanz und Schmerz, ich finde
Dich tot und ohne Frucht: abtut als Trug
Dich dies entsetzte Herz, das ohne Fug
Nun geht und weint und weiß nicht um die Gründe.

Herr, zwischen Jahr und Jahr sind diese Hände
So leer geworden, daß sie um Dich stehn,
Wie Bettler tun und warten auf ein Zeichen

Wer aber übermöchte Dich, von Wende
Zu Wende dauerst Du, und ist ein Flehn
Dir mehr als Frühlingsschauer über Teichen?

Juli 1921

[Dir und mir]

Ein und ein anderes Mal tust Du das Schöne, und Dir
Dünkt es nicht minder rund um die Weiher zu gehn
Und mit den Schwänen hinknieend zu netzen die Stirn
In den mondlichten Wassern, denn zu beten.

Dir ist nicht bang, wenn hinter Deinem Fuß
Lautlos der Pfad verwächst, und ich sah Dich nie,
Talwärts die weißen Straßen spahen, den Schein
Von einem toten Glücke suchend: denn dies weißt Du,

Nichts was vollkommen ist, stirbt zwischen Dir und mir,
Dem Du entsagst, Du wirst es besitzen: Denn
Wachend aus Schlaf und Vergessenheit in ihrer Schöne
Treten zu Deinen Gesprächen am Abend die Dinge,
Und eine selige Lippe bewahrt sie im Lied.

16. 9. 1921

[Die Sterne]

Sterne sinken durch die Nacht
Dir und mir zu Füßen
Lieder schwirren durch die Nacht
Dich und mich zu grüßen.

Fackeln leuchten dort am Pfad
Gold und Purpurrot
Zwischen silberheller Saat
Gleitet unser Boot.

Auf den Wellen tanzt ein Band
Mondeshelles Gleiten,
Einer Brücke gleich gespannt,
Die wir überschreiten.

Sterne sinken auf das Feld,
Und auf Deine Hand,
Und so trägst Du eine Welt
Fort auf Deiner Hand.

In Ein Album

Durch eine Gartenfrühe fliegt der Wind,
Der wundervollen Berge Duft und Glanz
Zu Füßen schüttend, dem der sitzt und sinnt,

Wie dieser hellen Wochen leichter Kranz
Von Blicken, von Begenungen und Wegen
Und halbverhüllter Worte Maskentanz

Einst blühen wird, wenn um die Stirn ihm legen,
Den harten Reif die strengeren Geschicke,
Er kann nur danken, den, die ihm gegeben

Die schöne Ruhe so erfüllter Stunden,
Damit er leichter trage das Vermächtnis
Des Geistes dunkle Pfade zu erkunden:

Denn unsrer höchste Hoffnung heißt: Gedächtnis.

1925-1929

[In meinem Herz]

Ich habe Dir zu lang geglaubt
Ich wag's nicht mehr.
Nun bin ich jedem Ruf ertaubt,
Föhlst Du wie sehr?

Auslöschen dieser Monde Schmerz
Du kannst es nicht.
Was Du auch tust, in meinem Herz
Steht doch: Verzicht.

[Der Traum]

Mir träumte heute Nacht, Du lägst in Wehen,
Und da war niemand, der Dir Hilfe brachte:
Ich war gefesselt, dies mit anzusehen.

Ich schloß die Augen, doch Dein bittrer Schrei
Drang zu mir, und ich betete zu Gott,
Doch waren mir die Hände wie aus Blei.

Dann schliefst Du ein, sinnlos von Schmerz und Not.
Ich hob– denn plötzlich konnt ich gehen–
Das Kind auf und erkannte, es war tot,

Da wacht ich auf und wußte, was geschehen.

22. 9. 1927

Unter Kastanien

Des Baumgangs grüne Blätternacht erhellt
Von vielen Kerzen nur ein schwaches Licht,
Aus denen Blüt um Blüte niederfällt
Auf Dein emporgebogenes Gesicht.

Ist es die Luft nach langem Negen schwer,
Der alten Wasser Hauch, träg und gelinde?
Warum gefiel es uns auf einmal sehr
Zu prüfen, ob der Zauber wohl noch binde?

Du bietest mir mit Lächeln Deinen Mund,
Ich faß Deine Hand nur wie zum Scherz.
Doch unter Spiel und losen Worten sehnen

Wir uns einander zu umfangen und
Jagt Deim empörtes Blut durch alle Venen
Und spottend birst mir das berauschte Herz.

[Du mußt doch wissen]

Und hast Du endlich Dich in Schlaf geweint,
So fährst Du auf von den zerwühlten Kissen,
Wenn nur der fahle Tag ins Zimmer scheint,
Und wieder Dir aus Traum und Finsternissen
Entgegen tritt, was Du Dir stets verneint,
Du willst's nicht wissen und Du mußt doch wissen:
Mund lag auf Mund, Herz war zu Herz geeint,
Nun sollst Du leben können und sie missen.

Und Du versuchst dem nochmals zu entrinnen
Was mit erloschenen Augen auf Dich starrt,
Und kehrst Dich tränenblind und wie von Sinnen
An alle Dinge Deiner Gegenwart,
Allein das leere Draußen ruft das Drinnen,
Das wie ein Mörder vor der Schwelle harrt,
Nun schlägt die ganze Glut erneut nach Innen,
Trotz Flucht und Furcht, es bleibt Dir nicht erspart.

Sei's drum. Was liegt noch dran! Sei dies das Ende!
Du kannst nichts bannen, was schon halb entwich,
Wie viele Gründe sich Dein Mund erfände
Sie hielten Deinem Herz zuletzt nicht Stich.
Wenn Dir das Herz im Leib gefriert, verblende
Dich nicht, denn eines Abends trifft es Dich,
Doch so wie jetzt: Du sitzt und schlägst die Hände
Dir vor's Gesicht und weinest bitterlich.

7.–9. 12. 1930

[Wie Deine . . .]

Die Landschaft hat mich freundlich aufgenommen
Mimosen blühen, Mandeln und Kamelien.
Wann aber wird die schöne Freundin kommen
Mit ihrem Munde Deinen Mund beseligen?

                                    6. 4. 1931

In jedem Antlitz seh ich Dein Gesicht,
In jedem Auge Deiner Iris Licht,
In jedem Mund, der Worte zu mir spricht
Lausch ich der Stimme, ob sie steigt und bricht

Wie Deine . . . aber keine dringt
Mir bis ans Herz und keine schwingt
Wie Deine: Haar und Hand und Ring . . . .
Oh süße Narbe drin ich mich verfing.

                                    23. 5. 1931

[Der Übergang]

Wir kennen nicht die Lust des Überganges,
Wir reisen plötzlich fort von irgendwo,
Und werden nie der weißen Straßen froh.
Verloren ist, was rechts und links des Stranges

Zurückfliegt: sanftes Grün der Wiesen;
Und in den Städten das verschlungene Leben,
Was wissen wir von jenem und von diesem?
Ach nichts ist unsern Blicken preisgegeben.

Was war fällt hinten runter wie ein Stein.
Wir können nicht mehr warten bis der Wein
Vom Weg und Brot und Wolken, Wind und Blatt

Zu Blut verwandelt lebt in unsern Gliedern.
Wir wachen auf in einer fremden Stadt
Mit sehr viel Staub auf unsern müden Lidern.

8. 4. 1934

Der Boboli Garten

Das Mädchen spricht:

Ich weiß nicht, was mich ankam, grade heut
An diesem hohen Mittag, da das Licht
Wie eine goldene Wolke auf der Stadt liegt,
Den steilen Weg herabzugehn, den die
Zypressen so wie eine schwarze Wand,
Fast drohend vor dem zarten Himmel,
Umstehen, schweigend, ohne Schatten zu verleihn.
Ich weiß nicht, was dies war, vielleicht,
Daß mich von irgendwo ein Duft
Von Flieder und von Tuberosen traf,
Und mich so sehr verwirrte, daß ich nun
Die letzten Stufen der Allee hinab
Fast fliegend lief und gleich das Gitter aufstieß,
Wo auf der Insel um den Brunnenrand,
Die Sonne die Zitronenbäume reift.
Ich ließ mich nieder, wartend, daß der Schwan
Wie stets, auch heute, mir erlauben würde
Sein schimmernd zärtliches Gefieder so
Mit meiner Hand zu streicheln und zu glätten.
Doch ließ er mich so ganz allein und zog
In immer stolzern Bögen von mir fort,
Wie sehr ich ihn auch lockte und ihn rief.
Das machte mich so traurig, daß ich lange
Dort weinend saß, bis ich mich plötzlich
Sehr töricht fand und meine Tränen abwusch
Im kühlen Wasser dieser Brunnenschalen . . .
Ob viele Mädchen wohl schon ihre Tränen
Im Wasser dieser Brunnen weggespült?
Ich ging in eine Nische, die der Gärtner
Für mich in diesen Hecken ausgespart.
Ich setzte mich und las in diesem Buch,
Doch weiß ich jetzt schon nicht mehr was.
Denn mir entfiel das Buch, ich schlummert ein,
Mit einem Vorgefühl, ich würd' erwachend
Ein Unsagbares in mir selbst empfangen
Und einem Duft von Rosen auf den Wangen.

30. 4. 1934

Abschied von Florenz

Noch einmal gehst Du die geliebten Straßen,
Vor dem entfärbten Himmel grüßt der Dom,
Wie könntest Du's ertragen, dies zu lassen
Führ nicht das Tor, durch das Du gehst, nach Rom.

———————

Der Zauber stirbt nicht, wenn ich heut enteile,
Ein großer Glanz aus einem neuen Heile
Entwirkt die magisch unbekannten Kräfte
Zu jedem auch dem täglichsten Geschäfte.

2. 5. 1934

Nach dem Anhören Schubert'scher Musik

Bist Du's noch, den eine süßen Flöte
In ein allzufremdes Tal verführte,
Wo des milden Sommers Abendröte
Und ein Wind Dich fast zu Tränen rührte?

Dem aus grünen Lauben die Geliebten
Flehend ihr Gesicht entgegen wandten,
Schmerzlicher die ehemals betrübten,
Zärtlicher, umgeben von Girlanden,

Bist Du's noch den das bestirnte Blau
Einer viel zu warmen Nacht entzückte,
Daß Du fühltest, selig und genau
Wie's Dich dem Bedrückenden entrückte:

Was Dich traf wie Wogen eines Schmerzes,
Den es zu erfahren, Dich verlangte,
Wie Versprechen dann, wie Hauch des Märzes,
Tränen dann, vor denen es Dir bangte,

Und ein unaussprechliches Zartes– was
Dich nur streifte so wie Schmetterlinge
Und zurückkam, daß es Dich umfinge
Wie zwei Lippen, zart und glühend, daß

Du nichts wußtest, als nur immer eines
Auszuruhn im Glücke dieses Kusses,
Der das Eisen zürnenden Verdrusses
Um Dein Herz hinschmilzt, als wär es keines,

Und Du ganz an Laub und Wind und Gluten,
Blaue Nacht und Zärtlichkeit der Tränen
Fortgegeben bist und die Minuten
Stille stehn in dem erfüllten Sehnen . . .

Bist Du's noch, der jetzt zurückgewiesen
Mit erloschenen Augen klagt der Nacht,
Daß er selig war allein in diesem
Meer des Traums, aus dem er nun erwacht?

Und suchst Du Trost, damit Du nicht verzagst
Vor Deines Leids unsagbarem Gewicht
Und rufst Dir wen, damit Du es ihm klagst,
Wie sehr Dich dieser Schmerz zerbricht,
So wisse dies: Wie viel Du auch nach fragst,
Es hat auf diesem kalten Sterne nicht,
Der Leid erlitte, Deines Dir zu lindern
Nur Gott und Du . . .
Und niemand kann's Dir mindern:
Und also sieh Du zu.

26. 11. 1936

[Heimat]

Wo ist Deine Heimat, wer vermag es
Deinem Herzen die Magie zu rauben,
Der Erinnerungen, die wie sanfte Tauben
Um Dich flattern, sag, ach, sag es:

Ist es Dir für immer nun verloren
Jenes Eden, dem Du zugeboren,
Drin Dich der Geliebten Liebe deckte,
Wie ein Feuerschein aus Tempeltoren,
Innerst flehend, daß Dich nichts erweckte,
Und Du stürbst an ihren Mund verloren.

10. 9. 1936

Popayán

Deine Nächte haben kurzen Schlummer
Denn die Glocken dröhnen früh Dich wach,
Voller Tränen, voller Zorn und Kummer
Stürzen sie vor Tag durch das Gemach

Wie sie mir im Traum vorüberwehen
Sind sie mir jahrhundertlang vertraut,
Denen eine ganze Stadt sich anvertraut
San Francisco, San Domingo und Belén.

Januar 1938

[Freunde und Anderen]

Und Ich gedachte jener vielen Leben,
Die mich begleitet eine kurze Strecke,
Der Gütigen voll Sehnsucht Trost zu geben.
Der Anderen, die nur um eigner Zwecke

Erst mit mir gingen, und mich dan verließen,
Und jener, die ich treulos selbst verriet,
Die mir auf eine Weile Freunde hießen,
Und die ich dann voll Scham vermied.

Der Frauen, die mich eine Nacht entzückten,
Daß ich vergaß, wie wenig ich sie liebte.
Was blieb von diesem allen mir zurück?

Nicht Schmerz noch Treue, Kummer nicht noch Glück
Nichts blieb, was einst der Seele Spiegel trübte,
Und ich weiß kaum, warum es mich entzückte.

12. 5. 1938

[Tod]

Wenn ich bedenke, daß der Tod mir schon
So nahe ist, wie diese grüne Ranke
Am Fenster hier, erkenne ich den Lohn
Für all die große Trauer, dran ich kranke.

Gebete, Hoffnungen, Verwünschung, Drohn
Sie fruchten nichts und nichts mehr fruchtet, danke
Zu sagen, dem, der frei von Frohn,
Dem nichts mehr angedeiht von Speis und Tranke.

Vielleicht, daß ich noch viele Tage so wie jetzt
Die Sonne in die Ebene stürzen sehe,
Vielleicht nur einen, dies bedeutet nichts

Für einen, dem das Innre so verletzt,
Daß ihm das Leben, wegtropft, jähe
Wie eben dieser letzte Strahl des Lichts

26. 12. 1938

Abotilón

Strahlende, des Tulpenbaumes Reinheit,
Fast bestürzend wie sein helles Gold
Sich am Morgen auftut und die Feinheit
Seiner Blüten langsam sich entrollt

Aus dem samtigen Geflecht der Aste
Tropfen Dolden: loh und gelb und dicht,
In sich drängend seines Wachstums beste
Kräfte in geronnem Licht.

Seiner Kelche starken Honig trinken
Kolibris, grüngolden wie Metall,
Und mit schnellen Flügeln zärtlich winkend
Saugen sie der süßen Säfte Fall.

1. 1. 1939

Sonnett des Verurteilten

Vom Leben bleibt mir nur, was der behält,
Den man verdammt hat, fremde Schuld zu büßen,
Er mißt die Zelle täglich mit den Füßen,
Und findet keinen Ausgang in die Welt.

Ohn' Antwort bleibt die Stimme und zerschellt
An ehernen Türen, die sich stets verschließen,
Nicht einmal Tränen kann er noch vergießen,
Sein Denken kreist in Wirbeln und zerfällt.

Hoch über seinem Fenster wölbt gelassen
Der Himmel sich, die Schwalben schwirren vorüber,
Geräusch des Lebens schwillet ab und an.

Er kann von alledem den Sinn nicht fassen,
Er hofft nicht mehr. Er wartet nur und lieber
Wär's ihm, der Henker käm und faßt ihn an.

4. 7. 1940

[Die Veränderung]

Wie bestürzend anders bist Du heute,
Die sich meinem Mund verschworen gestern,
Fern und unstät, als ob's Dich gereute
Fremd Dir selbst, verschieden wie zwei Schwestern.

Kann es sein, daß eine Morgendämmrung,
Auslöscht eine ganze Nacht voll Glück?
Du gehörst dem Tag und der Veränderung
Mit dem Licht kehrst Du in Dich zurück.

1. 5. 1941

Saudade

Ubstätes Herz, wonach denn bangst Du
Warum verkehrst Du jeden Wunsch in Schmerz,
In Sehnsucht jedes Leid, Unstätes Herz,
Was zehrt Dich auf, an welchem Fieber krankst Du?

Nichts kann Dich stillen, ruhelos verlangst Du
Blüten vom Winter, Früchte schon im März,
Von Traum zu Träumen eilend himmelwärts
Fühlst vor dem Sturze keine Angst Du?

Sieh wie die Trauben überm Rebstock reifen
Selig erwarmend in der langen Sonne
Verwandeln sie ihr Pflanzentum zu Wein . . .

Nur Müdigkeit bleibt Dir von zu viel Streifen,
In Bitternis zerstäubt zu letzt die Wonne,
Nach jeder Nacht erwachst Du stets allein.

25. 1. 1943

Chopins Dritte Etude

Süße Stimme, die Du mir vor Jahren
Aus dem Äther strömend Lindrung brachtest,
Überkommst Du mit des Wunderbaren
Hauch mich heut, da Trauer mich umnachtet?

Denen, die im Schmerze wohnen, bringst Du
Trost, aus denen ihre Träume sprießen,
Seelen, die versteinerten, durchdringst Du
Daß aufs Neue ihre Tränen fließen.

Mai 1943

[Nachmittag]

Langer, träumerischer Nachmittag,
Der Du in den Wipfelns zärtlich zauderst,
Fast als ob Dir vor dem Dunkel schaudert,
Das nach so viel Klarheit kommen mag.

Ach wie fühl ich Dein verliebtes Säumen,
Jene stille Angst des Untergehens
Steh und Weile: wartend Deines Flehens
Öffnen sich die Blüten auf den Bäumen.

Ach, wer es vemöchte seine Hand
Über den Minuten so zu schließen,
Daß das Glück nicht wie ein goldner Sand

Durch sie liefe und sich aus dem Fließen
Glorreicher erhöbe der Bestand
Stätiger Glanz von Perlen und Türkisen

Monterey, 17. Juni 1947

Bibliographien der Schriften Masurs

a) Bücher

1926   *Rankes Begriff der Weltgeschichte*, München und Berlin (R. Oldenbourg).

1930   *Friedrich Julius Stahl, Geschichte seines Lebens, I. Aufsteig und Entfaltung 1802-1840*, Berlin (E. S. Mittler & Sohn).

1939   *Goethe: la ley de su vida*. Traducciones poeticas de Guillermo Valencia y Otto de Greiff; prologo de B. Sanin Cano, Bogota (Editorial ABC).

1948   *Simon Bolívar*, Albuquerque, New Mexico (University of New Mexico Press; School of Inter-American Affairs), *Inter-American Studies, 4*. Zweite Auflage, 1969, Albuquerque (University of New Mexico Press).

1949   *Simon Bolivar und die Befreiung Südamerikas*, Konstanz (Südverlag).

1960   *Simon Bolivar*. Version española de Pedro Martin de la Camara, Mexico D.F. (Biografías Grandeza).

1961   *Prophets of Yesterday: Studies in European Culture 1890-1914*, New York (Macmillan); 1963, London (Weidenfeld and Nicolson); 1966, New York (Harper and Row).

1965   *Propheten von Gestern, Zur europäischen Kultur 1890-1914*, Frankfurt a.M. (S. Fischer).

1966   *Nationalism in Latin America: Diversity and Unity*, New York (Macmillan).

1970   *Imperial Berlin*, New York (Basic Books); 1971, London (Routledge & Kegan Paul Ltd.).

1971   *Das Kaiserliche Berlin*, München (Praeger).

1971   *Geschehen und Geschichte, Aufsätze und Vorträge zur europäischen Geistesgeschichte*. Mit einem Vorwort von Hanz Herzfeld, Berlin (Colloquium Verlag: *Ein-*

zelveröffentlichungen der Historischen Kommission zu Berlin, Bd. 8).

1978   Das ungewisse Herz: Berichte aus Berlin– über die Suche nach dem Freie. Erinnerungen, Holyoke, Massachusetts (Blenheim).

b) Aufsätze

1927   *Archiv für Politik und Geschichte*, Bd. 5, S. 261-301: ,,Aus Friedrich Julius Stahls Briefen an Rudolf Wagner''.

1928   *Mitteldeutsche Lebensbilder. (Lebensbilder des 18. und 19. Jahrhunderts, Bd. 3)*, S. 392-413: ,,Heinrich Leo''.*

1929   *Archiv für Kulturgeschichte*, Bd. 19, S. 183-209: ,,Geschehen und Geschichte'', sein Vortrag auf dem VI. internationalen Historikerkongress in Oslo, den im August 1928 gehalten wurde.*

1930   *Preußische Jahrbücher*, Bd. 222, S. 266-273: ,,Ein Fragment'', über Hugo von Hofmannsthal und ,,den schopferischen Genien'' des deutschen Volkes.

1931/32 *Würzburger Universitätsalmanach*, S. 22-28: ,,Friedrich Julius Stahl und die Würzburger Bursenschaft''.

1932   *Historische Zeitschrift*, Bd. 147, S. 70-88: ,,Bismarcks Sprache'', ein Festschrift zum 70. Geburtstage Friedrich Meineckes.*

1932   *Preußische Jahrbücher*, Bd. 229, S. 1-23: ,,Deutsches Reich und deutsche Nation im 18. Jahrhundert'', öffentliche Antrittsvorlesung, die am 22. Juli 1930 an der Friedrich-Wilhelms Universität zu Berlin gehalten wurde.*

1932   *Zeitschrift für Politik*, 22. Jg., S. 454-465: ,,Freiherr von Stein. Ein [literarischer] Bericht''.

*Diese Aufsätze sind in seinem Buch *Geschehen und Geschichte*, Berlin, 1971 (Colloquium Verlag), als eine Einzelveröffentlichung der Historischen Kommission zu Berlin wiedergedruckt.

1933   *Historische Zeitschrift*, Bd. 148, S. 29-70: ,,Naturrecht und Kirche. Studien zur evangelischen Kirchenverfassung Deutschlands im 18. Jahrhundert''.

1933   *Vossische Zeitung*, Bd. 11, S. 10: ,,Richard Strauss' Arabelle [Hofmannsthals lyrische Komodie]''.

1934   *Deutsche Vierteljahrschrift für Literaturwissenschaft und Geistesgeschichte*, 12. Jg., S. 479-503: ,,Wilhelm Dilthey und die Problemen der europäischen Geistesgeschichte'', ein veröffentlichter Vortrag, den am 30. November 1933 in der Gesellschaft für die Geschichte der Naturwissenschaften und Medizin in Berlin gehalten wurde.*

1934   *Deutsche Zukunft*, 43. H., S. 5: ,,Napoleon III''.

1939   *Philosophia* (Belgrad), Bd. 3, S. 155-178: ,,Goethe und die geschichtliche Welt''.

1945   *Reviste de América* (Bogota), April 1945: ,,Corrientes filosoficas en America''.

1949   *Hispanic American Historical Review*, Bd. 29, S. 380-383: ,,El Liberator is mortal: an unknown letter of Manuela Saenz''.

1950   *Virginia Quarterly Review*, Bd. 26, S. 336-352: ,,Democracy in Eclipse''.

1951   *American Historical Review*, Bd. 31, S. 189-229: ,,The Conference of Guayaquil''.

1952   *Historische Zeitschrift*, Bd. 174, S. 269-286: ,,Arnold Toynbees Philosophie der Geschichte'', Festschrift zum 90. Geburtstage Friedrich Meineckes.*

1952   *Journal of the History of Ideas*, Bd. 13, S. 94-107: ,,Wilhelm Dilthey and the History of Ideas''.

1954   *American-German Review*, Bd. 20, Nr. 5, S. 8-12: ,,Friedrich Meinecke''.

1955   *The Americas*, Bd. 12, S. 139-156: ,,Miguel de Unamuno''.

1956   *American-German Review*, Bd. 22, Nr. 6, S. 24-26: ,,Hugo von Hofmannsthal's Arabella''.

1958   *Zur Geschichte und Problematik der Demokratie. Festgabe für Hans Herzfeld*, Berlin, S. 650-663: ,,Die literarische Renaissance des amerikanischen Südens''.

1959   *Vierteljahrhefte für Zeitgeschichte,* 7. Jg., S. 24-25: ,,Der vergessene Kontinent. Lateinamerika zwischen Diktatur und Demokratie''.

1960   *Studium Berolinense. Aufsätze und Beiträge zu Problemen der Wissenschaft und zur Geschichte der Friedrich-Wilhelms Universität zu Berlin* (hrsg. von Hans Leussing, u.a.), Berlin (Walter de Gruyter), S. 702-725: ,,Max Weber und Friedrich Meinecke in ihrem Verhältnis zur politischen Macht''.*

1962   *American Historical Review,* Bd. 67, S. 591-608: ,,Distinctive Traits of Western Civilization''.

1963   *The Origins of Modern Consciousness* (hrsg. von James M. Ethridge und Barbara Kopala), Detroit (Wayne State University Press), S. 133-147: ,,Friedrich Meinecke, Historian of a World in Crisis''.

1964   *Cambridge Review*: ,,Friedrich Nietzsche and his Century''.

1967   *Humboldt. (Wissenschaftliche Zeitschrift der Humboldt Universität, Berlin. Gesellschafts und sprachwissenschaftliche Reihe* [Spanische Aufgabe]), a. 8, Nr. 30, S. 42-46: ,,Simón Bolívar y el nuevo nacionalismo en America latina''.

1968   *Neue deutsche Biographie*: ,,Wilhelm von Humboldt''.*

1971   *Geschehen und Geschichte,* Berlin (Colloquium Verlag), S. 79-89: ,,Goethe und Napoleon''.*

1975   *Historische Zeitschrift,* Bd. 221, S. 603-622: ,,Der nationale Charakter als Problem der deutschen Geschichte''.

c) Quellen

1978   *Forschungen zur osteuropäischen Geschichte,* Bd. 25, Berlin S. 63-74: ,,La Belle Epoque: Gerhard Masur als Interpret der europäischen Geschichte und ihrer Auswirkungen auf die Welt vor dem ersten Weltkrieg'', Wolfram Fischer.

Namenverzeichnis

Adam, Manfred 83-85
Baron, Hans 86, 200, 279
Baudelaire, Charles 19,
  54-55, 72
Becker, Carl Heinz 66
Beethoven, Ludwig van 108,
  143, 209, 276, 277
Behrendt, Richard 280
Benjamin, Walter 6
Berrien, William 245, 267
Bismarck, Otto Fürst von
  125, 138-139, 142
Bolívar, Simon 99, 177, 213,
  223 f., 260-262, 265, 268 f.,
  277 f., 285, 292, 293
Borchardt, Rudolf 73, 76,
  106, 109, 126
Breysig, Gustav, 55-56, 73-74
Brigade Reinhard 67, 69, 71,
  160
Browning, Elizabeth 132
Brüning, Heinrich 139, 154
Burckhardt, Jacob 75, 80,
  157, 200
Bussmann, Walter 107, 300
Byron, George (Lord) 317
Chopin, Frederic 168, 182
Chamberlain, Joseph 164

Cirre, Francisco 219, 242
Cook, Patricia Gaylord
  284-285, 294, 296, 298
Curtius, Ernst Robert 77-79,
  123, 157, 181, 296
Dante Alighieri 3, 56, 72, 189,
  225, 284
Darío, Rubén 207, 225
Débussy, Claude 201
Demuth, Fritz 170, 172-173,
  175, 183
Dilthey, Wilhelm 75, 99, 157,
  164
Dollfuß, Engelbert 112, 152
Droysen, Gustav 87, 120
Dubsky, Graf Adolf 146,
  149-150, 152, 172
Dubsky, Graf Oswald
  146-147, 152, 160, 168
Elze, Walter 80, 160, 171
Epstein, Fritz 86
Eschenburg, Theodor 172
Fischel, Alfred 75-76
Fischer, Fritz 296
Friesecke, Margarete 86 f., 97
Gaitán, Jorge Eliecer 212
George, Stefan 18, 54-55, 59,
  68, 72-73, 77, 80-81, 207

Gerhard, Dietrich 85, 86, 87,
  105, 139, 165, 182, 279
Gide, André 8, 79, 180, 263
Gilbert, Felix 87
Göbbels, Joseph 158, 164
Göring, Hermann 49, 158
  160, 163
Goethe, Johann Wolfgang
  von 1, 15, 18, 46, 53, 56, 79,
  95, 99, 114, 141, 153, 180,
  181, 207 f., 280, 314
Gooch, George Peabody 121,
  171, 173
Groener, Wilhelm 140, 154
Gundolf, Friedrich 73, 80, 99
Gutzwiller, Gisela (geb.
  Strassmann–Cousine) 24,
  51
Haacke, Wilmont 168
Haake, Paul 160
Hartmann, Nikolai 144
Hartung, Fritz 121, 126, 300
Hazard, Paul 157
Hegel, Georg Wilhelm
  Friedrich 86, 95, 97, 121,
  126
Heine, Heinrich 106
Herzfeld, Hans 296, 300
Hindenburg, Paul von 34,
  112, 164
Hintze, Otto 18, 127
Hitler, Adolf 11, 66, 71, 89,
  106, 108, 111-112, 113, 121,
  139, 141, 148-151, 153,
  154-155, 157, 158, 160-162,
  164-166, 169, 170, 173-175,
  193, 202, 224, 229, 231, 248
Hoetzsch, Otto 140
Hofmannsthal, Hugo von

54-55, 68, 75, 76, 77, 106,
  109, 163, 200, 207, 262
Holborn, Hajo 86, 132, 139,
  161, 279, 281
Holstein, Hilde 168, 169
Huizinga, Johan 157
Humboldt, Wilhelm von 314
Jakobsohn, Annemarie
  (Cousine Masurs) 175
Kant, Immanuel 84, 95
Kapp, Wolfgang 68-72
Kaufmann, Erich 103,
  138-139, 165, 168, 181, 295
Keats, John 43, 83
Kleist, Heinrich von 46, 232
Koch, Gerda 162, 169, 173
Lander, W.S. 128
Lecuna, Vincente 261-262,
  278
Lopez, Alfonso 197, 203
Löwenthal, Karl (Vetter
  Masurs) 170
Ludendorf, Erich von 69-70
Lüttwitz, Walther von 68 f.
Lukas, Mrs. Martha 274
Manet, Ebouard 73, 125
Marshall, John 142, 267-268,
  279, 289, 293-294
Marx, Karl 60, 97, 125
Marx, Paul 9
Masur, Adolf (Onkel) 27, 82
Masur, Charlotte (Lotte)
  (Schwester) 19-22, 183,
  299, 300
Masur, Elizabeth (Liesel)
  (Schwester) 6, 22-23,
  25-26, 29, 83, 87-89, 97, 108
Masur, Emil David (Vater) 6,
  7, 8, 9, 16 f., 28, 31-38, 56,

61-62, 81, 88, 93, 97, 99, 100, 108, 110, 112, 116, 119, 124, 127, 155-159

Masur, Erich (Vetter) (Präsident des preußischen Landesgerichtes) 27

Masur, Frieda (Mutter) (geb. Strassmann) 8, 9, 16 f., 35, 56, 57, 62-63, 97, 99, 116, 127-128, 141, 159, 163, 173 f., 183, 186, 202, 223, 224, 238-239, 247-248, 251-254

Masur, Kurt (Vetter) (Regierungspräsident in Hannover) 28

Masur, Heinrich (Bruder) 19, 38, 153, 174, 183, 223, 224

Masur, Helen Gaylord (Frau) 284-285, 288, 290-291, 294, 295, 296-299, 300-301, 302-303, 304, 306, 309, 310-312, 314 (Hochzeit)

Masur, Ludwig (Onkel) 28

Masur, Oskar (Vetter) (Rechtsanwalt am Kammergericht in Berlin) 28

Masur, Paula (Schwester) 17, 58, 86, 153, 173, 183, 203, 224, 239, 253

Masur, Paula (Cousine) 28

Mayer, Gustav 124-125

Meinecke, Friedrich 18, 55, 66, 85 f., 96 f., 106-107, 126 f.,138, 139, 142, 152-153, 157, 168, 173, 296, 299

Molière, Jean Baptiste 244

Mommsen, Theodor 54, 65, 98

Mozart, Wolfgang Amadeus 15, 84, 108, 136, 233, 276

Musil, Robert 54

Neumeyer, Alfred 77, 165

Nietzsche, Friedrich 2, 54, 72, 121, 180, 207

Noack, Ulrich 75, 105, 121

Oliven, Albert 9, 36, 61

Oncken, Hermann 121, 126, 127, 171

Oncken, Wilhelm 261

Ortega y Gasset, José 167, 220

Papen, Franz von 153, 155

Pascal, Blaise 75, 180, 181

Paters, Walter 126

Pirenne, Henri 121

Ranke, Leopold von 2, 86-87, 95, 96

Raymond, Mrs. Dora Neill 274

Rochefoucauld, La 75, 180, 201, 311

Röhm, Ernst 158, 161-162, 169

Rosenberg, Hans 86-87, 161, 279

Rothacker, Erich 99, 155, 164

Rothfels, Hans 121, 123, 142, 170, 172, 281, 313

Rousseau, Jean Jacques 1, 67, 177

Sauvageot, Marcelle 164

Schäfer, Selma (geb. Masur– Tanta) 27

Schaefer, Ursula 168

Schaub, Konrad 168

Scheffer, Paul 164

Schiller, Friedrich 46, 53, 113

Schlegel, August Wilhelm
von 53
Schnabel, Arthur 56, 108
Seeberg, Reinhold 66
Seeckt, Hans von 69
Shakespeare, William 52-53,
63, 180
Shelly, Percy Bysshe 108
Siegl, Hilary Gaillardt 285,
290, 294, 297, 301
Slottman, William 152
Sophokles 311
Srbik, Heinrich von 126, 164
Stahl, Friedrich Julius
103-104, 105-106, 120,
125-126, 142, 168
Steinbömer, Gustav 109-113
Stieve, Brigitte 169-171
Strassmann, Antonie (Tonie)
(Cousine) 23, 24-25, 46,
47-52, 181, 209, 273-276,
280, 286
Strassmann, Ernst (Onkel)
13-14
Strassmann, Erwin (Vetter)
24
Strassmann, Ferdinand
(Großonkel) (Ehrenbürger
der Stadt Berlin) 11-13, 281
Strassmann, Hedwig (Tanta)
23, 50-51, 273, 280
Strassmann, Heinrich
(Großvater) 8, 10, 11, 15,
29
Strassmann, Helene (Tante)
14-15
Strassmann, Helmut (Vetter)
23-24, 57
Strassmann, Louise

(Großmutter) (geb. Levi)
11-12, 24, 29-30
Strassmann, Paul (Onkel) 5,
13, 19, 23
Strassmann, Samuel
(Großonkel) 11
Strassmann, Wolfgang
(Stadtverordentenvorsteher
Berlin und in den
preußischen Landtag
gewählt—Strassmannstraße,
Berlin) 10-11
Strauss, Richard 56, 163, 276
Treitschke, Heinrich von 86 f.
Trias, Chirurg Antonio 219,
252
Troeltsch, Ernst 65, 75, 78,
85, 86, 274
Undset, Sigried 251
Urbano de la Calle, Pedro
219, 242
Valencia, Guillermo 206-209
Weber, Max 66, 84
Wegner, Paul 48, 52, 100-101
Weinbaum, Martin 121, 123
Weisbach, Werner 77
Wernburg, Paul (geb. Paul
Schulz) 46-47
Wilde, Oscar 46
Wilder, Thornton 239-240
Wildgrube, Max 103, 126,
160, 165, 296
Wilhelm II 58-59
Wolters, Friedrich 73, 74, 77,
80, 81
Zalamea, Jorge 197, 209-211
Zoff, Otto 278
Zulveta, Don Luis de
218-219, 221